搞懂
股票交易
这回事

习 静◎著

中国铁道出版社有限公司

CHINA RAILWAY PUBLISHING HOUSE CO., LTD.

图书在版编目（CIP）数据

搞懂股票交易这回事 / 习静著 . -- 北京：中国铁道
出版社有限公司，2024.12. -- ISBN 978-7-113-31676-1

Ⅰ. F830.91

中国国家版本馆 CIP 数据核字第 2024SZ5006 号

书　　名：搞懂股票交易这回事
　　　　　GAO DONG GUPIAO JIAOYI ZHE HUI SHI

作　　者：习　静

责任编辑：杨　旭　　　编辑部电话：（010）51873274　　　电子邮箱：823401342@qq.com
封面设计：宿　萌
责任校对：安海燕
责任印制：赵星辰

出版发行：中国铁道出版社有限公司（100054，北京市西城区右安门西街 8 号）
网　　址：https://www.tdpress.com
印　　刷：天津嘉恒印务有限公司
版　　次：2024 年 12 月第 1 版　　2024 年 12 月第 1 次印刷
开　　本：710 mm×1 000 mm　1/16　印张：21.5　字数：340 千
书　　号：ISBN 978-7-113-31676-1
定　　价：88.00 元

前　言

根据中国结算网发布的数据，截至 2023 年 7 月，A 股投资者数量正式突破 2.2 亿人大关。相较于 2017 年的 0.7 亿人，短短几年间新增股民 1.5 亿人。

股民的巨幅增长一方面源于近年来我国居民可支配收入不断提升，大众投资理财意识逐步增强；另一方面也是由于传统投资渠道萎缩，A 股中的优质企业给普通人带来了更为理想的投资机会。

但是"七赔二平一赚"的股市"魔咒"却始终存在。笔者本人也是从一名普通投资者逐渐成长起来的，最初迷茫困惑、不断亏损的经历，让我深刻地理解部分投资者所遇到的问题和艰辛。因此，希望借助本书总结目前使用的投资体系，和大家分享探讨、一起进步。

进入股市，你将永远摆脱不了三大终极难题，即买什么、何时买、何时卖，我们控制不了政策的走向，控制不了产业的变化，也控制不了股价的上涨和下跌，作为普通投资者，我们唯一能控制的就是买什么、何时买、何时卖，而利润和亏损都在这一买一卖中产生，因此应格外谨慎。

本书围绕以下四个模块展开。

➤ 模块一：聚焦普通人参与股市的意义和困境，提炼出一张切实可行的股市成功路线图。

➤ 模块二：揭示股市投资的底层原理，以及交易系统的组成部分，最终你会发现，不管是从资金量，还是对于交易水平的要求，趋势型的交易策略都是对于普通人最为友好的。

➤ 模块三：展示了选股五角星的具体细节，在纷繁复杂的股票市场中，我们使用这五个要素有可能会选到，接下来大概率能够上涨几倍甚至十几倍的大牛股。

➤ 模块四：手把手教读者如何进行实战操作，确定恰当的买点、卖点和仓位，从而达到买入之后立即上涨的交易效果。

我衷心希望通过以上四个模块循序渐进的讲解，让读者通晓股市的赚钱之道。

事实上，决定赚不赚钱的不是资金大小，而是认知高低。只有认知升级才有可能真正实现持续盈利，而本书将会带着读者进行一次酣畅淋漓的投资认知升级之旅。形象地讲，这些认知像一副眼镜，戴上眼镜前后，所面对的是同样的投资世界，可是透过镜片看到的投资世界一定会更加清晰、更加透彻。

愿所有股票投资者经过努力，最终可以实现财务自由、时间自由和心灵自由的美好生活，但应牢记，任何投资都有风险，请谨慎为之。

习 静
2024 年 9 月

目　录

模块三　选股五角星

模块四　交易框架

模块一

此岸彼岸

股市中有一条河。

河的一岸是我们大多数人待的地方。

首先是赔钱，赔很多钱。大家进入市场之后，新手运气很快会用光，这时将面临一个非常巨大的困境——账户不断缩水。好像是一个漏水的木桶，你手边没有任何工具可以修补它，只能眼睁睁地看着桶里的水不断减少。之后是焦虑。市场无时无刻不在变化，看起来遍地都是机会，会让许多人变得无所适从，每天看着上涨的股票，心里痒痒，于是不停地穿梭其间，生怕错过任何一个机会，但进去就是掉坑，然后循环往复，持续内耗。这种窘迫的现实让股市变成了一个天然的"沼泽"，吞噬希望。

而河的对岸则是一片盛世繁华。

那么，问题来了，如何从此岸到彼岸呢？

这一模块我们希望建造一艘船，船上有目标、有方法，也有路线图，让你可以搭乘着驶向彼岸。

我们知道错在哪里，知道对的操作应该是什么样的，知道在市场的不同周期应该做什么，能够从容应对，不再困惑焦虑，实现心灵自由。

我们可以把投资变成一件惬意又开心的事情，可以有一种掌握自己命运的掌控感；可以有分析判断之后验证的成就感；可以让认知发生天翻地覆的变化，从而带来源源不断的利润。

第一章

换个角度看股市

第一节　小钱靠努力，大钱靠时代

投资圈里有一个很著名的段子。

三个人坐电梯：一个不停地原地跑，一个不停地撞头，一个不停地做俯卧撑。电梯到顶后，三人被问道："你们是怎么上来的？"一个说我是跑上来的，一个说我是撞头撞上来的，一个说我是做俯卧撑上来的。

事实上，真正让他们快速上楼的是"电梯"。而"时代"就是这样一架高速电梯。

一、时代＝国运＋浪潮

首先，让我们认真思考：什么是国运？

我是这样认为的，长期来看，国运是一个国家综合国力的盛衰变化。

什么是浪潮呢？

这里我斗胆给一条定义：浪潮是在国运的背景下，不断涌现的阶段性机遇。好比过去二十年波澜壮阔的房地产，过去十年声势浩大的移动互联网，过去三年轰轰烈烈的新能源车等，这些就是浪潮。

国运的强弱决定了浪潮的多寡和大小。就像在无边的大海中，生活的是一头又一头巨大的鲸鱼，相反，如果只是一个小小的池塘，游来游去的只能是鲤鱼。

那么，问题来了，在这样的背景下，普通人的命运又是怎样的呢？我们仔细想想就能明白，一个人肯定是跳脱不了时代的。换言之，每个人都被自己身处的时代框定着。

- 如果生活在 20 世纪五六十年代，新中国初立，百废待兴。
- 到了八九十年代，改革开放，普通人有机会下海经商，见识世界。
- 进入 2000 年，城市化进程带来了房地产浪潮。
- 如今，一部手机连接了整个世界，人们坐在家里就能成为淘宝店主，也可以直播带货，还能写文章、录视频给大家分享知识。

这些意味着在每个时代，只要你敢拼、敢干，努力奋斗都可以获得不错的生活。但同时如果你想获得超出自身能力的财富，拉开与同龄人之间的差距，就一定要精准地踩中时代浪潮的节奏。

一个人的财富积累，不一定是你自己多有本事，可能是来源于经济周期的运动。换言之，所有难以想象的财富都是时代的赐予。

所以，你要花时间琢磨一下怎样才能轻松地踏准时代的节奏。

二、股市是时代的投影

一个国家的股市就是时代的投影图，国家的发展脉络和所有的时代机遇都会在股市中留下投影，如图 1-1 所示。

图 1-1　时代和股市的关系图

1. 涨幅和国运正相关

长期来看，一个国家股票市场的总体涨幅和这个国家的经济实力走向往往是正相关的。

让我们回到 1951 年的春天，此时道琼斯工业指数还在 250 点左右波动，这已经持续很多年了，几乎每一年都会出现 200 点以下的情况。

当时的人们大概无法想象，伴随着美国经济的发展，股市也将一骑绝尘，一路上涨到最高 37000 点。所以，巴菲特曾经不止一次地表示，他和芒格的成功很大程度上只是搭了经济的顺风车。

相反，如果一个国家的经济不断下行，那么它的股市也会萎靡不振。

读到这里，相信你已经知道了国运和股市的关系，但是请注意，即使国运昌隆，股市上涨也绝非一帆风顺。

这意味着什么呢？首先危机并不罕见，事实上，每隔几年都会出现一次大的危机。其次只要能够战胜危机，恢复增长，股市也能再创新高。

2. 浪潮接踵而至

不仅国家的总体趋势会展示在股市中，每一波的时代浪潮的演变轨迹也会投射其中。

以美股为例：

美股最早的股票热潮是运河股。19 世纪初，美国的重工业开始起步，便捷的货物运输迫在眉睫，而运河作为美国内河运输的重要环节登上了历史舞台。

1830 年，美国第一条铁路建成通车，铁路让经济发展不只局限在沿海地区。1850 年，铁路股票已达到 38 只，在随后的 20 年中，大量的铁路股票相继发行，1884 年，第一张道琼斯指数表中 11 只成分股中有 9 只是铁路股。

1876 年，贝尔发明电话，电话技术登上历史舞台。1879 年，爱迪生发明电灯。19 世纪末，人们的关注点渐渐从铁路转到电话与电力的股票上。我们现在谈的是人工智能可以改变世界，那时人们则认为电话和电灯可以改变世界。

1914 年，福特开创了流水线生产的先河，让汽车成了普通人的交通工具，19 世纪 20 年代汽车的渗透率达到 50%。从 1922—1929 年，标普汽车指数飙升 11 倍，龙头股通用汽车狂升 21 倍。

20 世纪 60 年代，钢铁和汽车工业开始停滞，科技成为突破口。美国斥巨资投入半导体、计算机及航空领域的研发当中，同时，资本市场也同样迎来了两次"电子热"的时代浪潮。

1946 年，计算机被发明，1981 年，国际商业机器公司（IBM）推出个人计算机。1969 年，互联网诞生，1996 年，美国互联网渗透率突破 10%。于是，20 世纪 90 年代末的互联网热潮崛起，个股涨幅以百倍计算。

1973 年，摩托罗拉工程师发明了首部移动电话，现在手机已经发展至第五代（5G）。

进入 21 世纪，新能源车、人工智能、云计算、航天技术等再次成为最强势的领域。

这些浪潮一个又一个接力推动社会发展，体现在股票市场上，就是相关指数波浪式上升，诞生了无数的大牛股。

换言之，股市几乎提供了所有时代趋势的参与机会，更让人激动的是，这里对所有普通人都是公平开放的。

3. 相信中国经济能保持快增长

记得十多年前我从北京去上海，坐的还是 20 多个小时的普通火车，短短十几年间，高铁就覆盖了中国的大江南北，现在 1600 公里的路程大约只需要 5 个小时。高铁速度就像这些年中国经济高速发展的一个缩影。

我相信未来 20 年中国经济依然能保持一个非常快的增长。为什么这样说呢？原因有如下三点。

（1）我国存量人口很大

巨量的人口有巨量的消费需求，理论上，只要满足内需就能实现很强的经济增长。另外虽然我们没有了人口增量的红利，但是还有两个小的分支。

- 工程师红利：我国拥有很多高素质人才，这批高素质人才为中国之后的技术进步提供了强有力的支撑。
- 中产红利：中产的数量在逐年增加，这是未来消费市场的核心力量。

（2）有完善的基础设施

硬设施方面：我国有大型的工业产业链，随着大型工业产业链的延长带动，将有利于大型新企业的出现。比如一个细分领域汽车，这是看一个国家工业产业链强不强的标杆。一辆汽车至少需要 3 万个零部件，也就意味着必须有成千上万的零部件公司，一般的国家根本凑不齐这么多零部件公司，但我们不仅拥有，还出现了几百家的上市公司；软设施方面：这些年，外卖物流服务需求激增，进一步刺激中国的物流配送体系的完善与优化。

完善的基础设施，能够帮助国家的经济流动和效率提升。这也是为什么许多制造业企业依然选择在中国建厂的根本原因，并不是因为人工的优势，而是基础设施的完善。

（3）强大的全球影响力

一个国家的国力强大，最终会体现在全球性的影响力输出上，我们很幸运，生活在这个时代。站在当下的时点看向未来，我们依旧相信祖国的竞争力，即使会遇到挑战，但我相信终能克服，未来会继续繁荣昌盛。

如果你认同以上的逻辑，按照"股市是时代的投影"这样一个前提条件，那么 A 股就是最好的选择。

三、为什么 A 股总在 3000 点左右

读到这里，你可能会产生一个巨大的疑问，即"既然股市反映国运，而中国经济又在持续增长，那为什么 A 股看起来并没有"雄起"，反而上证指数最近十年一直徘徊在 3000 点左右？"

要回答这个问题，我们分两个角度来看。

首先，由于上市制度的约束，许多真正代表经济结构的互联网企业（特别是 2010 年经济转型之后）并没有在 A 股上市。一个更能代表中国经济的股票指数是 MSCI 中国指数，这个指数是由一系列国家指数、综合指数、境内指数及非境内指数组成。如果看 MSCI 中国指数过去 15 年的表现，也体现了牛长熊短的特点。

其次，即使是上证指数，过去 30 年的实际表现也客观反映了中国经济的增长情况。从 1990—2017 年，上证指数上涨 24.91 倍，年化涨幅 12.81%；同期名义 GDP 增长 42.82 倍，年化涨幅 15.03%。

那为什么人们总会有 A 股很不争气的感觉呢？核心原因其实是大涨大跌。

你可以想象这样一个场景：公园里有人在遛狗，有时小狗跑在前面，有时小狗跑在后面，最终，他俩同时抵达终点，但是人走了 1 千米，小狗跑了 5 千米。事实上，经济和股市并非时刻贴合的状态，这种时空上的不同步也不是只在 A 股出现。

1964 年 12 月 31 日，美股道琼斯指数是 874.12 点，然而到了 1981 年 12 月 31 日，这个数字变成了 875 点。是的，17 年的时间，道琼斯指数根本没有上涨。但是在这 17 年里，美国的经济规模增长了 5 倍，财富 500 强企业的销售额也增长超过 5 倍。但可惜的是，股票市场一点儿也没有反映经济增长，反而远远地落在了后面。

但是 1982—1999 年，也是 17 年，美国 GDP 增速放缓，但却是美国股票历史上回报率最高的时期，甚至超过了在 1932 年 7 月 8 日 41.22 点买入道琼斯指数，然后持有 17 年的回报率。

如果你在第一个 17 年买入道琼斯指数，结果是原地踏步。但是如果错失了第二个 17 年，就将错过美国历史上最大的牛市。为什么会这样呢？这是因为经济发展是驱动市场波动的核心因素，但并非唯一理由。除了经济情况以外，还需要足够的刺激政策（催化剂）、宽松的货币环境（流动性）、市场上涨带来的赚钱效应（情绪加持），只有三者结合，才有可能爆发出让人惊叹的行情。

模糊的正确远胜于精确的错误。只要经济是不断发展的，股市长期就是上涨的，对于 A 股，大机会一定会来。

第二节　和优质公司一起成长

股市里最不缺的就是公司。事实上，股市是由各种类型的上市公司组成的，从投资回报率的角度来讲，这些公司大部分平庸，小部分优秀，另外还有极小一部分能够成为一个时代的"明星"。但是从另外一个角度来说，能上市的公司都是顶级公司。

一、上市公司是最好的投资对象

很多人都有一颗"躁动"的心，有一个创业的梦想，梦想自己当老板，开一家赚钱的企业或加盟一个赚钱的项目，从此走上人生巅峰。可实际上对于普通人而言，创业难。为什么这么说呢？

有数据统计，在所有企业中，能够活过 5 年的只占一半，能够活过 10 年的不到 20%，如果剔除国有企业，这个生存比例还要有所降低。这也就意味着，对于八成以上的个人创业尝试，生存下来都是问题。

截至 2021 年，中国存续 4 881 万家的中小企业和 1.03 亿家的个体工商户，而上市公司的数量只有不到 5 000 家，这也就意味着上市这道门槛只有三万分之一的通过率。换言之，上市绝对是公司硬实力的筛选器。

也许有些朋友有这样的误解：好像 A 股上市公司总是财务爆雷，特别不可靠，还不如自己去找项目。对于这个问题，你不妨反过来想，正是由于上市公司有监管，有信息披露的机制，才更容易发现问题，你怎么就能确定那些普通企业就没有"雷"？你怎么确定它的质量就比上市公司更好？

首先，我们参与市场，就有可能用最少的精力和优质的公司一起成长，在这个过程中收获巨大的利润和成就感。

其次，对于上市公司，尤其是优质的上市公司，市场上有大量的研究机构在关注，这些机构比个人投资者有更多的信息优势及研究实力，我们可以很轻松地通过他们发布的研究报告了解上市公司各方面的信息，这是其他的投资形式难以超越的。

最后，作为个人投资者，我们并不身处于任何一家公司，因此，可以用一个旁观者的姿态来审视行业中的领跑者，谁能成为最强的，谁就可以马上获得我们的青睐，而用不着有很强的归属感。

接下来我们分析哪两种类型的公司最容易成长为伟大的牛股。

二、黄金赛道成长股

曾经看过一本书叫作《赛道为王》，那么，什么是赛道？一股浪潮中会有数个赛道。比如移动互联网是浪潮，那么手机支付是赛道、在线游戏是赛道、即时通信是赛道。

赛道这个词，人们的联想往往比较热烈，比如风口、成长、爆发，不过我感觉它更像是用了一个新概念包装了之前一直使用的成长性行业，要不怎么没听过房地产赛道和钢铁赛道呢？

在一个持续高速成长的赛道中，一家公司能做到多大，是我们普通人难以估量和想象的。1997 年至 2022 年苹果公司股价走势年线图如图 1-2 所示。

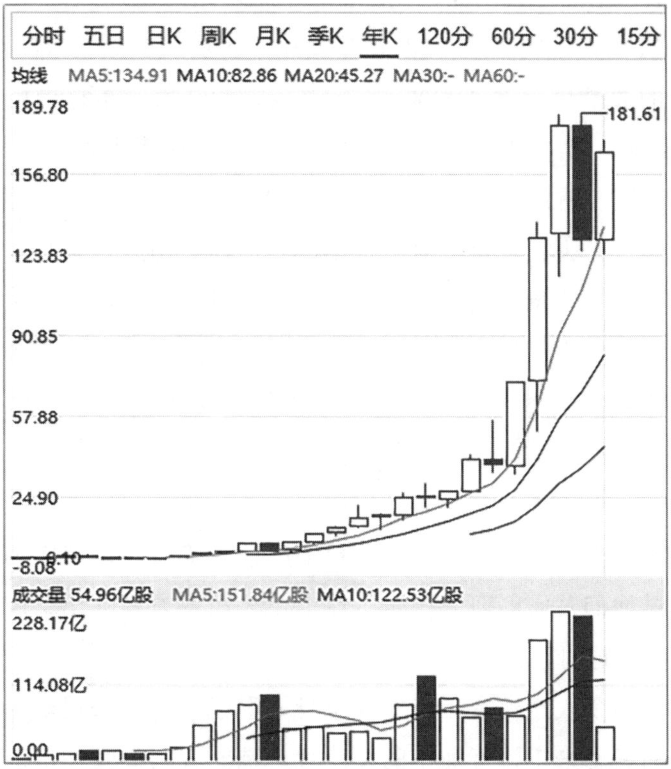

图 1-2　1997 年至 2022 年苹果公司股价走势年线图

股票投资中有三大领域可以诞生黄金赛道，即科技、医药和消费。这些领域诞生牛股的可能性是最高的。这也就意味着，即使我们仅仅将选股范围框定在这三个领域，也可以赚得盆满钵满。

通常情况下，一个黄金赛道的发展可分为四个阶段。

1. 初创期：群雄逐鹿，野蛮生长

早期的黄金赛道一定是野蛮生长的。这个时期产品设计尚未成熟，技术上也存在巨大的不确定性，进场的门槛较低。不管是大公司，还是各类创业公司，大家都会积极布局，抢占市场。巨大的发展潜力，也孕育着巨大的风险，失败率极高是这个阶段的特点。比如1919—1939年，美国汽车产业刚刚起步，但当时有几千家汽车生产商，没有谁知道哪些能成为最后的赢家。

在这个阶段，市场在意的是谁的想象空间最大，哪家公司具备龙头的潜质，而非谁真的能成为未来的王者。

2. 高速期：小公司好于大公司，弯道超车

行业高速发展的时候一般是小公司估值比大公司要高，换言之，小公司好于大公司。因为小公司的弹性更大，当行业增速30%的时候，小公司可能通过各种方式扩大市占率以追赶龙头公司，从而导致自己的增长速度达到100%，远超行业平均水平，并且行业格局还没有固化，一些小公司有可能实现"弯道超车"，从大公司手中夺过市场份额，某些情况下甚至可能取而代之。

这个阶段是整个行业最蓬勃发展的时候，也是二级市场的盛宴。

3. 鼎盛期：大公司好于小公司，规模优势

数年的发展之后，整个行业进入鼎盛期。行业增速开始变为个位数，这说明行业不再快速变化，因此，行业中的大公司可以利用成本优势碾压小公司，导致小公司越来越难出头。比如现在的安防行业，海康和大华占据了大部分市场份额；再如现在的白酒行业，第一梯队的也只有茅台和五粮液。

这个阶段已经不能指望超额收益了，反而是选择稳健型资金较好的时机。

4. 衰退期：月满则亏，新旧转换

历史的车轮滚滚向前，旧产能终究会被时代淘汰。比如20世纪90年代大街小巷最大的风景就是报刊亭，而如今它已经隐退于大街小巷中，这就是行业的更迭和替换。万物皆周期，没有一个赛道能够一直辉煌。

三、价格涨落周期股

如果从类型上分析，除了成长性行业，还有周期性行业。周期类的行业和个股一向是短期暴利的摇篮。它们一般和一个词密切相关，即大宗商品。不管是原油、黄金、铜、铁、煤炭，还是大豆、棉花、猪肉抑或是电子元器件、半导体，这些都是对于经济周期涨落非常敏感的行业。在一定的宏观经济条件下，行业成本没有发生明显变化，但产品价格出现大幅上涨，成了牛股的基因。比如动力电池的关键材料六氟磷酸锂，从 2020 年上半年的 7 万元 / 吨涨到 2022 年的 55 万元 / 吨。反映在股价上，就是一波凌厉的上涨。于是就有了龙头股——天赐材料的股价一年十多倍增长，如图 1-3 所示。

图 1-3　002709 天赐材料 2020 年至 2021 年走势周线图

更让人惊喜的是，周期类的个股几乎是市场上的明牌，每隔一段时间就会有某个大宗商品的价格暴涨。由此也会带来 A 股上市公司的股价盛宴，造就一轮惊心动魄的个股大牛市。既然如此，我们就得思考一下周期股是怎么诞生的。

众所周知，产品价格的影响因素无非是"供""需"两方面，供不应求肯定会带来涨价。下面我们就从这两个方面来分析。

1. 供不应求，要么供应太少

观察一个周期性行业，我们首先要了解这个行业近年来供给方面的政策变动、产量变动、生产厂家变动及有无催化剂，这些驱动因素既可以单独出现，也可以叠加。比如 2018 年 4 月猪肉开启第五轮上涨周期，价格从 10 元 / 公斤上涨到 2019 年 10 月的 40.3 元 / 公斤，被业内称为"最强猪周期"，后来无论是猪肉价格涨幅还是猪企股价涨幅都可以被写进教科书。

实际上，猪肉供应量的"坍塌"，早在 2012 年就开始了。由于环保政策叠加瘟疫，导致整个行业的生猪数量大幅减少，反映在价格上就是大幅上涨。图 1-4 展示的是牧原股份 2019 年至 2021 年走势周线图。

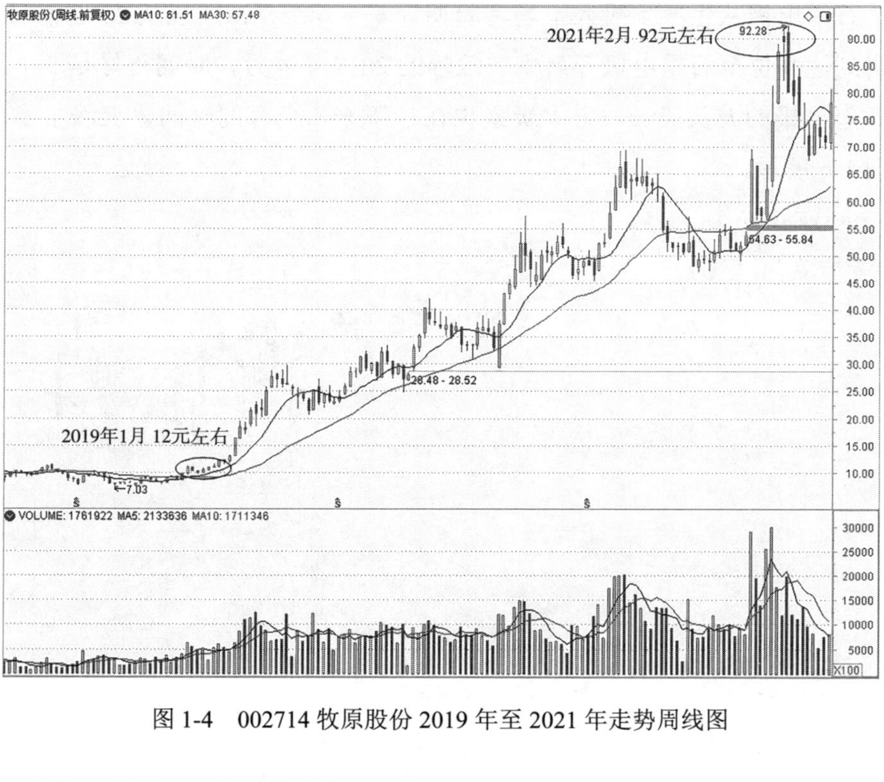

图 1-4　002714 牧原股份 2019 年至 2021 年走势周线图

2. 供不应求，要么需求太多

除了供应端的产能不足，需求端的放大也可以推高产品价格。需求端的分析路径与供给端一样，主要关注政策变动、产业上下游波动情况及与供应端的背离程度，另外，还要注意是温水煮青蛙还是骤然升温。比如 2016 年下半年，上游焦炭价格狂飙，抬高了下游钢企高炉炼钢的生产成本，同期电炉炼钢相对低廉的成本优势就显现出来。于是钢企加大了电炉炼钢的投入，数据显示：2017 年的中国电炉钢产量约 6420 万吨，比 2016 年的 4200 万吨，增长了约 52.86%。而七成以上的石墨电极使用在电炉炼钢上，因此，电炉炼钢的火热直接拉动了石墨电极的需求，如图 1-5 所示。

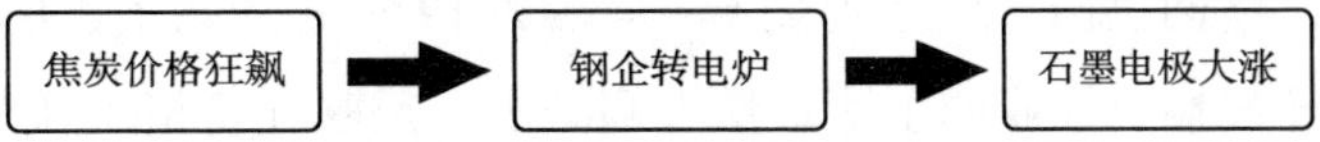

图 1-5　石墨电极上涨因果图

石墨电极从生产到投入市场，周期为 4 ～ 6 个月，所以从 2016 年 11 月煤炭到达高位至石墨电极开启恢宏涨幅的 2017 年 4 月，时间正好是 5 个月。而石墨电极的龙头股——方大炭素也在接下来 4 个月的时间里上涨了多倍，如图 1-6 所示。

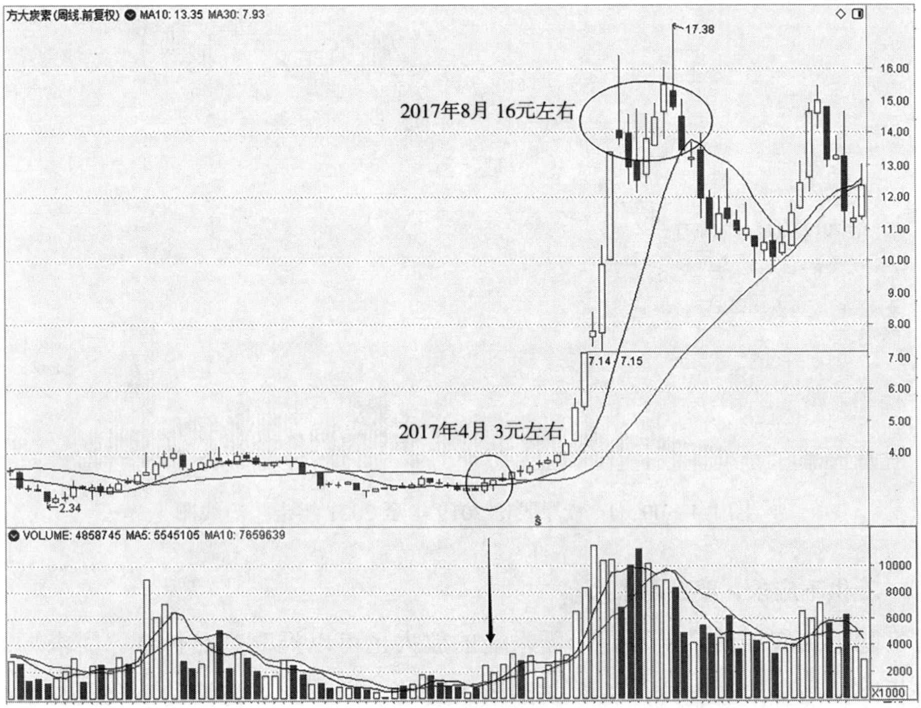

图 1-6　600516 方大炭素 2017 年走势周线图

综上所述，我们可以提炼出如图 1-7 所示的牛股交集图。

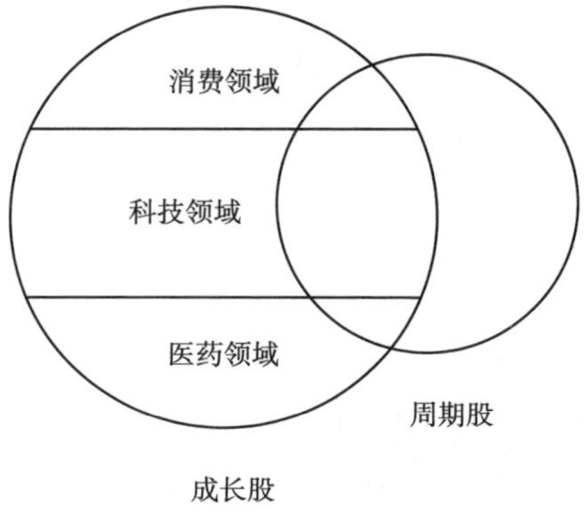

图 1-7　成长股和周期股关系示意图

事实上，不论是成长股还是周期股，都是一个由盛而衰的大循环。只不过对于成长股而言，上涨的时间比较长，"甜蜜期"会持续好几年，甚至会像潮汐一样，根据公司的实际表现出现数次上涨，对于周期股而言，上涨时间则较短，大多只有一波行情，但是爆发力极强。

四、牛股不是猜的，而是跟踪出来的

炒股的朋友都有一个终极问题就是"最近有什么好股票"，好像牛股是可以从一开始就挑选出来的。这其实是一种错觉，所有优质的公司和个股都是跟踪出来的。原因很简单，世界是在动态发展的，也许今年还一帆风顺的市场环境，明年已经腥风血雨了，更不用说有多少潜力巨大的公司由于管理层一时错误的决定折戟沉沙。并且你当初买入股票的理由，可能和最终股票成长为牛股的理由完全不一样。但是我们只要一直跟踪，确认公司和股价不断变得越来越好就可以继续持有。

所以，选股没有一劳永逸的，这也是为什么我不建议你听从别人意见的原因，别人给你的代码都是基于一时的判断，很少有人能追着你持续更新结论。

那么，你怎么跟踪牛股？其实可以分为业绩和股价两个方面。

你需要定期查看公司的财务报表，了解公司目前的经营状态来验证之前的判断，你希望看到它符合你的预期，甚至变得越来越好。除此之外，你还要跟踪它的股价表现。如果你买得不对，一只有着光明前景的个股也能让你损失惨重。比如 2022 年上半年的宁德时代，股价从 382.68 元 / 股一直跌到 194.35 元 / 股，如图 1-8 所示。

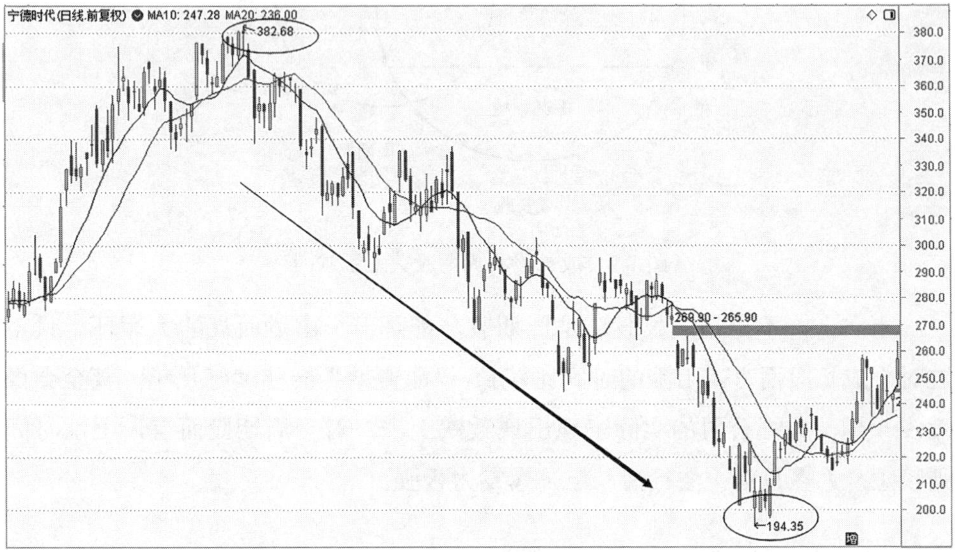

图 1-8　300750 宁德时代 2022 年上半年走势日线图

至于更多的跟踪方法会在稍后的章节一一详解。

五、牛股的上涨并不是线性的，而是台阶式的

如果一家公司全年有 50% 的业绩增长，反映到股价上，并不是每天涨一点，最终 12 个月刚好上涨 50%，很有可能绝大多数时间都是不怎么上涨，反而是弱势震荡，甚至下跌，然后在一年中的某个月，甚至是几个交易日，直接是把全年 50% 的业绩增长全部完成。

将这个时间线拉长，就可以解释为什么有些个股这两年业绩一直超预期，但是股价没反应，这大概率是它正在蓄势。比如阳光电源。从 2012 年至 2020 年业绩一直在积累，但是个股直到 2020 年 9 月才开始大涨，如图 1-9、图 1-10 所示。

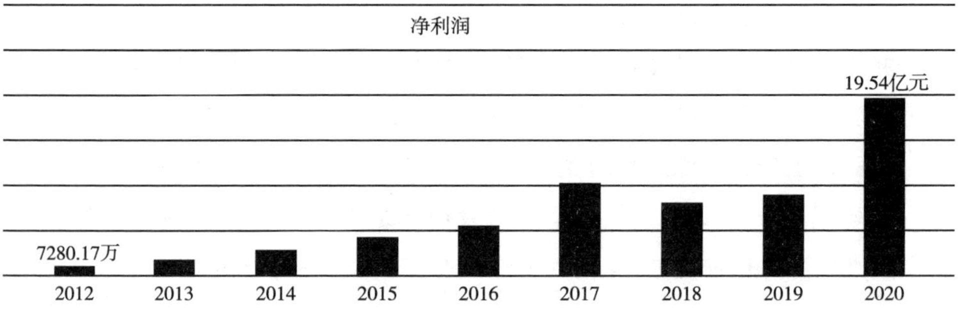

图 1-9　300274 阳光电源 2012 年至 2020 年净利润

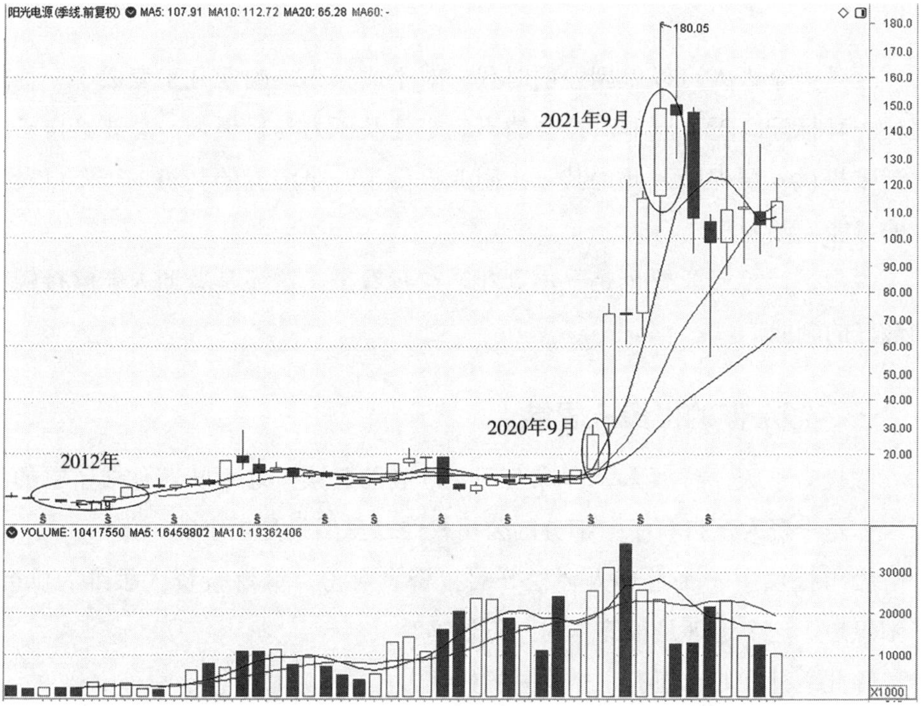

图 1-10　300274 阳光电源 2012 年至 2021 年走势季线图

公司的价值增长可能是线性的，但股价表现一定是非线性的。原因有如下三点。

第一，共振需要时间

很多朋友看股票的时候都习惯于单一要素，比如业绩超预期、政策利好、指标金叉等，但市场是一个合力，如果其他要素没有到位，股价涨不起来。

第二，资金没有准备好

并不是所有的资金都在第一时间准备兑现利好，有可能是还没有发现，也有可能是还没有认同，还有可能是资金在其他板块上利用着。

第三，上一轮大涨过分透支

市场很像一个情绪先生，不管是兴奋还是沮丧，一旦开始了总会透支。就像阳光电源，也许这波 14 倍的上涨就透支了未来 3～5 年的业绩。

第三节　普通人最好的副业

这是一个人人可以做副业的时代，对于成年人，副业几乎变成了一种刚需、一种标配。无可厚非，社会的不确定性及压力与日俱增，总要给自己的生活多提供一层保障，此为其一；副业提供了一个跨界的契机，一个自我提升的可能，此为其二。

说白了，投资股票也是一项副业。在我看来，这还是普通人能够接触到的最好的副业。

一、锻炼你的投资人思维

假设有一天，你买入了一家公司 100 股的股票，这意味着你成了它的股东，你是投资人，持有了一部分的公司权益，虽然只是极小的一部分。

股市提供了一个普通人轻松开启投资者身份，锻炼投资人思维的机会。仔细想想，这个道理是很简单的，不是吗？

除此之外，股市还有三个额外的好处。

首先，在股票市场，你能真正当一个"极简投资人"。你完全可以按照自己的思路去做，用不着为了实现自己的想法到处沟通，也用不着刻意去讨谁的欢心，照顾谁的情绪和面子。只要你认为自己是正确的，就可以一路坚持下去。

其次，如果是正常的投资，一旦失败，也就意味着这部分资金会血本无归。而在股市里，当你发现自己做错或市场出现风险，一两天内就能轻易回笼部分资金退出市场，还可以在市场转好时重新进入。

最后，公司成长和股价上涨是两个不同的概念，股票意味着在公司业绩之上还有情绪的巨大加持。同样的增长幅度，你可以享受情绪溢价，众人拾柴火焰高，有的时候股价要比业绩涨的幅度高多了。

二、能力是唯一的通行证

市场与高山一样，视所有人平等，谁都可以挑战它。它根本不知道，也不关心你是谁。你可能有疑问："对大资金也一样吗？"是的，一样。在全球经济彼此交融的今天，在巨量的资金洪流之下，不管多大规模的资金，都是沧海一粟，没有人能够一直战胜市场。在这里你有多大能力，就能赚多少钱。优胜劣汰是这里唯一的竞争法则，当然这也意味着你必须承担责任，亏了钱可没有谁能为你兜底。

如果你对自己的能力很自信，这将是一个绝佳的试炼场。通过内幕消息或他人指导或许也能获得利润，但是独立发现一只牛股的过程像挖到了金矿，能带来巨大的成就感和满足感，一旦你具有了独立判断从而成功交易的能力，就会越来越上瘾，毕竟这种感觉实在太好了。

三、不受时空年龄限制

和其他行业相比，股市的限制最少。它不讲关系，没有太多的资金要求、学历要求和年龄限制。

股市一天交易4个小时，你愿意什么时候来就什么时候来，愿意什么时候走就什么时候走，既没有人查你的考勤，也没有人扣你的奖金。你可以在洱海旁有风的地方工作，可以在城市的咖啡馆与友人聊天的间隙看一眼市场，还可以在去旅游的火车上从容下单，真正做到在生活中控制自己的时间，达到一种有钱、有闲的人生境界。

第二章

为什么在股市赚钱的永远是少数人

第一节　理解市场的六个层次

一位投资者非常看好一只股票，重仓购入，之后股价下跌，一开始损失比较小，舍不得卖，后来越套越多，最后实在受不了，几个月后卖掉了，结果亏了好几万。

相信上述情况，多数投资者都不陌生。那好，假设你自己就是这位投资者，你会怎么想？

1976 年，理查德·班德勒和约翰·格林德开创了一门学问——神经语言系统学。

世界 500 强企业中的 60% 都采用过 NLP 来培训员工。这门学问中有一个重要的模型 NLP 逻辑层次，我把这个模型稍微更改了一下，用来呈现认知层次。它分为六层，分别是环境、努力、方法、选择、身份和使命，如图 2-1 所示。

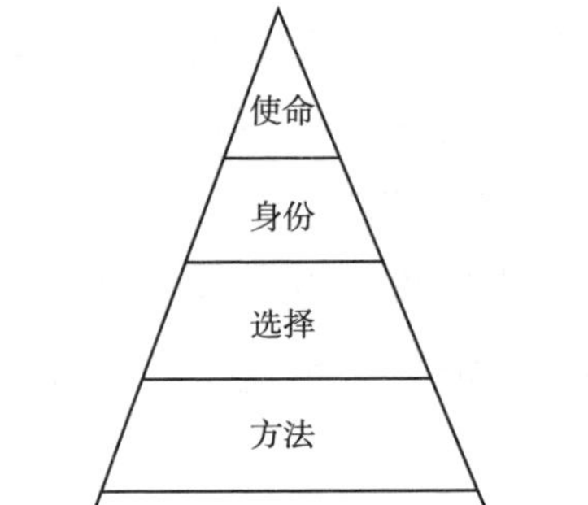

对于同样的问题，处在不同层级的投资者会得出完全不同的结论。

第一层：环境层

什么是环境？除了你自己之外的一切都算是环境。

图 2-1　认知层次示意

处在这一层的投资者遇到问题第一反应是从外部环境找原因。比如个股太差；一定有庄家控盘；监管不到位；那些"大 V"说的都是骗人的；当初就不该听同事的；我的运气太差了等。

总而言之，我是受害者。

如果你跟他们接触，听到的是无穷无尽的"抱怨"，好像一切倒霉的事情都被他们遇到了，生活是一团灰暗。

转念想想，也许他们也不想抱怨，可惜的是已经被死死地困在了环境层，看不到其他的可能，除了抱怨也无能为力了。

第二层：努力层

如果环境层的投资者从不在自己身上找原因，那么努力层的投资者则恰好相反——他们会认为事情没有成功，一定是自己的努力还不够。因为这是一个最显而易见的行动方向。

- 既然这次赔钱了，那我就多买几次。
- 观点看得不够多，再多看几篇公众号文章。
- 随时随地拿出手机来看看行情。
- 下班的时间也要被盘面研究填满。
- 费尽心思地到处打听消息。

反正是每天坚持，做了就行，看起来忙忙碌碌，至于效果如何似乎并不重要，毕竟自己努力了。

第三层：方法层

认知到了这一层的投资者，已经开始主动思考了。

他们相信自己遇到的问题此前一定也有其他人遇到过，并且一定是有解决的办法。想要做好投资，一定要先学习，于是走上了不停收集方法的道路。

比如买了之后下跌，那一定是买点不好，要找些讲买点的书来看；看了一阵发现有人说买点不重要，重要的是公司的质量，好像也挺对；又过了一阵，发现技术分析基础要补一补，于是 K 线、成交量、技术指标的书又看了一大堆等。

他们始终觉得会有更好的方法，于是一路收集，一路亏损。

第四层：选择层

在这一层中的投资者，明白了一个道理，即方法总是有效的，但不一定对自己有效。比方法更重要的是选择。我们需要通过信念和价值观来进行选择。

什么是信念？就是明白什么是对的，什么是错的。那什么是价值观呢？就是知道什么更重要，什么最重要。只有在一件正确的事情上寻找方法和付出努力才有价值。

还是之前的问题，一个选择层中的投资者会根据自己的信念和价值观做出选择。

- 如果选择的是价值投资，认为公司比股价更重要，那么，他会越跌越买。
- 如果选择的是趋势投资，认为股价比公司更重要，那么，他会及时止损。
- 如果认为构建系统比单笔盈亏更重要，那么，他会把一单交易看作自己投资思路的试金石，不论赚赔，皆是反馈。

处在选择层中的投资者，已经可以算是高手了。他们会优化自己的选择，然后安稳地待在自己的能力圈中。

有句话叫作"选择大于努力"，这里的"选择"是指选择层里的决策，而"努力"呢？显然你已经知道了，是基于方法层的"努力"。如果之前你仅仅将这句话作为"鸡汤"，那现在必须相信，这是一句实实在在能够给你带来改变的箴言。

为什么这样说呢？因为一个重大的选择可能带来截然不同的路线。

现在，请拿出你常用的本子，写这样一句很朴素的话，即我们现在的生活源自 5 年前的选择，同样地，现在的选择也决定了 5 年后的生活。

选择错误，会将之后的所有努力清零。

第五层：身份层

如果前四层我们可以实实在在地看到，那么第五层就有点进入潜意识层面了。在这一层中，你只需要回答一个问题："我要成为一个什么样的人？"随后一切的选择、方法、努力、环境都是为这个答案服务的。

投资这件事，如果你的潜在信念并没有接受自己会成为一个成功的投资者，那么所有表面的、浅层次的努力都不会带来真正的改变。甚至即使侥幸赚到了一些钱，也会因为内心的怀疑而付诸东流，看起来像自证预言一样："你看，我就是在股市中赚不到钱的。"而真正的事实却是，你从来也没有打心眼里相信这件事。

所以，如果你真的希望能做成某件事，一定要真的相信自己能取得好的成绩，能开创一番自己的事业，能成为成功的投资者，还要时刻提醒自己、暗示自己，直到百分之百相信，之后你才能拥有无限的心理能量，如愿以偿。

第六层：使命层

什么是使命？说白了就是你能够为这个世界带来什么，为其他人做什么。认知的前五层都是从自身的利益出发的，但是如果真正想要获得长久的、强大的动力，几乎驱动因素都是"利他"。

比如我自己，一开始学习投资的目的当然是为了赚钱，为了账户盈利，但是后来我将投资的目的变成能不能帮助更多的人，而我就要想明白这些内容是不是真正最重要的东西？这套方法能不能复制？我能不能用最简单易懂的方式讲明白？

总之，认知低层，会让你感觉滞涩憋闷，越往上层走，越会有种豁然开朗的通透感。王之涣有诗云："欲穷千里目，更上一层楼。"说的就是这个道理。

这六个层次给了我们一个衡量的标尺，你可以审视一下自己现在的状态，从而找到可以改变的方向和可能性。如果你在某一个层次被困住了，那只能打破现有的认知方式。每次都采取相同的行为，是不可能带来不同结果的。

当然，认知的六个层次并不是孤立存在的。上层认知给下层认知以指导，下层认知给上层认知以基石。试想一下，如果没有与之对应的身份，可靠正确的选择，切实可行的方法，实实在在的努力，单纯去谈"改变世界"，也只是"空想""情怀"罢了。

第二节　打开大脑的精彩认知

在上一节，我们知道了认知的六个层次，好比不同的投资者运行着不同的操作系统，想要速度更快，效率更高，就必须升级认知。

在这一节中，我想从六个全新的、依次加深的维度，告诉你成功投资者的认知是什么样的。

一、想赢还是想爽快

股票是一个天生能让人上瘾的东西。为什么呢？1938年，美国心理学家斯金纳做了一个非常著名的心理学实验：一只饥饿的小老鼠只要按动箱子里的拉杆，就有食物掉下来。斯金纳设置了两种模式，第一种固定奖励，每隔1分钟掉一个食物。刚开始小老鼠还会不停按拉杆，但发现这个时间规律后，它学会隔1分钟再按；第二种随机奖励，小老鼠按拉杆获得食物的概率是不确定的，它不知道哪次按拉杆能获得食物，于是不停地重复按，最终变成了一只疯狂的成瘾鼠。

现在，你可以认真思考一下，我们在股市中的心理状态和实验中的小老鼠是不是非常相似？下单之后，这一笔是赚是亏完全不确定，这种魅力会让人沉迷于下单的快感当中，而忽略了我们的本质目的是赚钱。

很多朋友进入市场就陷入了这个最大的无意识当中，他们从心态上把股市当成一种消遣，并没有必须想赢的欲望。

恐惧的时候逃跑，兴奋的时候加仓，怎么爽快怎么来，怎么舒服怎么来，是不是特别像婴儿式的炒股方式？请千万注意，如果你想赢，就不能屈服于这种炒股方式。你要有意识让自己不爽快。比如，想到赚钱就会很爽，那就反向操作，先想亏钱："我买进去就跌5个点怎么办？"当有了想赢的目标，你会有意识地开始分析：当下的市场行情是不是可以参与？如果参与多少仓位合适？买什么标的？什么情况下止盈？如果错了什么情况下止损？这些思考才是一个"做股票"人的正常思维，而不是为了享受交易快感去赌下一个涨停，去赌买到个股的最低点。

有些朋友可能会问了："盘感能不能相信呢？好像这也是一种直觉呀"，是的，盘感确实是一种直觉，但这是已经经过理性训练的直觉。

美国著名神经科学家保罗·麦克莱恩提出"三元脑"模型，从里到外分别是爬行脑（直觉）、情绪脑和新皮质（理智）。它们的反应速度依次加快，情绪是理智的快捷方式，直觉是情绪的快捷方式。

而所谓盘感，就是经过不断学习、不断重复、反复应用，之后建立了正确的情绪，最后产生了更快的直觉。

你可以明显看出，这时的直觉和一开始的应激反应完全不是一回事儿。

二、学会独立思考，才是赚钱的开始

彼得·林奇在一次演讲中提到过一种现象：人们在购买冰箱之前会先对比 10 台冰箱，查看不同冰箱的测评，会逛 15 家商店进行比价。但在股市里，却可能听从一条来历不明的小道消息，甚至在一家根本不知道干什么的公司上投入好几万。

很多朋友会在亏钱的时候找各种各样的理由和借口，抱怨市场、抱怨机构，抱怨听了谁的建议，但是这些抱怨除了让你宣泄情绪之外没有任何用处，所以要停止抱怨。因为不论赚亏，除了自己，没有人对你的交易行为负责。别人不关心你的账户是否增值，也不了解你的实际情况。

在这个市场上，没有放之四海而皆准的投资策略。

某位基金经理认为一个行业已经到达底部，那是因为他手里有上百亿元的资金，如果想要建仓，只能提前进行，而对于你，可能是一年以上的漫长磨底。

某个"大 V"提到一只股票，也许对他来说只是一个短线操作但你既没有足够的时间也没有强大的执行力，短线没有做好，反而变成了长期套牢。

如果你把希望寄托在外部要素上，只会随时随地陷入焦虑，像没有锚定的船。对自己负责，说到底是将关注点从外界收回来，不要通过其他中介，而是要真正和市场本身去对话。对于自己所做决定带来的结果百分之百接受，跟自己说："好的，我不后悔，但是某些地方可以改进"。

当然，一开始你一定会做很多错误的决定，犯错并不可怕。只有犯错，你才知道哪里是弱点，自己该往哪个方向下功夫。慢慢地你会迷上这种感觉，别人的所有意见都只是辅助，最终的投资决策不再受任何人的影响，你会成为自己投资世界的"王"。

请你牢记一点，即独立思考才是成熟投资者的标志。

三、无效学习还是有效学习

投资也是一种职业，但是它却有一个非常大的迷惑性，明明这个行业很复杂，可是进入门槛却很低。

而且投资中的正反馈太快了，也许上午开户下单，下午就能赚 5%。

那么，问题来了，在这样专业的市场中想要赚钱，我们能怎么办？是的，学习几乎是唯一的解决方案。你只有拥有了充足的认知储备，才能实现真正的独立思考。过去几年接触了很多普通投资者，发现大家有两个极端。

一是，完全不学习，选股的方式是听消息，对于股票领域的门道、规则和机制没有任何了解，甚至最基本的 K 线四个价格，利润在哪里找都搞不清楚，导致股市中一些明显的坑都跳不过去。

二是，很努力，每天除八小时上班，其他的时间完全奉献给了股市，专业书籍堆得比山高，各类股市术语如数家珍。可是学得越多，上了盘面发现越混乱，有时候还不如刚进市场的小白，这时候你只能安慰自己，肯定还有哪里没学到，努力、努力再努力，这正是之前我们分享的"努力层"的困境。

坦率地讲，如果你学了一堆东西，只是多了饭桌上的谈资，而没有赚到钱，那么，它没有任何意义，只是浅薄的自我安慰罢了。

如果上面两种情况你"中枪"了，就一定要小心了，股市里无知是最大的阻碍，有效学习才是成功投资的关键。

那么，什么是有效学习？

第一个核心标准是辨别好坏

很多朋友陷入越学越迷茫的困境，因为他们关注的都是零散的知识点，这些知识点有好有坏，像是珍珠和玻璃球。水平高一点的朋友能挑到耀眼的珍珠，大多数人只是在玻璃球中打转。

第二个核心标准是形成框架

投资中的很多知识分属于不同的体系，比如偏重股价表现的技术分析和偏重公司业绩的基本分析，他们之间的结论甚至是相互矛盾的，如果你不加区分，到盘面上一定是左手打右手。比如做一道菜，每样食材本身都很好，但如果把牛肉、羊肉、带鱼、豆腐、黄瓜等这些东西全部煮在一起，那味道可能就不尽如人意了。

所以，你一定要明确目的，判断分类，懂得取舍。在同一个脉络中积累才有意义。

很多人都是看见什么都全盘吸收，见山是山，见水是水，而真正有效的学习应该是自己先搭建一个小的框架，碰到什么看看能不能装到自己的框架里，相当于把别人的知识拆解，拿到你自己的工作间重新组装。

只有把珍珠串成项链才能成为艺术品。你的所有努力最终的目的是形成交易系统，如果一个知识点，不能帮你构建系统，应该果断放弃，你的系统应该没有一丝多余的部分。

第三个核心标准是检验效果

不管什么样的知识，有实际效果才有意义，学习的目的是赚钱，而不是为了学习而学习。

切记千万不要平均用力，而是要争取在少数重点内容上深刻理解，我们才可能用更少的时间，实现逆袭。

四、赚容易赚的钱

《孙子兵法》里有一句话："故善战者之胜也，无智名，无勇功"。

意思是真正会打仗的人，他们赢了以后往往不会有智谋的名声及赫赫有名的战功。读到这里，你可能会愣一下，一位好的将军不就是应该足智多谋吗？事实上，这句话才是《孙子兵法》的精髓。《孙子兵法》的本质是教你如何建立自己的优势，如何以强胜弱去碾压对手获得战争胜利，而不是以弱胜强。

现实生活中，很多人崇拜以弱胜强，想象自己能够凭借能力和智慧，力挽狂澜，看起来特别热血，能给人以极大的满足感。但是他们也忽略了，这种成功九死一生。我们只能看到最后成功的那个幸运儿，却很难看到同样做法的众多失败的人。

如果把投资也比作一场战争，你作为将领会怎么选择呢？

● 在一个下降通道赚钱是偶然的，亏钱是必然的。

● 在一个上升通道赚钱是必然的，亏钱是偶然的。

我经常看到一些朋友，在大盘下跌的时候不停努力，希望能选到逆势品种，这就是在赚很难的钱，赚很多不属于自己的钱。即使赚到了，也因为效率极低，浪费了你很多时间成本和精力成本。还记得我们的第一条认知吗？想赢还是想爽快。

五、做好投资靠决策而不是预测

我认识一位投资者朋友，我叫他老 K。2020 年底，他判断上证 50 指数经过了 5 年的震荡调整，现在已经出现了很大的投资机会，之后指数确实上涨了几周，他自然很高兴。但是很快市场发生变化，指数掉头向下，但是老 K 并没有改变自己的看法，反而不断寻找支持指数上涨的证据，结果不但之前的利润消失一空，自己也遭受了重大损失。

预测是我们的天性，猜下一步会怎么样，是大脑不受控制的天然倾向。想象一下，远古时期，一定是有观察能力、有预测能力的人，才能更好地活下来。他们可以通过一定的迹象判断水果在哪里、老虎在哪里，从而发现食物，躲避危险。这种能力在不断地强化中逐渐成为人类的本能。

但是绝大多数遇到麻烦的投资者一开始只是预测，到后来变成了较劲儿，非得让市场按照自己的意愿去走，才认为是正常的。像是没有经过训练的人骑在一头大象身上，拼命地想让它朝自己想要的方向走，但谁都知道，大象的力量是人撼动不了的。

投资本身是一个概率的游戏，对于单次的交易，胜或负都是有可能的，不存在百分之百的事情。那么，赚钱的核心到底是什么呢？答案很简单，赚钱的核心在于买入之后如何更好地处理买单，让错误的单子尽可能少亏，正确的单子尽可能多赚。

做了这么多年投资，我有一个深刻的体会，即随时准备被"打脸"，是一个投资者的自我修养。成功的投资者一定不是从不犯错的人，而是发现做错之后有勇气以"止损"的方式承认自己是错误的理性人。

想要避免固执己见，你必须能够保持充分的弹性。那如何保持充分的弹性呢？

步骤一：放弃观点

做一个"没有观点全然无知"的人，这样才不会被束缚。如果我们对市场有看法，就会不知不觉地预测市场的走势，而这会带来两方面的问题。

一是，它会带来焦虑。你会纠结于行情会怎样走，每时每刻都在担心自己的预测能不能成真，患得患失，这个过程是非常痛苦的。

二是，它会带来恐惧。当市场出现了预期之外的走势，意味着未知和失控，人们会天然觉得恐惧害怕。千万不要小看恐惧这种情绪，它几乎是所有错误操作的根源。因为恐惧会造成我们缩小注意力焦点，只能注意到让我们害怕的东西，看不到其他可能性。直接的结果是身体僵硬或是急于逃命，反映到盘面上，要么埋头不看，要么恐慌买卖。

当然，这并不是说我们不需要某种形式的市场分析方法，要发现机会，我们一定需要一套有效的方法，但是你要明白的是这只是一些参考，最终还是要以市场正在做什么为主。能够分析固然很好，但是当分析与现实背离时，我们必须跟着现实走。

步骤二：用决策取代预测

什么是决策？决策是对当下发生的情况做出反馈。如果出现行情 A，我执行甲方案；如果出现行情 B，我执行乙方案；如果出现行情 C，我执行丙方案，我不会预测行情一定出现 A、B 还是 C，而是无论怎么走，我都知道应该干什么才是对自己最有利的。

比如，一只股票跌破了下降趋势线，那么，此时卖出是最佳方案，以规避风险，降低损失；一只股票出现了理想的买点，那么，此时的最佳方案就是大胆买入，搭上个股的顺风车。

至于行情能走多远？我们不知道，行情得走多久才能回调？我们也不知道。因此，我们只需关注于当下的信号即可。没有太多的担心和犹豫，也不需要纠结于自己的判断是否正确，从而减少了很多无意义的内耗，所以当面对市场变化时，我们就能表现得更加灵活。

少看一些预测市场会怎么走的信息，要时刻问自己三个问题："如果在这里上涨了，我要怎么办？如果在这里下跌了，我要怎么办？如果在这里横盘不动，我要怎么办？"

如此一来，无论市场选择哪个"剧本"，你都可以应对自如，见招拆招。

六、专注才有力量

巴菲特和芒格把公司分为三类：可以投资的3%、不能投资的7%、太难理解的90%。

是不是很让人吃惊？这也就意味着，市场上90%的标的，巴菲特和芒格是直接放弃的。对他们而言，只买自己能看得懂的股票，对于自己能力圈之外的则坚决不碰。能力圈范围的大小并不重要，重要的是你要很清楚自己的能力圈范围。

普通投资者最大的问题是舍不得放弃，所有的钱都想赚。但是他们忘了，投资最重要的是避免失败，而不是抓住每一次成功。

如果再延伸一下，为什么我们不愿意放弃一些不好的股票呢？一是难以区分好坏。对于股票下意识全投资，而没有能力区分值不值得投资；二是我们都想快速成功，等待好的股票需要时间，但是看起来不那么好的股票却随处都是。于是，我们下注了，结果不仅没有带来收益反而让本金损失，结果离快速成功又远了一步。

在投资领域，快就是慢，而慢反而更快。只有大量放弃，才能有效专注。人的精力是非常有限的，所以，我们必须放弃那些可有可无的机会，专注于自己擅长的模式。会十行不如专一行，游刃有余一定来自不断重复。

接下来我们来看一个耳熟能详的小故事，但是这个故事我读了很多遍。

北宋年间，有一个人叫陈尧咨，他擅长射箭。有一次，他在练习射箭时，有个卖油的老翁看他射十箭中了八九箭，只是微微点点头。陈尧咨好奇地问老翁："你也懂得射箭吗？我的箭法不高明吗？"卖油的老翁于是拿出一个葫芦放在地上，把一枚铜钱盖在葫芦口上，慢慢地将油倒入葫芦里，油从钱孔注入而钱却丝毫没有沾到。老翁淡淡地说："我亦无他，惟手熟尔"，陈尧咨笑着将他送走了。

说白了，投资也是一项技能而已。你只要按照一定的规律走个百遍千遍，自然也能做到"自钱孔入，而钱不湿"，你会发现赚自己能力圈范围之内的钱会变得越来越轻松、简单和安全。

综上所述，我把本章的内容提炼成一张认知提升导图，如图 2-2 所示。

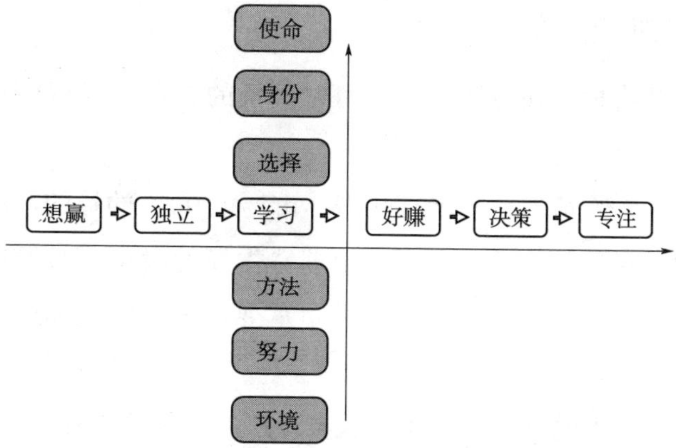

图 2-2　认知提升导图

现在你已经比 99% 以上的人更清晰地看到自己未来真正要做的事情，绝大多数人还在底层认知中不停打转。

市场中真正明白什么是正确的事并且愿意坚持做正确的事的人始终是少数。正因为如此，我们的坚持和努力才有意义，才能实现真正的成功投资，稳定盈利。

第三章

以终为始，成长路线图

第一节　投资的终极目标——三大"自由"

很多人都认为财务自由是唯一的自由，其实不然，我认为我们投资的终极目标应该有三大自由。

一、财务自由

怎么定义财务自由，每个人的标准肯定是不一样的。如果按照我个人的定义，财务自由绝对不是你想买什么就能买什么，而是被动收入可以覆盖掉日常支出。目的是让你选择自由，可以从自身出发，不受太多外界的干扰，可以为了喜好去做事，而不用担心一旦不工作，就没办法生活了。

1. 赚钱是正事

通常情况下，财务上的自由肯定是最重要的，毕竟普通人投资最主要的目的是赚钱。至于发挥资本市场的有效性，进行资源配置，不是我们操心的。

在我看来，赚不赚钱是检验你的策略、模型、方法有效性的唯一标准。当然，这里所说的赚钱，并非指一次交易的成败，而是一段投资周期（比如1年、3年、5年）整体交易的盈亏。

2. 如何规划收益率

从投资的角度来讲，我们先要规划好想要的收益率。不同收益率对应的资金体量是不一样的，实现路径不一样，承担风险也不一样。那么，对于普通人来说，多少的收益率算是比较合理的呢？我们可以从资金量大小和交易水平高低这两个层面来分析。

第一个层面：资金量小，而你的交易水平比较高，就可以期待更高的收益率。比如，1950年巴菲特怀揣9800美元去上哥伦比亚大学，到了1956年，这笔钱增值到17.4万美元，年化增长率超过60%。

从上述例子中你会发现，巴菲特在资金量还很小的时候，也是靠着超高的投资回报，迅速把资金滚大，而不是像很多人想象中的，从一开始就是每年取得20%左右的稳定收益，直到身价上亿。

知道了这一点，对于普通投资者来说非常重要。资金量小是一种天然优势，我们一方面要努力工作，积累原始本金，另一方面要选择更有效率的资金利用方式。

第二个层面：交易水平。当然交易水平高低也不能自我感觉，而是要有一个客观的衡量标准：至少连续3年跑赢基准指数10%以上，则可认为你的交易水平相对较好。比如2019年上证指数涨幅22.30%，你的账户总体业绩应该大于32.30%；2018年上证指数的跌幅是-24.59%，你的总体业绩下跌幅度要小于-14.59%。

这个标准看起来简单，却并不容易做到。比如2022年，全市场的基金经理只有15%的比例达成了这个目标，他们的投资水平、资金量和对市场的影响力都远远大于个人投资者。

当然，这个收益率是为了构建交易系统用的，是一种理想情况下的状态。目标是目标，现实是现实，现实有时候会更好，比如牛市，或者更差，比如熊市。

为了合理评价自己的投资水平，建议一段时间固定自己的资金投入。很多朋友的做法是不断地"折腾"账户，比如我的一个学员大林，每次账户的钱亏完了又从其他地方调钱进去补仓，一年到头也不知道自己是赚还是赔。这样的做法极不可取。你可以在年初制定今年的投资金额，无论赚钱还是赔钱，尽量不动账户。

二、时间自由

什么是"时间自由"？不是什么都不干，而是你可以决定想干什么的时候就去干什么。

虽然我是职业投资者，但是我从来不是全职投资者。请注意，这里所说的全职投资者是把所有的时间都用于股票。为什么我会得出这样的结论呢？

1. 没有必要

有些朋友之所以想要全职做投资，可能是为了更好地交易，诚然，不同的交易风格对于时间的总体要求是不同的。

有一次老友聚会，聊起各自的看盘时间，各不相同。我周围有很多朋友是做价差交易的，他们的交易方法需要摆上 6 个显示屏，一天 4 个小时全程盯盘。不过我目前采取的交易模式并非如此。去掉初期建立系统需要花费较多的时间之外，一旦模式成熟，每周花费时间少于 10 个小时。

简单地分享我现在的工作流程：每天收盘之后花 30 分钟看一下市场的大环境和板块情况，然后花 20 分钟看一下股票池和潜力池中个股的买点和止损位置，下好条件单，设好预警，第二天确认一下条件单正确执行，周末抽 3 个小时集中选择潜力股。

这些工作量，就算你一周 5 天都上班，也可以正常完成，根本没必要做成全职。除非你的能力强到可以成立工作室或私募基金。

2. 弊大于利

首先，市场是有风险的，它并不是随时随地都能给你带来利润，但是我们的生活每个月都需要付账单，需要一份相对稳定的工作。

其次，时间多了并不一定是好事，如果要做的工作量就那么多，给定一个规定的时间，你会完成得更快，效率更高。如果突然多出大量富裕的时间，大概率也是白白浪费掉了。

最后，股票交易的关键其实是"等"。绝大多数人对于市场的整体走势没有任何影响力，不管你是看盘还是不看盘，该突破的也会突破，该下跌的也会下跌。反而当你有足够的时间盯着市场的时候，心绪是起伏不定的，总想去做点什么，从而导致更多错误的操作。

在第一章中，我说投资可以不受空间限制，你可以在任何地点来展开自己的投资。事实上，你也可以不受时间限制，可以在你方便的任何时间展开自己的投资。

说白了，股市只是生活的一部分。

如果可以实现时间自由，用少量的时间实现更大的利润，剩下的就可以用来陪伴家人，自我成长，岂不是一种更值得享受的生活？

三、心灵自由

财务自由、时间自由比较好理解，心灵自由则有点儿抽象了。但心灵自由才是幸福感的真正来源。

投资中，你要走出自己的情绪，这并不容易，很多人一辈子都没办法走出来。相对于其他行业，交易投资的"心灵创伤"也许是最大的。

那么，什么才是"心灵自由"呢？

1. 心灵自由的第一个表现是不焦虑

投资之所以让人感觉很疲惫，其实并不是要做的事情有多么耗时、多么难，而是你把大部分时间都用在内耗上了。

面对投资世界的不确定性和各种纷纷扰扰的信息，人们很容易陷入焦虑和无力的旋涡中。哪怕没有做多少事情，很多心理能量也都在焦虑紧张、犹豫纠结中白白消耗了。

焦虑一方面来自要面对不确定性，而不确定意味着失控，失控就会带来压力。

解决方法其实不难，是你要知道自己的能力圈在哪里，明白什么才是适合你的，面对接下来的市场知道如何应对，从而找到属于自己的机会——我只要这个，其他都不要，就不会轻易被别人带跑偏，焦虑自然也就减少了不少。

焦虑另一方面来自和别人的比较。同事的个股涨停了，而我的个股原地不动，会觉得闷闷不乐。

其实大可不必，每只股票的节奏都是不同的，并且我们要做的不是和外界对比，而是与过去的自己对比，只要看到进步，就值得赞扬和鼓励。

2. 心灵自由的第二个表现是能静得下来，能够等待事情发生

机会的萌芽、产生、发展、结束是一个完整的过程，是一个周期，是有节奏的。有行情就做，没行情就休息。但是绝大多数人如果不交易会感到不自在，如果不频繁进出场会觉得自己在浪费时间。

第二节　股市成长路线图

我主要将其划分为以下三个步骤。

一、搭建交易系统，实现心灵自由

以前看到过这样一个故事：

从前有一个小村庄，村庄里除了雨水之外没有其他的水源。为了解决这个问题，一个叫艾德的人买了两只大号铁桶，每天奔波于 1 公里以外的湖泊和村庄之间，把打来的水倒在大蓄水池中。他起早贪黑地工作，很快赚到了钱。另外一个人叫比尔，他与该村庄签订合同之后却一直没有出现。直到 6 个月后，比尔带着一个施工队和一笔投资回到了村庄，花了整整一年的时间，比尔铺设了一条从村庄通往湖泊的不锈钢管道。

从此之后，艾德每天还需要拼命地送水，而比尔却因为这条管道带来的不间断利润实现了自由生活。

搭建交易系统其实就是在修建一条管道，它能输出一个稳定的增长率。打造它虽然会需要一定的时间，但是建成之后它就能变成一台自动化的赚钱机器。

二、养成赚钱习惯，实现时间自由

信心的积累来自不断的正反馈。

什么是正反馈？是将系统运用到实战中，取得了预期的效果，下一次你会更愿意、更熟练地运用它。在股市中，能够"赢一次"的力量非常强大。

很多朋友可能是赔钱的次数太多了，他们不相信有人能够在股市里赚钱，也不相信自己能赚到钱，所以，如果能够运用所学获得市场的肯定，那种心理冲击其实是非常巨大的。

有一件对我来说印象很深刻的事：2017 年末做泰格医药，有个学员跟着一起做，到后来涨到 30% 的时候，他激动地说："我从来没有想过自己能赚

30%，以前最多 10% 就卖了，被套 30% 倒是常事儿。"

有一句诗我很喜欢：曾经沧海难为水，除却巫山不是云。什么意思呢？我认为就是你经历过那些巅峰的东西，再看世间普通的东西就能稳得住了。

一旦你经历过买在正确的买点然后一路持有，中间虽然也有起伏，但是最终保持强势，收获了 30%，甚至 50% 的利润，你还会随时急乎乎地入场吗？对于中间的一点点小波动还会吓得马上交出自己的筹码吗？当这个过程重复两遍、五遍、十遍时，你就真的能淡定面对赚钱这件事了。

不管用什么办法至少赢一次，这样才可以告别失败者心态。

在第一步中，我打造了一个完整的交易系统，回测合格，接下来不断重复，从笨拙到熟练，最终形成条件反射。

三、逐笔积累利润，直至财务自由

如果你能够完成前两步，那么，离成功已经不远了。接下来你只需要做一个动作，即按部就班，逐笔积累利润。

最快拥有财富的方式是这么一个又一个的仓位利润慢慢累积而来的，除此之外，没有他法。

下面我们先来看一个案例。

一张 A4 纸，将其对折，再对折，如此重复 100 次，大概会有多高？

你可能会想，一张纸才多厚呀？薄薄的一层，几乎可以忽略不计，对折100 次，也没有多高。

而事实上，通过计算得出：假如一张纸的厚度为 0.1 毫米，对折 100 次的厚度就等于 0.1 毫米乘以 2 的 100 次方。这个厚度非常巨大，这就是复利的力量。

什么是复利思维？其本质是一个增强回路：做事情 A，会导致结果 B；而结果 B，又会反过来加强 A，不断循环，如图 3-1 所示。

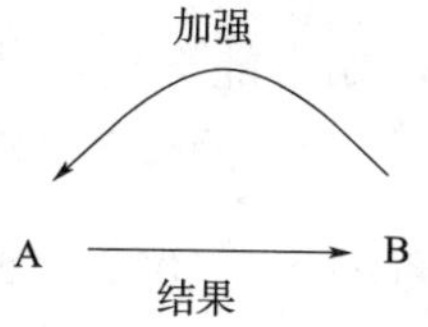

图 3-1　复利效应示意图

经济学家用一个公式表达复利效应：

$$F=P（1+i）^n$$

F代表你正在做的事，P代表目前的基数，n代表重复次数，i代表增长率，正如一张纸对折，每一次都是把之前的结果翻倍。

我们之所以要打造交易系统也是想要稳定输出一个增长率。基数越大、增长率越高、重复次数越多，最后爆发出来的威力也就越惊人。

一旦拥有了复利效应，即使一开始增长幅度很小，甚至感觉不出来，但是随着时间的推移，它会在某一个拐点，开始急速上扬，形成爆发式的增长，如图 3-2 所示。

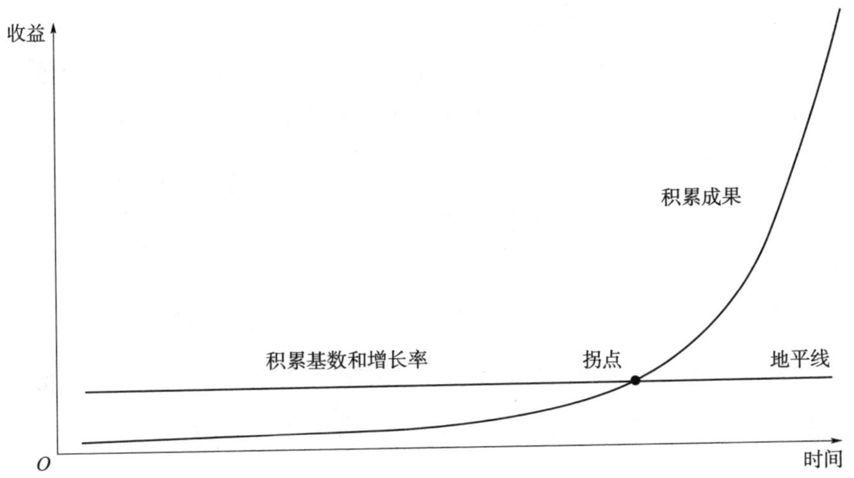

图 3-2　复利结果示意图

那么，问题又来了，为什么很多朋友明明知道复利效应的威力，但还是坚持不下来？

下面来看一个案例。

一片池塘出现了一小块浮萍，它每天增长一倍，预计十天就能长满整个池塘水面，请问，多少天能长满一半水面？答案是第九天。这也就是意味着，你在第九天看池塘水面的时候，浮萍才覆盖池塘水面的一半，但只需再多等一天，就会覆盖全部的水面，听起来是不是很魔幻？但事实确实如此。

复利有个显著的特点，即初期的一段很漫长的时间段里，效果非常小，小到你甚至怀疑它是否存在。你需要坚持到拐点的位置之后，曲线才会急速上扬。

投资人常用滚雪球来形容自己的财富积累，雪球粘上的雪越来越多，会变得越来越大，而越来越大的雪球又能够粘上越来越多的雪，如此不断重复，雪球会大到不可想象。

关于复利在投资中的使用，还有一个极其重要的认知就是避免出现较大亏损。

亏损意味着之前提到的复利三大基石之一的"基数"削减了，好比你已经玩到了游戏的最后一关，却失败了，没办法，只能重新通关。而且越到后期，大幅亏损带来的冲击越严重。

对于有些比较成熟的投资者而言，单纯一年或几年投资收益达到30%，并不难做到，光景好时连续翻几番也是正常的事情，但要长期做到年复合增长率30%却难如登天。原因在于遭遇熊市，损失可能会超过50%。

对于投资者来说，关键在于我们不仅要赚钱，要获取利润，更重要的是你赚了钱以后能不能守住利润。在控制风险的基础上，才能实现财富的稳步增长。

投资只有两条原则：第一条不要亏损，第二条永远记住第一条。

由此我们可以得到一条理想的资金增长曲线，即台阶型增长——行情上涨时收益向上，行情下跌时收益走平（保持空仓或少仓），之后下一轮行情上涨收益继续向上，下跌时再次走平，具体的成长路线如图3-3所示。

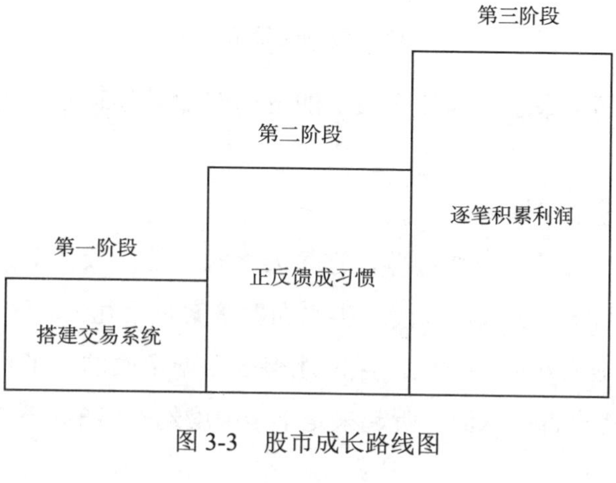

图 3-3　股市成长路线图

模块二

底层逻辑

记得我儿子小时候陪他去上早教班，班上的老师教给小朋友们一个简单的游戏，即所有人面对面围圈坐，一个小朋友绕圈边念"挑西瓜，挑个大西瓜"，停下来拍到另一个小朋友肩膀问"西瓜、西瓜熟了没"，如果这个小朋友回答"熟了"，那么他就要起身去抓挑西瓜的人，挑西瓜的人要绕一圈坐到之前被拍到肩膀那个小朋友的位置上。

规则很简单，对不对？老师耐心地解释了两遍，结果，小朋友们乱作一团。要么是没有念口号，要么是没有提问，要么是拍完直接就跑等。

别说小孩子，即使成人也少不了在玩新游戏的时候被规则折磨到头大——这里的前提是我们可以明确地获得规则。

事实上，投资理财对应着固定的游戏规则，我们要战胜对手、取得成功，要在这些既定不变的游戏规则基础上，构筑有效的方法理论。

投资中的规则更是难以触及，即使是那些以股票为主要内容的专著当中，更多的也是去讨论具体的方法理论。是的，你没有看错，你所接触到的很多投资理论，其实都只是方法理论而已，但是对于这些方法理论所赖以生存的根基却少有涉及。

那么，这个根基是什么呢？是概率。只要你进入市场，应该听过这样一句话："投资没有百分之百的事情"，它背后的含义就是概率。只不过大多数朋友仅仅知道这个词而已，对于它的本质、内涵、使用半径没有丝毫的了解。

那么，在这一模块当中，我们将打破这个限制，一起看看投资世界的这个底层逻辑到底是怎么运行的，而且还要分析搭载"概率"的外部形式——交易系统。

第四章

投资就是概率

第一节　欢迎来到右侧世界

究竟什么是投资世界的本质呢？在回答这个问题之前，我们首先需要思考一个更为广泛的问题：为什么有些事情只要付出努力就能看到成果，比如小时候的学习或成年后的健身；而有些事情却显得复杂许多，比如在职场上，尽管付出了足够的努力，但并没有获得相应的晋升；学了很多方法策略，但是依旧面临创业失败的局面；或者最常见的，无论在股市里怎样努力，该亏损的资金还是无法避免等。这种现象又该如何解释呢？

迈克尔·莫布森在《成功方程式：实力和运气在投资中的作用》这本书中，提出了"成功＝技能＋运气"这样一个方程式，如图4-1所示。

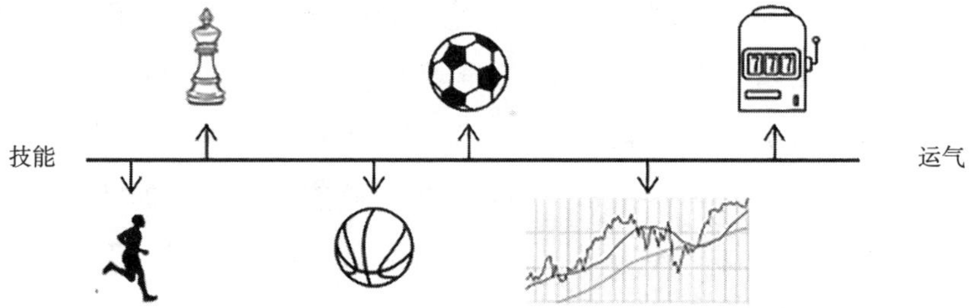

图4-1　成功方程式

事实上，我们做的所有事情，运气权重并不相同。如果把它们沿着横轴一字排开，越是往左侧的，越依靠技能，运气权重越小，比如跑步、下国际象棋等，几乎没有运气的空间，全凭本事；而越靠近右侧，运气权重越大，比如彩票、抛硬币等，几乎没有技能的空间，全凭运气。

而在两个端点中间的事情，既有技能的要求，也有运气的成分。比如踢足球，有些时候技术再好，也有可能把本该进的球踢到球门上。所以，它在横轴左侧靠右的地方。再如投资，技能重要吗？当然重要，但是运气占比也不小，所以它在横轴右侧的地方。

你看，左侧和右侧，这好像是一个对称世界。

一、对称世界：通行法则大不同

1. 左侧世界

左侧世界我们很熟悉，因为这是我们从小到大一直学习生活的地方，这是一个确定性大于不确定性的世界。

（1）左侧世界，对象之间的关系固定

不管是数理规则，像是微积分、力学；还是人文规则，比如演讲、书法等，都有一套逐一对应的规则方法，虽然有的时候它们很复杂。比如，有些人演讲激情澎湃，内容引人入胜，看起来像是天赋。殊不知，一切都是有方法的，任何人只要能研究明白背后的方法，刻意练习，不断重复，演讲水平都会有显著的提高。

（2）左侧世界，事情的发展都是线性的

好比匀速行驶的火车，无论你在哪个站点上车，之后列车的速度都是相同的，这是可以预测的。这也说明了两点：首先，单次的表现可以反映出个人的能力水平，比如一次摸底考试就能轻易判断学生是处于 90 分的水平还是 60 分的水平。其次，一次动作对应一个结果，比如你背诵了 30 分钟的单词，就能相应提高一些词汇量；跑完一场马拉松，就能提升自己的肺活量；工作一天，老板就会给支付一天工资，虽然工作是按月结算，但每天的工作与报酬是一一对应的，每项活动的结果都是明确的。

这个世界的生存法则关键词是努力，讲究"付出必有回报"，具体策略有两条，即寻找方法和刻意练习。

2. 右侧世界

显然，右侧世界对我们来说是陌生的，甚至很多朋友压根儿不知道还有这样一个世界的存在。所以他们会把左侧世界中特别有效的一些"生存法则"带进右侧世界，可想而知，一定是不合适的，甚至是"致命"的。比如努力和勤奋，左侧世界的"硬通货"，到了右侧世界成了一些没有什么意义的事情。

起码在投资世界里，很多时候，赚钱靠的不仅不是努力，反而是"什么都不做"，这才是最难的。

右侧世界是一个不确定性大于确定性的地方。

（1）右侧世界，对象之间的关系是动态的

之所以如此，是因为"涌现"和"演化"在起作用。什么是涌现？它指的是系统具有一些与单个个体无关的性质。比如水分子聚集在一起能够形成漩涡，这个漩涡能吞没经过的船只；蚂蚁聚集在一起能够形成蚁群，庞大的蚁群能建造复杂的蚁穴；单个鱼聚集在一起能够形成鱼群，鱼群能躲避鲨鱼的捕猎；在这些例子中，单个个体和整个群体之间的关系就像是属于两个不同物种一样。

在投资世界中，同样有涌现。市场中的投资者不分性别、阶层和背景，如果他们产生了一个想法，这个想法代表了这群人的一致意见，个体的质疑就会完全消失。

再来看演化，每个实体都拥有一定的智能，能够根据"现实情况"来调整其行为模式，比如股票市场的投资者、交通系统的司机等。这种智能导致自我实现的现象，即系统中每个人的意识都会反过来影响到事情本身，从而产生一种叠加的作用。

比如，如果你提前听说一个人待人不友好，你会在聊天的过程中全程戒备，但正是因为这种戒备，会让对方也难以正常交流，从而让你坚信了对方不友好的这个事实。先入为主的认知，造成行为上的改变，最终反过来加强了既定的认知。

股价上涨的时候也是一样。由于股价不断上升，处于一个虚高的状态，而且越上升，反过来投资者越觉得这只股票厉害，越会继续购买。如此循环往复，直到泡沫破裂。

（2）右侧世界，事情的发展是非线性的

一次动作不一定对应一个结果，也许是多次动作对应一个结果，又或许是一个动作对应多个结果。

股市里也有很多的非线性变化，比如很长时间可能都看不到变化，但是一旦经历了某个临界点，事物会呈现急剧变化的非线性特征，如图 4-2 所示。

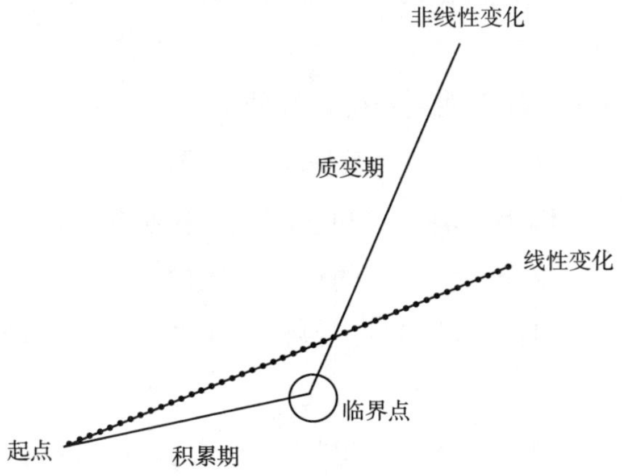

图 4-2　资本市场的复杂性

那么，在这样一个世界中，什么才是通行法则呢？答案是概率。投资是不确定的科学和可能性的艺术，概率就是和不确定及可能性打交道。因此，投资是一个概率的世界。

事实上，我们经常犯的投资错误，几乎都与概率相关：不理解概率、理解但是忽略概率、错判概率等，总之，概率的重要性再怎么强调都不为过。

你想要取得成功，具体策略有两条，即正向期望和冗余备份。而这两条就是接下来整本书的重点，这里先不讲解。

二、右侧世界的陌生概率

到目前为止，我们弄明白了左侧世界和右侧世界的构成。多数情况下，我们的生活更依赖技能，更看重努力。当你开始投资了，一下子从确定性的世界冲进不确定的世界，必然会感觉到非常不适应，原因在于概率并不是人类熟悉的思考方式。

我们应首先明确一点：人类的进化尺度基本上要以 10 万年起步，这也就意味着，人类现在的基因，跟 10 万年前的基因没有多大差异，由基因决定的诸多本能也和人类祖先相差无几。

那么，这些本能是如何形成的呢？

用达尔文的话来说就是"基因突变，物竞天择，适者生存"，如果诞生了能够增强生存能力的基因，它存活并且遗传下来的概率就会更大。

简单来说，我们绝大多数的本能都源于先祖用来增强生存技巧——追求尽可能多的确定性也是这种本能的体现。

你仔细想想就能明白，因为食物匮乏、资源有限、猛兽横行，人类祖先必须非常慎重地去做每件事，必须尽可能地去做那些确定能获得食物的事情，必须尽可能去那些确定没有猛兽出没的地方，只有这样才能提升生存概率。

确定性代表着安全，它为我们提供了极大的心理安慰。相对而言，那些行动无常、总涉及不确定因素的事务或地点的先祖，往往面临着吃了上顿没下顿，或是更容易受到猛兽的攻击，这样的人在进化的过程中逐渐被淘汰掉了。

至于我们的冒险基因，则绝大多数是在食物匮乏，不得不冒险的时候才会被激发的。

反过来看概率。

就算你是精通概率论的专家，只要你不启动"理性"来思考，得出来的结论跟完全不懂概率的人没有任何差别。

概率超出了人类的感知范围。像有些情况下，空间之广，时间之长，也会超出人的正常感知范围，比如"地球是平的"这句话，你用感知来看一定是正确的，从山东到海南，大约 2400 公里，这么远的距离，我们并不会感觉地面是弯曲的。

跟概率相关的结论往往是"长期的总体结果"，但我们眼见的却只有"此时此地的一小撮特定案例"。好比让一个人估计整个社会的结婚率或某个疾病的发病率，他只能根据身边极其有限的事实得出结论，以偏概全是难免的，错得离谱也不足为奇。

但是，我们做投资、做交易，概率视角不是一个可选项，而是必选项，所以，一定要把这个思维建立起来。

好消息是，虽然概率是右侧世界的产物，但是"学习概率"却可以使用左侧世界的方法——刻意练习来实现，通过这种方式，你便可以在两个世界间自由切换，而这并非是一件难以实现的事情。

第二节 一维空间：概率

一、概率的含义

到底什么是概率呢？所谓概率是指出现某种结果的可能性大小，换言之，用来衡量事件容易发生程度的标准。比如，我们扔一个标准的六面骰子，众所周知，你得到任何一个面的可能性都是 1/6，如图 4-3 所示。

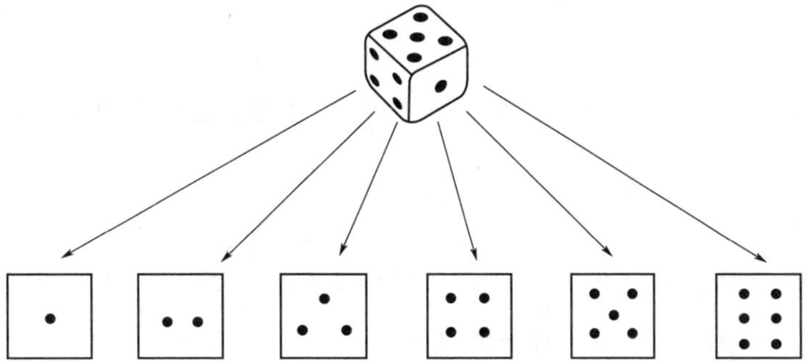

图 4-3 骰子的概率示意

这也就意味着，尽管骰子落地的时候，只会是某个确定的面朝上，但是当你随机扔出骰子的时候，它的未来其实是有 6 种可能的。

最终，我们只会选择 6 个中的 1 个，即一个事件所有可能出现的结果，并不会同时发生。

因为标准骰子的 6 个面是一样的，某一面出现的可能性，也就是概率是 1/6。

这里的前提是"所有结果出现的可能性是均等的"，骰子质地均匀，6 个面出现的比例才是一样的，如果某一面的质量比较重，那这一面出现的概率就不是 1/6 了。

从上面的分析可以看出，对于已经发生的事实，概率没有任何力量。好比我们看未来的股票走势总有诸多可能，而一旦往回看，股票走势总是显而易见，原因就在于这是一种尘埃落定的结果。

理解了单个事件的概率是怎么回事后，我们再来看下面的一个案例。

张三高中毕业后，走上社会参加工作。他性格开朗，为人真诚热情，乐于助人。业余时间喜欢阅读，尤其喜欢各类小说。关心国家大事，时刻注意最新的政策动向。

根据以上的介绍，下面哪一个叙述更有可能是真的？

A：张三是一名出租车司机。

B：张三是一名出租车司机，同时是一名业余作家。

读到这里，你的答案会是哪个呢？

我们的直觉往往会选择 B，因为根据介绍文字中"张三喜欢阅读"，似乎更有可能同时是一名业余作家。但凡你学过概率，就会知道，一件事情单独发生的概率比这件事情和另一件事情同时发生的概率要高，所以，从概率上来讲，A 的叙述更有可能。

有人会惊讶地问：怎么可能呢？

我们继续用扔骰子举例，如果扔两个骰子，得到两个 6 的可能性是多大？扔两个骰子，其实是把它们分裂了两次，如图 4-4 所示。

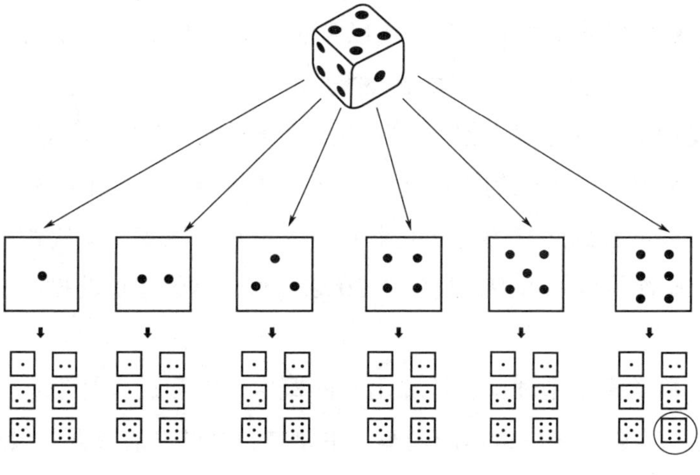

图 4-4　多个事件的概率分析

第一次：扔第一个骰子时，分成了 6 个。

第二次：扔第二个骰子时，第一层分别又分成了 6 个。于是我们得到了 36 个。

现在我们来找一下，在 36 个中有多少个是两个骰子都处于 6 的状态。

答案是只有一个，在上图的右下角，所以，得到两个 6 的可能性是 1/36。

因此，在概率理论中也有这么一个公式"两个独立事件 A 和 B 同时发生的概率等于 A 发生的概率和 B 发生的概率的乘积"，即 1/6×1/6=1/36。

从这个分析过程我们也能得到一个结论：频繁的决策，不仅不能带来确定性的上升，反而会让全部正确的概率越来越小。

比如你每次做决定正确的概率是 85%。那么，连续决策两次，全部正确的概率是 72%；连续决策 3 次，这个比例下降到 61%。这也就意味着，在同样的"确定性"预期之下，中间的决策和选择次数越少，最终结果正确的概率越高。

二、概率的类型

在概率的世界有两种类型：数学概率和统计概率。比如，硬币有正反两面，所以，如果我们去抛硬币，可能产生的结果就是"正面朝上"或"反面朝上"这两种情况之一，所以"正面朝上"或"反面朝上"的概率都是 1/2。通过类似的思考方式计算出的概率叫作"数学概率"。扔骰子的时候，出现点数 1 是六种可能结果中的一种，所以它的概率是 1/6；一副除去了大小王的扑克牌还剩 52 张，从中抽到红桃 A 的概率就是 1/52。

如果我们换一种方式，把一枚硬币抛了 10 次，其中 7 次都是正面朝上，那么，目前来看正面朝上的概率就是 7/10。像这种方法求出的概率叫作统计概率。我们可以看到此时的统计概率并不等于数学概率。又或者一位篮球运动员，在 100 次投篮练习中，投中了 30 球，那么这位球员的投篮命中率就是 30%。

所以，数学概率是理论上计算出来的概率，它和过去是没有关系的；而统计概率是从实际结果中得出的概率，主要是通过过去的数据去预测未来。

明白了概率的类型，我们再了解概率的数值。因为概率表示的是某个事件发生的数量占所有可能出现的事件总量的比例，所以，概率的值永远在 0～1，概率数值示意如图 4-5 所示。

图 4-5 概率数值

如果某件事不可能发生，那么它的概率是 0，对应的是这条直线上最左端的位置。如果某件事确定会发生，那么它的概率是 1，对应的是这条直线上最右端的位置。大多数时候，你所面临的都是介于 0 和 1 的事件。对于一个稳定的系统，概率通常是固定不变的，不会突然变高或变低。

但是大家都有一种错觉：抛硬币的时候，如果连续好几次都是正面朝上，你会不会觉得"下次怎么样也该出现反面了吧"，因为连续多次出现正面朝上，人们不由自主地认为下次反面朝上的概率会更高。这种心理状态叫作赌徒谬误。简单来讲，就是倾向于将过去和未来两个相互独立的事件联系起来。认为先前的结果会影响下一次结果出现的概率。

那么，什么叫作相互独立的事件呢？当某事件的发生不会影响另一事件发生的概率时，这两个事件的结果就是相互独立的。像抛硬币，因为硬币不会随意变形，不管连续出现多少次正面朝上，反面朝上的概率依旧是 1/2，这是绝对不会变的。

不仅是扔硬币，在真实的世界里也是如此。独立事件中，无论前面的结果如何，都不会对下一次事件产生任何影响。但是在赌徒谬误的影响下，我们往往会错误地认为一系列事件的结果，都在某种程度上有所相关，人们总会有一种"平均"的欲望。

比如投资，如果你最近做得特别不好，已经连续亏损了好几笔，下一笔赚钱的概率是不是加大了？答案并非如此。

正常情况下，一个交易系统中每一笔交易都是一个独立的事件，不会因为你前面亏损的次数多而提高后面盈利的概率，也不会因为之前的盈利多而提高下一笔的亏损概率。之所以，有时能出现"死扛到底等反转"，其实是因为市场周期的运行，导致内在成功的概率增加了。

三、专注大概率，忽略小概率

我们使用概率思维的核心原则就一句话："专注大概率，忽略小概率"。这句话代表的意思是硬币的两面，目标都是让我们成功的效率最大化。

什么是小概率，什么是大概率呢？

数学上把发生可能性小于 5% 的事件称为小概率事件，而发生可能性小于 1% 的事件被称为极小概率事件。但是很多时候，人们对于小概率事情总是无法自拔。

1. 身处小概率的人很难感知自己的现状

读到这里，你可以暂停一下，花时间琢磨这样一件事：如果一个投资人持续赚钱，是否就能证明他的交易水平高于其他人呢？

我们先来想象这样一个场景：

假设有 10 000 名投资人对着一只股票猜涨跌，用什么猜呢？用抛硬币的方式猜。正面判断涨，反面判断跌，一周统计一次。

第一周，预计 5 000 人猜对，5 000 人猜错；第二周，预计 2 500 人猜对，2 500 人猜错；再过一周是 1 250 人，第四周是 625 人，如果我们继续，到了第五周，只能剩下 313 人。要知道，这些人已经连续对了 5 次了，大约占 3%。这 313 人可能对自己的成功有各种各样的理论，但事实上，纯粹是靠运气。

如果游戏继续，当进行到第十周的时候，会有 9 人十战十胜。如果我们把每周换成每年，这也就意味着会有 9 个人，连续十年，从无败绩，这简直是接近"大师"的存在了。他们每个人都认为自己的成功全凭实力，毫无侥幸，这就叫幸存者偏差。如果你对标了这 9 位投资人，想要在他们身上发现赚钱的秘诀，其实是徒劳的，因为这个结果出现的概率只有 0.09%。

除了身在小概率中的人们浑然不知之外，普通人在很多时候也特别迷恋小概率事件。这是为什么呢？就是损失厌恶。

2. 损失厌恶

损失厌恶是《思考快与慢》书中提到过的一个概念，是指人们面对同样数量的收益和损失时，认为损失更加令他们难以忍受。这是人类最为普遍的认知陷阱之一。下面用一个案例说明。

场景一：请从下面两个选项中做出选择：

（1）确定得到200元；（2）有50%的机会得到400元，有50%的机会一分不得。

场景二：请从下面两个选项中做出选择：

（1）100%会损失200元；（2）有50%的机会损失400元，有50%的机会一分不失。

你不妨猜一猜，结果是怎样的？

在场景一中，大部分人都选择了（1）选项。实际上选项（1）和（2）的期望收益是一样的，都是200元，但是当谈论到收益时，人们偏向保守。

在场景二中，你的选择是什么？是（2）选项吗？事实上也是如此，其实实际上选项（1）和（2）的期望收益也是一样的。当谈论到损失时，大多数人选择了冒险。

之所以出现这两种不同选择，本质是损失厌恶，人们会冒着更大风险来避免损失，哪怕会有可能损失400元，但是万一一分不失呢？

再换一个更为直观的案例：丢了100元，然后又捡到100元。给你的心理感受是一样的吗？从理性的角度来讲应该是一样的，因为数量没有发生改变。但是仔细想想就能明白，丢了100元更让人不爽。这意味着什么呢？相比"得到"人们更讨厌"失去"。

那么，我们捡多少钱才能和丢了100元的感受相抵消呢？有数据统计，大约在2.5倍，即捡到250元才能抵消丢了100元对我们的影响。

3. 小概率事件的结果的冲击力特别强，乍一看更吸引人

比如彩票，2022年137期的双色球，头奖奖金762万，而买一注才需要2元，太诱人了，真是买不了吃亏买不了上当。这时，你大概不会考虑中头奖的概率是1/1 700万，即这是一个1/1 700万的概率赚取762万的游戏。

那么，这张彩票的理论价值是多少呢？实际上就是762万乘以1/1 700万，也就是 0.45 元。这说明你要拿 2 元钱去买 0.45 元的东西，还便宜吗？太贵了。

现在你应该知道为什么我们总是会不由自主地被小概率所迷惑了吧。即使出现的可能性极低，人们在贪婪和恐惧的驱使下，还是会心存侥幸。但是如果你想要成功，最好的方式就是专注大概率事件。我们来看下面这组数据。

- 一件事的成功率是 50%，需要尝试 6 次，可以将成功 1 次的概率提升到 98.4%。

- 一件事的成功率有 30%，需要尝试 14 次，可以将成功 1 次的概率提升到 97%。

- 一件事的成功率有 20%，需要尝试 21 次，可以将成功 1 次的概率提升到 99%。

- 一件事的成功率只有 1%，需要尝试 450 次，可以将成功 1 次的概率提升到 99%。

如果一件事情，本身的概率是比较低的，则需要更多次地尝试，才有可能达到同样的结果。而事实上，每一次的努力都需要我们的时间、精力作为支撑。显而易见，专注大概率事件，才能让我们在更短的时间内看到结果，才能更快获得正反馈。

当然，也不能因为失败了 1～2 次就放弃，至少要挑战 6 次，这一点很重要。这也是我们努力的意义，努力是为了增大成功的概率。

所以，我们接下来的努力方向是如何在投资的过程中，不断叠加能够提高概率的那些要素。

第三节　二维空间：期望

看到现在，你大体知道概率是右侧世界的通行证，但是这个通行证也有普通版和贵宾版两种。

一、概率和期望

概率反映的是随机事件出现的可能性大小。一般是 0～1 的某个数字。

而期望是每次可能结果的概率乘以其结果的总和，这两者的区别是很明显的。说白了，概率属于一维空间，而期望则是二维空间。

为什么会出现期望呢？

我们可以展开想象，有一款游戏，如果甲方有 1/3 的概率获胜，获胜能得到 50 元，乙方也有 1/3 的概率获胜，但是他能得到 100 元，那么这个游戏并不公平，所以，单纯的概率公平并不代表着真正公平，我们要将收益也考虑在内，这时就产生了期望。

通常情况下，公平的游戏，会对小概率事件的单次收益进行补偿，以保证总体期望相等，否则这个游戏没有人会继续玩了。比如，扔骰子的时候，出现 3 个 6 点的概率比较低，只有 1/36，所以，一旦出现就能获得更多筹码。

期望的数值是我们做决策的关键，因为正向期望是利润的来源，负向期望是亏损的根本，不论多么微弱的数值。

二、大数定律和小数定律

将一枚硬币抛了 10 000 次，并且记录了正面朝上的数量，如果我们使用计算机重新模拟这个实验，会得出如下的统计结果。

抛 10 枚硬币时，正面朝上的比例范围为 30% ～ 90%；抛 100 枚，比例范围缩小，变为 40% ～ 60%；抛 1 000 枚，比例范围仅为 46.2% ～ 53.7%。从图 4-6 中我们可以看出，随着硬币的数量越来越多，正面朝上的概率明显地向 50% 靠近。

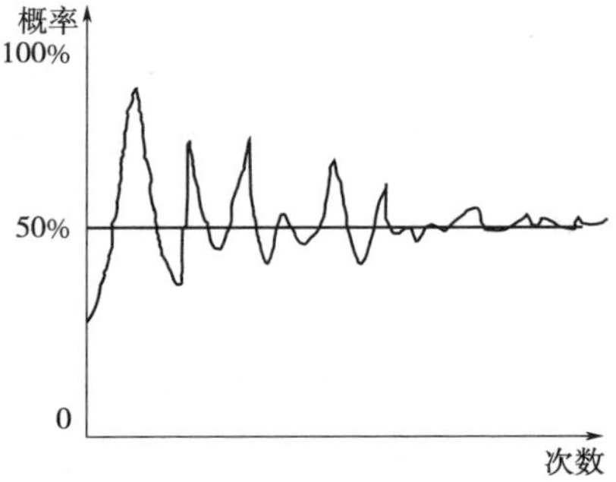

图 4-6　正面朝上的比例

换言之，在某个规则的作用下，这个比例越来越接近理论期望（单纯抛硬币不涉及收益不同，因此期望与概率相等）。而这个看起来神秘莫测的规则就是"大数定律"。它是指如果统计数据足够多，事物出现的频率能无限接近期望值。

那么，大数定律是不是平均主义呢？比如出现几次硬币正面，很快出现几次反面？答案并不是。那么问题又来了，既然不是，为什么最后的结果像是数据被平均了一样呢？实际上，硬币抛出时，结果都是随机的。也许前面10次中有8次都是正面，到了第11次，正面出现的概率依然是50%，而不会突然变小，让反面后来居上。但是随着抛硬币的次数越来越多，之前结果的占比会越来越小。

换言之，大数定律不是对已经发生的情况进行平均，而是利用新的数据来削弱它的影响力，直至前面的结果从比例上可以忽略不计。说白了，大数定律发挥作用，是靠大数对小数的稀释。

反过来讲，如果是平均主义，那么少数的几次也能表现出正反数据相等的特性，但是大数定律想要发生作用必须建立在足够多的尝试上。

而在大数定律早期，则可能表现得和最终的期望大相径庭。

喜欢总结规律是人类的天性，但是如果你在大数定律早期去总结规律，可能毫无意义。人们的这个行为被总结为小数定律，因为这个时候会表现为各种极端情况，而且这些情况可能跟事物的本性什么关系都没有。其中最著名的案例当属"巴西队的礼物"。

有人预测，在世界杯比赛中，只要巴西夺冠，下一届的冠军就是主办大赛的东道主。

1962年智利世界杯，巴西夺冠，4年后的英格兰世界杯，英国获胜。

1970年墨西哥世界杯，巴西夺冠，到1974年的德国世界杯，轮到东道主德国获胜。

1994年美国世界杯，巴西再度夺冠，1998年法国世界杯上，东道主法国也一鼓作气首次捧得大力神杯。

看起来这个定律很有规律，但是这一定律在2006年被破解。

2002年韩日世界杯上，巴西队如日中天，第5次夺冠，但是4年后，德国世界杯，巴西队和德国都没能进入决赛，反而是意大利获得冠军。

除了"巴西队的礼物"，还有一些未被破解的定律。这些看似没有道理的定律，之所以神奇，是因为纯属巧合。世界杯每四年举办一次，总共才进行了 20 多届。只要数据足够少，随机现象可以看上去很不随机。甚至非常整齐，好像真有规律一样，像扔硬币早期大幅波动的阶段。

因此，在这个阶段纠结于找到什么有效的规律，这种努力本身就是徒劳的。

很多投资者会错把"运气"当作"能力"，错把"经验"当作"规律"，错把"小概率事件"当作"有效策略"。比如，有些投资者，他曾经根据某种投资方法，在某只股票或特定时间段里赚到过很多钱，进而他认为这种投资策略是有效的，事实上这些都是"经验"。因为它背后的因素是多种多样的，也许恰好整体市场环境很好，也许纯粹是运气好罢了，更有甚者，只看到或记住这个策略的成功案例而选择性地忽视失败案例。

因此，个例的成功不代表投资策略有效，只有通过大样本检验回测合格的投资策略才是有效的，才能成为"规律"被我们重复使用。

三、改变概率分布才能真正改变结果

努力只有在正确的方向上才有意义。

大数定律最终无限趋近的是期望，这也意味着如果是正向期望，最终是盈利的，但是负向期望，则会越做越亏。

坚持可以挖出土里的宝藏，但不会改变土里的宝藏。比如，如果我们自己是一粒骰子，扔出 1 就算成功，那么，成功的概率只有 1/6，不管你怎么琢磨扔骰子的技巧，不管怎么努力扔骰子都没有用，因为 6 面骰子的先天结构和游戏规则已经决定了你的成功概率。

在这种情况下，如果你能将骰子变成硬币，那么，出现 1 的概率就变成了 1/2。这叫作改变概率分布，改变概率结构。

事实上，如果我们能够改变自己的思维模式、行为习惯，相当于改变了概率分布，在投资当中也是一样的，而你现在在"学习"的这个动作，就是在改变自己的概率结构。

四、穿越早期迷雾

许多朋友在投资时会感到特别纠结，很大程度上是因为他们没有一定之规，每次重复投资时，他们的做法并不总是一致的，但在经历了几次亏损之后，他们会怀疑这套策略的有效性，并转而尝试另一套不同的投资方式。

这样的交易方式注定亏钱，因为不管重复多少次，都是在前期的大幅波动阶段，你没有让大数定律发挥作用，也就没有办法享受真正的概率优势。

那么，我们理解了大数定律的原理，并且明白了只有正期望值才是关键所在。但这是否意味着，只要我们的投资系统具有正向期望，我们就可以完全放心了呢？

假设你有100万本金，我们先玩一个扔硬币的游戏，每投入1元，正面算赢赚5角钱，反面算输亏4角钱。经过计算，这个游戏的数学期望是5%。这是确定赚钱的游戏，你可以大胆玩。不过，这个游戏有两种玩法。

方式A：你每次都拿1元下注，100万的本金几乎可以让你一直玩下去，从长期来看肯定是赚钱的，缺点也很明显，赚钱太慢了，你必须有足够的时间。

方式B：极端一点，每次都拿出100万，赢了赚50万，输了亏40万，玩得是心跳。假设第一把赢，第二把输，第三把再赢，如此循环，你会发现自己可能玩几次就没有钱了。

因此，你遭遇了一个终极困境：下注比例太小，可能赚钱太慢；下注比例太大，可能很快会亏光本金。

说白了，你需要一种下注方式，让自己的资金能够成功穿越大数定律早期随机波动的那个阶段，撑到优势概率可以展现的那一刻。那么有没有这样一种方式呢？有，是凯利公式。

凯利公式为

$$f = \frac{bp - q}{b}$$

其中，p 代表每一场获胜的概率，q 代表每一场失败的概率，b 代表"赔率"，也就是盈亏比，f 代表每次下注金额占总资金的百分比。

我们把前面的例子代入公式来算一算：

由于概率是 50%，失败的概率是也是 50%，所以 $p=50\%$，$q=50\%$。下注 1 元，赢了可以净赚 5 角，输了净亏 4 角，计算赔率是用净收入 ÷ 净亏损，那么，赔率是 5÷4=1.25。$f=(1.25×0.5-0.5)÷1.25=0.1$。因此，当我们有 100 万元的时候，我们的最优策略是一次投入总资金的 10%，也就是 10 万元。如果我们幸运地赢了一场，总资金变成 105 万元，那么，下一次我们投入的金额是 105 万元的 10%，也就是 10.5 万元。

接下来我们把这个案例改进一下：假如胜率保持在 50%，每次下注 1 元，但是如果你赢了，可以赚 10 000 元，输了会失去本金，这意味着赔率是 10 000，在这种情况下，我们应该怎么下注呢？我们可以使用凯利公式来计算最优下注比例。即 $f=(10\,000×0.5-0.5)÷10\,000=0.499\,95$，差不多是 49% 的仓位，所以尽管一本万利，但是仍然不值得我们用全部资产来冒险。

虽然凯利公式简单，但它也不是万能的。理由很简单也很直白，在很多情况下，概率和赔率并非那么显而易见，所以在计算过程中我们还需要智慧、勇气和幸运。

另外有如下两点重要的启示。

首先，无论凯利公式多么强大，它仅适用于具有"正向期望"的投注。

其次，不论在什么情况下，不要将全部资金进行押注。想要盈利，首先要确保自己能够持续参与游戏。

明智的投资者会在机遇出现且胜算很高时果断下注，而在其他时间里，他们的主要任务就是耐心等待。

第五章

赚钱的本质

第一节　正向期望才有执行的价值

只有赚钱，才有动力和执行力，才值得我们花时间、花精力、花钱去执行。

一、胜率和盈亏比

胜率指的是获胜的比率，假设在我们的账户里做了 100 笔交易，有 40 笔交易盈利，那么胜率是 40%，如果有 60 笔交易盈利，那么胜率是 60%。这也就意味着，只要是赚钱的交易就算获胜，不管是赚 1 元还是赚 1 000 元，只要是亏钱的交易就算失败，不管是亏 1 元还是亏 1 000 元。

如果胜率是不考虑盈利和亏损的幅度，那么盈亏比则恰恰相反，一笔交易，如果潜在的损失是 1 元，潜在的盈利也是 1 元，则说明盈亏比是 1∶1，如果潜在损失是 1 元，潜在盈利是 2 元，那么盈亏比是 2∶1，如果潜在亏损是 2 元，潜在盈利是 1 元，那么盈亏比是 1∶2，不用我多说，你肯定清楚哪种情形更为理想，是的，盈亏比越大越好，通常情况下，我们用 R 表示一个单位的亏损风险，情形一，盈亏比是 1R，情形二，盈亏比是 2R，情形三，盈亏比是 0.5R。

我们在分析一套交易系统的时候，评价标准是将胜率和盈亏比结合起来，叫作期望，公式如下：

期望 =（获胜交易的百分比 × 平均收益）-（亏损交易的百分比 × 平均亏损）

胜率就是概率，盈亏比就是概率的结果。想要赚钱，你要怎样设计你的交易系统呢？首先你得保证它有正向期望，当然在执行的过程中，可能会出现这样或那样的问题，导致我们最终拿不到理论收益，但前提是我们要有这么一套系统，如果你采用的交易系统期望本身就是负的，干脆别参与了，因为参与的时间越长亏得越多。此外还要保证亏损不能太大。为什么这样说呢？我们可以先来看看下面的表格，如图 5-1 所示（连续 10 次的投资回报率）。胜率和盈亏比这两个要素一样，但是最终的结果天差地别。

连续10次的投资回报率					
盈利	亏损	盈亏比	30%胜率	40%胜率	50%胜率
4%	2%	2	−2.35%	3.63%	10%
8%	4%	2	−5.34%	6.49%	19.80%
12%	6%	2	−8.89%	8.55%	29.34%
16%	8%	2	−12.93%	9.79%	38.43%
20%	10%	2	−17.35%	10.20%	46.93%
24%	12%	2	−22.08%	9.80%	54.71%
36%	18%	2	−37.23%	4%	72.49%
48%	24%	2	−52.52%	−7.55%	80.04%
60%	30%	2	−66.27%	−22.90%	76.23%
80%	40%	2	−83.67%	−51.02%	46.93%
100%	50%	2	−93.75%	−75%	0

图 5-1　连续 10 次的投资回报率

我们先看 40% 胜率这一列，如果是 20% 平均盈利和 10% 平均亏损的组合，那么 10 次交易的投资回报率是 10.20%，如果是 48% 的平均盈利和 24% 的平均亏损，那么 10 次交易的投资回报率变成了 −7.55%。如果增加到 100% 的平均盈利和 50% 的平均亏损，那么 10 次交易的投资回报率则变成了惊人的 −75%。因此，不是所有的盈亏比例都一样。

放任亏损的增加，会让本身赚钱的系统，变得非常脆弱。这些亏损的影响是几何级数的。很多朋友都不愿意止损，总想等到实在受不了了再出局。当你了解了这个真相之后，你还能放任自己的损失超过 10% 吗？

换言之，如果你的平均胜率低于50%，最不能做的事就是增加股票下行的容忍度。

二、不同类型交易系统的底层原理

刚才我们明确了胜率和盈亏比。那么，在交易过程中是胜率更加重要，还是盈亏比更加重要？要回答这个问题，首先我们要明确胜率和盈亏比是什么关系？如图5-2所示。

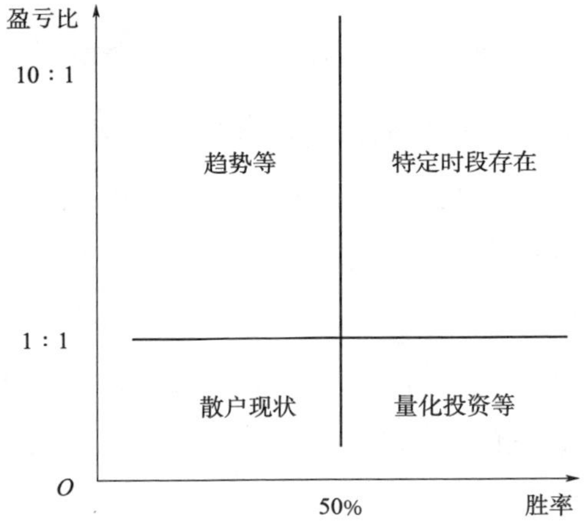

图 5-2　胜率和盈亏比的关系

1. 高胜率 + 高盈亏比

这样的交易系统在某一段时间内可能存在，比如牛市的时候，选股投资可能会非常成功，几乎每投必中，且在这段时间内盈亏比也可能非常高。然而，要人为设计一个总是如此高效的交易系统却是不可能的。

为什么这样呢？我们以一套趋势交易系统为例，其盈亏比是 4：1，平均胜率是 35% 左右。如果想通过调整持仓策略，将这个系统的胜率提高到 45%，要怎么调整呢？正如图5-3展示的那样，当行情往上涨一点点的时候，你需要把原始止损位置上移到进场位置。这样，行情一旦走弱，你就能够避免亏损。从交易账单统计的角度来看，胜率肯定会提高。

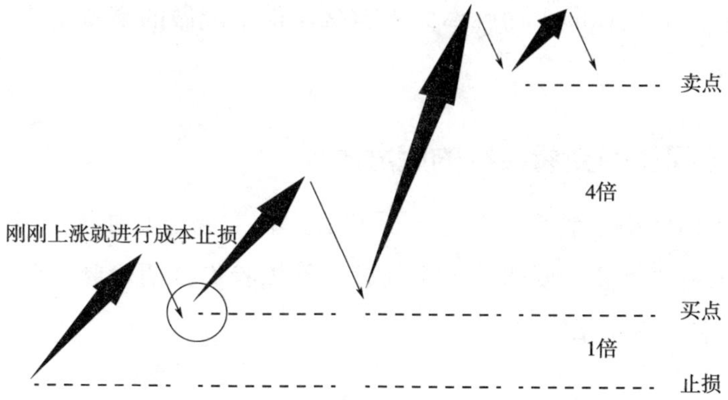

刚刚上涨就进行成本止损

卖点

4倍

买点

1倍

止损

图 5-3　胜率和盈亏比调整示意图

但是这样做肯定是有代价的，它牺牲的是什么？事实上，它牺牲了一部分潜力行情，这意味着，那些跌破成本之后又上涨了的行情，在这种情况下，由于要保证胜率而提前出场了，导致没有获得潜在的盈利。因此，这套系统的整体期望值并没有提高。

由此可见，它是一个跷跷板的关系，一边是胜率，另一边是盈亏比，两者互相制约。你想要拥有高胜率，盈亏比会较低；反之，如果你想要拥有高盈亏比，胜率会比较低。

所以，你要明白，盲目地同时追求高胜率和高盈亏比，犹如镜花水月一般，还是那句话，偶尔一段时间的高胜率和高盈亏比是可能的，但是从长期来看是不现实的。所有的交易系统都必须在胜率与盈亏比之间寻求平衡，以追求达到正期望值的结果。

2. 高胜率＋低盈亏比

通常，偏向于短线的交易系统，比如量化交易、网格交易等，对它们而言，重要的是确保每次交易的决策是正确的，但是它们所追求的收益和常规设定的止损点非常相似，即盈亏比为 1∶1 左右。

3. 低胜率＋高盈亏比

这种逻辑是大多数交易系统的基础，无论是趋势交易类的如海龟交易法则，还是价值投资类的，它们的平均胜率通常是 30% ～ 35%，而所获得的平均盈亏比通常大于三倍。之所以这么多交易系统都是这样构建的，原因有以下三点。

（1）提高盈亏比更高效

在投资世界中，如果你投资标的能够出现高成长性，从理论上讲，盈亏比可能没有上限，然而胜率是有上限的，最好的结果是百分之百准确，而众所周知，这是不可能的，因此，想办法提高盈亏比相较提高胜率要更简单。

举例，假设我们有一套 50% 的胜率，1∶1 盈亏比的系统，有两种优化方案。

● 牺牲一点儿胜率，变成一个 40% 的胜率，换一个两倍的平均盈亏比。

● 把胜率提高到 60%，但是牺牲一些盈亏比，从 1∶1 下降到 1∶2。

通过计算可以得出：原始方案最后的期望是 0；优化方案一，每次获胜赚 2 元，成功概率是 40%，失败的概率是 60%，失败一次亏掉 1 元，所以它的期望值是 0.2；优化方案二，成功的概率是 60%，每次获胜赚 1 元，失败的概率是 40%，输一次是亏掉 2 元，所以它的期望值是 -0.2，见表 5-1。

表 5-1　胜率和盈亏比优化数据

方案	胜率	盈亏比	期望
原始方案	50%	1∶1	0.5×1-0.5×1=0
第一方案	40%	2∶1	0.4×2-0.6×1=0.2
第二方案	60%	1∶2	0.6×1-0.4×2=-0.2

这个案例有助于大家理解胜率和盈亏比不同的变动方向对最终期望的影响，当然这个数据的选择不一定恰当，但是展示了提高盈亏比相较提高胜率更合算。

（2）一笔交易 =N 笔交易

因为盈亏比是由市场决定的，而胜率则需要投资者自己努力去实现。对于同样一笔目标盈利，高盈亏比系统可能只需要完成一笔交易，而高胜率系统则需要完成很多笔交易。从投入的精力来看，高盈亏比系统要更占优势一些。

（3）允许多次犯错，仍能赚钱

我们可以看到有些投资者在自己的投资生涯中失败的次数非常多，但是他只要有一两笔的盈利足以覆盖之前所有的失败，并且能获得极高的收益率即可。

只要是人，难免都会犯错误，如果你能把"失败"也构建到自己的系统中，无疑是极好的一件事。这样你可以更从容地面对失误，而专注于能产生持续利润的交易，让自己的财富提升了一个等级。

因此，在提高盈亏比这个层面上，我们可以多下些功夫。

4. 低胜率 + 低盈亏比

至于最后这种情况，它反映了大多数投资者的现状：成功率不高，稍有盈利就出局，一旦被套，死活不卖，导致盈亏比变得极低。

第二节　复利三角

我们先来考虑一个基本但很少有人问自己的问题：你了解自己的投资现状吗？过去一年你做过多少笔交易？盈利是多少？每次盈利能赚多少钱？亏损是多少？每次亏损要亏多少钱？很少有交易者能够清晰地知晓自己的交易实况。

这就像在你和自己的真实情况之间隔一层毛玻璃，你只能隐约感觉自己的交易有问题，资金不断减少，但是发现不了具体的问题出在哪里，最终的结果是在很多无关紧要的事情上花费大量时间，但是依旧解决不了问题，让优化交易变成一句空谈。

在实战中，我们需要分析的是多一系列的交易，用三个支点来表示上一节讲到的胜率和盈亏比。它们是平均成功率、平均盈利和平均亏损，如图5-4所示。

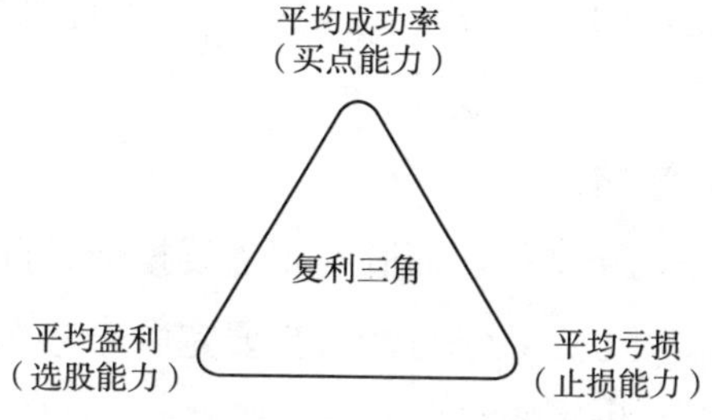

平均成功率
（买点能力）

复利三角

平均盈利　　　　　　平均亏损
（选股能力）　　　　（止损能力）

图 5-4　复利三角示意图

1. 平均成功率

你可以通过自己一段时间（6 个月或 1 年）的交割单，计算出结果。其中，平均成功率是一段时间获胜交易的百分比数。任何一笔交易从下单的那一刻起，你对于它就没有任何影响了，因为接下来股价是上涨还是下跌都是市场行为。你唯一能决定的是什么时候卖出。如果下单之后股价上涨，那么，这一笔交易有很大可能不亏钱，即使最后证明股价并没有上涨多少；反之，如果下单之后股价一路下跌，那么这一笔交易大概率会亏钱。因此，平均成功率这个支点反映的是你的买点能力。

2. 平均盈利

平均盈利是指在你所有盈利的交易中，你的平均盈利是多少？读到这里，我们思考一个问题：什么因素决定了你的盈利水平？

以 2021 年 5 月的市场为例，半导体板块出现了一波强势行情，在同样的时间段内，龙头股士兰微上涨超过 80%，而普通个股涨幅只有 30%，如果我们的止损空间都是 8%，那么士兰微的盈亏比是 10∶1，而普通个股的盈亏比只有 4∶1。

由此可见，决定平均盈利的是你的选股能力，如果你能够选到更加强势、上涨动能更足的个股，则能更大地提升平均盈利能力。

3. 平均亏损

平均亏损顾名思义是指在你所有失败的交易中，你的平均亏损是多少？

在讨论胜率和盈亏比时，我们已经了解了放任大幅亏损带来的严重后果，事实上，亏损是你下单之后唯一能够控制的变量。你可以决定某一笔交易是亏掉 1 000 元还是亏掉 10 000 元，只需要触发相应阈值卖掉即可。而平均亏损反映的是你对于止损的执行能力。

通过以上三个指标能让我们了解自己的交易是什么样的状态。

假设你的成功率只有 40%，而平均亏损是 6%，从这两个数值分析，好像还不错，但是如果平均盈利也是 6%，则就有问题了，因为不管你多么努力，这套系统都无法赚钱，反而是重复的次数越多，亏损越多。

想要改变现状，要么提高正确交易上的利润，把平均盈利提到 12%；要么提高成功率至 60%；要么收紧止损线，使得每次失败的投资亏损更少，将平均亏损控制在 3% 以内。

总而言之，你得做点儿事情。说白了，想要改善你的交易现状，你只能通过调整这三个关键指标来实现。

第六章

交易系统概述

第一节　投资哲学

投资哲学是整个交易系统的基础，投资者所有的投资过程都是建立在这个基础上的，它的重要性不言而喻。如果你的投资哲学不稳固，就不能有成功的投资。

一、解读市场角度

所谓投资哲学，其实是解读市场的角度。

每个人根据自己的实际情况能够接受的投资哲学自然不同。投资像是江湖，分为很多门派，如有研究公司发展基本面的价值派；研究股价图形的趋势派；研究机构动向的资金派；来回进出市场的打板族等。它们的技术、方法各不相同，但都可以到达成功的彼岸。

当然你必须要知道并且接受所有的投资哲学事实上只是市场的一个侧面。

这也就意味着，不管你的投资理论和交易系统看起来多么厉害，它都不可能解释所有的市场运动，甚至绝大多数的市场波动都解释不了。换句话说就像一条河里满是鱼，你能钓上来的只能是很小一部分（指交易系统能够筛选出来的交易机会），可就在这很小的一部分里，还有一些是不能吃的（指不能盈利的交易），即便这些不能吃的鱼同样消耗了你的鱼饵（指亏损的本金），除了把它们扔回河里，你别无他法。

所以，投资哲学之间没有什么优劣之分，每个领域都有可能找到成功的案例，同时，每种策略都可能导致失败。我们不能也没有必要用自己的逻辑去评价他人的投资理念。

不同的投资体系需要坚守自己的底层逻辑，只要逻辑可以自洽，能形成一个投资闭环都能取得相应的收益。然而，即便是专家，即使知道别人的体系不错，也很难借鉴。因为两者有着本质上的不同。虽然也有一些重合之处，但是内涵天差地别。

投资包括选股、买入、持有、加仓、减仓、卖出等一系列操作，环环相扣，如果其中有环节逻辑不能自洽，就很容易发生矛盾。只有逻辑自洽的投资体系才能避免噪声，严格执行投资纪律，最后才能战胜市场。

二、我的选择：股价趋势

你认为自己更聪明，还是市场更聪明？如果你认为自己更聪明，则需要掌握更多的信息来支撑这个论断。这时你选择的是战胜市场，你要走在市场前面。如果你认为市场更聪明，则是承认市场永远是对的，此时你需要彻底放弃自我，被动地等待市场告诉你它要怎么做。

为了更直观地理解自己与市场这两者之间的关系，我想借用冰山的隐喻来说明。就像冰山的绝大部分隐藏在水面之下，由众多信息和变量共同影响，最终决定了海面上冰山尖顶的形状一样，这些如冰山下隐藏的不可见的因素同样塑造了市场上的价格行为，表现为我们能看到价格变动。

如果你选择征服市场，那么你的工作重点就是去研究所有可能对于价格产生影响的要素，需要辛勤的工作。但即使这样做，也不是万无一失的。为什么呢？因为市场中的变量实在是太多了，而且这些变量之间还经常互相冲突，这也就意味着，不管你多么善于分析，也没办法做到全知，而这些你不知道的东西往往更容易让你犯错或亏损。

但是如果你选择服从市场，那么，只需要专注股价，至于到底是什么样的变量决定了价格此刻的表现，则不需要知道。

因此，作为一个各方面资源都不突出的普通人，我坚定地认为市场更聪明，再结合第五章中高盈亏比系统的优势，最终选择的是股价趋势类的投资哲学。

三、坚持才有力量

每个人一生能做的事情并没有想象得那么多，有时做好一件事要耗费我们大半生的精力，千万不要过于高估自己的能力。况且一辈子能做好一件事足以令人动容。

很多人难以成事，缺少的是这种笨功夫，即在自己的领域持续精进，用数年去打造精品，当我们有了这种思想准备，有了时间的加成，相信没有做不好的事情。

一个人对于新的投资思想和体系策略的认知和接受过程可分为以下四个阶段。

1. 第一阶段：知道

股票投资的知识并不复杂，可能听上一段时间的课或是多看几本书也就差不多明白了。

但这只是一个知识接受的过程。

知道并且认同之后，你就进入相信阶段

2. 第二阶段：相信

在这个阶段，投资者已经知道了体系的优点和缺点，但是在实际操作过程中，却做不到知行合一。很正常的一个心理状态是当下的交易结果是好的就相信，反之则不太相信。

说得通俗一点就是投资市场哪有稳赚不赔的方法，对于一个有优势、有胜算的交易系统，任何单次的交易盈亏并不重要，只要控制好风险，结果都是有保证的。但是知道归知道，一旦真有了亏损，心态就很容易急躁。

3. 第三阶段：信任

到了这个阶段的投资者，大多数情况下已经可以做到知行合一了，他们能够信任系统，自觉地根据规则进行操作。

但是当遇上了某些极端情况，交易结果和预期差异太大，还是会短暂地出现痛苦、摇摆、怀疑和胆小的行为，不敢大胆、坚定地按体系给出的信号操作。

当这股情绪过去，冷静下来之后，处在这个阶段的投资者会清楚地知道不能违反信号，他们会主动调整自己的状态，恢复对系统的信心。

而一旦到达这个境界，财务自由、时间自由也就实现了。

4. 第四阶段：信仰

信仰本身有排他性。

处在这个阶段的投资者完全不认为自己的交易系统是最好的，但他们绝不会在各种方法、各种市况之间摇摆、犹豫，而是内心安定地、纯粹地只用自己的这套方法去观察市场、理解市场，毫不动摇地根据信号来行动，到此为止，投资真正成为一种信仰。

此时，心灵自由也就实现了。

第二节　投资框架

选定了自己的投资哲学之后，那接下来的工作是在投资哲学的基础搭建梁柱，即搭建投资框架。

一、对应投资哲学

投资框架一定是对应投资哲学的，你不能使用一些和你的投资哲学无关的要素，否则，不仅收效甚微，还会在某些情况下造成误判，对于这些多余的东西我们要战略性地舍弃。

- 巴菲特的投资哲学是安全边际，假如一只股票目前的价格是每股10元，但该公司的实际价值是每股12元，那么，他可以认为有2元的安全边际。所以，他必须准确判断公司的实际价值、自由现金流、贴现方法、市盈率和净资产收益率等。

- 西蒙斯的投资哲学是量化投资，他的目标是抓到胜算极高的微小波动，短线迅速结清头寸，获取无风险的收益机会。那么，他必须要了解现代统计学，建立数学模型，处理海量数据的方法，当然还需要高超的计算机编程能力。

● 我的投资哲学是强势股策略，因此不仅需要知道这只股票的强度、趋势、K线，还需要知道公司的净利润加速度。

此外，我们还要知道，想要建立精练的投资框架一定是一个由简入繁，再由繁入简的过程。比如巴菲特的投资核心就五条，即安全边际原则、择优原则、长期持有原则、集中投资原则和能力圈原则。这是他的"简"，但是你想要理解这些"简"，就必须知道他的"繁"是什么，他的"繁"就是要对公司的基本面进行深度研究，即每一家公司都有自己的商业模式，要考虑未来利润、现金流、行业空间、行业竞争格局、公司竞争力、护城河分析、SWOT分析等，只有知道了这些最终在交易上才能真正实现"简"。

俗话说：真传一页纸，假传万卷书，但是大家要明白，你想要理解并且践行这一页纸，一定是需要万卷书作为根基的，否则这一张轻飘飘的纸，只要稍微来阵微风就会被吹跑。

二、减法思维

投资框架的所需要素怎么确定呢？我们要用的是减法思维，一直去追问最底层的那个要素是什么，这样才可能找到最重要的部分。有一条我特别认同的思维模型叫作80/20法则，又称帕累托定律。它是由意大利经济学家维尔弗雷多·帕累托提出的。帕累托观察到，在大多数情况下，大约80%的结果来自20%的原因。所以我们应该把有限的精力聚焦到这最重要的20%的事情上，以实现最大的效益，而不是制定漫天的目标。

在搭建框架的时候，只有一个标准，即这个要素的引入能不能增加成功的概率，并且在保证效果的基础上要素越少越好。我把它们叫作"关键少数"。

交易系统的四个部分中，框架的建立是最耗时的，需要多次去伪存真，不断筛选。由于个人对于其他投资哲学的框架建立不是很熟悉，因此，从这部分开始，我从自己的交易系统出发予以说明。

我的框架分成三根梁柱：第一根是选股；第二根是买卖点；第三根是风险管理，框架示意如图6-1所示。

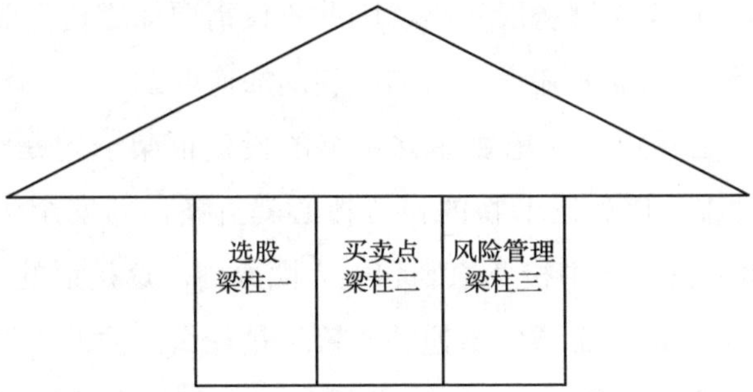

图 6-1　梁柱理论

1. 第一根梁柱：选股

先看选股这一根梁柱，我精简到了五个要素，把它叫作"选股五角星"，要素结构如图 6-2 所示。

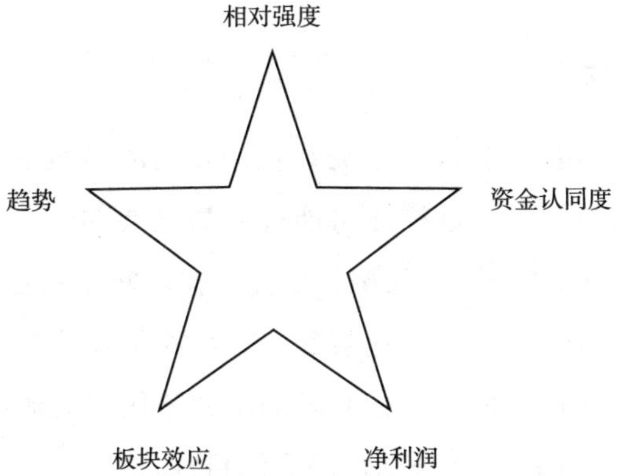

图 6-2　选股五角星

（1）趋势

因为我们本身是以价格作为核心决策因子的，那么一定要有对应的方法确定现在的股价是否处在积极的状态中。而且有一条交易铁律——即使再完美的基本面，没有形成趋势前，都不要做。

（2）相对强度

事实上，牛股在爆发之前已经显示出自己的与众不同了，通过研究相对强度，可以发现那些明显的变化。

（3）资金认同度

目前的 A 股就是机构作为主导的，想要赚取超额收益，就一定要了解机构。

（4）净利润

对于中长线的牛股，逻辑和净利润是推动股价上行的驱动力。通过前面三个要素的介绍，我们已经发现了形态非常优质的个股，现在可以用净利润来判断它有没有继续走牛的可能性。由于普通人的精力和资金有限，因此我们应考虑是否将时间放在一些普通的公司上。

（5）板块效应

一花独放不是春，万紫千红春满园。板块效应可以保证个股的安全性和大幅上涨的概率。

总之，通过以上五个选股要素的共振，可以帮我们找到最具上涨潜力和动能的明星股。

2. 第二根梁柱：买卖点

即使对于一只非常优质的明星股，买卖的时机也非常重要。因为不同的时机买入，你的持股心态，止损设定是完全不一样的。还是那句话：交易系统的目的是每次都输出一样的结果，那么对于买卖的时机也应该是大体一致的。

我选择的买卖点策略是平衡态突破，对应的是三条买点规则及三条卖点规则。

3. 第三根梁柱：风险管理

它主要包含两点：第一是仓位管理。即使你建立了一套优秀的交易系统，但是执行后发现没有得到相应的收益，那么，问题大概出在仓位管理上。这是我们和利润之间的"最后一公里"了。好比凯利公式，合理的仓位既要保证我们穿越大数定律早期波动幅度较大的时期，又要能让我们最快地得到可观的收益。第二是大势研判。君子不立于危墙之下，任何一种交易策略都有自己的适用条件。强势股投资只有在符合适用条件的情况下使用，才能发挥复制的威力。

总之，以上全部内容才叫作投资框架，这个框架是我用了六年多的时间一点一点磨出来的，好消息是你可以马上拿来使用，但是针对里面的任何一个知识点，你都应该弄明白，只有这样进入盘面的时候才能游刃有余，所以，投资中才有这么一句话："你必须非常努力，才能看起来毫不费力。"

第三节　交易规则

如果投资哲学与投资框架是我们的大方向，我们更偏向于分析层面，那么从交易规则到交易计划，则是执行层面的规范，需要落实到每一步操作的具体细则上。说白了，交易规则是投资框架的清单化。

什么是清单化？交易规则就是我们在执行交易过程中的清单，它给出了一系列明确的信号和行动指南。比如钓鱼的时候，人们会在鱼线上绑上鱼漂。为什么要有鱼漂？鱼漂其实是个信号系统，我们通过鱼漂观察水里的鱼是否在咬钩，鱼漂动了（信号），你要立刻提竿（行动指南）。鱼漂不动，说明没有鱼在吃饵，此时你要做的是观察鱼漂的变化，耐心等待。尽管水里有很多游来游去的鱼，但这些鱼其实和你没有关系，也用不着心神不宁地盯着它们。什么时候鱼漂动了，这条鱼才和你有很大的关系，交易规则就相当于你的鱼漂。

1. 精确、精确再精确

（1）一条好的交易规则，触发条件及对应动作都应该是唯一的

比如，当条件 A 满足，则动作 B 发生。无论多少人操作，触发的动作是相同的，这样的规则之下，统计出来的数据才是最好的、最具有样本意义。再比如，当最新 K 线从均线下方向上穿过 MA10，且收盘价高于 MA10 时，以这根 K 线的收盘价做多。

- 条件 A：当最新 K 线从均线下方向上穿过 MA10，且收盘价高于 MA10 时。
- 动作 B：以这根 K 线的收盘价做多。

这个规则有三个关键词：最新 K 线、MA10、收盘价，这三个关键词限

定了规则的触发条件，只有同时满足这三个条件，动作 B 才会被触发。这样的规则，100 人操作，触发的动作 B 都是相同的。

一套没有唯一性的系统，交易者是很难作出决策的。比如，当条件 A 满足既可以输出决策 B，又可以输出决策 C 的时候，最终结果可能大相径庭。

（2）一条好的交易规则是可以执行的

比如，中式菜谱总是会写"加盐少许、加油适量"，这个"少许"和"适量"是多少，很难界定。5 克是不是少许，8 克呢？如果你把这样的交易规则交给电脑，它识别不了。所以对于这样的表述，是不能执行的。

我们讲交易规则，一定是具体的、精确的、可以测量的、毫无疑问的规则。你的规则中不能有"差不多"的表述。比如行情差一点就突破了，能不能买呢？再比如，差不多到止盈的位置了，我就止盈好了，为什么还要经受回调的风险呢？

这都是主观判断。规则不够明确，会造成很多情绪化的决策，不会客观，很容易影响系统的准确度。

你这一生会做很多笔交易，可能是 100 笔又或是 1000 笔，如果在交易环节的方方面面，都没有明确边界的话，那么，最终的结果可能与当时的设想相距甚远。

那么问题又来了。

但凡你有一个框架，又有明确的细则，再加上做了足够多的交易，那么，就一定会出现一种很尴尬的情况，比如差一点到止盈或刚达到止损，就是那种看起来特别倒霉的交易，出现过几次之后，你就会怀疑："我把止损或止盈的位置挪一挪不就好了吗？"

其实不管你怎么移动，照样会出现之前的尴尬局面。所以，挪一挪或更改交易细则，不是这件事的解决方案。只要你所在的这个市场有规则，就会有遇不到的机会和得不到的利润，因为系统和规则的逻辑是保障进来的交易，只要总体收益能够达到正向期望即可。

因此，战略性地放弃那些不属于你的行情，才可以做好自己的交易体系。你的边界越清晰，作出的决策就会越果断。

2. 执行过程减少人为干预

生活中，人们的安全感来自掌控力。但是在交易世界中正好相反，我们要尽量减少不必要的人为干预。比如一笔交易开仓之后，在持有的过程中，你总想买点进场，然后行情下跌，一个回调你慌了，心想算了吧，先保护一点儿利润再说，结果出局之后行情又往上走，你有没有遇到过？再比如，进场之前，在某个地方设置了一个止损点，但是行情慢慢达到止损点时，你把这个止损点取消了或往下移了，结果个股越跌越深，后悔还不如最初止损点不要动，这样就能少亏不少钱。你有没有过这样的操作？

其实，这些所谓的人为干预都是"小聪明"，都是对交易者心态的考验。你之所以想要去做选择，是需要对自己的交易有一个掌控感。实际上，只要走势没触发出场的条件，我们就应该继续持有它。

因为这些交易规则通常是通过详尽的数据分析、实际交易经验及历史回测得出的，我们应该把更多的时间投入到规则和体系的建立及测试中，执行的时候选择相信，当卖出规则被触发的时候出场，没有被触发的时候继续持有，市场终究会给你丰厚的奖励。

但是很多朋友说，自己做不到怎么办呢？其实没有别的办法，最好的方式是建立正反馈，比如你是一位交易者，去体验按照既定的交易方式和规则持仓，感受那种中途什么都不做，半路想出局，但又强制执行了交易计划最终获得了一笔中线利润的感觉。这样的经历带来的是正向的反馈，中间经历过无数次想出局的想法，但是都被控制住了，没有去做太多的人为干预。这个经历是特别宝贵的，多体验几次才能形成习惯。

3. 跟着自己的鼓点走

信息时代，我们经常由于外部的干扰而被迫偏离自己的策略。比如想通过看电视、阅读文章、搜索互联网的方式跟上最新的市场信息，殊不知这将会让你淹没在"信息洪流"之中。

在市场上，不管是知名的基金经理，还是周围的朋友，都与你的交易无关，他们可能之前做得很好，现在又赚了很多钱，而你却还在等待股票按照计划波动。尽管这样也并不意味着你应该质疑自己的方法，而是应该跟着自己的鼓点走。

除此之外，市场本身也会干扰你。看着上证指数、创业板指、科创 50 正在突飞猛进地增长，可是你所看好的股票还没有到达最佳买入位置，该怎么办？急于进场？答案当然是否定的，你最好"什么都不做"，专注于自己的节奏，跟着自己的鼓点走，也许当指数消化前期涨幅、开始横盘震荡甚至下跌的时候，你反而取得了较高的收益。

总之，专注信号，去除噪声，才能保持心态平和。

第四节 交易计划

投资哲学、投资框架和交易规则这三个环节是交易系统的构建过程，那么处于最后一个环节的交易计划是落实在每天具体的工作内容，核心是"计划你的交易，交易你的计划"。

一、伟大的交易并不"性感"

很多人谈到自己投资成功的经历，很容易把它浪漫化、故事化、情节张力化，而那些琐碎的、逻辑的、细节的甚至是无聊的事情，往往会被忽略。

但在实际中，正是这些被忽略的事情才是一个人成功的基石，如果你忽视它们的作用将会是一件很可怕的事情。

专业人士追求的不是流星霎时的灿烂，而是不管刮风下雨，都能完成自己的工作。

二、交易计划组成

交易计划主要通过复盘来完成。换言之，复盘是我们每天工作的重点，市场一直都在动态变化，你必须知道它现在变成什么样子。这里有一个非常普遍的误区，就是很多朋友复盘花费了大量时间，但是并不知道到底该干什么？仅是看看消息，就花费了好几个小时的时间。

如果出现这种情况，那么一定是你交易系统的边界还不够清晰，复盘是整个交易系统的最后一个环节，它像一个漏斗一样，最终剩下的东西才是你真正每天需要做的工作。

那么，复盘究竟包括哪些内容呢？下面来逐一进行说明。

1. 昨天交易计划的执行情况

当天有没有成交的机会？如果有机会，计划有没有被良好地、精准地执行？如果没有机会，问题出在哪里？

2. 当天的市场状态

主要是大势情况和板块情况，所有的分析方法在熊市都弱不禁风，所以，我们要弄清楚现在有没有这样的系统性风险，只要大势没有持续的下跌风险，那么大概率会有值得关注的板块效应，所以，我们在每天的复盘中要把它们找出来重点跟踪。

在这里我主要使用两榜数据（强度榜和情绪榜，板块效应章节会详细介绍）和变红区的板块等。

3. 观察池标的的状态

复盘的时候，不应该漫无目的地去看所有的股票，你只需要重点跟踪自己观察池中个股的状态即可，有没有到达合适的买点？近期是不是要做好买入计划？走势是不是变弱了？等等。

至于潜力个股我一般会放在周末统一去筛选。有一种特殊情况，如果在周中偶尔发现比较合适的标的，我也会加进观察池。

4. 明天的计划

包括明天要交易的个股具体的买点、仓位、止损点等统一列好，持有的个股如果有需要调整止损点的也一并调整，然后设置好条件单。

第一，这个技巧可以迫使你提前规划交易，而不是事到临头再冲动反应。

第二，使用条件单可以最大限度地减少贪婪、恐惧、焦虑等情绪对执行动作的影响。

第三，当你忙于工作或享受假期时，在你不知道的情况下你的条件单已经被执行了。

注意事项：有些情况下条件单会由于大幅滑点而无法成交，此时则需要你手动参与。

5. 月度表格

保持良好记录习惯的重要性我们已经在第五章中了解了，因此，这也是我们复盘的一个工作内容，每个月需要统计所有交易过的标的，无论盈亏，计算清楚胜率及盈亏比，了解清楚过去一段时间内你的交易情况是否正常。

如果不正常，是市场环境不给力，还是交易系统需要优化或仅仅是执行不到位，针对不同的问题，给予不同的应对策略。

综上所述是本章的内容，首先定义了自己的投资哲学，你要知道投资哲学是怎么回事；其次是投资框架，对应投资哲学，我需要选择什么样的标准，去构建这个框架；再次需要进行量化，从而形成交易规则；最后就是每天要做的交易计划，说白了，就是每天都去重复同样的事情，一笔又一笔，逐笔积累利润，最终，就会有一个非常好的投资业绩。

模块三

选股五角星

《荀子·劝学》中有一句话："君子生非异也，善假于物也。"，意为君子与一般人没有什么区别，成就之所以高于一般人，是因为他善于利用外物。善于利用已有的条件，是我们成功的一个重要途径。

这个世界上有三种类型的投资者，即造势者——促使事情发生、借势者——借助事情发生、无视者——搞不清发生了什么事情。

大资金有的时候能造势，这一点不可否认，但作为处于信息劣势的普通投资者，想要在股市赚钱，并轻松、省力、快速地到达目的地，只能借势。

这就好像我们在玩"打地鼠"游戏一样，地鼠在洞里是怎么运动的，我们用不着知道，只要它在哪个洞口冒头了，我们去打就有可能得分。

借势者和无视者之间的区别是差了一副"魔法眼镜"，无视者没有这副眼镜，他们看到的市场就是一片平地，而借势者能看到一个个明显的地鼠洞，以及刚刚冒头的地鼠。他们的交易难度自然是完全不一样的。

本模块中五个选股要素的核心都是以逸待劳，在信息不对称的A股市场，这些简单的指标可能比我们费尽心思并劳心劳力地挖掘企业的基本面或投资价值有效得多。

物理学认为，当两个物体的频率相同时，共振的力量非常强大。

成功交易的要诀也要在盘面上找到共振，并且加入这种共振。一只股票能够产生共振，那可不是简单的事情，需要市场的各个参与方经过长期的博弈，因此，共振需要时间，但只要形成就是众人的期盼。

在实战中，有小共振和大共振之分。

小共振即选股五角星彼此之间的共振，这个力度我们可以用"综合评分"来判断。而大共振则是大势研判同选股五角星之间的共振，一旦有这样的机会产生，则意味着几倍甚至十几倍的大牛股已经在路上了。

当然，即使再高的概率也并非百分之百，换言之，就算满足了选股五角星，满足了小共振、大共振，同样也有不涨的。

与此同时，不符合这些要素的个股也并不意味着不会涨，这就相当于我们用"自己的网"网进了属于"自己的鱼"，但是一定会有漏网之鱼。你要知道，这根本不重要，我们只要确认捞上来的这些鱼有优秀的正向期望就可以了。

第七章

趋　　势

第一节　股价表现优于一切

记得五六年前，有位投资朋友一直在研究"洲明科技"这只股票，该股的核心产品是小间距 LED，这位朋友认真地研究了个股方方面面的信息，认为它的行业很景气，企业的成长速度也远高于行业增速，市值弹性很大，总之是一只非常有前景的股票，如图 7-1 所示。

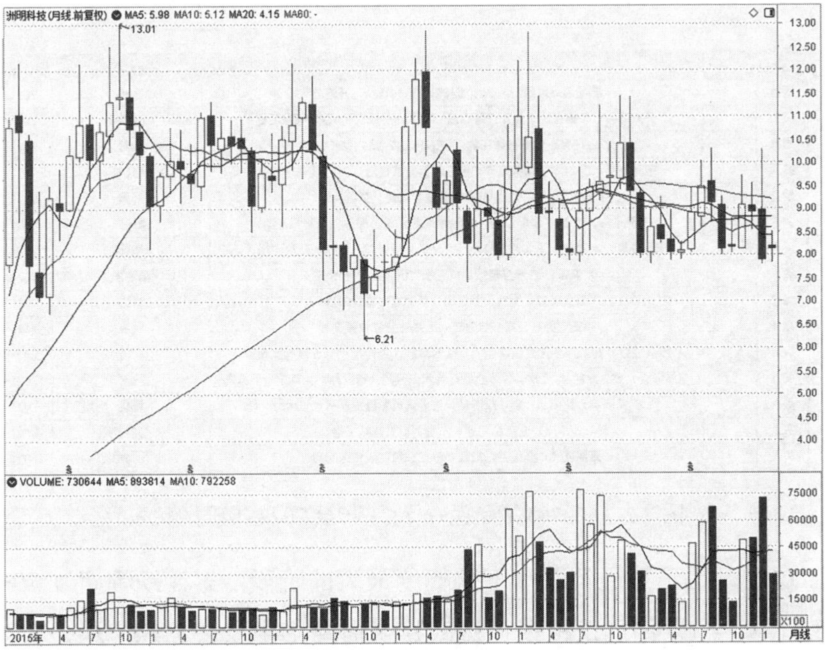

图 7-1　300232 洲明科技 2017 年至 2022 年走势月线图

但是现在我们回头来看，洲明科技的股价并没有明显的上涨，如果不是做波段，而是用买入并持有的思路，根本是赚不到钱的。

不仅个人，很多时候，机构的判断也得不到市场的验证。

2021 年至 2022 年，超过 40 家机构对通策医疗做出了"增持"或"买入"的投资建议，如图 7-2 所示。

评级类别		研报	研究员	报告日期
买入		信达证券：受疫情影响业绩有所波动，蒲公英分院维持快速增长	周平	2022-08-23
增持		东吴证券：2022年中报点评：Q2季度利润端业绩低于预期，疫情、分院投建、人才储备影响较大	朱国广	2022-08-23
增持		国金证券：疫情影响诊疗节奏，蒲公英计划持续推进	袁维	2022-08-22
买入		太平洋：疫情反复影响Q2业绩，蒲公英分院表现亮眼，看好下半年恢复态势	盛丽华	2022-08-22
买入		太平洋：获医能力突出，扩张路径清晰，口腔龙头前景明朗	盛丽华	2022-06-13
买入		信达证券：收购和仁科技29.75%股权，增强公司信息化服务能力	周平	2022-05-15
增持		国金证券：拟战略入股和仁科技，加速医疗数字化布局	袁维	2022-05-15
买入		国海证券：2021年年报和2022年一季报点评：疫情仅影响短期业绩，扩张战略仍稳步推进	周小刚	2022-05-07
买入		天风证券：疫情致就诊需求略有延后，积极扩张蓄力长期发展	杨松	2022-05-05
增持		平安证券：疫情下公司经营稳定，业绩增速符合预期	叶寅	2022-04-29
买入		东吴证券：2021年年报及2022年一季报点评：疫情影响短期业绩，蒲公英计划助力长期持续增长	朱国广	2022-04-29
买入		太平洋：疫情反复影响短期业绩，省内外扩张步伐稳健，建立长期竞争优势	盛丽华	2022-04-28
买入		西南证券：近期业绩受疫情影响，长期高增长趋势仍在	杜向阳	2022-04-28
增持		国金证券：疫情影响导致短期承压，不改长期发展趋势	袁维	2022-04-28
买入		信达证券：公司首次覆盖报告：2022Q1业绩受疫情影响，中长期布局时点到来	周平	2022-04-28

评级类别		研报	研究员	报告日期
增持		国金证券：民营龙头蓝海扬帆，省内省外花开遍地	袁维	2022-04-11
买入		天风证券：季报点评：业务经营稳健，"总院+分院"模式蓄力长期发展	杨松	2021-10-17
增持		国金证券：优秀品牌赋能，"总院+分院"模式稳步推进	袁维	2021-10-15
增持		东莞证券：2021年三季报点评：前三季度业绩快增，Q3增速低于预期	魏红梅	2021-10-15
增持		平安证券：高基数影响业绩增速，公司扩张稳步进行	叶寅	2021-10-15
买入		东吴证券：2021三季点评：Q3表观增速放缓，整体业绩符合预期	朱国广	2021-10-15
买入		国元证券：2021年第三季度报告点评：持续稳健经营，区域扩张稳步推进	徐偲	2021-10-15
买入		太平洋：Q3增速较低，前三季度仍保持快速增长	盛丽华	2021-10-14
增持		国金证券：优秀品牌赋能，盈利能力持续增强	袁维	2021-08-10
增持		平安证券：公司扩张稳定，上半年业绩快速增长	叶寅	2021-08-10
买入		国元证券：2021年半年度报告点评：区域集群效应彰显，H1业绩超出预期	徐偲	2021-08-10
买入		东吴证券：2021H1中报点评：整体业绩符合我们预期，省内外扩张继续稳步推进	朱国广	2021-08-10
买入		天风证券：业绩超预期，口腔医疗服务航母彰显发展韧性与活力	杨松	2021-08-10
买入		太平洋：业绩高速增长，盈利能力持续增强	盛丽华	2021-08-09
买入		西南证券：业绩符合前瞻，单二季度收入增速出彩	杜向阳	2021-08-09

图 7-2　600763 通策医疗 2021 年至 2022 年研报汇总

而这段时期正是通策医疗下跌幅度最大的阶段，累计跌幅超过 70%，如图 7-3 所示，如果你仅仅根据机构的建议而笃定个股会上涨，那会面对一跌再跌的走势，怎么可能不焦虑？

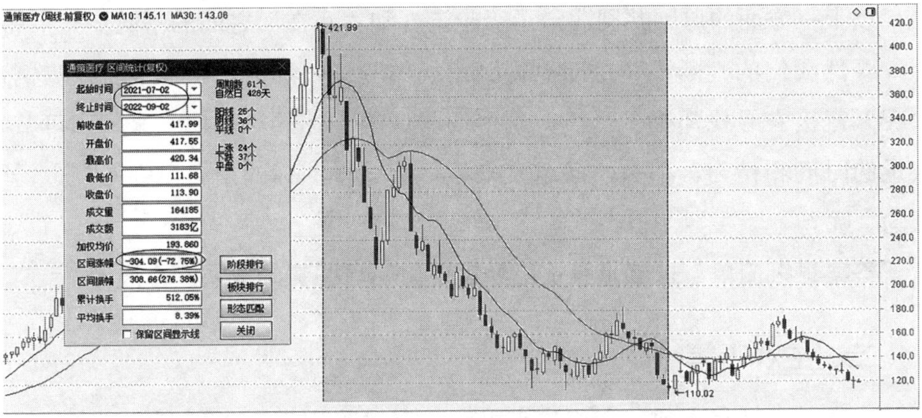

图 7-3　　600763 通策医疗 2021 年至 2022 年走势周线图

一、"应该"对决"正在"

你是否遇到过这样的窘境："辛辛苦苦地分析了一只股票，兴奋地发现它有着非常光明的未来，然后满怀信心地买入并等待上涨，可是该股持续不断地往下跌或横盘不动，你僵在原地不知所措"。

事实上，你所有的判断都是基于市场"应该怎么走"，但客观的现实是市场"正在怎么走"。股价应该上涨，但是它正在下跌。

为什么会产生这样的落差呢？我觉得主要原因有以下三点。

1. 你的"应该"是不是足够正确

也许你的出发点或认知结构是错的，你以为看到了事物的全貌，其实不过是管中窥豹。这也就意味着你认为的"应该"并非事情原本的"应该"。

2. 是否有小概率事件在起作用

在当下的案例中，你考虑了过去所有重要的因素，这没有问题，但是恰恰有一个因素是你之前没有遇到过的，即使它非常小，但是由此引发的蝴蝶效应，可能会造成整个系统和之前的表现大相径庭。

3. 市场的"应该"和"正在"之间还差了"情绪"

你必须等待"情绪"回归，而这个回归的时间却不一定，有时候是几天，有时候是几年。

以上三方面的原因共同决定了"应该"和"正在"之间的不同步。

既然我们的判断不一定即刻得到市场的验证，那么，能不能将逻辑倒过来呢？直接去寻找那些"已经得到市场验证的"标的，如此一来，则可节省大量的时间和精力，那么，问题又来了，什么样的标的是"已经得到市场验证的"呢？

答案也很简单，自然是股价已经表现出明显强势的板块及个股。

二、主观不等待

在进一步解释之前，我们先来思考一个问题："股市中的利润到底是怎么产生的？"

市场给人最直观的感受是股价每分每秒都在变化，所以，价格是市场上最不缺的东西。但是大家忽略了价格也是产生利润最根本的原因之一。

如果去除了很多繁杂的细节和要素，交易的最终目的是从 A 点到 B 点的一个过程，比如某月 5 日 10 元买入，下月 5 日 20 元卖出，这才是利润，如图 7-4 所示。

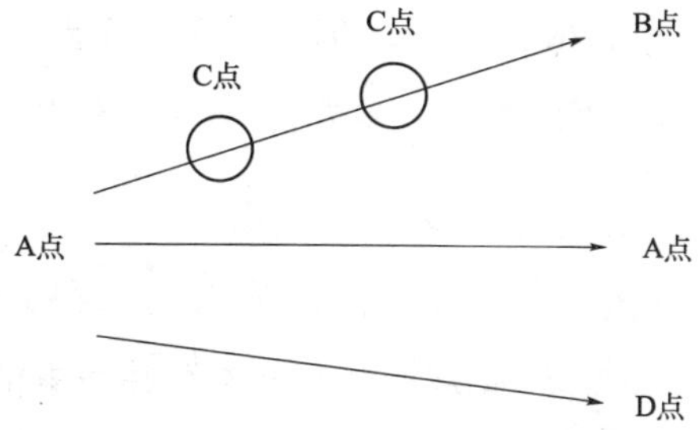

图 7-4 股价运行 AB 向示意图

当然，一旦叠加进 K 线，它会变得错综复杂，会有很多种形态，但是说到底，你的所有盈利不都是从 A 点买入，B 点卖出吗？（这里我们先不考虑各种加减仓的问题，只看最基础的一个框架）

所以，你需要在下单之前梳理清楚，当前的点位是 A 点吗？需要到一个什么样的 B 点呢？

既然我们的目的是从 A 点到 B 点，那么，要做的是尽可能地直接，众所周知两点之间线段最短，因此，我们不应该在前期浪费太多时间。

如果半年股价没有涨，还是从 A 点到 A 点，那么，对于投资者而言，这半年是没有任何意义的。但更糟糕的是，有很多情况下是从 A 点跌到 D 点。

比如，2017 年底做的第一只牛股泰格医药，如图 7-5 所示。

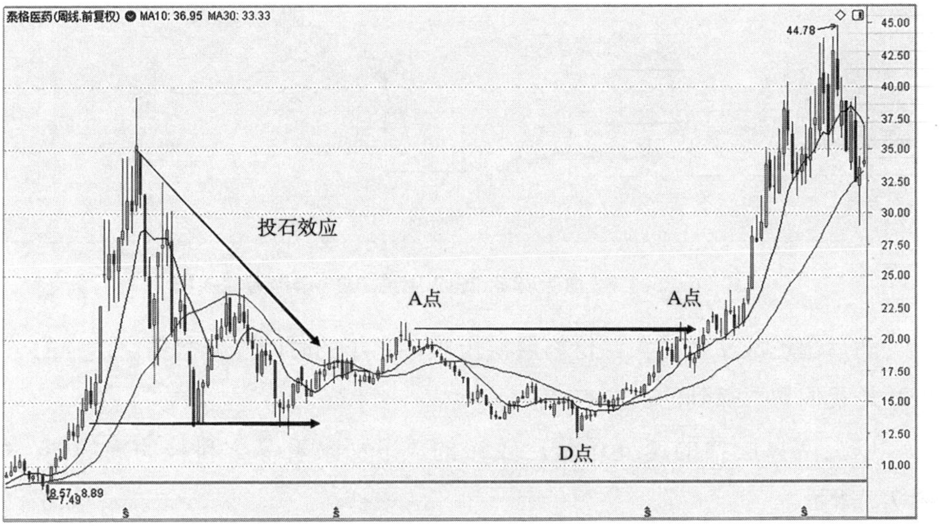

图 7-5 300347 泰格医药 2015 年至 2018 年走势周线图

从周线图上我们可以很明显地看到，该股 2015 年大幅下跌之后走的是一个大的"投石效应"，然后是长时间的圆弧形整理，总体都是从 A 点到 A 点，也就意味着在 2016 年 9 月至 2017 年 11 月，持有这只股票，并没有什么收益。但是从 2017 年 11 月至 2018 年 6 月，该股股价从 21 元涨到 44 元，每股股价直接翻倍。

再看一个案例，图 7-6 为海天味业 2019 年至 2020 年的日线图。2019 年 9 月海天开始在 48 元至 54 元内震荡，2020 年 2 月短暂下跌到 42 元价位线附近后，在 2020 年 3 月又回到了 54 元价位线附近，在上述这个时间段内，个股没有发生本质的变化，都可以作为 A 点。

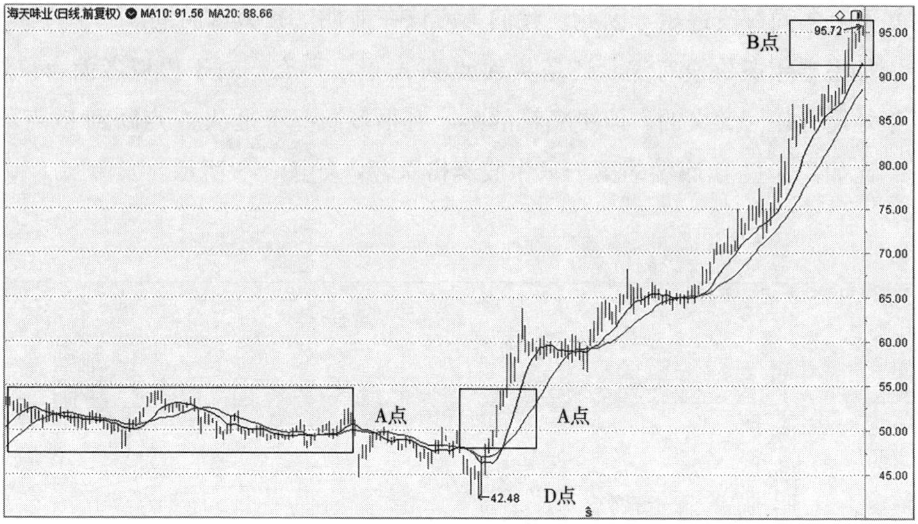

图 7-6　603288 海天味业 2019 年至 2020 年走势日线图

随后出现成交量放大，价格层层上攻，半年的时间涨幅翻倍。这样的 AB 点才是我们想要抓到的。

以上两只股票的速度还是比较慢的。下面来看晶方科技的周线图，如图 7-7 所示。

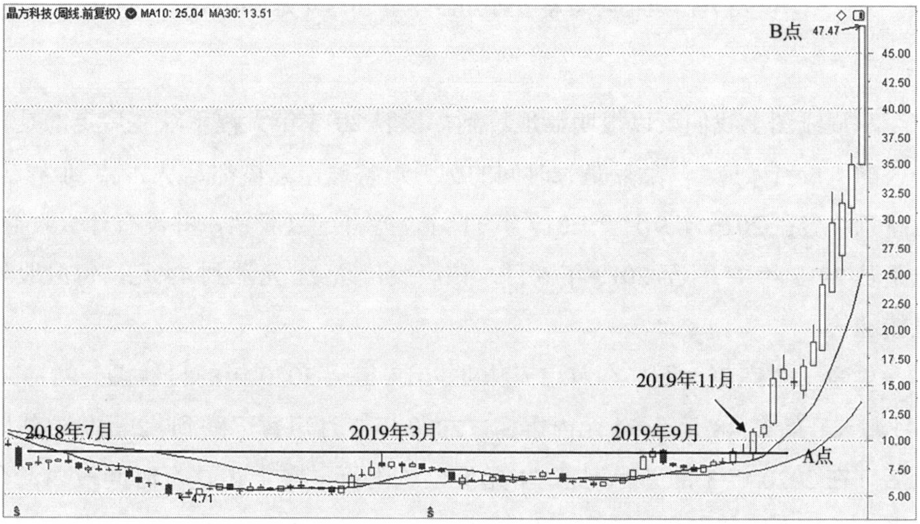

图 7-7　603005 晶方科技 2018 年至 2020 年走势周线图

2018 年 7 月价格在 8 元左右，到 2019 年 11 月，价格还是在 8 元左右，中间还跌到过 4.71 元的最低价。换言之，你在 2018 年 7 月、2019 年 3 月买这只股票和在 2019 年 11 月买这只股票的成本几乎是一样的。

之后事情发生了变化，到了 2019 年 11 月底，这种平衡状态结束了，个股以缺口的方式突破，到 2020 年 2 月底，股价从 8 元涨到 48 元左右。

之所以对晶方科技这只股票印象如此深刻，是因为当时只赚了第一波，那时，重仓在通富微电和晶瑞电材，虽然也赚钱了，但是和晶方科技相比，真的就差远了。没办法，当时对于相对强度理解得不够透彻，还是那句话：你只能赚自己能力圈之内的钱，把控不住的钱就不是你的钱，不管这些钱有多近。

这个市场不存在半年之前必须卡位，半年之后，虽然它还是在原来的价位上，但不让新的投资者介入这种情况。

所以，我们首先要明确一个概念：作为普通投资者，尽可能不要将自己宝贵的时间浪费在这种无效的等待之上。对于大资金投资者，这种等待是有价值的，因为它的体量太大了，一方面它需要有足够的建仓空间，另一方面假如没有更好的赚钱机会，而机构资金还不能空仓，则不如把这笔钱先放着继续等待。

对于这个问题，我的看法是如果你认同刚才说的观点，那么，需要有意识地在盘面上去抓取一些信息，用来确定这段时间它是一直横盘的状态，没有什么本质的变化，它只是在做一个数量堆积，量变会转变成质变吗？答案是肯定的。

通过以上的分析，相信你已经知道了选股的这条铁律，即股价表现优于一切。在进一步分析上市公司好坏之前，我会先用一系列"严格的标准"定性地筛选出一些股票，之后所有的优质股都是从这个初始股票池里面挑选出来的。此外，还要时刻记住这样一句话："不论基本面看起来有多好，只要它不符合技术条件，就一定不要把它当成候选股"。

换言之，你不要去大海里捞鱼，而是应通过雷达（股价表现）先把一部分鱼放到更小的池子里，然后从这些鱼里慢慢挑选，直到挑选出自己喜欢的鱼。

第二节　趋势基本知识

在上一节中，我们提到了一个概念"股价表现"，那么，什么是"股价表现"呢？我们可以把它理解成一个连锁反应。股价的波动最先形成单根 K 线，之后形成多根 K 线组合，紧接着形成趋势，趋势进一步演变成结构，具体内容如图 7-8 所示。

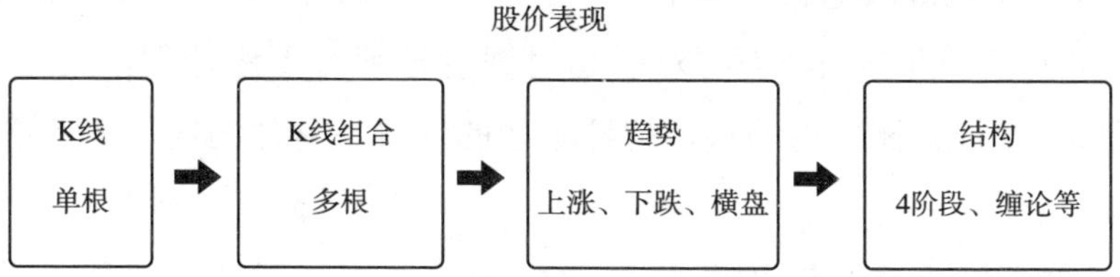

股价表现

| K线 单根 | → | K线组合 多根 | → | 趋势 上涨、下跌、横盘 | → | 结构 4阶段、缠论等 |

图 7-8　股价表现示意图

一、三种基本运动

上一层和下一层的关系好比砖块和房子。组成房子的要素是砖块，但是我们并不能把砖块堆在一起，就说它是一栋房子。接下来我们逐一介绍。

1. K 线基础

K 线是进行股价分析最常用、最基本的元素之一，是单位时间内的四个价格组成了一根完整的 K 线，这四个价格是开盘价、收盘价、最高价和最低价。最高价、最低价的位置不变，阳线开盘价低于收盘价，阴线开盘价高于收盘价，如图 7-9 所示。

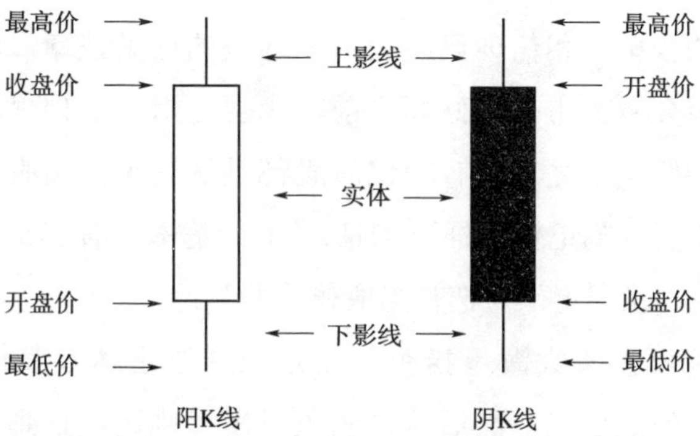

图 7-9　K 线示意图

日 K 线是指在一天的时间内，个股产生的开盘价、收盘价、最高价和最低价；周 K 线是指在一周的时间内，个股产生的开盘价、收盘价、最高价和最低价；月线、年线、60 分钟线等以此类推。在这四个价格中，收盘价最为重要，因为这是一段时间多空战斗的结果，是一个短暂的终局形态。

K 线由两部分组成，一部分叫作实体，另一部分叫作影线，这两部分的各种变形能组成不同形态的 K 线。比如实体有大、中、小三种变形，影线有无影线、仅有下影线、仅有上影线、上下影线四种变形，如图 7-10 所示。

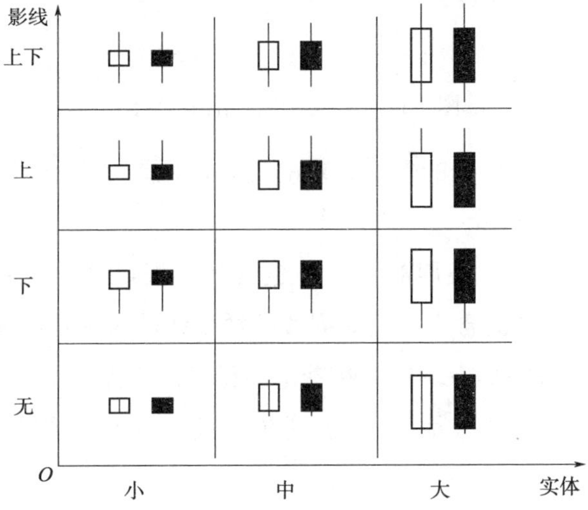

图 7-10　K 线结构示意图

每一种单根 K 线都有相应的名称，比如锤子线、上吊线、射击之星、墓碑线等，K 线组合也都有相应的名称，比如黄昏星、启明星、乌云盖顶、风高浪大、红三兵、三只乌鸦等，这些名称不需要特别记忆，关键是了解它背后的含义，即多空力量的变化，除此之外，即使是同样的 K 线，其内部结构不同，表示的意义也不同。

上面这段话怎么理解呢？前面我们已经知道了，一根 K 线只包含四个价格，所以，有大量的细节都被忽略掉了。

如图 7-11 所示，比如图一和图二最后都能形成左侧的 K 线，但是它们所代表的含义完全不同，图一中个股开盘就下跌，但是很快遇到支撑，之后一路上涨，但是尾盘遭遇抛压，跌到了收盘价附近，差一点儿被打回原形；而图二个股开盘形势一片大好，但是很快遇到卖盘，一路被打到最低点附近，好在收盘之前有一股买盘介入，最终被拉回到开盘价上方。

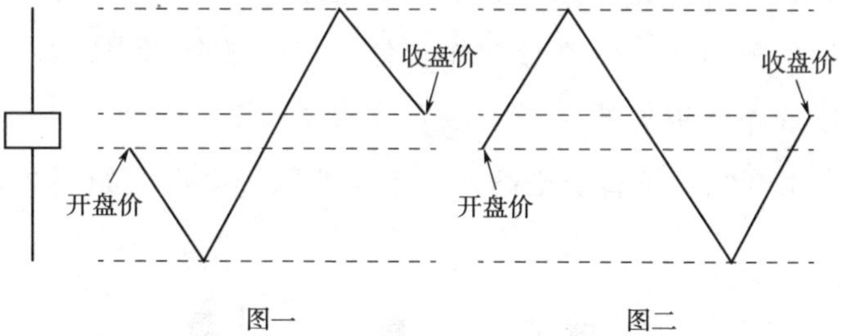

图 7-11　十字线内部结构示意图

上述两种走势所代表的多空力量的变化过程是完全不同的，所以，我们不能单看 K 线的形状。

顺便引申一点：一根周 K 线，所包含的五根日 K 线同样可以呈现不同的走势，以表达不同的含义。比如周线的锤子线，如果是由如图 7-12 中这样的五根日 K 线组成的形态，就意味着下跌已经短暂停止了，最后一根大阳线收复了这一周的所有"失地"，并且再创新高，主力已经准备好了下一波的拉升。

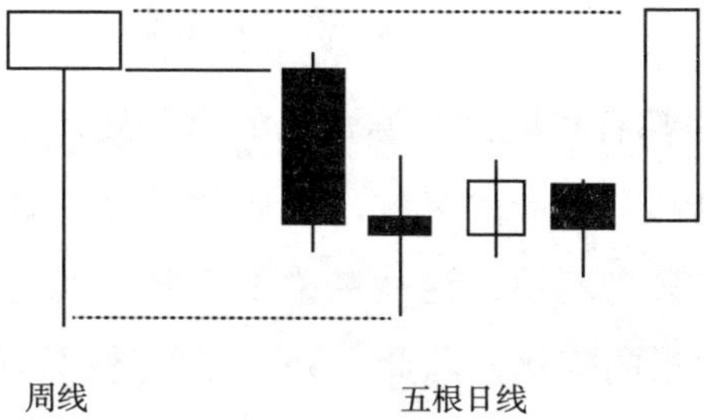

图 7-12　周线锤子线内部结构示意图

再比如周线的倒锤子线，如果是由如图 7-13 中这样的五根日 K 线组成的形态，就意味着上半周的上涨动能被全部打散，在出现波段新高之后，不仅没有保持住上涨的势头，反而被空头大举反攻，最后一天更是平开低走，直接创出了近期新低。

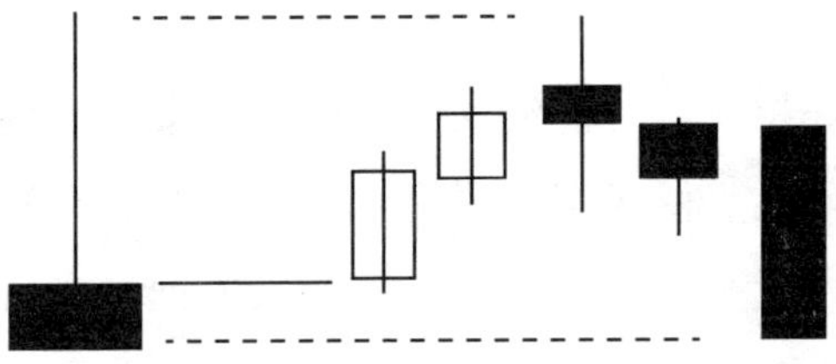

周线　　　　　　　　　五根日线

图 7-13　周线倒锤子线内部结构示意图

"橘生淮南则为橘，生于淮北则为枳"。同样的种子，生长在不同的环境，结果截然不同。所以，我们不能把 K 线看死，要结合市场环境和关键 K 线所处的位置来做出一个综合判断。更为重要的是，K 线形态一定要从属于股价结构（详见本章第三节的内容），将单独的 K 线结论放在全局的角度来看，意义会有很大的差别。

2. 基本运动

随着时间的推移，K 线在图表上留下的轨迹形成了走势。换言之，走势是股价波动的方向。在金融学中，我们常使用另一个类似的概念——"趋势"。它有三种基本运动：上涨、下跌和横盘。

牛顿惯性定律是这样说的："任何物体都要保持匀速直线运动或静止状态，直到外力迫使它改变运动状态为止"，因此，趋势一旦形成了某个方向，也会一直持续，直到有外力改变了它。下面依次了解这三种基本运动。

（1）上涨趋势

上涨趋势是每次波动的最低点和最高点逐次抬高。这句话有两个层次，即高点比高点高和低点比低点高，如图 7-14 所示。在这个阶段，买方力量明显强于卖方，卖方手里的筹码是稀缺资源，无论卖方提出什么价格，都有买家接受，股价自然水涨船高。

值得注意的是，再强劲的上涨趋势都不可能只涨不跌。有些投资者在面临利润回吐的时候，心会慌，刚赚了一点点就卖出，美其名曰落袋为安。事实上，你必须理解并接受"回调"是整个上涨趋势的必要过程，只要这些"回调"不跌破前期低点，之后会不断出现新高，那么它就是健康的，不需要担心。

下跌趋势则正好相反，每次波动的最低点和最高点逐次降低。它依旧有两个层次，即低点比低点低（第一层次），同时高点比高点低（第二层次）。在这个阶段，卖方力量明显强于买方，无论买方把价格压得多低，都有卖家无奈地接受，那么股价就只会倾泻而下，如图 7-15 所示。

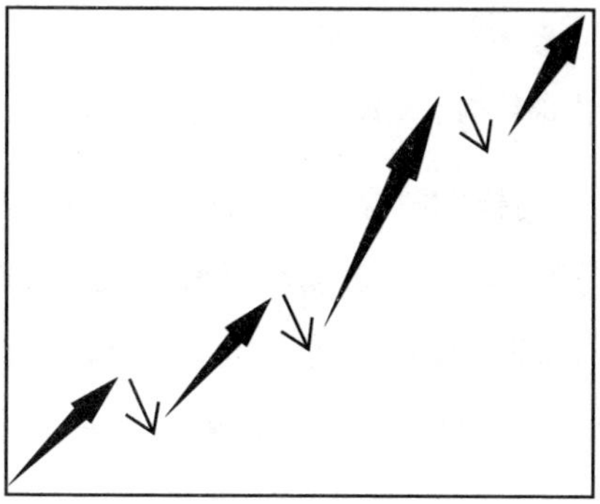

图 7-14　上涨趋势示意图 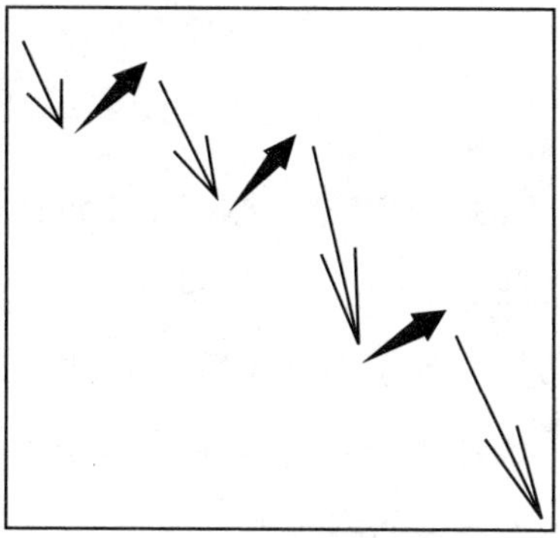　　　　　图 7-15　下跌趋势示意图

（2）下跌趋势

下跌趋势通常指的是股价在一段时间内持续走低的市场现象。在下跌趋势中，"反弹"通常是指股价在经历了一段时间的下降之后的短期上涨，但这种上涨往往不具有持续性，最终股价会继续下跌，创出新低。而"回调"则是指在上涨趋势中的暂时性回落，通常回落幅度小于之前的上涨幅度，并且回调结束后，股价会恢复到原来的上涨趋势。在实际的交易中，最容易让人产生误解的是"反弹"和"回调"一样。对于一直处在亏损压力中的投资者，几根阳线是希望，但是最终不断出现的新低还是会让股价回到原来的走势中。只要满足"高点比高点低"，这个"反弹"就没有任何意义。

（3）横盘趋势

很多人认为，横盘并不算一种趋势，但是根据我们的定义，趋势是股价波动的方向，水平当然也是一种方向。

横盘趋势中，每次波动的高低点大体在一条水平线上。在这个阶段，买卖双方的力量大体平衡，谁都占不了便宜，于是只能在一个交易区间内来回争夺，如图 7-16 所示。

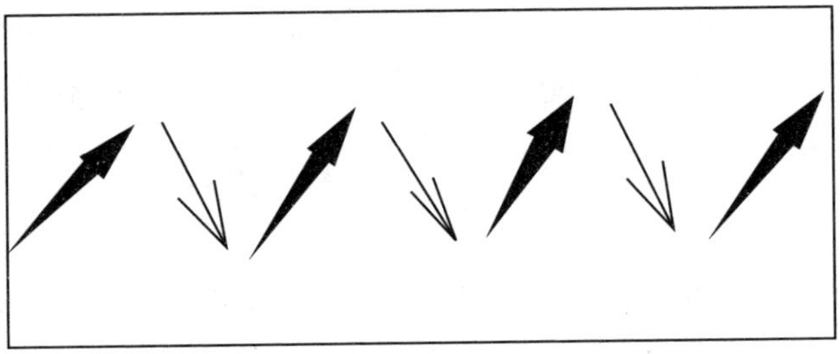

图 7-16 横盘趋势示意图

3. 趋势周期

讨论趋势必须搭配周期。有人看日线，则是日线级别的趋势；有人看周线，则是周线级别的趋势；还有人看月线、年线，则是更大级别的趋势；有人看 60 分钟线、30 分钟线，这是更小级别的趋势。但不管哪个级别的趋势都是由上涨、下跌、横盘这三种基本运动组成的。这也很像自然界的分形结构，如图 7-17 所示，下面这五个图形看起来好像完全不一样，如果仔细观察，就会发现它们都是由一个结构无限重复形成的。

图 7-17 分形结构示意图

分形结构有着强烈的自相似性，这也就意味着我们可以在某一个局部中找到类似整体的结构。在现实生活中有很多分形的例子，比如树从树干上分出了树枝，每一根树枝上又会分出大量的枝丫，细看下来，每一条枝丫的形状都和一棵完整的树类似；100 公里的海岸线和 10 公里的海岸线形状是近似的；把海边一块岩石放大到足够大，会发现它的边缘和整座岛的边缘差不多是一样的。

市场中的趋势也是如此，把时间的刻度尺放得足够大或足够小，这些趋势都是由上涨、下跌和横盘这三种基本运动构成的。

很多投资者讲"趋势破了，趋势还在"，其实这种表达并不十分准确，因为少了一个前提——周期。脱离周期无从谈趋势，不同周期的趋势天差地别，这意味着彼此根本不在同一个频道上。

比如 2020 年 3 月的创业板，从日线上看，指数下跌，趋势破位，而且还破了两次，如图 7-18 所示。

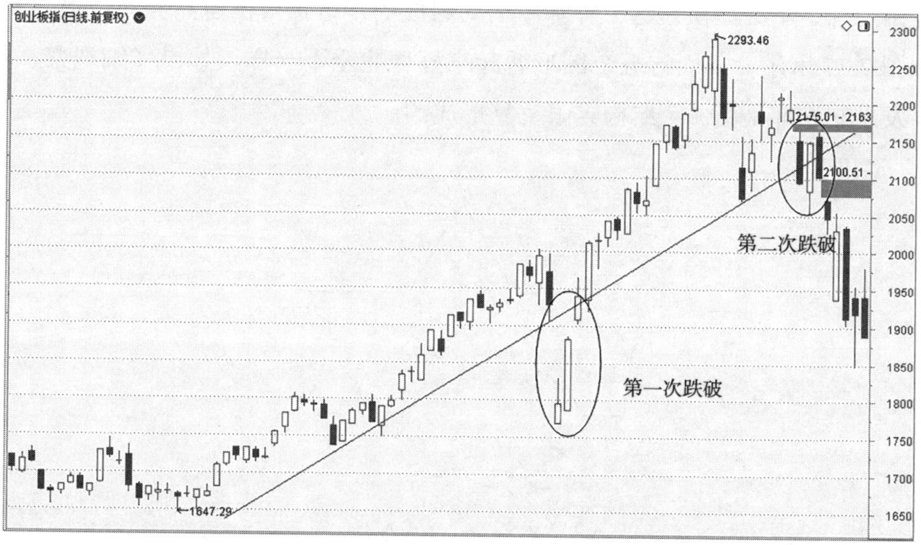

图 7-18　创业板指 2019 年 12 月至 2020 年 2 月走势日线图

但是从周线和月线来看，创业板趋势仍旧保持完好，一波牛市从 2019 年 2 月一路走到 2022 年 1 月，如图 7-19 所示。

这就是周期不同，看到的结果不同。这也就意味着，当通过大周期和小周期看趋势时，很多时候结论是相悖的——日线图显示的是一轮下跌趋势，而周线图则是一轮上涨趋势，反之亦然。

图 7-19　创业板指 2018 年至 2022 年走势周线图

　　交易最大的难点之一是不同时间周期的走势图会发出互相矛盾的信号，你必须能够清楚地知道自己要以哪个周期为重。从实战的角度来看，我们主要使用周线图和日线图。

　　周线图的好处是时间跨度长，已经过滤掉了大量日线的噪声信号，能够比较清晰地看到市场在发生什么样的变化，识别个股生命周期，因此，这是我们决策系统的基础。当然，坏处也是有的，即涨跌幅都变长了，如果单纯看周线上的形态，其实是很难做到有效止损的。

　　这时，我们要切换到日线图。日线图虽然时间跨度较短，但能够帮助我们看得比较细，方便找到更为精准的进场点和出场点。再细化一些，比如小时图上的形态，虽然也能识别到趋势，但是利润空间过小，考虑到 A 股的T+1 制度，不太方便流畅地进出场。

4. 趋势识别

　　只要在市场上交易一段时间的投资者对于"趋势线"都不陌生，它之所以诞生是为了帮助我们更好地识别趋势，毕竟用眼观察还是没有几何线段更加直观。

　　但是众所周知，"趋势线"并不好画，为什么呢？原因在于趋势线是大多经验型的画法。这里仅分享我个人比较常用的方式：从整段趋势中间位置画一条线,将已有的一段趋势一分为二,即中轴线。不管是上涨趋势、下跌趋势还是横盘趋势,向上平移中轴线到端点可以得到阻力线,向下平移中轴线到端点可以得到支撑线。

这里的平移要求是股价至少碰触阻力线两次,碰触支撑线两次,实体、影线碰触都算碰触,但是两次碰触不能距离太近,比如相邻 2 ～ 3 个交易日都碰线了,这样太近的碰触会被认为是一次。之所以有这样的规则,是因为所谓阻力,意思是股价涨到这个位置会遇到困难,从而有下跌的可能。所谓支撑,是指股价跌到这个位置会开始稳定,接下来上涨的概率会有所增加。所以重点变成了不仅要碰触,还要能改变之前的股价走势,用来验证阻力和支撑的有效性。

这里需要注意的是:虽然名称叫作阻力线和支撑线,事实上,它们并不是某一条固定的线,而是一个窄幅区域。比如通富微电 2019 年底至 2020 年 1 月出现了一波上涨趋势,如图 7-20 所示。

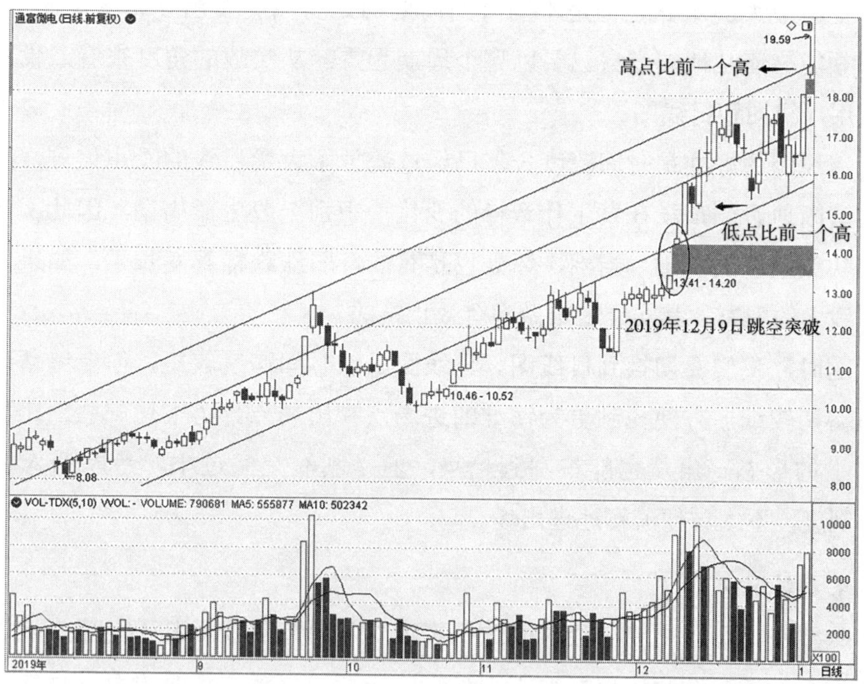

图 7-20　002156 通富微电 2019 年底至 2020 年 1 月走势日线图

2019 年 12 月 9 日的股价跳空高开,突破了之前的横盘趋势,这是一个非常积极的信号。不过这时我们还没有办法画中轴线,必须等到回调结束股价恢复上涨，满足"高点高于前一个高点，低点高于前一个低点"，才能确认上涨趋势的形成。

平移中轴线到端点可以得到阻力线和支撑线，可以明显看到图中的窄幅区域很好地包含了股价在短时间内出现剧烈波动或快速反转的现象。

5. 趋势线的作用

明白了趋势线的画法，接下来我们来认识它的两个主要用途：一是判断趋势力度，二是寻找拐点。首先分析趋势的力度，我们使用的是中轴线的斜率。什么叫作斜率？是中轴线与水平线的夹角，夹角越小（20°或30°），斜率越平缓，则表明趋势力度越弱，夹角越大（70°或80°），斜率越陡峭，则表明趋势越凌厉，力度越强，但越是凌厉的行情，持续时间也越短。当两个不同的个股比较趋势力度的时候，我们需要先把屏幕分辨率调成一致。这也就意味着我们看盘的一屏上能显示多少个单位的 K 线，如果分辨率 100，则是指一屏可以显示 100 根 K 线。如果屏幕分辨率确定不了，斜率就没有统一的标准。如图 7-21 所示，它的分辨率为 120，中轴线的斜率是比较标准的 45° 左右。

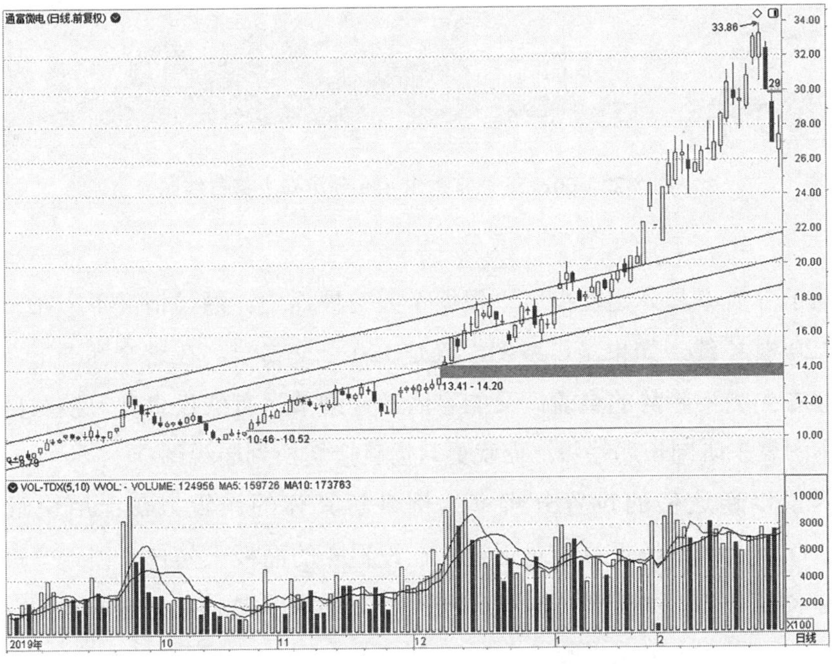

图 7-21　002156 通富微电 120 分辨率走势日线图

如图 7-22 所示，它的分辨率为 420，同样的走势，中轴线的斜率明显变大了。

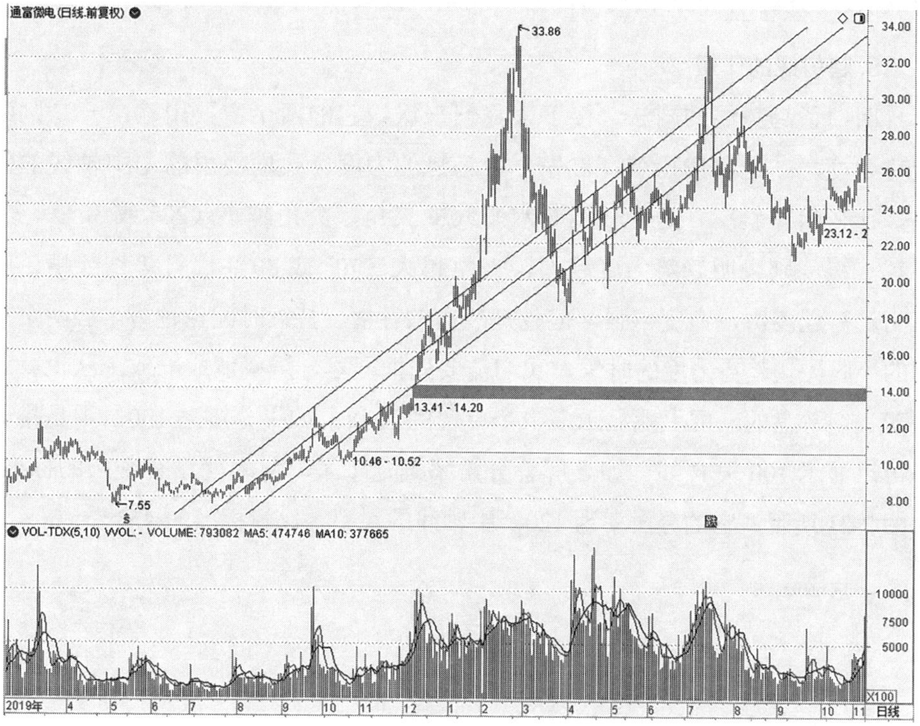

图 7-22　002156 通富微电 420 分辨率走势日线图

至于分辨率具体定多少可以根据个人习惯而定。通常情况下，在一屏会设置 120 根 K 线，如果是日线图，就是 120 个交易日。在这个标准下，我们既能够看到当下趋势的全貌，又能看清部分细节。有些投资者习惯在日线图上缩小图表来研判长期趋势，而我更习惯直接切换到周线图。

这里以通达信的设置分辨率为例讲解具体的设置方法：用快组合键 CTRL+D 调用"系统设置"对话框，在设置 4 的面板上勾选"锁定分析图中的初始 K 线数"，并设置 120，点击保存。这样每次切回技术分析板面默认分辨率都是 120，如图 7-23 所示。

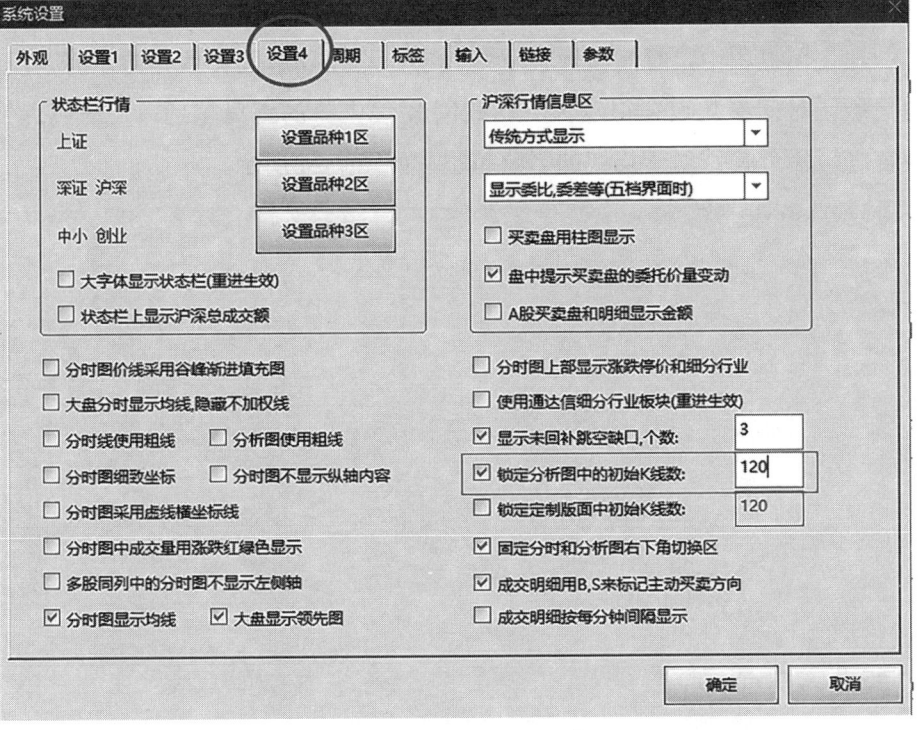

图 7-23　分辨率修改示意图

我一直讲：投资必须有节奏，那什么是节奏？

单只股票的趋势由弱变强或由强变弱的切换就是节奏，而趋势线的斜率可以从视觉层面发现市场节奏的明显变化。比如，一段上涨行情，先是以30°的斜率上涨，之后加速到 60°，然后是 90°，这就是典型的由弱变强，反之，如果先是 60°的斜率上涨，之后开始滞涨，趋势线斜率变为 30°，则是由强变弱。

其次是寻找趋势拐点，我们使用的是突破和跌破理论。这部分内容比较复杂，所以，后面会专门进行讲解，这里不再赘述。

二、关于均线

由于趋势线有主观的成分，对于同样一段走势，不同经验水平的投资者可能画出来的趋势线有很大的区别，为了内容更加简单，规则更加统一，我们可以进一步使用均线。它是平滑价格数据的一种方法。不管你用的是什么软件，只要参数是固定的，均线都是一样的。

在使用过程中，时间参数设置得越小，均线越贴近 K 线走势本身，反应越灵敏；时间参数设置得越大，均线同 K 线走势的距离越远，反应越迟钝。换言之，单个 K 线对于均线的影响越小，如图 7-24 所示。

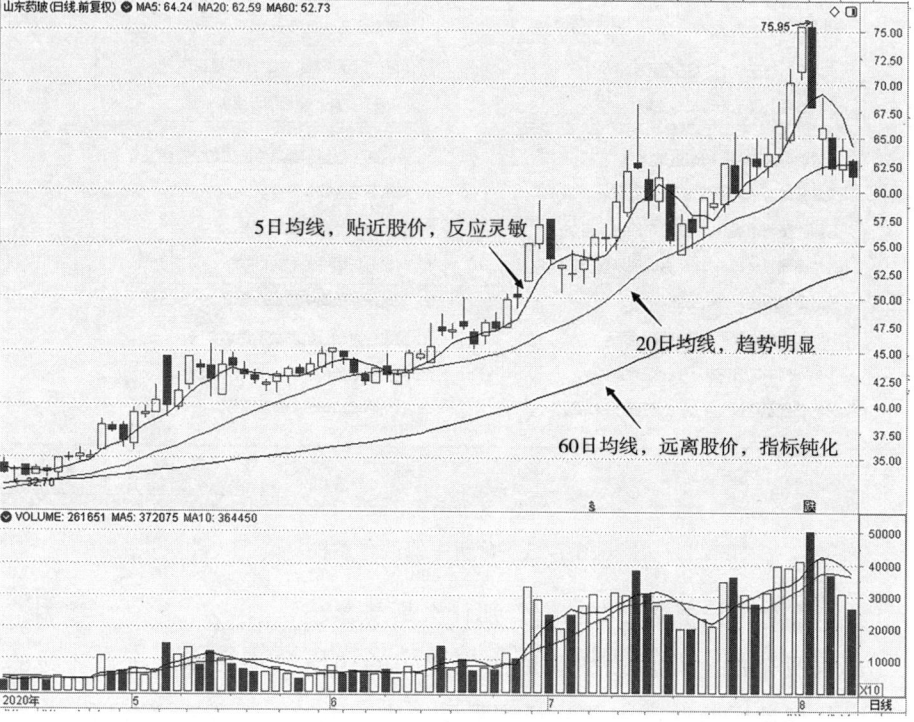

图 7-24　均线示意图

当我们使用均线的时候，必须了解乖离率。乖离率是描述股价与移动平均线距离远近程度的一个指标。不论是上涨还是下跌，只要股价离均线越远，也就意味着乖离率越大。而乖离率过大，股价便会有"向均线靠近"的倾向，好像均线对股价有引力一样。那么股价会如何靠近呢？一般有以下两种方式：

第一，股价反向运动，比如涨得过快，远离均线了，则有可能股价下跌去靠近均线，反之亦然。

第二，股价横盘，等待均线上移来靠近。

相对而言，第二种方式表明现有趋势更为强劲。

因此，我们可以得出一个结论：乖离率过大，可以算是一个拐点出现的预警信号，当然并非确定的交易信号，因为过大的乖离率之后可能是更大的乖离率。

周线图上，比较常用的均线是 10 周均线和 30 周均线；日线图上，比较常用的均线是 20 日均线。我把这三条叫作"神奇均线"。大多数强势的个股会在神奇均线的位置获得支撑，然后再次启动上涨趋势。

当然，有时一只强势股的神奇均线并不固定，有些个股的神奇均线变成了 33 日均线或 7 周均线。这时需要手动调节，不断尝试，直到找准那一条最恰当的均线。

三、改变是了不起的大事

突破和跌破是股票投资中最重要的概念之一，任何一次真正的突破都是买点，任何一次真正的跌破都是卖点。你可以想象这样一个场景：

拿一瓶水往地上慢慢滴，刚开始的时候水滴聚成一团，越来越大，由于表面张力的作用，水团维持着一个微妙的平衡。随着水滴越聚越多，水团的边缘四处晃动。突然，水团找到一个突破口，"唰"地一下流向突破口的方向，当水团不再流动时，水滴会再次聚集，再度四处晃动以便找到新的突破口。

市场通常也有两个状态：一个是蓄势的状态，像水团正在寻找突破口；另一个是爆发的状态，像水团找到了突破口，"唰"地一下流向了某个地方。水团在没找到突破口之前，我们虽然知道这个规律，但是没人事先知道水要往哪里流。它会反复试探，直到找到那个阻力最小的方向。突破和跌破都是对于现有状态的一种改变。

1. 突破≈上涨

股价越过阻力区域即为突破，突破≈上涨。在上涨趋势中，突破阻力区域意味着加速；在下跌趋势中，突破阻力区域意味着转向；在横盘趋势中，突破阻力区域意味着上涨。突破的意义并非都是一样的，在有些情况下，突破之后是一波凌厉的上涨，而在有些情况下，突破之后很快又开始下跌。说白了，突破也是一种概率，但有些要素一定是能增加成功砝码的，比如以下三种。

（1）阻力区域的斜率

斜率越陡峭的阻力区域，突破之后上涨的可靠性越差，斜率越平缓的阻力区域，突破之后上涨的可靠性越好。我们先拿上涨趋势举例。

第一种情况：阻力线的斜率已经很陡峭了，如图 7-25 所示，这时再次突破，股价上涨需要更强的动能，对于一般的个股来说是很难办到的，所以，大概率是一个假动作，买入肯定是不合适的，但对于已经持股的投资者，却是难得的且可以高卖的机会。

图 7-25　阻力线的斜率陡峭

2021 年 7 月 30 日，阳光电源突破了一直运行的上涨通道，但是这个"突破"是出现在之前个股上涨了十倍，周线调整了一段时间后，又上涨了一倍的基础上的，再大的动能也消耗殆尽了，于是很快无力为继，如图 7-26 所示。

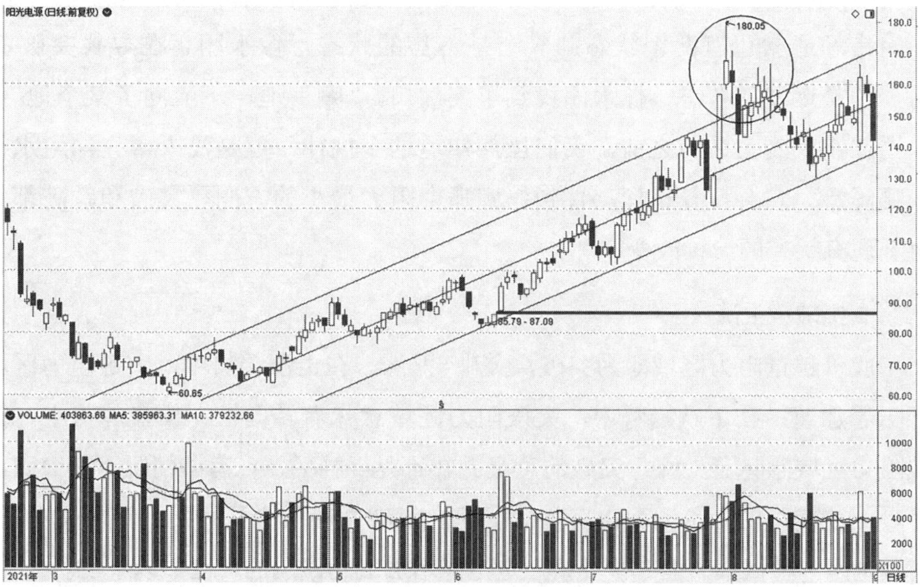

图 7-26　300274 阳光电源 2021 年 2 月至 9 月走势日线图

第二种情况：阻力线的斜率属于正常情况，一般情况是上涨阶段的初期或中期，这个时候的突破，意味着个股获得了新的催化剂，开始全力加速了，如图 7-27 所示。

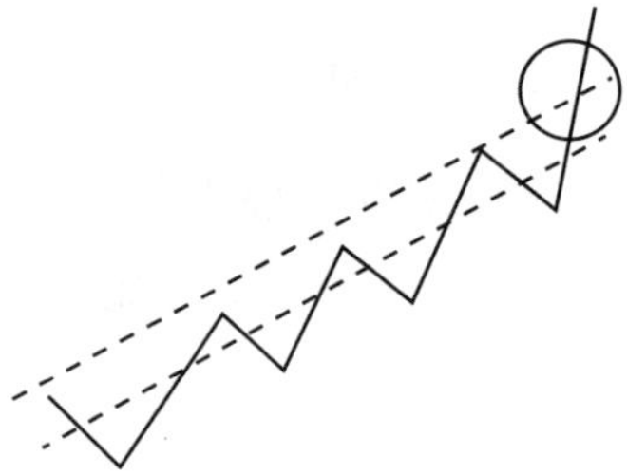

图 7-27　阻力线的斜率正常

2022 年 4 月，丰元股份在一波比较平缓的上涨之后，放量突破，成为新一波主升浪的开始，短短 11 个交易日，涨幅约为 78%，如图 7-28 所示。

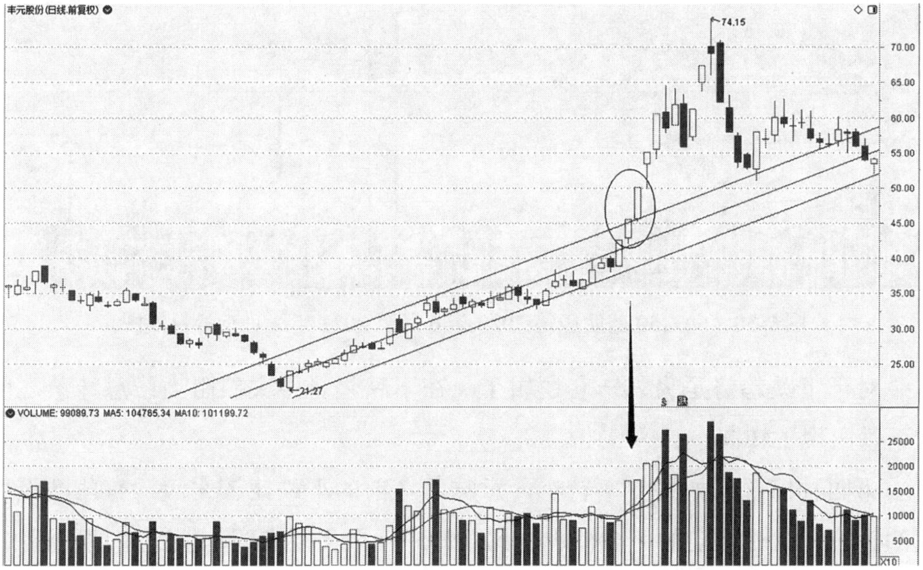

图 7-28　002805 丰元股份 2022 年 3 月至 8 月走势日线图

第三种情况：横盘趋势的阻力线，这时的突破上涨意味很明显，个股经过之前一段时间的整理，积蓄了大量的上涨动能，需要爆发出来，而此时的突破正是信号。一般出现在第一阶段或中期调整后期，如图 7-29 所示。

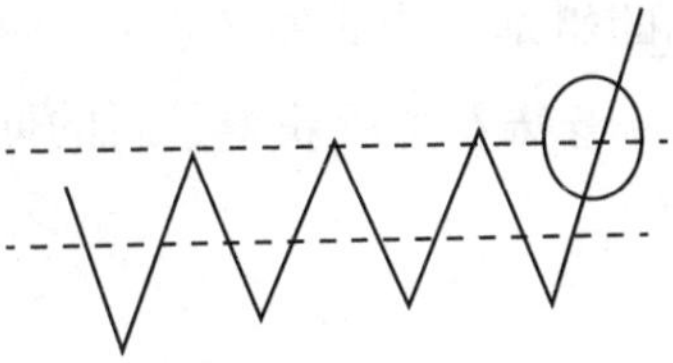

图 7-29　横盘趋势的阻力线

2020 年 12 月 17 日，药明康德以一根跳空 K 线突破了之前一直压制股价的水平阻力线，之后是一波比较明显的上涨，如图 7-30 所示。

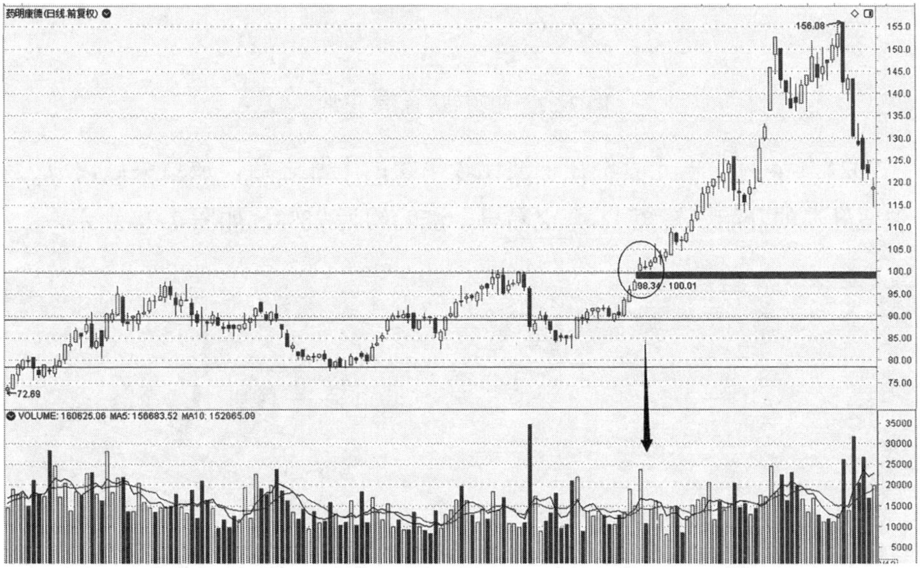

图 7-30　603259 药明康德 2020 年 6 月至 2021 年 2 月走势日线图

对于下跌趋势是另外一套逻辑了，在下跌趋势中突破阻力线意味着之前的下跌出现了转向。

第四种情况：如果斜率较小，意味着之前的下跌比较平缓，有些跌无可跌的意思，这时转向的可靠性也会比较好。一般出现在强势股的中期回调中，如图 7-31 所示。

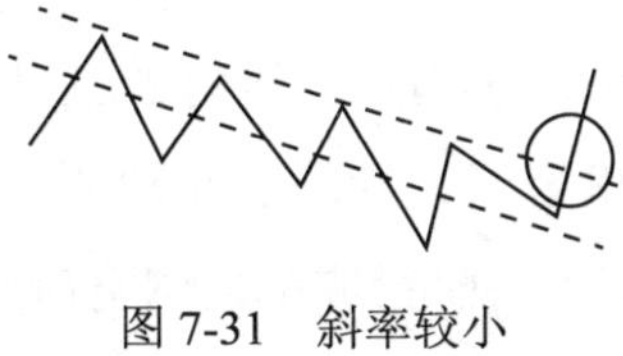

图 7-31　斜率较小

2021 年 2 月，一直在走上涨趋势的科沃斯开始调整，一个月后突破阻力线，延续了之前的上涨，如图 7-32 所示。从图 7-32 中我们明显可以看出，中期调整的力度没有那么强，下跌趋势的斜率也趋于平缓；还有就是在熊市的尾声，此时在释放了大量的空头威力之后，也会形成相对温和的下跌，此时突破阻力线，转而上涨的可能性就比较大。

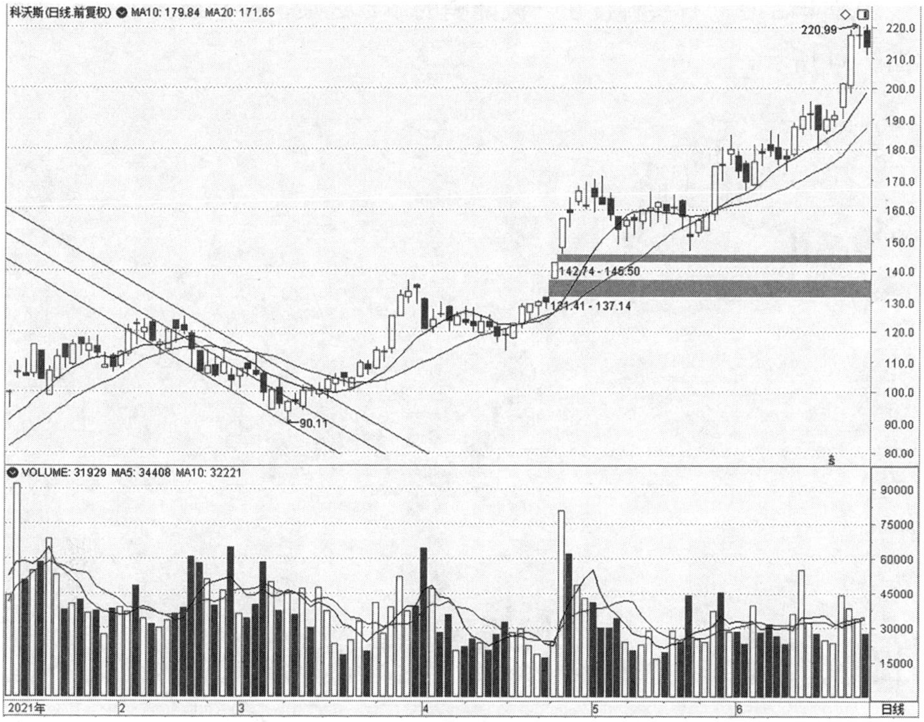

图 7-32　603486 科沃斯 2021 年 1 月至 6 月走势日线图

第五种情况：如果是急速地下跌，也就意味着下跌趋势的斜率比较大，那么很少有直接就转向成功的，如图 7-33 所示。这时的突破，仅仅意味着这只股票的跌势放缓了，之前那个速度的下跌不再持续，接下来不一定能上涨，也可能转变为更为平缓的下跌或横盘震荡。所以，很多投资者即使抄到最低点，也没什么用，因为还得继续等趋势走完。

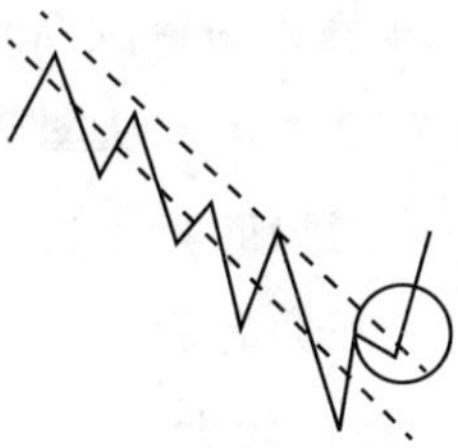

图 7-33　急速下跌

2022 年 3 月，石头科技在一波陡峭的下跌之后，横盘震荡了很长时间，如图 7-34 所示。

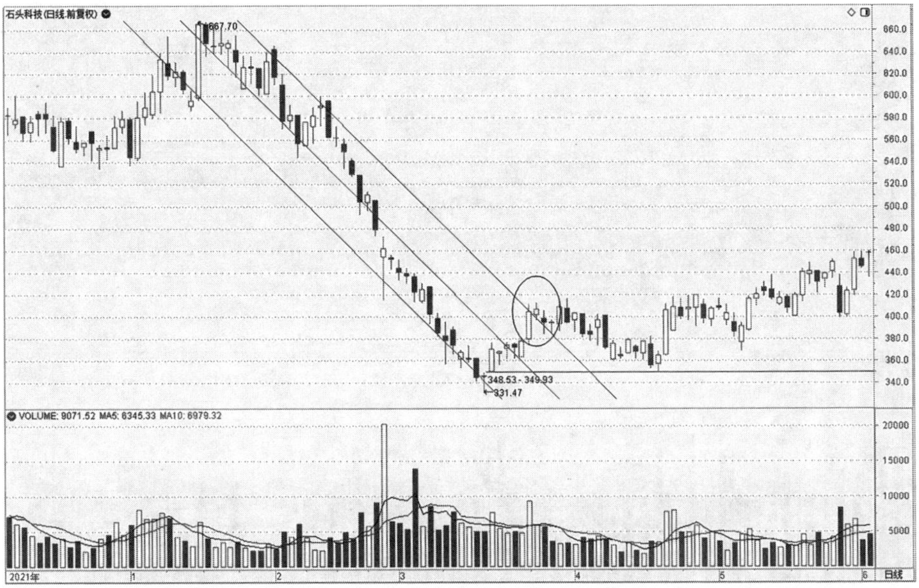

图 7-34　688169 石头科技 2021 年至 2022 年走势日线图

（2）越过阻力区域时成交量的大小

增加阻力线突破成功率的第二个因素是突破时候的成交量大小。成交量的急剧放大意味着在某一个价位上资金有巨大分歧，有分歧就有拐点。如果最后的结果是大阳线，也就是我们看到的突破，你可以认为资金是在抢着进，之前的阻力已经不能抵挡它们的热情，因此，能够放量突破的可靠性要强于没有大量配合的突破。但是有一种特殊情况，就是主力控盘能力比较强，散落的筹码比较少，此时并不需要很大的量能就能完成一次完美的突破。

（3）阻力区域的持续时间

一段阻力区域持续的时间越长，被冲击的次数就越多，那么，筹码在这段时期锁定得就越扎实，如果能够突破，也就意味着上涨信号越强烈。

2021年4月，士兰微股价已经是第三次碰触到30.5～30.7元阻力区间了，第四次终于突破成功，随之展开了一波可观的上涨，如图7-35所示。

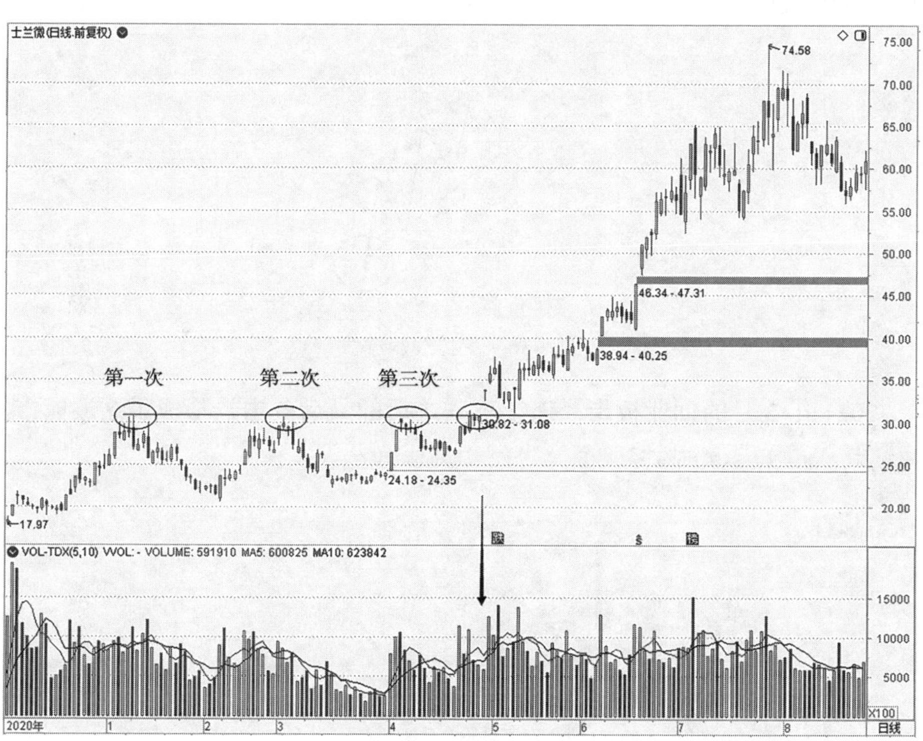

图 7-35　600460 士兰微 2021 年走势日线图

2. 跌破≈下跌

股价越过支撑区域即为跌破，跌破≈下跌。在上涨趋势中，跌破支撑区域意味着转向；在下跌趋势中，跌破支撑区域意味着加速；在横盘趋势中，跌破支撑区域意味着下跌。

和突破一样，跌破的意义也并非都是一样的，但是和突破不同，多数下跌并不需要成交量的配合，因此，我们主要从两个方面来增加其有效性。

（1）支撑区域的斜率

斜率越陡峭的支撑区域，跌破之后下跌的可靠性越差，斜率越平缓的支撑区域，跌破之后下跌的可靠性越好。

第一种情况：在下跌趋势中，支撑线斜率越大，意味着之前是一波很凌厉的下跌，这时再跌破，表明空头动能已经是强弩之末，很大可能是诱多，如图 7-36 所示。

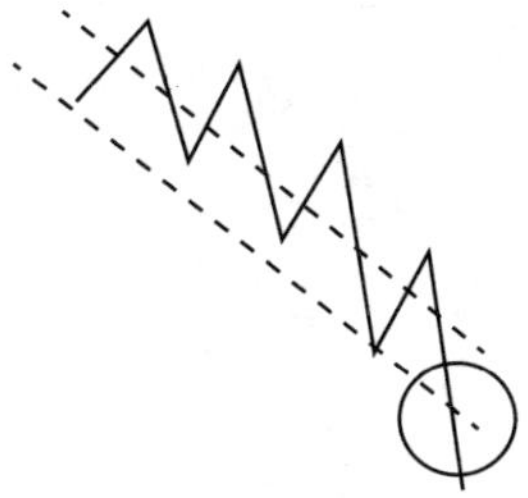

图 7-36　支撑线斜率大

2021 年 3 月的创业板指，连续下跌之后的最后一击，形成了这波熊市的最低点，如图 7-37 所示。

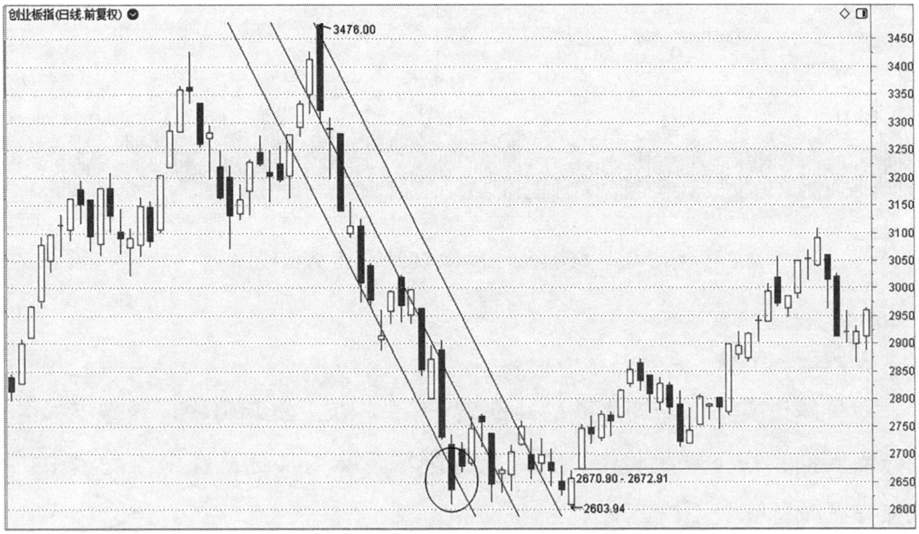

图 7-37　创业板指 2021 年初走势日线图

第二种情况：斜率如果没有那么大，意味着之前是相对平缓的下跌，此时跌破很显然空头力量得到了强化，极有可能开启下跌加速，成为新一波跌幅的开始，如图 7-38 所示。

图 7-38　斜率不大

2022 年 9 月的雪龙集团，一段平稳的下跌之后，跌破趋势线加速，如图 7-39 所示。

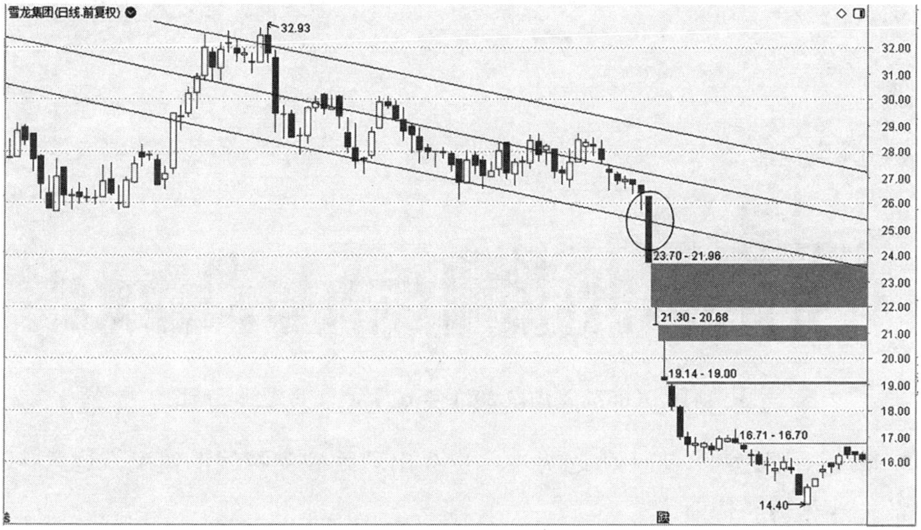

图 7-39　603949 雪龙集团 2022 年走势日线图

第三种情况：水平趋势线被跌破继而开始下跌。多空力量相对平衡才能形成横盘趋势，而在这种情况下，出现了一方力量的增强——跌破下方支撑线，此时说明大事不妙，如图 7-40 所示。

图 7-40　水平趋势线

2021 年 8 月的富满微，个股在高位震荡了一个月之后，跌破趋势线开启下跌，如图 7-41 所示。

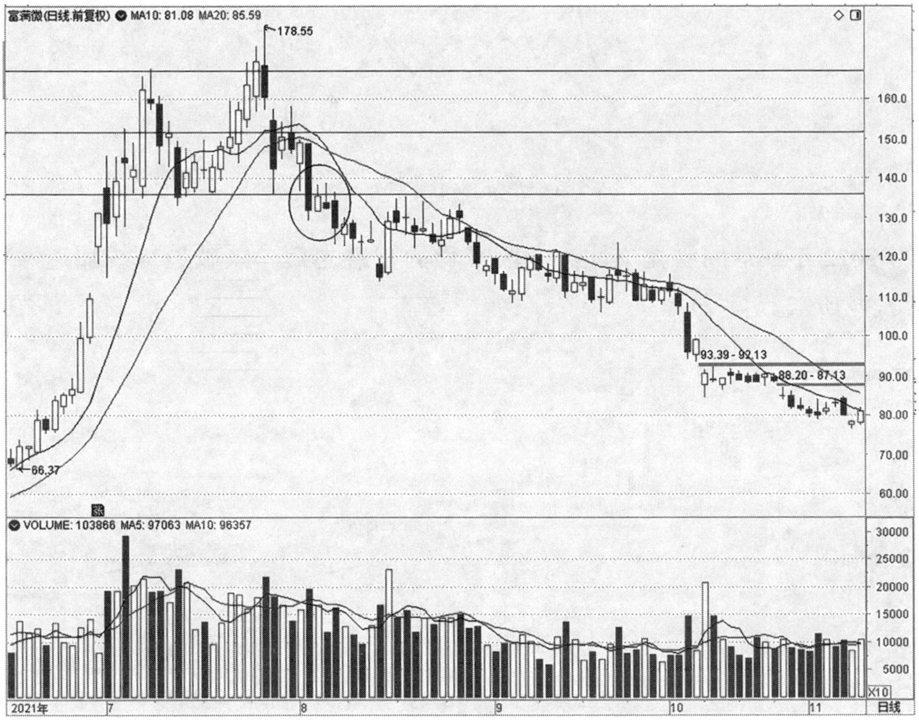

图 7-41　300671 富满微 2021 年 6 月至 11 月走势日线图

除了下跌趋势，在上涨趋势中，也会出现跌破支撑线的情况，这意味着之前上涨趋势的转向。

第四种情况：如果个股本身上涨不是特别强，也意味着斜率比较小，此时出现了跌破，转向的可能性比较大（一般出现在下跌趋势中的反弹走势中），如图 7-42 所示。

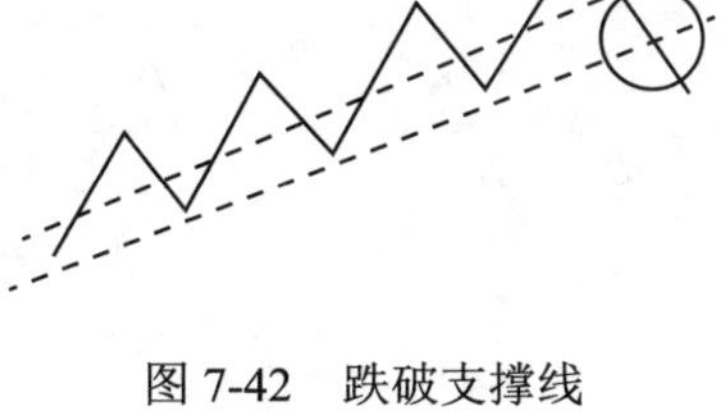

图 7-42　跌破支撑线

2022 年 9 月，美格智能在一波短暂的上涨之后，跌破了支撑线，最终难逃颓势，如图 7-43 所示。

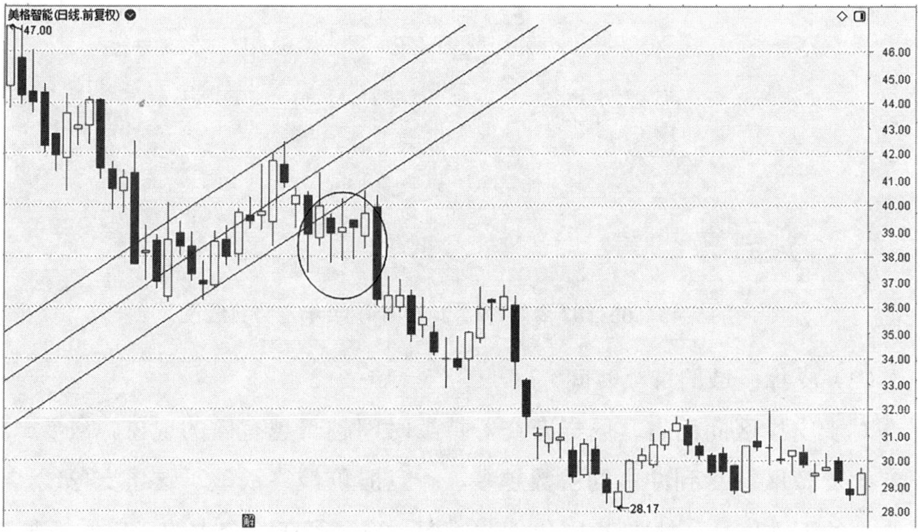

图 7-43　002881 美格智能 2022 年走势日线图

第五种情况：如果是一条非常陡峭的上升趋势线，第一次向下跌破时，不一定会马上下跌，可能只是涨势放缓，也就意味着接下来依旧是上涨趋势，只是涨得没有之前那么快了，转变为平缓的上涨或横盘震荡，如图 7-44 所示。

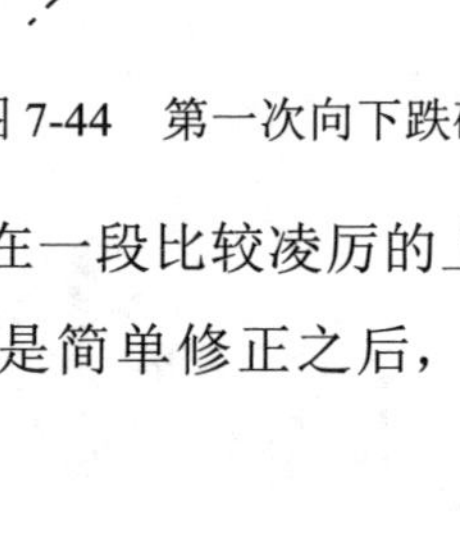

图 7-44　第一次向下跌破

2020 年 8 月，海容冷链在一段比较凌厉的上涨之后价格跌破支撑线，但是并没有转为下跌趋势，而是简单修正之后，开始了横盘震荡，如图 7-45 所示。

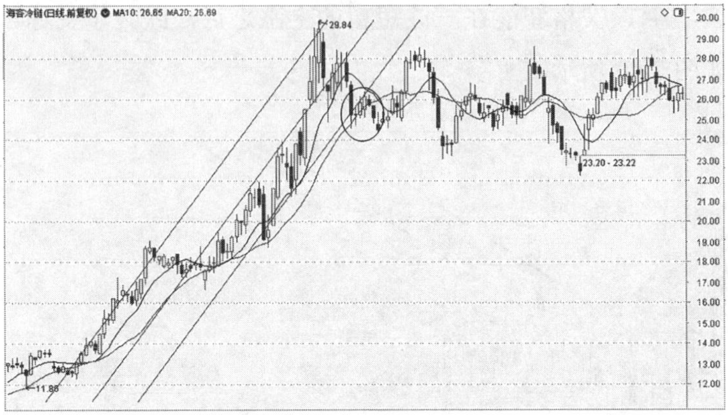

图 7-45　603187 海容冷链 2020 年下半年走势日线图

（2）支撑区域的持续时间

对于支撑区间而言，同样存在着持续时间越长越有效的现象。只要一个给定的支撑区域受到冲击的次数越多，一旦股价最终跌破了这条支撑线，则是强烈的下跌信号。比如 2016 年创业板指一直运行在一个大的三角形整理中，下方的支撑区间持续时间长达 12 个月，被冲击过 6 次，最终跌破，之后 2017 年和 2018 年创业板指持续走熊，如图 7-46 所示。

图 7-46　创业板指 2016 年至 2018 年周线图

我们交易系统的节奏是尽可能找到突破的点位，买进去之后耐心等待一波最小阻力方向走完了再出局。在这个过程中，我们是逐步减仓的，最终当趋势跌破的时候，已经是我们最后的仓位，这也就意味着只是损失一部分利润的问题，所以，重点要放在突破，至于跌破，只需要简单注意即可。

第三节　股票的四个阶段

我们先来做个小实验，请你花 10 秒钟来记住以下这 20 个数字："74380157328095246196"，怎么样，记住了吗？请闭上眼睛回想一下。

好，我们再来尝试一组数字，还是花 10 秒钟来记住它："12345678901234567890"，这次如何，记住了吗？请闭上眼睛回想一下。

其实这两组的 20 个数字是完全一样的，为什么第二组数字我们一下子就记住了？这是因为第二组数字有着清晰的逻辑和结构，更符合人类大脑的运作习惯。大多数情况下我们看盘面上的信息可能是杂乱无章，感觉无从下手，恰恰是因为你没有把它们之间的结构梳理清楚。

本节我们将学习一种全新的分析股价结构的方法。但是有一点我需要作出说明，即建立股价结构的方法并非只有一种，例如前面介绍的数字实验，你也可以将数字转化成"12345123456789067890"或"11223344556677889900"来记忆，这都是不同的结构，但只要有结构就意味着更加简单。

万物皆周期，一只股票从无人问津到众星拱月有着完整的生命周期，我们可以把它划分成四个阶段，任何一只股票都处在这四个阶段里的其中一个，从休眠到成长，成长到顶后走向衰败，像爬山一样，有上山也有下山。通过这几个阶段，你可以清楚地知道股票正处在哪个时期，这也是成功的关键，具体的四个阶段内容如图 7-47 所示。

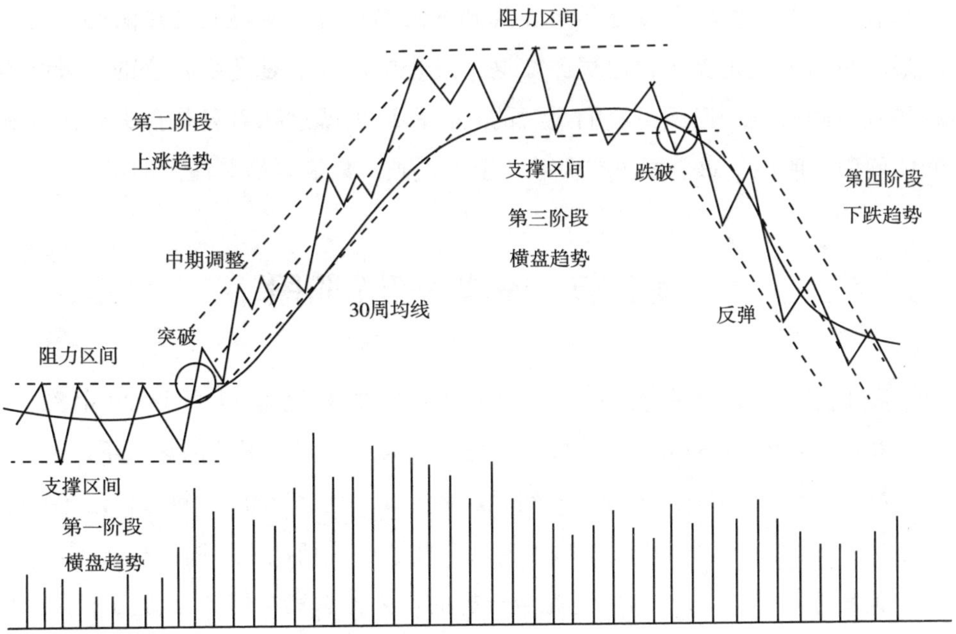

图 7-47　股票的四个阶段

　　持有一只股票最理想的情况是刚刚走出沉默的第一阶段，开始进入第二阶段，准备大幅上涨的时候入场，之后持有到第三阶段接近最高点的时候卖出。至于第四阶段，股票开始走下坡路，此时你一定要避免买入或持有。

　　以下是两个重要的知识点。

　　第一，周期嵌套。股票的四个阶段理论也适用于之前讲过的分形结构，不管是在月线、周线、日线甚至小时线上，我们都可以观察到明显的四个阶段，不同的观察周期，股票的阶段并不一样，比如，在日线级别，股票可能在第二阶段上涨，但是在周线级别，却依旧是在横盘蓄势的第一阶段。另外，周期越小，股价变动幅度越小。比如，日线级别第二阶段也许只对应了20%的涨幅，其实没有太大的意义，纯粹是博弈带来的股价变化。如果你的目标是寻找能翻倍的个股，那么最起码也要从周线级别去观察，并且在这个时间维度下，股价的变化才有可能是公司基本面和业绩引起的，是能够和其他的选股要素产生共振的。

　　第二：随时切换。股市阶段转换是随着公司业绩和大盘环境的变化而动态变化的。或许第一阶段之后，由于大盘环境不好，继续走下一个第一阶段；又或许第三阶段之后，因为公司业绩持续超预期，而再次形成重新上涨的第二阶段。总之，需要我们灵活应对。

接下来我们学习股票的四个阶段的具体内容。

一、第一阶段：底部阶段

曾经有人跟我说，2020 年 10 月左右他以 11 元买入了永太科技这只股票，半年之后，终于等到行情启动，心想好不容易解套于是马上卖掉了，之后该股涨幅巨大，具体走势如图 7-48 所示。

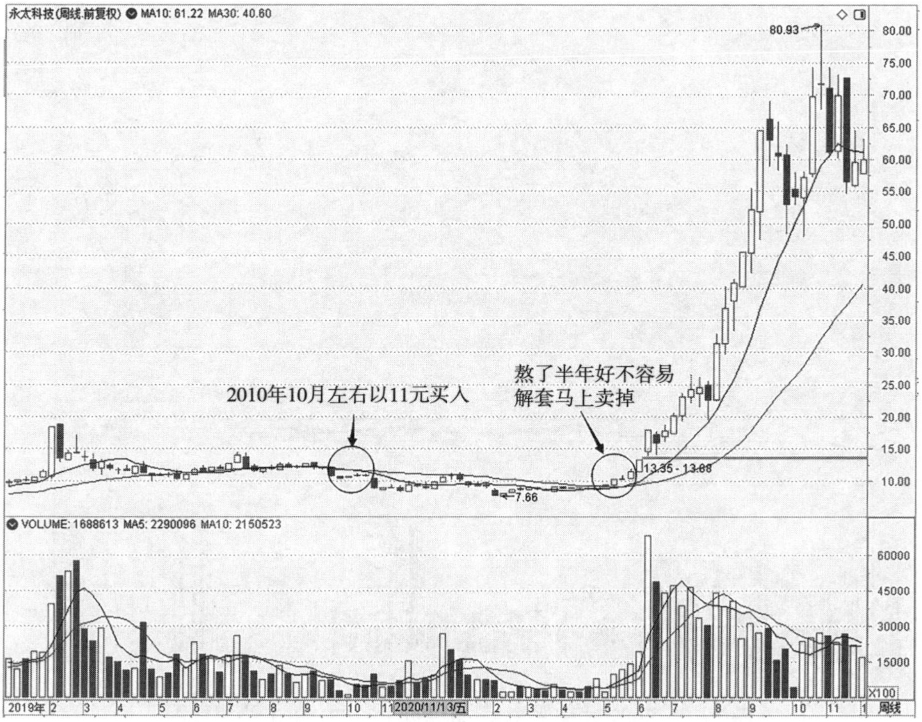

图 7-48　002326 永太科技 2020 年至 2021 年走势周线图

这位朋友遇到的困境也是普通投资者最常遇到的。感觉自己买到了低点，但是股价几个月，甚至一两年没有任何起色，从一开始的兴奋到越来越沮丧，最终等待了很长时间之后，在股价飙涨之前卖掉了。因为你只是买到了股票的第一阶段，这个阶段的图形表现是 30 周均线开始走平，股价会围绕 30 周均线上下波动。此时，几乎没有大的机构会注意到它，只有零星的小股资金进出，所以交易量通常很小，买方力量和卖方力量是一种均衡状态，股价处在类似箱体的区间内横盘震荡，这段时间特别难熬，可能会持续几个月甚至几年。

2020 年的阳光电源是大牛股，一波涨幅超过 10 倍。但是该股在 2018 年 10 月却走过了至暗时刻，即创出最低点 4.79 元之后，又震荡了将近两年，直到 2020 年 7 月才真正突破进入第二阶段，从此开启了自己的牛股之旅，如图 7-49 所示。

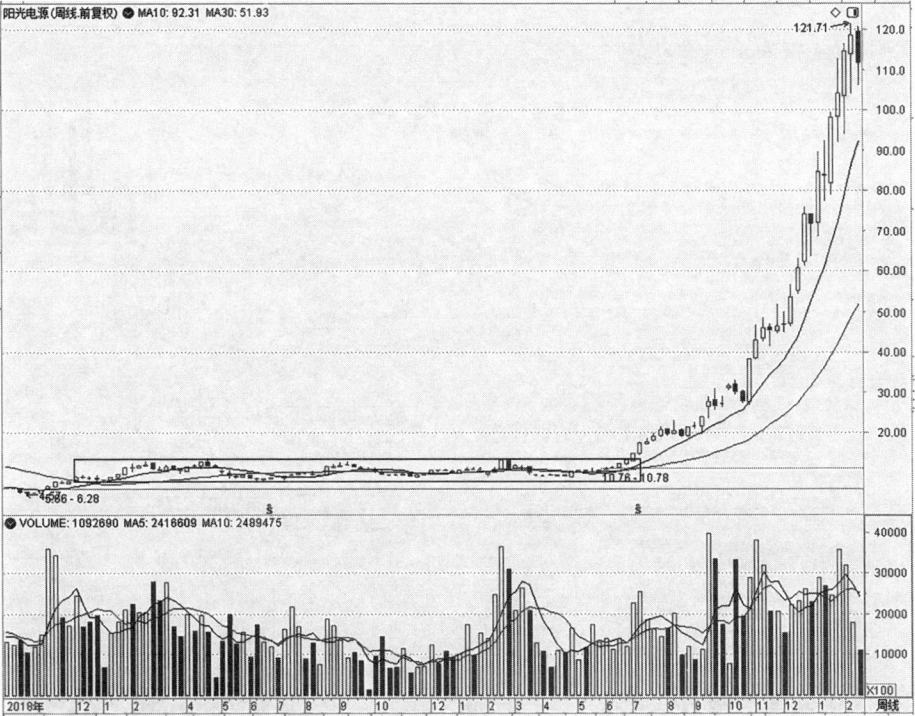

图 7-49   300274 阳光电源 2019 年至 2021 年走势周线图

股票之所以运行在第一阶段，可能是由于公司的经营情况或困境或平庸，总之并无亮点，外界对于公司或行业没有什么期待，也有可能是因为整个市场环境糟糕而导致的。毕竟在熊市里，绝大多数的股票都在下跌，能够横盘震荡的股票还是相对比较强的品种。

比如沪电股份，从 2016 年 5 月到 2018 年 8 月，第一阶段持续了两年多的时间。2016 年 5 月至 2018 年初主要是因为个股本身基本面普通，而进入 2018 年的震荡，则主要是因为大盘的"拖累"——这时个股的基本面已经有一些惊喜的变化，如果不是 2018 年的熊市，沪电股份也许会更早地突破第一阶段，具体走势如图 7-50 所示。

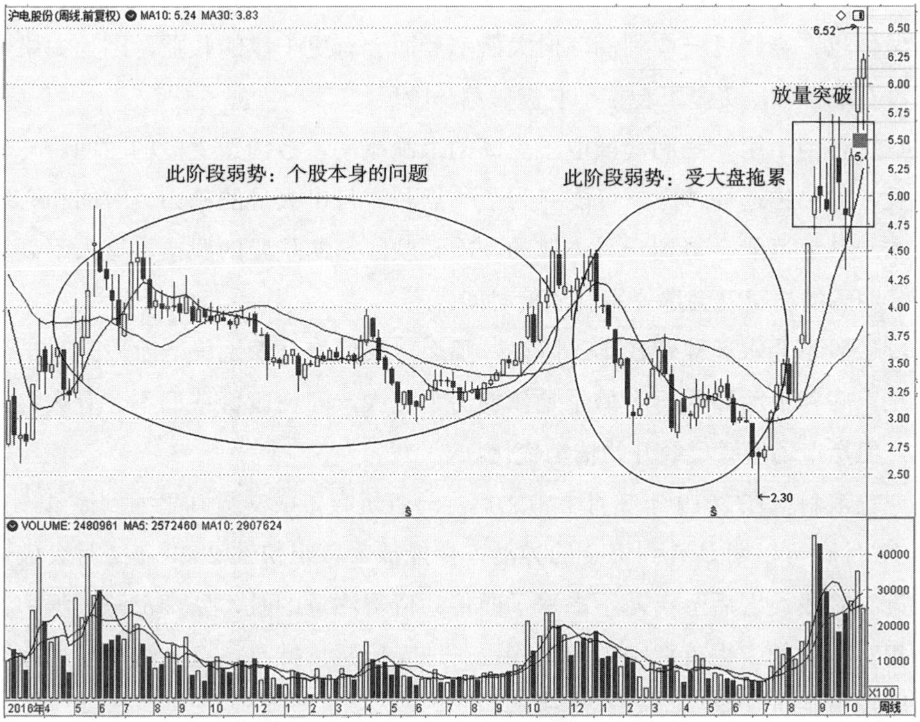

图 7-50　002463 沪电股份 2020 年至 2021 年走势周线图

总之不管形成的原因是什么，我们都应该避免去操作第一阶段的股票。这个阶段只能看不能动，只能分析不能交易。当然，想要做到这一条并不容易，因为我们总是不由自主地想要去抄底。

为什么我们总希望买到更低的价格？这是误解了"低买高卖"。低买高卖是获得利润的黄金法则，这没有错，但是并非需要在价格最低的时候买入。只要我们的买入价格相比卖出价格更低，就是低买高卖。也就意味着"低买高卖"要求的是股价的相对值，而非绝对值。

如果我们想要获得令人惊艳的投资业绩，则要专注于那些买入之后马上就能带来利润的股票。显然，处在第一阶段的个股并不符合条件，即使它已经出现了最低点，但是这时候的股票还没有准备好快速上涨。即使公司基本面看起来很不错，也要等待，直到第二阶段再购买。

如果你选定的个股真的优秀，那么你要相信它一定也会获得主流资金的青睐，我们完全可以等待市场给予验证，而用不着提前将资金投入出去。这么做你也许会错过一些利润，但大概率后面会有更丰厚的收益，因为如果个股没有准备好，资金不会推动它突破第一阶段。

这相当于用一些利润换取了更高的上涨概率，节约了更多的时间。与之相反，如果你选择抄底，可能会为了一点利润付出大量的精力、时间和心理成本，甚至可能会得到一只失败的、重新跌回第四阶段的股票，这太不划算了。明智的投资者会选择用利润换时间。

牛股不会永远停留在第一阶段，那么，我们怎么识别第一阶段是否走到了尾声呢？很明显的一个信号是量能由小变大，即使股价依旧不会有大幅上涨，但是市场情绪已经开始悄悄变化。

锦浪科技在 2019 年 3 月上市之后，一直沉寂，成交量几乎缩到地量，直到 12 月底可以明显看到资金的异动，量能放大，很快在 2020 年 2 月突破进入第二阶段，之后全年差不多涨了四倍。值得注意的是，整个上涨过程中都是相对缩量的，也就意味着筹码稳固——人们愿意持有，直到涨势后期才有了比较明显的放量，如图 7-51 所示。

第一阶段的特点是少有人关注，自然不会有太大的成交量，但是如果一只股票的基本面或逻辑发生了一些变化，一定会有人提前知道，他们会悄悄买进，当这些利好的信息被越来越多的机构认可，就会有更多的资金涌入，股价依旧运行在第一阶段，但是量能已经开始放大了。对于个人投资者而言，这时虽然还不能进场，但是值得重点关注。接下来等待更多的资金认同，抢筹之下推动股价突破第一阶段，即可开始激动人心的第二阶段。

此时，股票刚刚崭露头角，你不会看到太多相关的公告、新闻和研报，散户对它还一无所知或他们看到创了一年新高的价格，会觉得太高。殊不知，这时的高价，不仅不是结束，反而是上涨的"冲锋号"。

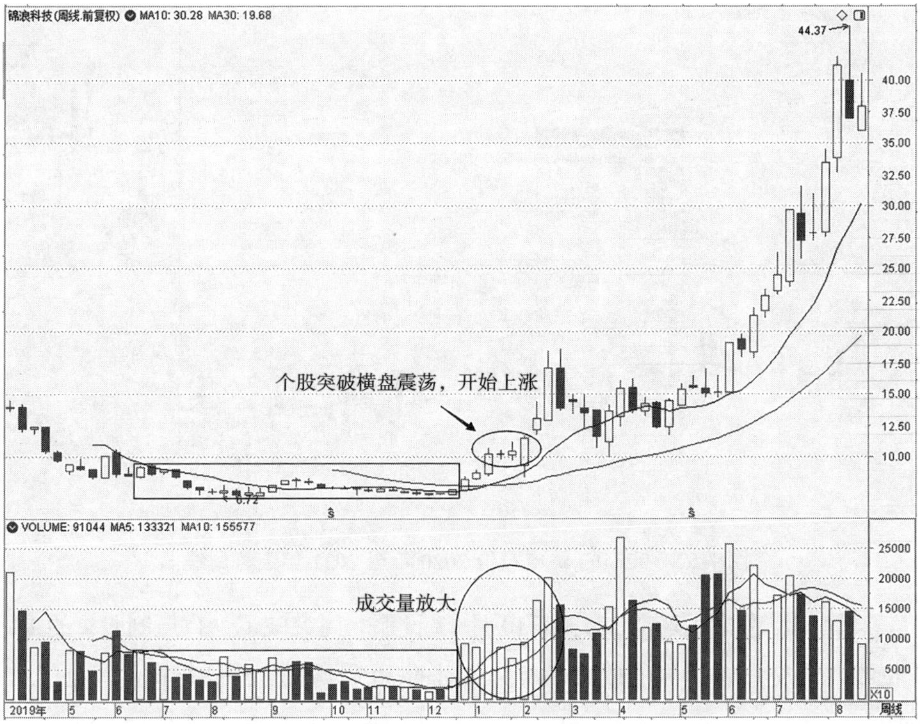

图 7-51　300763 锦浪科技 2020 年至 2021 年走势周线图

二、第二阶段：上涨阶段

这是股票运行最重要的一个阶段，你所有的利润都应该来自这个阶段，注意我说的是"所有"，个股在这个阶段的上涨概率要远远大于其他阶段。

进入第二阶段最重要的一个信号是放量突破。突破什么？自然是第一阶段的阻力区域，之前的那一个平衡状态，这个过程最好伴随着明显的成交量放大，此时 30 周均线也开始上升。从量变到质变，这个过程是非常重要的，之前我们讲过主观不等待，如果你能抓到这个最佳的买点，接下来大概率是上涨。

比如，2018 年 8 月的沪电股份，出现了明显的倍量放大，这是第二阶段的起点，如图 7-52 所示。我们继续延伸，在整个第二阶段的过程中，一般股价在上涨的日子里会表现出明显的成交量增加，而在价格回调的日子里，成交量又能维持相对较低的水平。

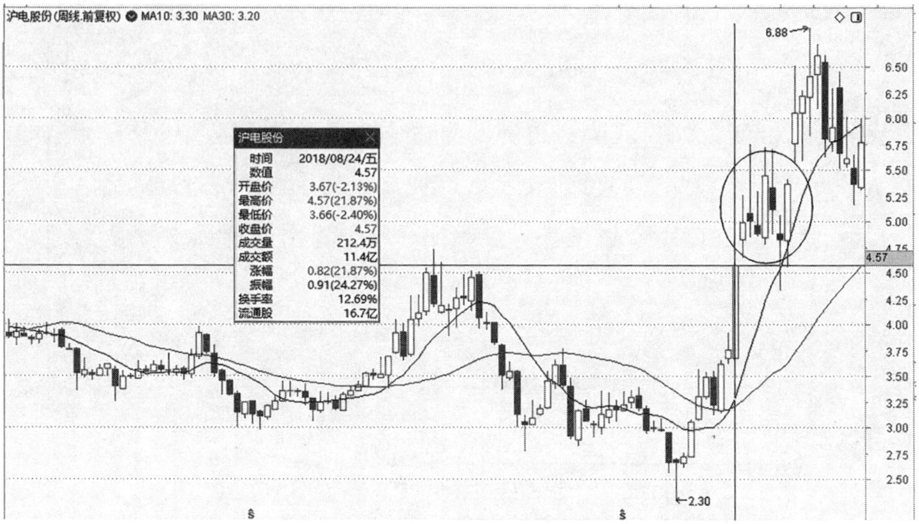

图 7-52　002463 沪电股份 2020 年至 2021 年走势周线图

又比如，泰格医药在 2017 年 10 月 13 日那一周突破了一直压制股价的 18 元价位线，成交量有明显的放大，而且这时的 30 周均线已经扭转向上，处于第二阶段了，此时股价距离过去一年的最低点已经上涨超过 40%，如图 7-53 所示。

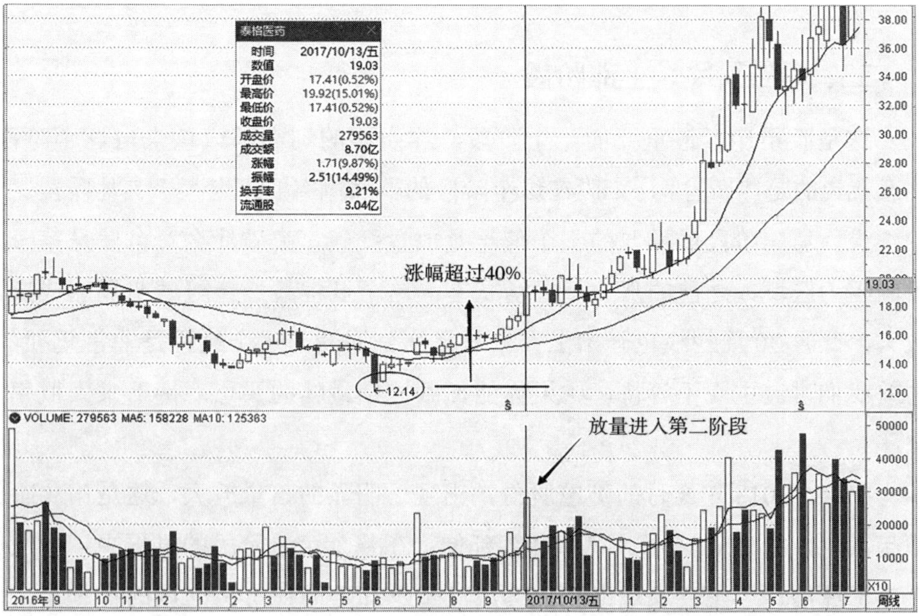

图 7-53　300347 泰格医药 2017 年至 2018 年走势周线图

对于不了解交易系统的朋友，这时买入进场价格看起来太高了。是的，如果按照直觉在更早时买入，确实可以拿到更低的成本，但还是那个问题，就是个股有可能进入不了第二阶段。

随着价格的攀升，个股逐渐进入市场焦点的中心，成为全市场关注的焦点。在 30 周均线上扬的推动下，股价开始不断突破新高。

关于该股的信息层出不穷，研究报告也紧随其后，之前只有部分资金认可的上涨逻辑，比如超预期的净利润增长、公司加速的扩张步伐、优秀的品牌等，逐渐为更多的人所接受，吸引了大量新资金争相涌入。

最初的阶段非常流畅，几乎看不到明显的回调，像顺流而下的船只，过去积蓄的动能会在这个时期尽情释放。之后股价上涨的速度开始慢下来，可以识别到明显的震荡调整，时间会持续几周或十几周，我把它叫作"中期调整"，然后股票会再次选择突破，正如图 7-54（锦浪科技）所展示的那样。

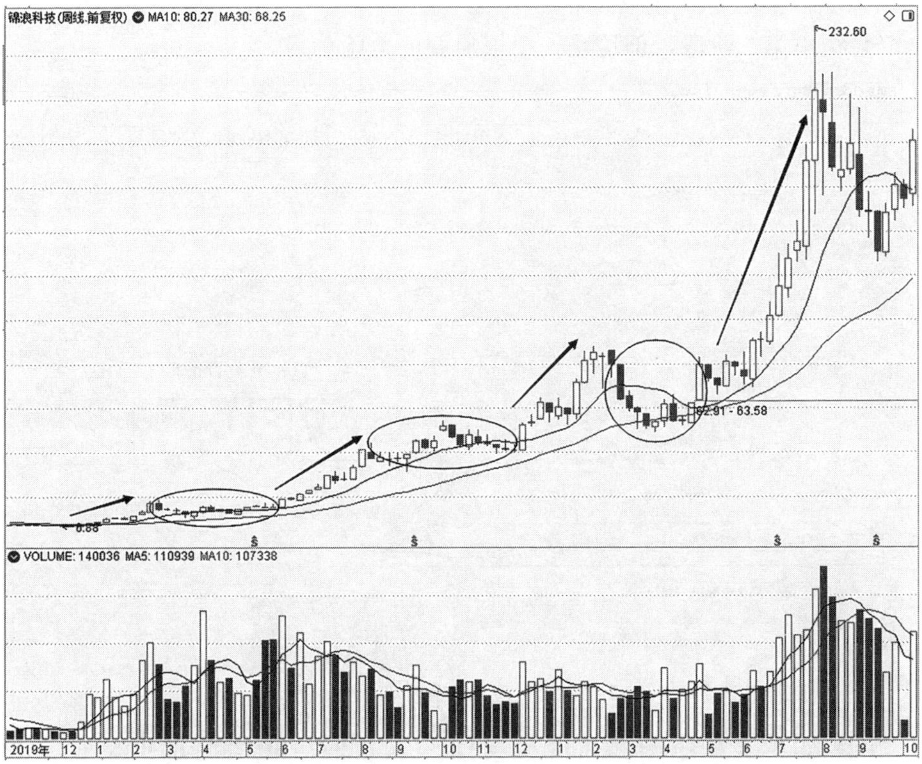

图 7-54 300763 锦浪科技 2020 年至 2021 年走势周线图

我们可以把上述这个过程想象成爬山。你从山底出发，一鼓作气上了一段，之后会找个相对平缓的地方休息一下，休息够了，才能继续向上攀登。

股票也是一样的道理。在一段上涨之后，会有一小段让人拿走利润的时期，这会导致股价的震荡。如果股票真的在半山腰，稍后上涨趋势会很快恢复，个股会向更高的价格发起冲击。

只要这些震荡和波动发生在上升的 30 周均线以上，我们就不用担心。

通常情况下，第二阶段会在 2～3 个"休息区"后走到尾声，极少数会到 4～5 个（大多是由于突破早期大环境实在不给力，拉长了早期股价反复的时间），整个过程会持续几个月又或是一两年。

第二阶段后期，上涨的动能会集中释放，我把此阶段称之为"最后的疯狂"，此时股价的表现非常强势，离 30 周均线也越来越远。

如图 7-55 所示，石英股份在 2021 年 7 月放量进入第二阶段后，经历了两次中期调整，股价开始加速上涨，离 30 周均线的乖离率越来越大，虽然不一定会结束第二阶段，但这是一个很重要的危险信号。

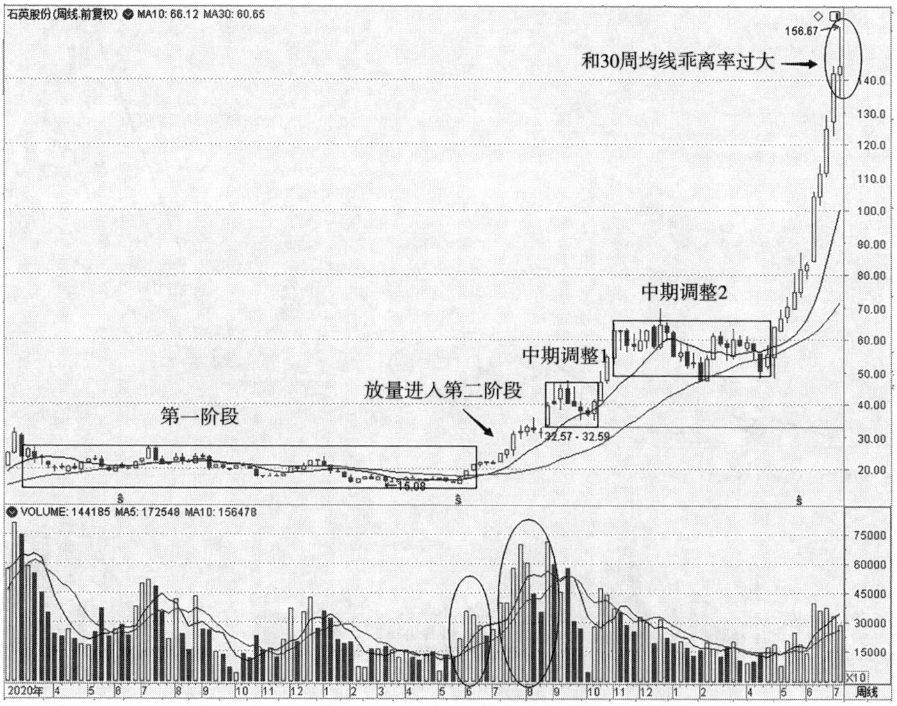

图 7-55　603688 石英股份 2021 年走势周线图

如果第一阶段到第二阶段是第一次理想的买入时机,那么股价突破中期调整 1 和 2,同样是好的进场机会。再往后的中期调整,虽然个股仍然值得持有,但是不建议买入了。

道理很简单,一开始突破的时候,股价接近底部,下跌的风险很小而上涨的可能性很大,然而越接近第二阶段后期,利润空间越小,股价的波动越剧烈、越不规律。

当然,这只是一个经验判断,有些情况下,由于个股质量不够好或大盘不给力,也许只上涨了一波,就会进入第三阶段。还是那句话"股价表现优于一切",要么在恰当的点位买入,要么根本不买。

如果你错失了一只好股票,不要烦恼,完全可以在候选池中再进行挑选,总会有处于合适价位的优质股票供投资者来选择。

三、第三阶段:顶部阶段

俗话说得好:"天下无不散的宴席",意味着一切美好的事物终将画上句号。在股市中,这一道理同样适用,即股价不可能永无止境地攀升。一只股票随时都可能悄无声息地步入其生命周期的第三阶段。

在此阶段,如果我们审视公司的基本面,似乎一切仍在蓬勃发展,盈利能力强劲不减,机构投资者对公司未来的研究报告亦充满乐观。然而,一个无法忽视的事实是:推动股价上涨的动力正在逐渐减弱,涨速开始放缓,股价难以突破新高,同时逐渐向 30 周均线靠拢,均线上升的角度也开始明显缩小。

面对这种趋势的转变,我们必须保持敬畏之心,不应逆势而为。尊重市场的选择,避免与大趋势抗衡。如果你等到公司经营出现危机的消息报道出来才采取行动,可能已经太迟了,股价可能已大幅下跌了。所以对于第三阶段,我们必须要保持警觉,避免看到第二阶段积累的收益迅速消失。

进入第三阶段,股价波动性明显增强。这种波动性反映了市场的分歧,就是意味着股价可能会经历大涨大跌,这时多头资金和空头资金彼此碰撞的结果。

这与第二阶段形成了鲜明的对比,那时候大家一致看多,买方力量要远远大于卖方,股价稳步上涨。也不同于第一阶段,虽然都是买卖双方势均力敌,准备着下一次的变动,但是力量对比完全不同。

在第三阶段，早期进入的机构投资者已经获得了丰厚的回报，他们现在要做的是择机卖掉，此为其一；由于股票已经实现了强劲的增长并频繁出现在新闻头条上，越来越多的散户蜂拥而至，导致筹码越来越分散，此为其二。这相当于股票从强势卖家转移到弱势买家手中，形势变得岌岌可危。

如果没有了解过股票的四个阶段，这时的你可能兴奋地认为自己发现了一只潜力巨大的股票，大量的研究机构发布的文章对这只股票赞不绝口，挖掘它的成长潜力，此时利好消息铺天盖地，这种情况下很难让人保持客观。

即使股价开始下跌，很多投资者也会自我安慰，认为这只是短暂的回调而已。殊不知，接下来可能会进入可怕第四阶段。所以，你必须小心地控制情绪，始终相信图表分析，因为图表分析不带有情绪。

第三阶段的成交量没有明显的规律，可能增加也可能不增加；第三阶段的时间通常不会太长，至少要比第一阶段短很多，有些股票会在这一阶段形成特定的图形，比如平顶、头肩顶、圆顶等。

以沪电股份为例，该股从 2019 年 9 月进入第三阶段，直到 2020 年 7 月才进入第四阶段的下跌趋势，这一过程持续了将近一年的时间。这种长时间的高位盘整，通常是在公司比较有成长性的情况下才会出现。如果接下来公司的业绩能够继续超出预期，那么这段时间的第三阶段会转化为第一阶段，从而开启新一轮的上涨行情，如图 7-56 所示。

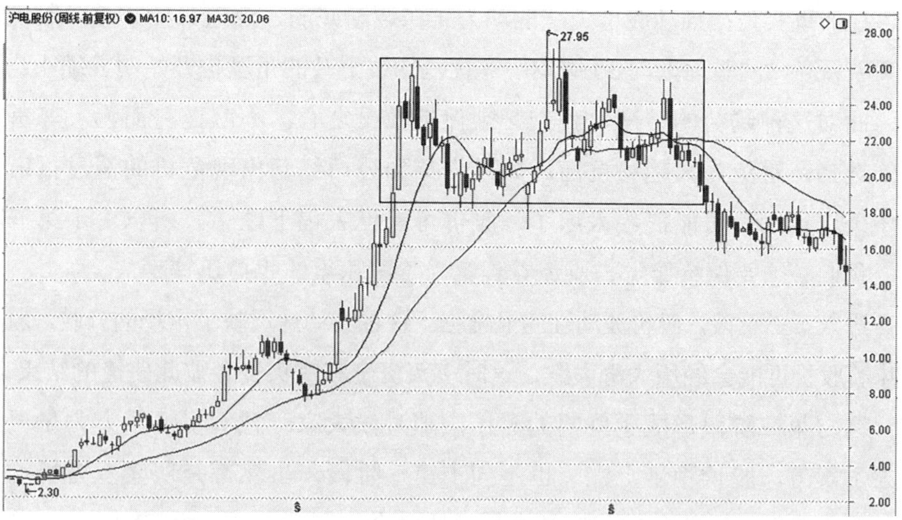

图 7-56　002463 沪电股份 2019 年至 2020 年走势周线图

但可惜的是沪电股份并未如预期那般继续走强，市场对其失去了信心，这只曾经的大牛股开始步入第四阶段的下跌趋势。

四、第四阶段：下跌阶段

在第二阶段，多头共振现象出现，各种积极的信号共同推进股价上涨，相对地，第四阶段则表现为空头共振，此时个股上涨的势头会逐渐达到顶峰，随后公司净利润增速减缓，负面新闻被报道出来，导致股价进一步下跌，技术派纷纷斩仓出局，最后所有的不利因素集中爆发，股价彻底失去支撑力。

比如，2018 年 7 月 30 日，金牌厨柜（现已更名为金牌家居，这为使图文对应，在行文中仍用金牌厨柜）再度放量暴跌 6.18%，要知道，此时它已经从最高点下跌了 54%，更让人吃惊的是，如果从此时开始计算，最低下探到 19 元，跌幅仍为 54%，累计跌幅超过 78%，如图 7-57 所示。

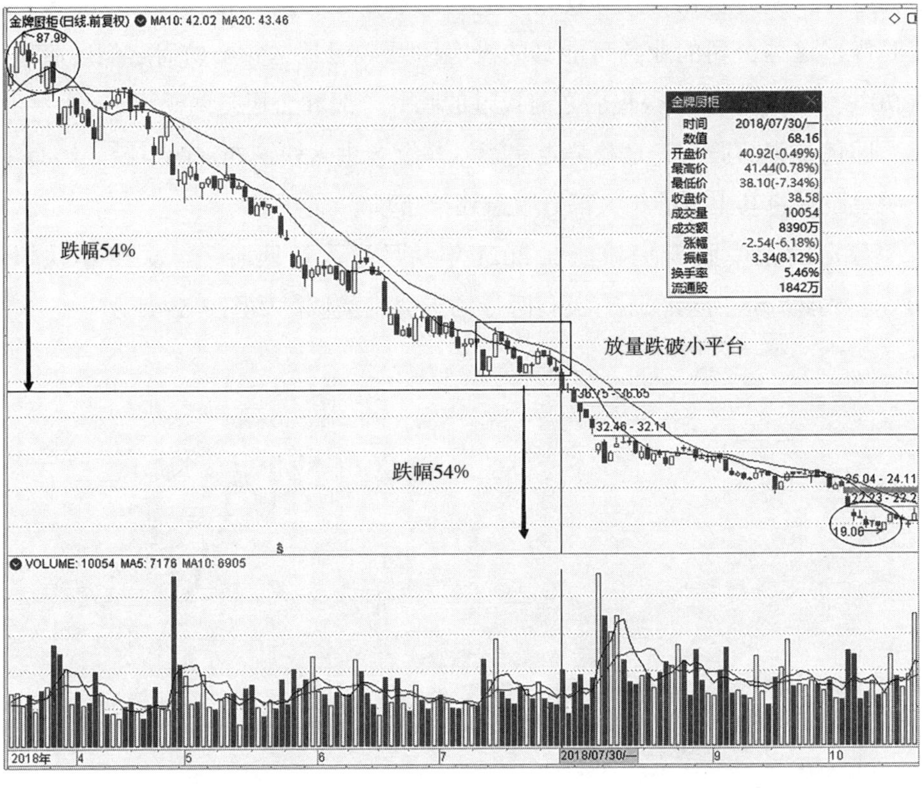

图 7-57　603180 金牌厨柜 2018 年至 2019 年走势日线图

如果时间回到 2018 年初，该股绝对是市场上最为强势的股票，其商业模式、市场前景及连锁门店的数量都预示着它是一只明星股。很多股票"大 V"一致看好，然而仅仅半年之后，这只股票的表现令人失望。一方面是业绩不及预期带来的戴维斯双杀效应，另一方面是获利盘抛售导致供大于求，尽管如此，在 2018 年 3 月底股价走过最高点开始整理的时候，没有一个人能够预测到它能够下跌这么多。

有些投资者认为，只要购买优质股票就不用担心。但事实上，并没有这样安全的股票。历史上各国都有大量曾被称为金边投资的股票，但后来却变得一文不值，再伟大的投资也可能失败。

没有一只股票能永远强势。这种情况在 A 股市场尤为常见。因为不能做空，所以，大家的情绪总是很极端，看好的时候会透支未来 2～3 年的成长性；看空的时候可能过度抛售。所以，不要心存侥幸，认为自己的股票不会出问题。如果时机错误，即使是好公司的股票也会给你带来糟糕的结果。有些时候，这些公司的业务可能真的没有问题，但是这并不妨碍它们的股价下跌 70%～90%，还记得我们之前说过的吗？个股和公司是两码事。

即使是强势股，一旦趋势走完了，马上会进入快速的深幅下跌。约有 1/3 的明星股会将其上涨的绝大部分收益还给市场。

昔日的大牛股天华新能在 2021 年 9 月进入第四阶段，大半年跌幅达 60%，如图 7-58 所示。还有英科医疗的走势也类似，如图 7-59 所示。

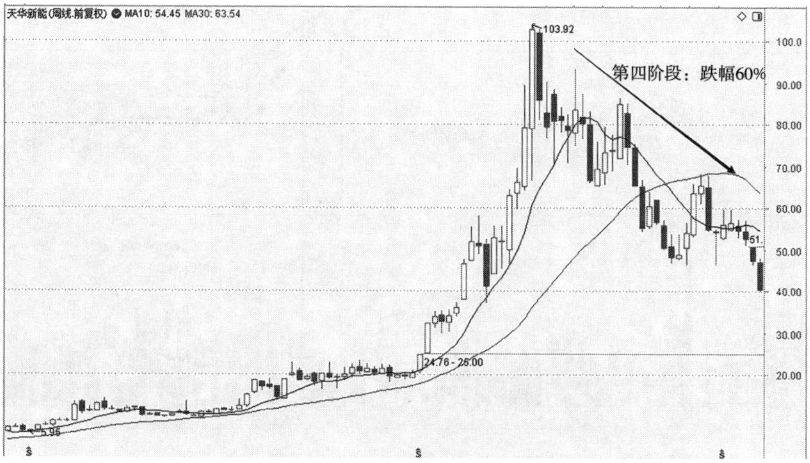

图 7-58　300390 天华新能 2019 年至 2020 年走势周线图

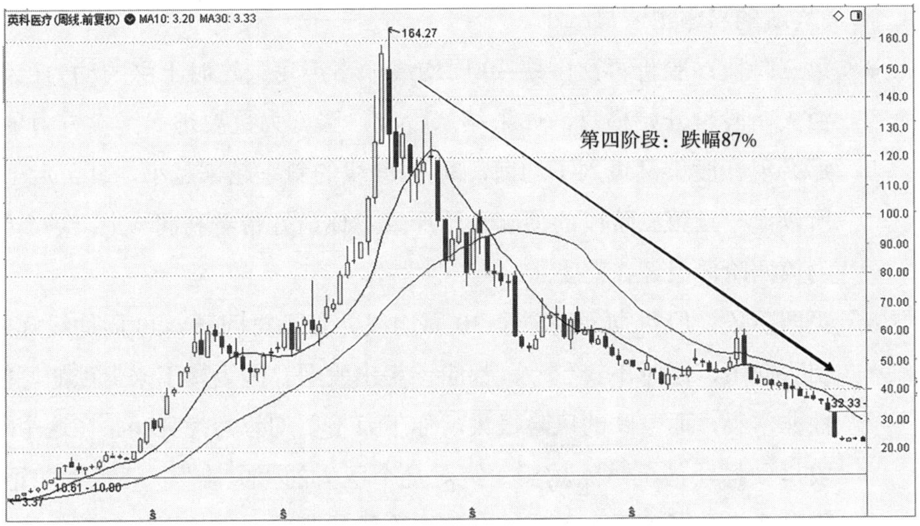

图 7-59　300677 英科医疗 2019 年至 2020 年走势周线图

到目前为止，我们已经完成了对股票四个阶段的分析。现在，让我们简要回顾一下。

- 第一阶段：30 周均线持续走平，股价在这一均线附近上下震荡，震荡的范围是底部的支撑线和上方的阻力线，这个阶段可能会持续很长时间，所以，尽量不要在此时介入。第一阶段后期个股会脱离底部区域，股价在 30 周均线之上，并配合成交量的显著放大突破第一阶段的阻力线，标志着第二阶段上涨的开始。

- 第二阶段：30 周均线开始从走平转为上涨。股价的高点和低点均呈现为上升趋势，这一点非常重要。如果第二阶段要继续，无论怎样回调，股价都应该高于 30 周均线，并且每次回调之后都能带着股价创出新高。

随着各种利好因素的增多，越来越多的投资者开始入场。股价走势会越来越陡峭，也会离 30 周均线越来越远，个股已经处在第二阶段的加速时期了。此时，你要做的是坚定持有，因为利润会上涨得很快，但是股价已经越来越高，不应该再买入了。这时如果买入，你将承担相当大的风险。

股市里面错过一只好股票不要紧，只要你有发现牛股的方法，下一只很快就会出现在你的眼前。随着上涨速度慢慢降下来，股价离 30 周均线越来越近，30 周均线的斜率也明显减小。

- 第三阶段：股价再次围绕 30 周均线上下震荡。这时上涨的动力已经消失，股价开始横盘，如果第二阶段，买方力量要远大于卖方力量，那么现在股价又进入了均衡，30 周均线的斜率越来越小，直至走平。所以，一旦第三阶段的顶部开始形成，你最好带着利润马上离场，因为第四阶段已经在路上了。

- 第四阶段：股价彻底跌破了 30 周均线并且不再回升。30 周均线开始拐头向下，这时不管盈亏，都应该卖出股票。因为接下来上涨的可能性非常小，而下跌的风险很大。你千万不要幻想力挽狂澜。在这个阶段里硬撑，甚至越跌越买，绝对是个巨大的"灾难"。还是那句话，你只要学会了不再买入或持有第四阶段的股票，你的平均投资收益率会大大提高。

不过，一只股票可能会多次经历这样的周期。在投资中，你一定要认清时间的重要作用，它能让不起眼的资产逐渐变成宝藏，也会让炙手可热的明星股变得平庸。

第八章

相对强度

第一节　什么是相对强度

1932 年，现代技术分析奠基理论——道氏理论的关键推动人罗伯特·雷亚在杂志上发表了一篇文章，文中为道氏理论提出了两点重要补充：成交量和相对强度。成交量常被讨论，相对强度的概念却鲜为人提及。其实相对强度的本质是比较而任何有效的比较都需要两个参照物。因此，"强"是一个相对概念，并具有两层含义。

一是自身前后对比体现出的"强"。任何一只牛股都是从默默无闻，随市场起伏的状态，慢慢形成自己的节奏，涨多跌少，而这种变化是与自身之前的走势相比，强度越来越高。

二是自身与其他标的相比较体现出的"强"。我们可以比较一只股票和整个市场的表现。比如最近一个月，股票 A 上涨了 10%，但是同一时期，大盘指数上涨了 20%，那么，股 A 的相对表现则较弱，尽管它是在上涨。这只股票不仅没有引领大盘的上涨，反而在整个市场走牛的前提下表现不佳，勉强涨了 10%，那么，如果大盘转弱，股票 A 大幅跳水的可能性则相当高。相反，如果整个大盘下跌 15%，而股票 B 只下跌了 5%，那么股票 B 就是相对强度较强的，尽管它在下跌。一旦市场行情好转，它很可能是市场新一轮的领涨者。同样的逻辑适用于个股与个股、特定板块与大盘等之间的比较。

第二节 强者恒强

大家都听说过"马太效应"，它描述了在某些系统中，已经占据优势的个体，更容易获得进一步的优势，从而形成正反馈循环。

我们之前分享过复利，而复利正是马太效应的量化体现。马太效应非常重要，你可以用它来解释世界上的很多事情，比如：

- 知识越多的人，获取新知识的速度就越快。
- 排名越靠前的高校越容易吸引到更多优秀的人才。
- 畅销书作家写的书更有可能再次畅销。

股票市场也是如此。走势已经较强的个股在未来一定时期内仍然可能保持强势，甚至强度还会继续增加。可以这样说：那些有能力爆发的股票，其实在股价大幅上涨之前，已经比其他 90% 的股票更强势了。

以沪电股份为例，如图 8-1 所示，我们可以看到其在 2018 年 8 月放量突破进入第二阶段，但是早在 6 月底，个股的相对强度一直好于所属板块——深证成指，我们可以明显看到每次深证成指创新低，沪电股份只是短暂回调或涨势放缓，而一旦深证成指企稳回升，沪电股份就会创新高。

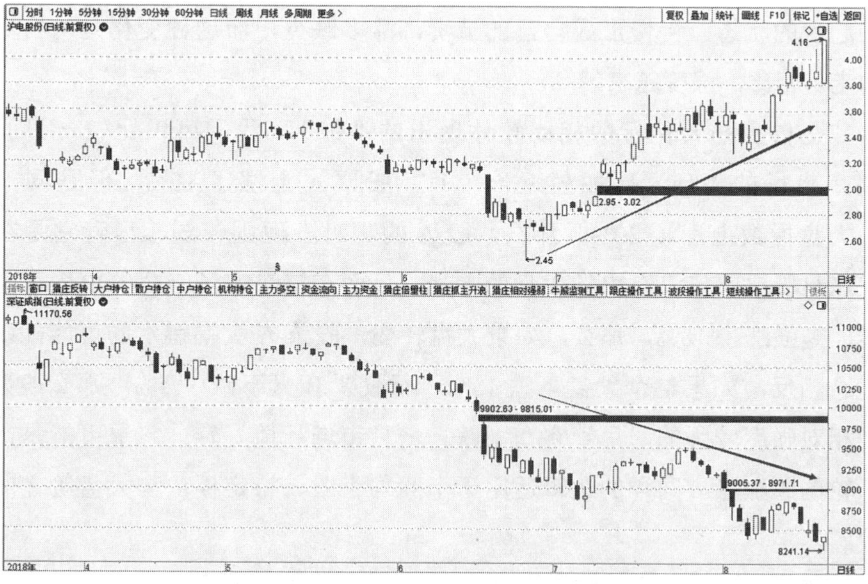

图 8-1　002463 沪电股份 2018 年走势日线图

在现实生活中，你或许会认为强者恒强的观念有些难以理解，那是因为人们常被"平均"思维影响。举个简单的例子：假如你喜欢吃苹果和梨，现在苹果和梨都是 2.5 元一斤，你可能各买一些。一个星期后，你发现苹果成了 2 元一斤，梨涨价为 3 元一斤，多数人可能更乐意买苹果，等梨降价。

如果将这种思维应用到股市中，你可能会认为那些股价低、涨得慢的股票性价比更高，潜在的上涨速度也可能更快一些。事实恰好相反，那些表现最佳的股票常常是已经超越市场并开始以胜利者的姿态行事的公司。这真是一个难以置信的股市"超级悖论"：高价股往往能够继续上涨，而低价股却常常无法发挥其潜力并可能跌至新低。那么，结论也显而易见了，即在所有条件都相同的情况下，你应该根据相对强度买进一只最强劲的股票。

一、方向相同，幅度不同

我们了解了强者恒强，在盘面上是如何表现出强度的呢？为什么同一段时间，有些个股涨 30%，而有些个股能涨到 150%？差距到底是怎么拉开的？简单来讲就是方向相同，幅度不同。怎么理解这句话呢？比如都是上涨，A 股涨了 5%，B 股涨了 20%；都是下跌，A 股跌了 10%，B 股没有跌，横盘震荡了，那么几轮下来，B 股的总体涨幅对比 A 股会高出一大截。

以 2022 年 4 月底到 7 月初的市场表现为例，我们可以看到这一现象。在市场经历大半年的调整之后，迎来了一波非常可观的上涨行情。在这段时间里，上证指数整体上涨了 16.56% 左右，而领涨的电气设备板块却实现了 59.75% 的惊人涨幅，几乎是大盘涨幅的三倍。具体到电气设备板块的龙头企业丰元股份，其股价更是飙升了 185.35%，如图 8-2 所示。

这一波行情可以划分为四个小幅上涨和四个小幅回调，从 4 月的下跌开始观察，丰元股份这个阶段跌幅为 26.22%，电气设备下跌了 16.93%，同期上证指数下跌了 9.67%，随后 4 月 27 日市场低开高走，形成了一根大阳线，为这轮中期行情奠定了基础。

在上涨 1 中，丰元股份涨幅为 16.35%，电气设备涨幅为 11.13%，上证指数涨幅为 6.28%；在回调 1 中，电气设备没有很大的调整，几乎是横向运行，跌幅为 0.92%。上证指数明显下跌 2.07%，而丰元股份则是在第二根 K 线创出新高了，涨幅为 1.78%。

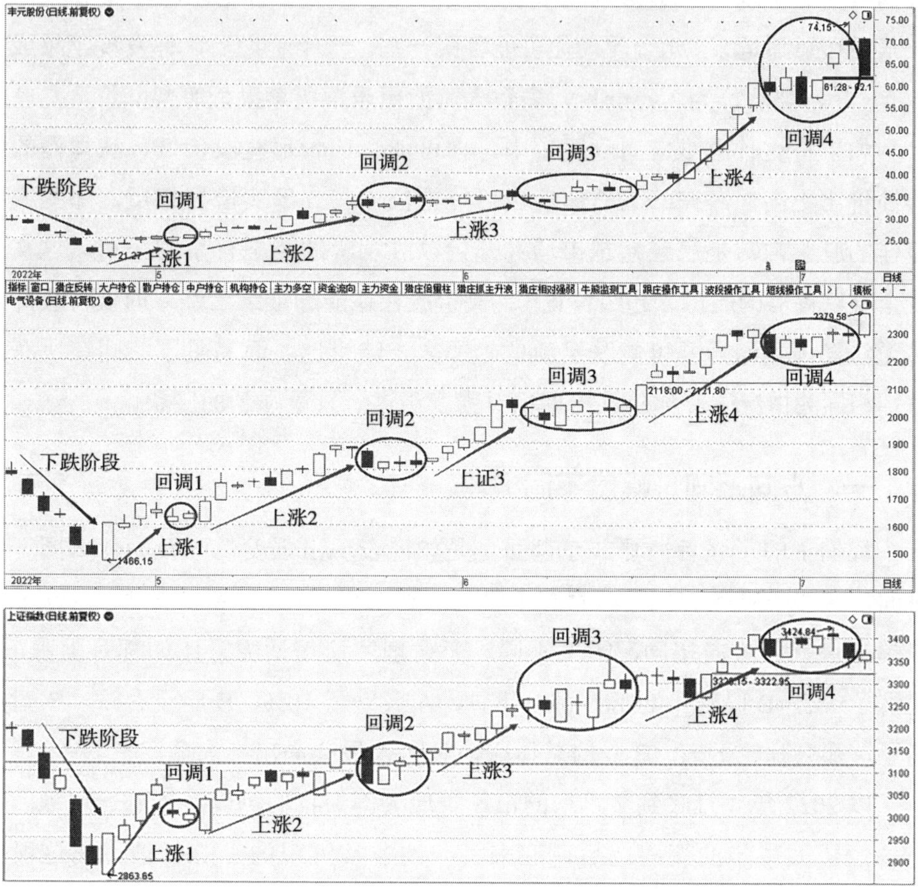

图 8-2　丰元股份、电气设备和上证指数 2022 年 4 月 19 日至 7 月 7 日走势日线图

在上涨 2 中，电气设备涨幅为 14.51%，上证指数涨幅为 4.75%，丰元股份涨幅为 30.28%；在回调 2 中，电气设备出现一个 -3.67% 的阴线之后横向运行，同时上证指数的相对跌幅要更大一些，为 -2.41%。丰元股份再次表现出强势，跌幅只有 0.42%。

在上涨 3 中，电气设备涨幅为 11.47%，上证指数涨幅为 3.56%，丰元股份这波涨幅较弱，只有 3.32%；在回调 3 中，电气设备比上证指数早一天调整，之后是连续 8 个交易日的横盘震荡，振幅为 5.68%，涨幅为 0.06%，上证指数的震荡幅度要相对剧烈一些，振幅为 5.09%，涨幅为 1.35%，同期丰元股份涨幅为 6.88%。

在上涨 4 中，丰元股份股价大幅爆发，涨幅为 64.11%，同期电气设备涨幅为 13.47%，而上证指数前半部分横盘了一段时间之后才开启上涨，涨幅为 3.77%；在回调 4 中，电气设备同样选择横向整理，跌幅为 1.04%，后期上证指数已经创了新低，电气设备还在横向整理，丰元股份在这个阶段继续上冲，逆势上涨了 13.87%，之后很快接连出现了两根跌停的大阴线，宣告这波行情结束。

在这个案例中我们比较的是三个标的：上证指数代表的是整个上海证券交易所个股的平均涨幅；电气设备板块的指数代表的是整个电气设备行业个股的平均涨幅；丰元股份代表个股本身的表现。

从上面的分析中我们可以得到以下结论。

首先，如果不看具体的名字，三张图形走势几乎是一模一样的，这也说明市场上绝大多数的个股都是同涨同跌的。这也是为什么大家都盼望着牛市，因为确实是所有个股都在涨，随便买大概率也是不会亏钱的。

其次，虽然涨跌同步，但是幅度会有比较明显的区别，而且这个区别如果单独看图，是有些迷惑性的，比如一个 3% 的涨幅在大盘指数上可能是醒目的大阳线。而对于丰元股份来说，可能只是小幅调整。因此，我们必须结合具体的价格幅度全面考虑。

再次，强势股并不是均匀发力的，比如丰元股份的第一波、第二波上涨强于板指，到了第三波就停下休息了，直到第四波才爆发力量。

最后，对于有能力把握市场的投资者来说，交易个股相较于购买指数基金或行业基金可能是更好的选择，因为他们有机会在短时间内获得极大的超额收益。那么，如何识别并抓到这些强势牛股呢？关键在于按照强度分步进行。

二、强度三步走

我们可以从强度的本质"方向相同，幅度不同"中提炼出三条强度表现，这也成了判定强势股的规则。

● 普通标的下跌，强势标的横盘——抗跌。

● 普通标的止跌，强势标的上涨——领涨。

● 普通标的上涨，强势标的新高——创新高。

1. 抗跌：强势股的第一步。

许多人对下跌和熊市持反感态度，但是你要知道市场中的调整或价格下跌是筛选潜力股最好的时期。在熊市下跌后期，那些相对强度维持在高位、图形走势非常独立的个股，最有可能成为下一时期的明星股。

以沪电股份为例，该股自 2018 年 4 月底已经率先上涨至新高，显示出强于同期大盘的势头，在五六月份大盘经历剧烈调整期间，沪电股份虽然随市场下跌，但在 6 月底跌至最低点后，不管大盘如何走弱，沪电股份都没有出现比 2.45 元更低的价格，如图 8-3 所示。更让人振奋的是，到了 7 月底，它一举收复了 5 月的高价，而同期深证成指还挣扎在泥淖中，和 5 月的高价有很大的距离。随后，大盘继续下跌，沪电股份则是用一段结构很紧凑的调整来应对。很显然，这段时间的沪电股份一直表现得非常抗跌。

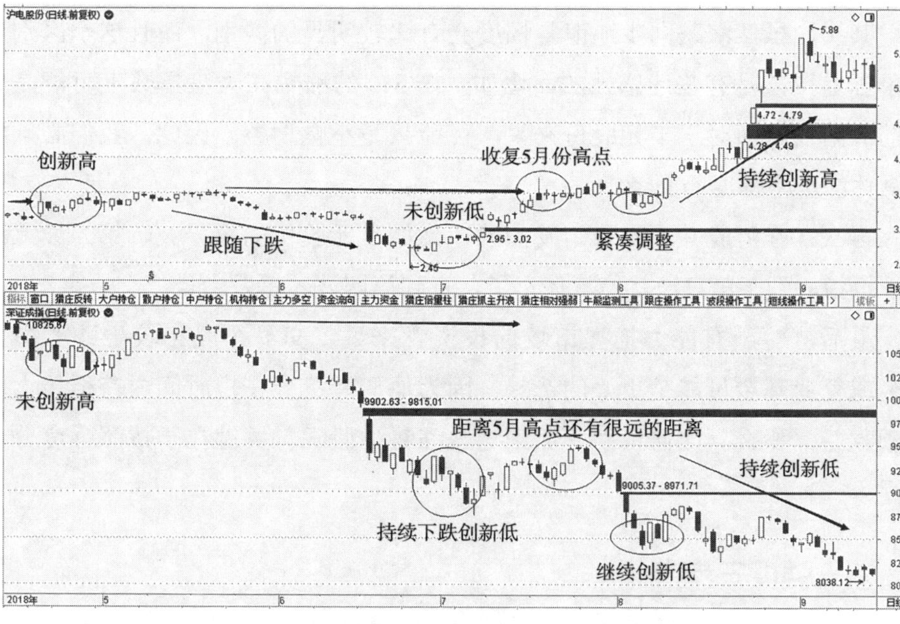

图 8-3 沪电股份和深证成指 2018 年 4 月至 9 月走势日线图

之所以产生这种现象，通常是由于公司的盈利周期处在上升阶段，业绩持续增长，因此，股价一旦跌到某些位置，就足以吸引机构投资者的眼球。正是因为机构资金的不断买入，才造成了相对强度能够维持在高位。

不仅是在熊市中，即使在大盘的中期调整中，个股的价格回调幅度越小，形态保持越平稳，其抗跌性能表明该股未来走强的可能性越大。比如，大盘的跌幅是 10%，那么跌幅只有 15% ～ 25% 的股票，在大盘恢复上涨以后结合基本面的催化剂，再次启动成为大牛股的可能性更大。而一旦调整幅度过大，达到 35% ～ 45%，则可能是一个预警信号。

比如，在 2020 年下半年，指数在经过了 3 ～ 7 月的大幅上涨之后，开始进入休息区。而在这个过程中比亚迪一直表现得非常抗跌，深证成指数次创出新低，而个股却一直坚挺，未创新低，甚至在 9 月 18 日率先突破创新高，而此时大盘还在震荡过程中，如图 8-4 所示。

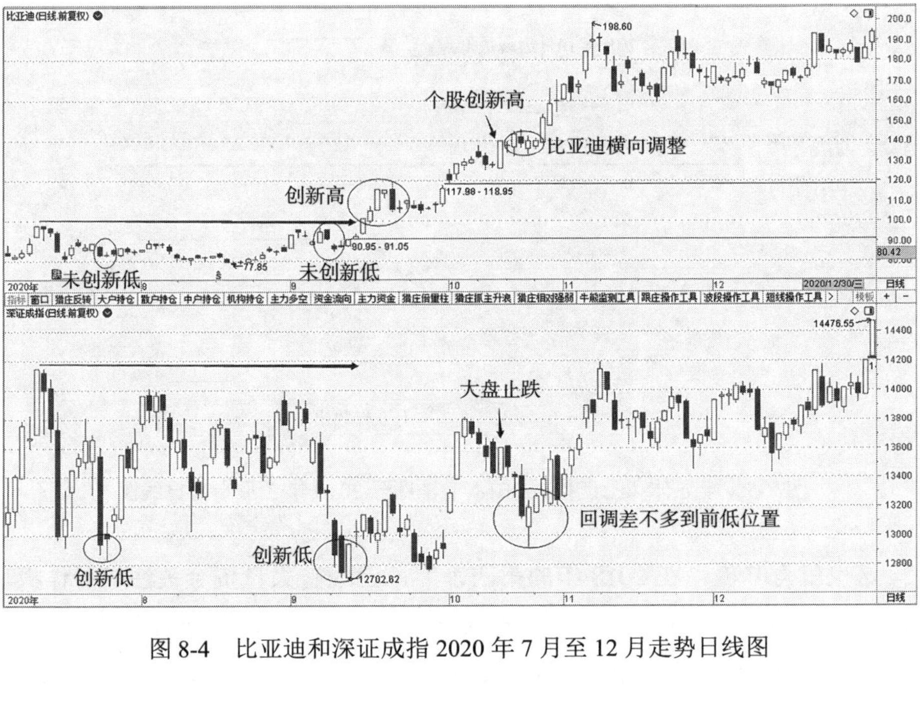

图 8-4　比亚迪和深证成指 2020 年 7 月至 12 月走势日线图

这就意味着，在大盘持续下跌甚至创出新低的时候，强势股虽然也会经历调整，但是跌幅有限，一般跌不到前期低点，极端的情况下还可能会形成背离。比如，2018 年 2 月至 5 月的顺鑫农业、涪陵榨菜和圣邦股份等，都是大盘下跌个股逆势上涨的案例。

因此，我们可以得出如下结论：相对强度在熊市中比在牛市中更有用，尤其是在大盘经历了一个比较大的调整之后运用最佳。这种方法不仅适用于个股，也适用于分析板块的时候。以半导体板块指数为例，2018 年市场几乎是单边调整的一年，半导体也是震荡下跌的，直到 2018 年 10 月 19 日板块指数见到最低点 806.65 点后震荡上涨。而上证指数的最低点是出现在 2019 年 1 月 4 日（2440.91 点），比半导体板块晚了将近 3 个月，如图 8-5 所示。

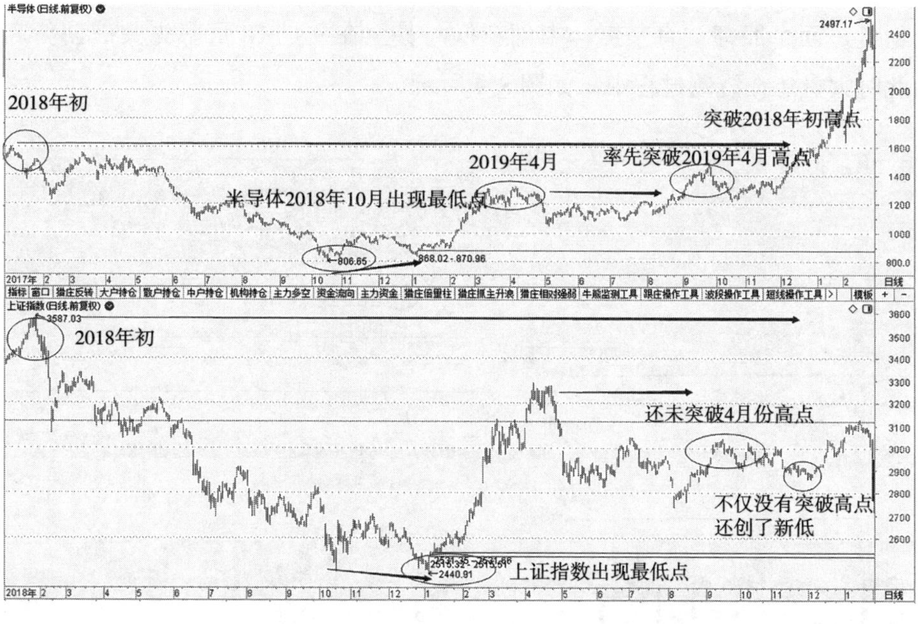

图 8-5　半导体和上证指数 2018 年 8 月至 2019 年 3 月走势日线图

这也就意味着，在 2018 年的第四季度，已经有大量资金关注半导体板块了，否则，一个板块没有主力资金介入，股价一定是会跟随大盘创新低的。

到了 2019 年 4 月，市场普遍上涨，上证指数出现了当年的最高点（3288.45 点），但之后未能再次触及此高点。与此同时，半导体板块在 2019 年 8 月中旬就已经回到了当年 4 月的高点，到了 12 月，半导体板块彻底收复了

2018 年初的最高点，再次说明这个板块不仅有主力资金介入，而且资金实力强大。所以，如果抗跌的品种具备相同概念且处于同一板块，那接下来可能会发展成为市场中的主线板块。

2. 领涨：强势股的第二步。

一旦大盘停止下跌，强势品种会按捺不住，它们会在这个阶段开始上涨，我们把这种情形称作"领涨"。比如，2022 年 10 月启动的人工智能板块，上证指数在 11 月初再次创新低，但是人工智能抗跌。随后大盘反弹，指数领涨，直到 2023 年 2 月 3 日一举突破 2022 年 8 月的前高点，成功"创出新高"，之后继续领涨并不断创新高，如图 8-6 所示。由此可见，领涨和创新高是交替出现的。

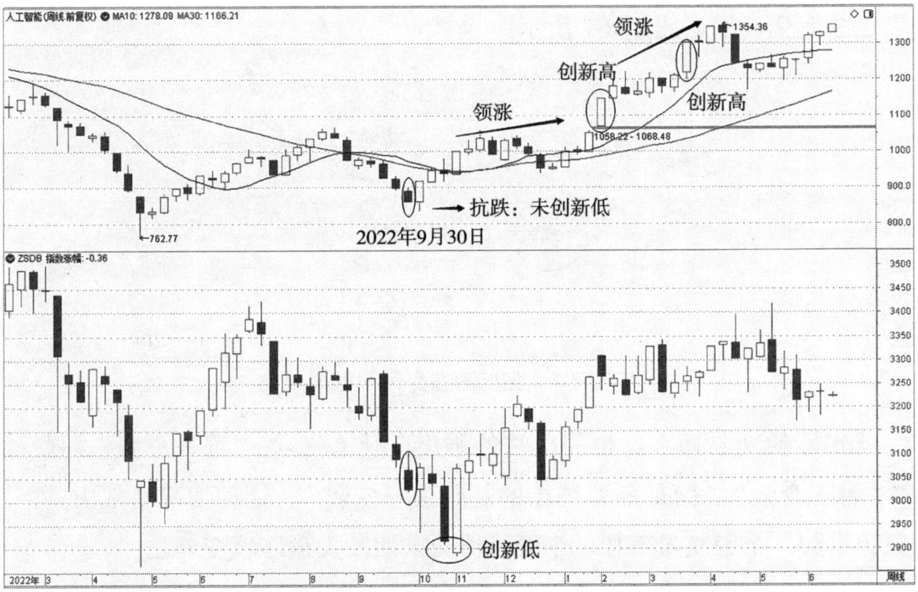

图 8-6　人工智能和上证指数 2022 年至 2023 年走势日线图

3. 创新高：强势股的第三步。

一只价值 50 元的股票，怎么才能将股价翻一倍呢？那必然是从 50 元依次涨到 60 元、70 元、80 元、90 元最后涨到 100 元。在这个过程中，每一个价格点都标志着一个新的高点。这也就意味着创新高是牛股的必经之路——

从阶段新高到年度新高再到历史新高，一步步收复之前的下跌。从上面的分析我们可以得出一个显而易见的结论：不管牛市还是熊市都应该做相对强度更好的个股。

这类股票不仅获利的可能性更大，而且容错的空间也更足，换言之，对于普通投资者来说，这类股票更加友好。

三、强度动态变化

之前讨论的都是强度的静止状态，好比我们在某个时间点做了一个市场切片，仔细观察分析，当时个股、指数的状态。但同时强度的变化还是一个动态过程，你在任何一个时间点，去分析一只股票，都存在"强""弱"两种状态，而在此之后都有"更强""维持""变弱"，以及"变强""维持""更弱"这些变化，示意图如 8-7 所示。

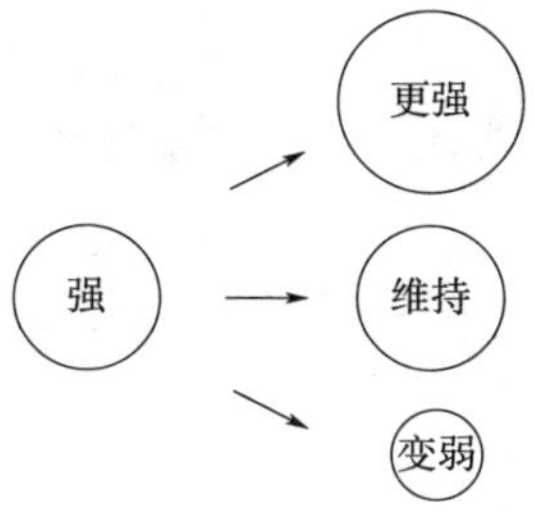

图 8-7　强度动态变化示意图

就实际的交易而言，值得关注的强度变化有三种："强→更强""强→维持""弱→变强"，而最需要警惕的是"强→变弱"，这种情况通常由以下三个原因引起：个股质量不佳、个股行情的末期及大盘环境变差。

当然，这里的变化一定是阶段时间内的，而非单独某一天或某一周的走弱就判定强度降低了。真正牛股的相对强度会逐步增强，直至在所有股票中脱颖而出。以东方通信为例，2018 年 1 月至 10 月，个股相对强度一直弱于上证指数，这意味着上证下跌，东方通信比上证指数跌得还要多，而上证指数反弹，东方通信跟随反弹。这种情况一直持续到 2018 年 11 月才发生变化，如图 8-8 所示。

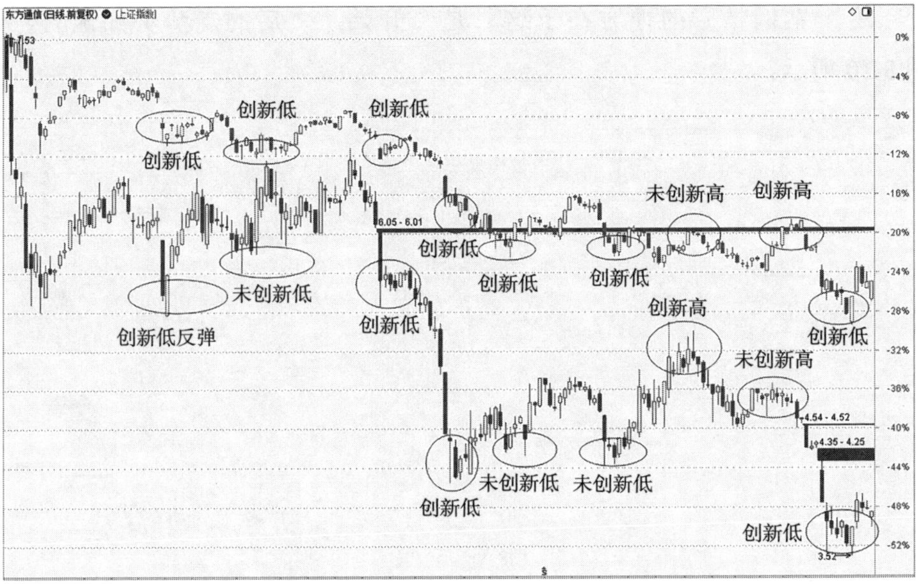

图 8-8 东方通信叠加上证指数 2018 年 1 月至 10 月走势日线图

进入 11 月，上证指数还在底部震荡，而东方通信则持续突破新高，早一步收复 9 月的高点，之后强度一再增强，个股持续上涨，如图 8-9 所示。

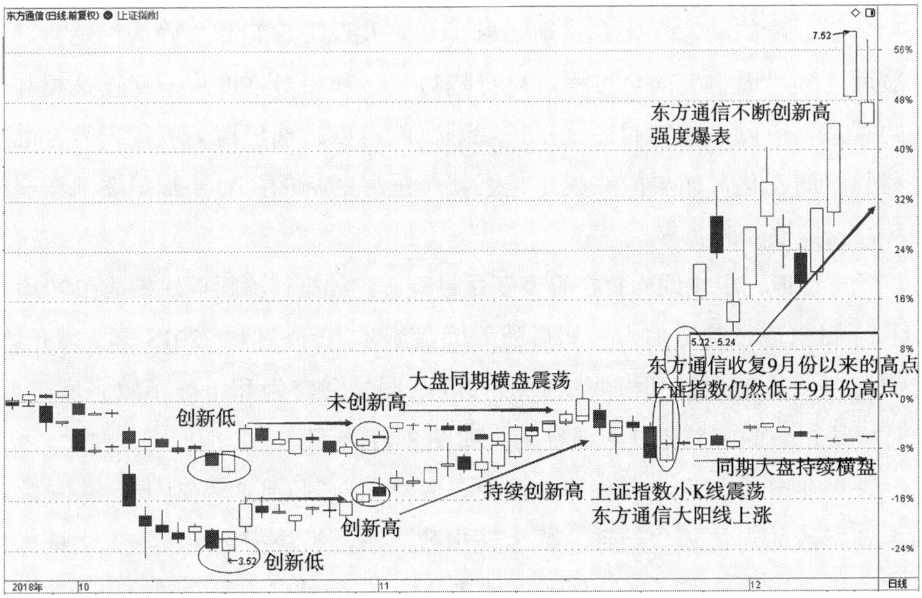

图 8-9 东方通信叠加上证指数 2018 年 1 月至 10 月走势日线图

这个案例精彩的地方在于这只是个开始，之后的走势势如破竹，如图 8-10 所示。

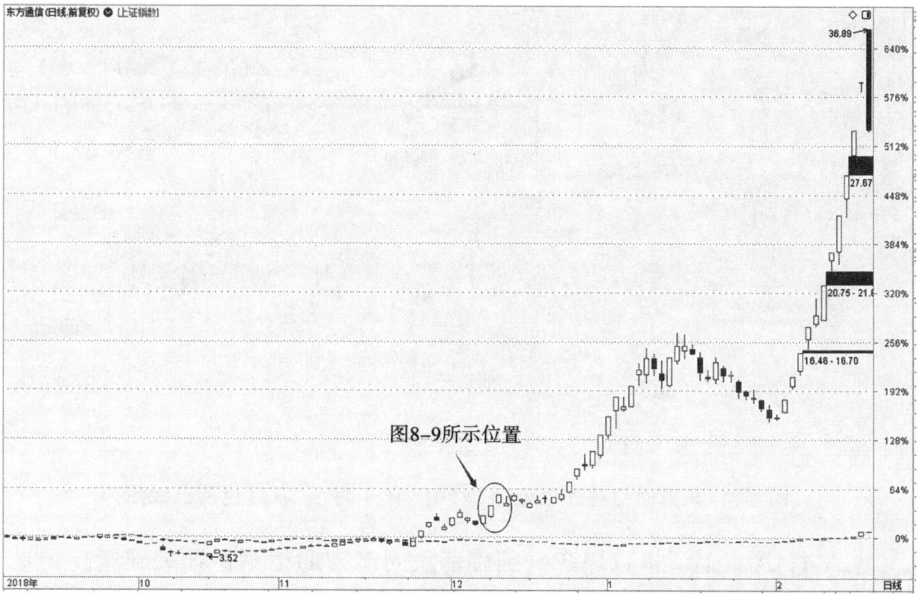

图 8-10　东方通信叠加上证指数 2018 年 1 月至 10 月走势日线图

个股强度的动态变化完整地映射了从"发现"趋势到"确认"趋势，以及最后达到"逼空"的全过程，自身趋势突破和相对强度水平跃迁是相互确认的关系。所以，我们通过这三条规则，就可以筛选出潜力股，之后再继续观察强度的变化，如果能够越走越强就是最好的标的，对于那些逐渐变弱的品种，一定要及时舍弃。

除了个股，板块同样存在强度变化过程。比如染料涂料板块指数在 2019 年 2 月 12 日出现了趋势信号，随后随着大盘缓步上升。但自 2018 年 7 月开始，我们可以明显地观察到板块指数的强度由弱慢慢转为和上证指数强度一致。此时板块指数的突破还是跟随行为，如图 8-11 所示。

进一步分析图形，我们可以看到，从 2 月 12 日到 3 月 21 日，染料涂料和上证指数的走势基本一致，即上证指数上涨，板块指数也上涨，上证指数震荡，板块指数也震荡，但是到 3 月 22 日，我们可以明显看到板块指数开始表现出独立行情，明显区别于上证指数的走势，如图 8-12 所示。

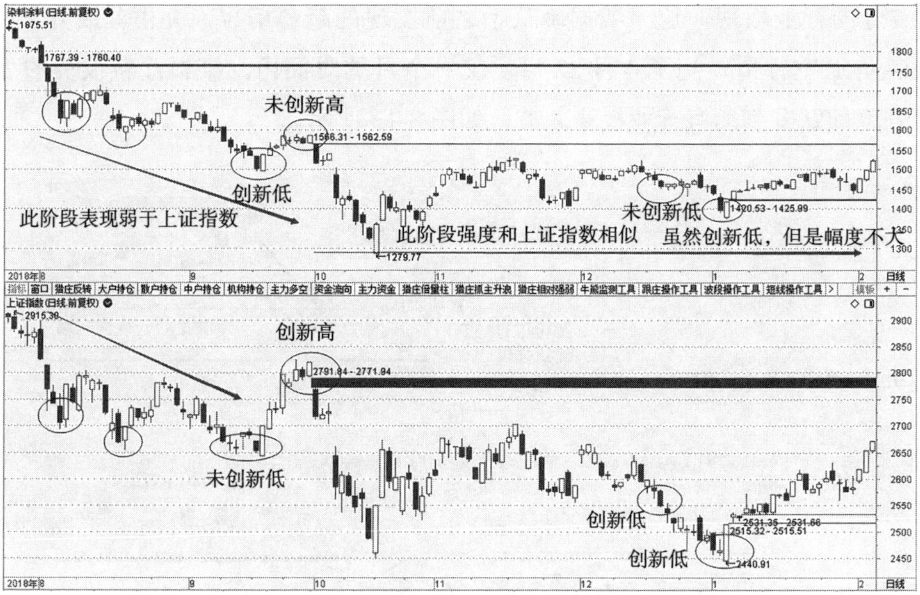

图 8-11　染料涂料和上证指数对比图 2018 年至 2019 年走势日线图

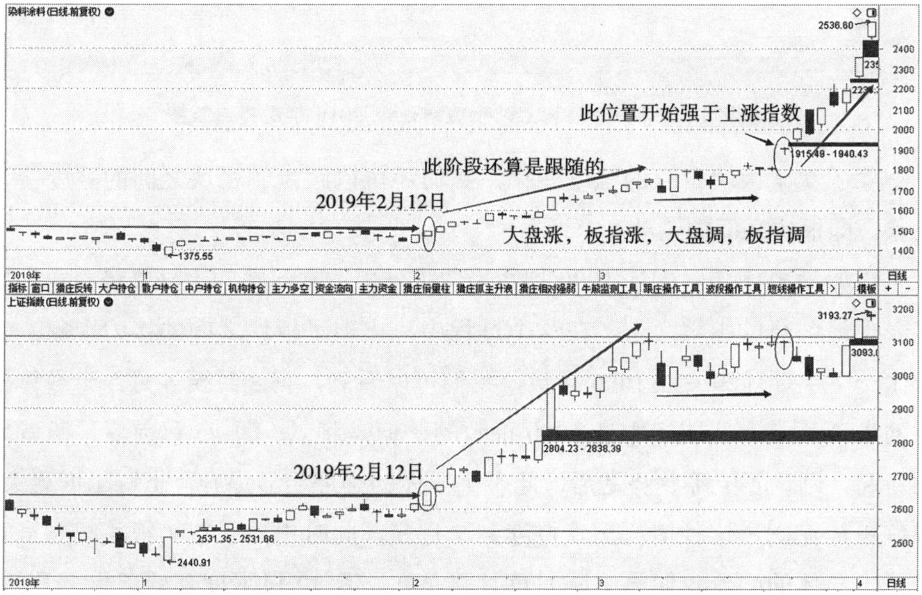

图 8-12　染料涂料和上证指数对比图 2018 年至 2019 年走势日线图

如果我们进一步分析，在 3 月 22 日，染料涂料的 20 日强度在所有行业板块中排在 16.3% 的位置，这表明它这近一个月的表现已经跑赢了市场上

83.7% 的行业板块，这一数据确认了之前发现的趋势信号，并由此展开了一波趋势逼空行情，到了 4 月 22 日，仅一个月的时间内，染料涂料板块的 20 日强度便跃升到所有行业板块之首，如图 8-13 所示。

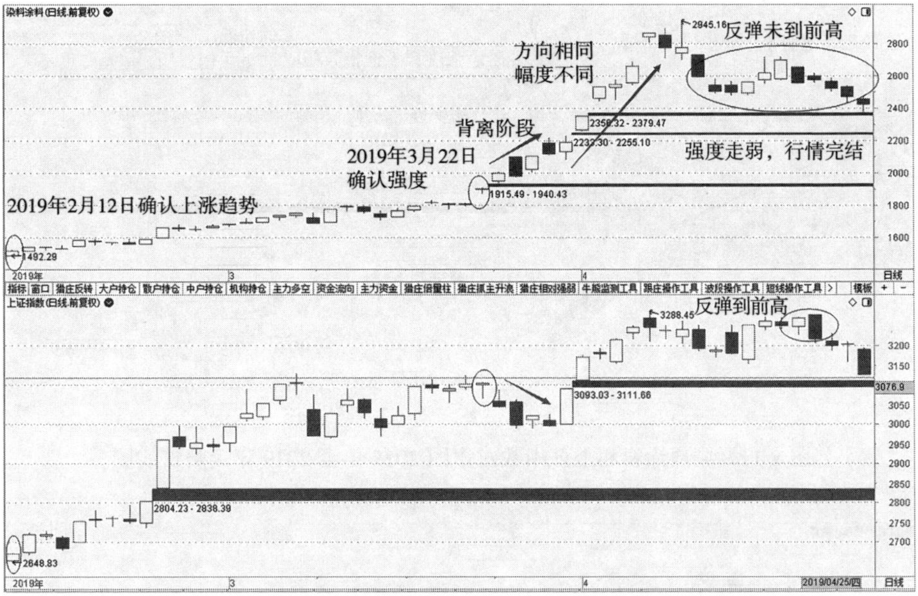

图 8-13　染料涂料和上证指数对比图 2019 年走势日线图

除了观察板块自身的强度变化，我们还可以跟踪到板块之间的强度接力现象，即板块之间的轮动。

比如，2021 年，中证 1000 指数呈现了一段非常流畅的上涨趋势，成为当年表现最强势的指数之一。在这个过程中，出现了板块之间的接力现象。先对比一下半导体和中证 1000 指数，我们可以看到，在 3 月至 4 月，半导体指数的表现还是有些弱于中证 1000 指数的，但是到了 5 月 25 日前后，两者均创新高，确认了上涨趋势之后，此时半导体的强度明显提升，上涨幅度更大，调整更加克制，这种情况一直持续到 7 月底，此时出现了接力板块——草甘膦，半导体的强度也明显下降。草甘膦是在 7 月 12 日强度开始逐步上升的，到了 8 月初，半导体后继无力，草甘膦却开始领涨中证 1000 指数，成为新的龙头板块，成功完成接力。正是通过这些板块和其中的龙头股，以趋势逼空的形式推动了市场的多头情绪，如图 8-14 所示。

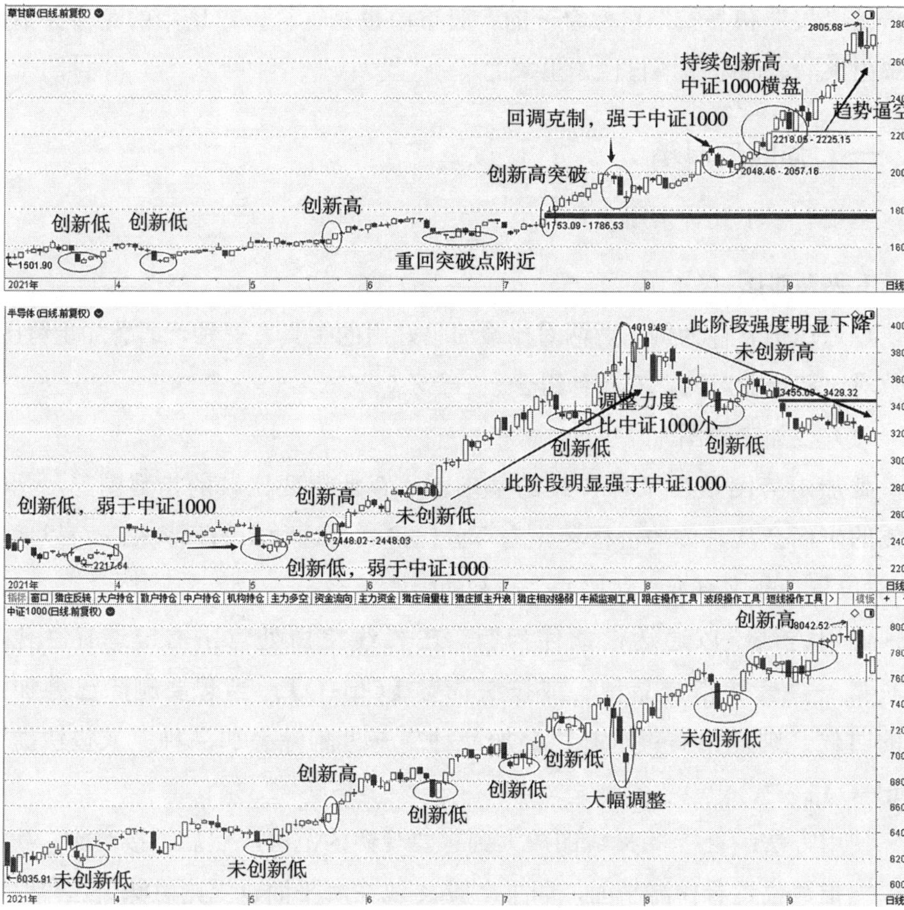

图 8-14 半导体、草甘膦和中证 1000 指数对比图 2021 年走势日线图

因此，如果我们能够深刻理解强度的本质，那么在一波上涨行情中连续锁定两个或更多强势板块是完全可能的。

那么，接下来就会有一个新的问题：怎样才能选到这些领涨股呢？即如何选到"领头羊"。

第三节 如何选到"领头羊"

领头羊是羊群优胜劣汰、自我竞争脱颖而出的，因而具有天然的崇高威望，是"权"和"威"自然合一的。股市中也是这样，市场中的龙头并不是谁选出来的，而是市场自己走出来的。

一、强度工具箱

主要有以下几种常用工具。

1. 两两对比

以通达信软件为例，两两对比最简单好用的工具有三种，即叠加走势图、指数对比和行业对比、双品种组合。

（1）叠加走势图

叠加走势图是在原有 K 线的基础上，叠加想要比较的指数图形，此时右侧的坐标会从具体的价格转化为百分比形式。这种图的优势在于可以通过"相对位置"非常直观地对比两个品种的强弱状态。

调用方法：以通达信软件为例，在 K 线空白处点击右键选择"叠加品种"→"叠加指定品种"或按快捷键【Ctrl+O】，当想要删除已叠加品种的时候，则点击右键选择"叠加品种"→"删除叠加品种"或按快捷键【Ctrl+G】。

使用方法：直接将 K 线图放大到想要观察的范围，然后直接对比。我们可以把指数位置看作海平面，如果个股 K 线在海平面以上则意味着这段时间强于大盘，距离越远能量越强；而如果在海平面以下，则表示强度较弱；而从海平面以下跃出水面的那一刻，如同一条美丽的鱼，之后有可能鲤鱼跳龙门了，这预示着可能的强度突破。

如图 8-15 所示，从天华超净与对应上证指数的叠加图中我们可以看到，在 2020 年 9 月和 10 月，天华超净的日 K 线走势大多数时间都位于上证指数下方，说明强度是弱于同期指数的，而到了 11 月，它开始超越上证指数，并在向上突破后，其回调也强于上证指数，因此，这段时间它的相对强度高于同期的上证指数。

这展示了一个在横盘期间，相对强度强于大盘的个股更易于向上突破。

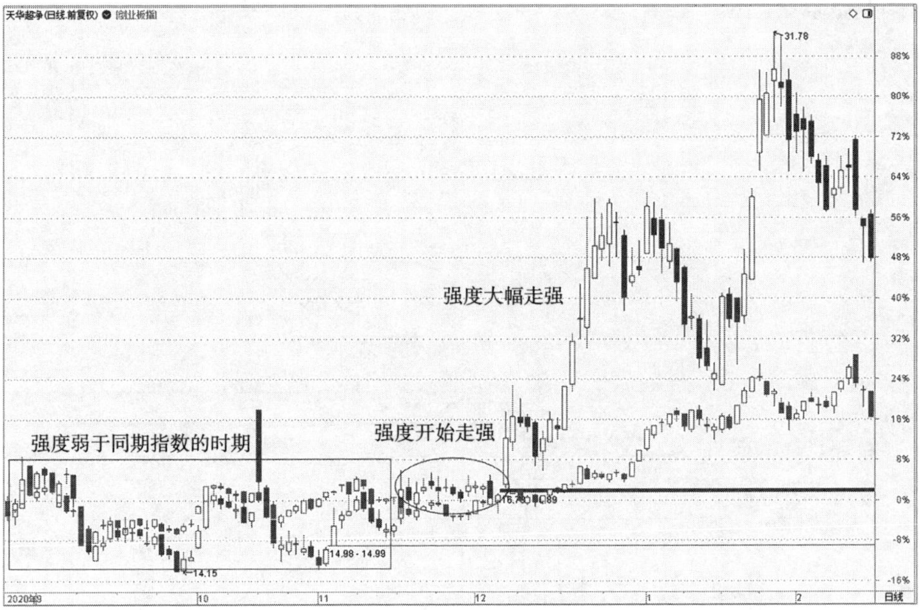

图 8-15　300390 天华新能 2020 年至 2021 年走势日线图

现在我们来回顾一只进入主升浪的个股其相对强度的表现情况。图 8-16 是锦浪科技与创业板指的叠加图。此图，我们可以发现，在 A 点之前，锦浪科技与创业板指基本上同步，甚至有些时段还略显弱势。然而，在 A 点和 B 点之间，锦浪科技的相对强度开始逐渐强于对应的创业板指，但是优势并不太明显，当运行至 B 点，锦浪科技开始加速上涨，并随后如火箭般向上冲刺，其相对强度明显强于对应的创业板指。

值得注意的是，当锦浪科技突破 18 元的阻力位，并且同时满足了较少的阻力位和放大量突破这两个重要条件后，其股价一直涨到 55 元以上。

这表明，当一只股票走出底部向上突破的时候，最好伴随着相对强度的持续走强。简言之，在叠加图上，该股的走势应该持续强于对应的大盘指数。相反，如果股价向上突破，但相对强度反而走低，这说明该股的突破十分被动，主要是受整体市场趋势的带动，而非个股自身的强劲上攻动力所驱动。

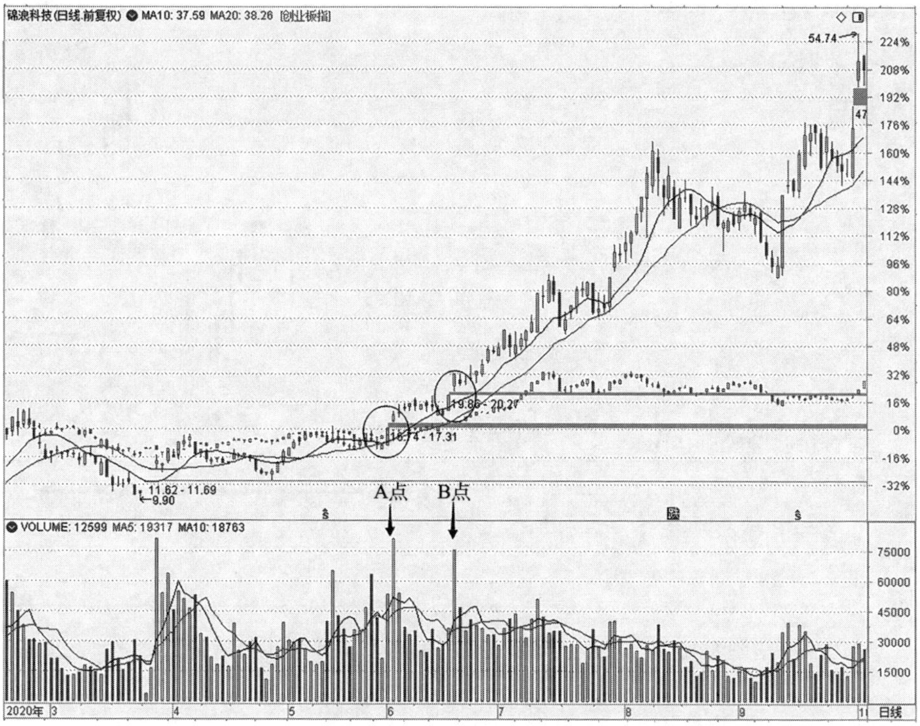

图 8-16　300763 锦浪科技 2020 年走势日线图

最后，需要说明的是，相对强度是一种重要的辅助性指标，但我认为它的重要性从属于趋势，特别是当股价在 30 周均线之下，无论相对强度表现得多么强劲，我建议不要考虑买进。

（2）指数对比和行业对比

这两个功能可以将个股所属的指数或行业以副图的形式一直保存在分析页面上。在前面的案例中，我们使用过很多次这个功能来展示个股和对应指数及所属行业之间的相对关系。

它和叠加图一样，无论 K 线图如何放大或缩小，都能同步显示数据，不用人工校对。

调用方法：以通达信软件为例，直接输入"ZSDB"调用指数对比或输入"HYDB"调用行业对比，然后按回车键确认。

它和叠加图的区别：能够更好地发现细节，比如有没有创新低，有没有过前期高点，有没有过年度的高点等。

（3）双品种组合

除了与指数及行业的对比之外，有时我们还需要去对比两只不同的股票，尤其是在比较同一热点板块哪只股票更加强势的时候。于是我们使用的是双品种组合，所以可以看清楚更多细节。不过在放大或缩小图表时，这种对比方式并不会自动同步，需要人工校对。

调用方法：以通达信软件为例，在 K 线空白处单击右键选择"叠加品种"→"双品种组合"或调用快捷键【Ctrl+Ins】。当想要删除已添加组合的时候，再次点击"叠加品种"→"双品种组合"或再次调用一次快捷键【Ctrl+Ins】。

如图 8-17 所示，在 2023 年上半年，人工智能大爆发。万兴科技和科大讯飞同属于这个板块，从它们的表现来看，万兴科技无疑是更加强劲的。两者都在 30 多元的价格区域启动，但万兴科技的涨幅接近 6 倍，而科大讯飞的涨幅则不到 3 倍。

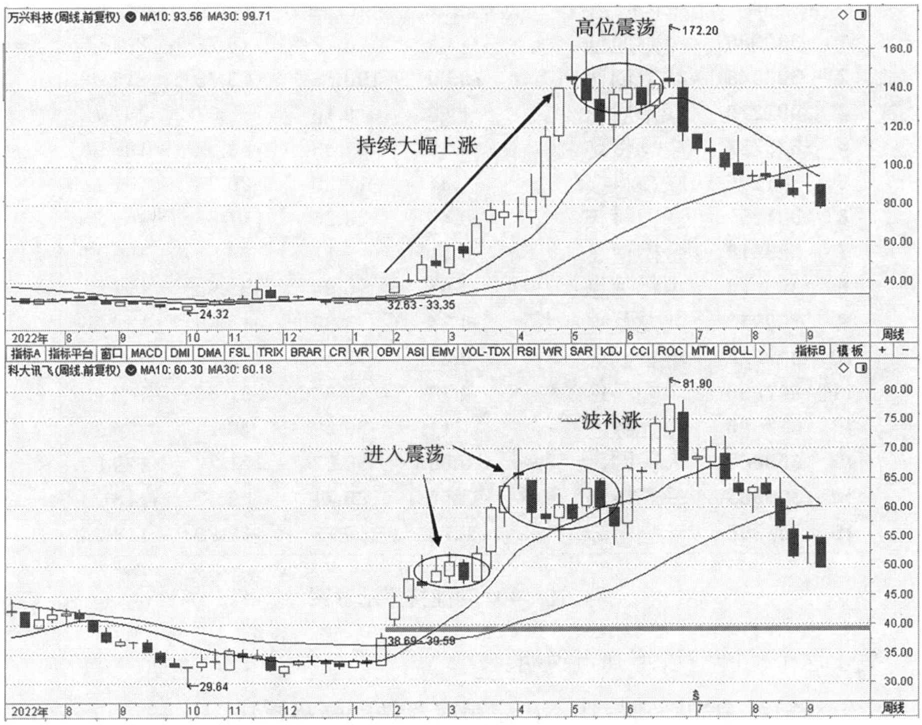

图 8-17　万兴科技、科大讯飞 2020 年至 2022 年对比走势周线图

2. 强度排序

如果我们想在全市场筛选出最好的那部分个股又该如何操作呢？

在史丹·温斯坦的《笑傲牛熊》和欧奈尔的《笑傲股市》这两本书中，两位作者都提到了相对强度的计算方法，但这些方法实现起来较为复杂。在 A 股市场，我尝试了一个超级简单的替代方法——使用通达信的 402 功能。

通过这个功能进行排序，我们可以轻松获取某一段时间内，个股涨幅的相对排名。比如，你想找到过去的 250 天内整个市场股票涨幅排名前 5% 的股票，假设全市场共有 4 800 只股票，那么目标便是排名前 240 的股票，同理，如果你想要找出 20 日或 60 日内表现强势的股票，也可以使用这个排序功能，如图 8-18 所示。

	代码	名称		今日强	20日强	60日强	120日强↓
				强弱分析 全部A股 日期:2023-09-08,五 基准:无 前复权 点右键操作			
1	300308	中际旭创	R	-1.00	-13.72	-18.76	224.55
2	300045	华力创通		20.00	190.76	163.78	215.52
3	002229	鸿博股份	R	1.40	9.16	5.67	201.79
4	603767	中马传动		-0.99	61.33	168.32	185.90
5	301205	联特科技	R	-1.31	-17.20	-29.34	181.74
6	301255	通力科技	R	-0.48	26.26	117.67	159.28
7	603918	金桥信息		0.11	8.12	-24.53	150.61
8	300678	中科信息		-2.07	-6.84	-33.58	137.79
9	300913	兆龙互连	R	-0.34	-3.06	-13.65	134.96
10	300025	华星创业	R	0.23	-3.45	-8.26	131.83
11	601858	中国科传	R	-4.79	6.83	-31.40	124.43
12	872808	曙光数创	R	1.11	-30.92	-48.19	124.27
13	603000	人民网	R	0.53	30.62	21.22	120.03
14	300503	昊志机电		3.50	20.71	89.67	118.28
15	301368	丰立智能	R	0.74	9.72	-12.96	114.04

图 8-18　402 功能排序示意图

关于这个功能有以下几点说明。

（1）当前盘中的强势板块不一定是阶段性的强势板块

这意味着今天表现强势的板块，并不一定在过去 20 天内都表现强势。如果一个板块在今日表现强势，但是没有出现在 20 日强势板块之中，这可能表明该板块的崛起尚未获得市场的中期认可，我们需要确认这个板块突然崛起的真实性和有效性。如果该板块的崛起是符合当前市场交易者心理需求的，是迎合当时市场环境特征的，则值得跟踪，有可能成为持续的热点；否则，大概率是昙花一现的尝试。相反，如果今日的强势板块正好也是 20 日强势板块之一，则表明这是一个持续板块的再次发力，盘中维持强势的可能性比较大，这时我们操作的成功率较高。

（2）对板块而言，20 日强是基础标准

对于板块，我的一个标准是观察全市场过去 20 天涨势最好的 10% 板块。通常来说，板块强势的时间越长，其强势趋势越值得信赖；板块强势的时间越短，其强势趋势则值得推敲。相对强度持续性越久，参考意义也越大。在实战中，我一般会在 20 日强中挑选强势板块跟踪，以自动选出市场认可的中长期上涨的股票，而将那些短期的逻辑和题材炒作排除在外。

（3）对个股而言，120 日强是基础标准

对于个股，我的一个标准是指全市场过去 120 天涨势最好的 10% 的股票。对于普通投资者而言，一只股票是不是好，最根本的标准是涨得好不好，结果最重要。在同样的大盘环境下，相对强度高的股票一般会更好。

通过这种方法，我们可以量化股票的表现优劣，很多时候，我们需要找板块龙头，简单来说，一个板块中相对强度最高的个股就是板块龙头。如果你所选的股票不符合这个标准，并不意味着其股价不会上涨。只是表明，这只股票的上涨速度可能会比较慢。

二、具体方法

具体方法主要包括强度公式和"养股策略"。

1. 强度公式

选择领头羊有一个强度公式：个股＞板指≥大势，这意味着领头羊股票会先于行业启动、先于市场启动，这才能说明个股有资金关注。这些龙头股并不一定是那些规模最大或是品牌最知名的，也不一定是季度和年度净利润

最高、销售额增幅最大的，但其股价上涨一定是最有活力的。

对于某些当前不够强势的股票，我们不将其列入潜力池，如果它真的具有潜力，其强度迟早会显现出来，所以无需急于一时。比如，欧普康视从2019年4月开始表现强于大盘，之后其强度不断增加，如图8-19所示。

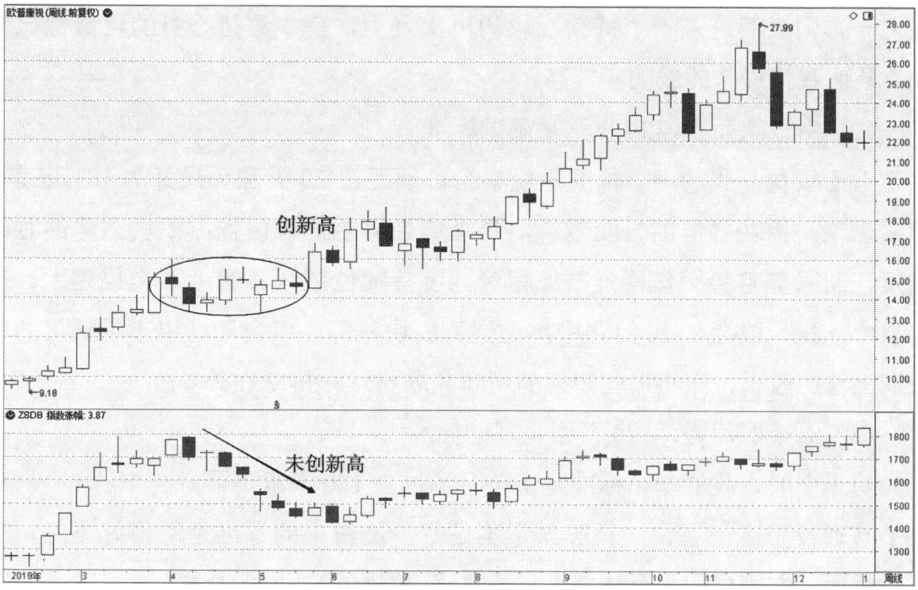

图 8-19　300595 欧普康视 2019 年 4 月至 8 月周线图

除此之外，如果我们沿着走势图继续观察，欧普康视在这段时间内的强度还没有达到最大值，之后其强度持续增强，一年多的时间里，从 18 元涨至109 元。所以，对于那些每一波都比较有强度的个股一定要持续关注，如果只抓住一波就放手，实在是相当浪费的。

读到这里，让我们一起思考另外一个问题："虽然我们追求强度，但是否一定要选择现在已经涨幅最大的个股呢？"我觉得不一定，因为很多涨幅最大的个股其实是人气龙头（详见板块效应章节），推动股票的资金主要是游资，这类个股的表现是不断地涨停，操作难度颇高。我们的交易系统并不是主要抓这类个股，就像我正常情况下摸到珍珠一样，如果有一次摸到了黑珍珠，我会很开心，但我不会专门去研究如何摸到黑珍珠。

因此，从选股的这个角度看，我们要找的并非 TOP 1% 左右的个股，反而是那些刚刚表现出强势（趋势第二阶段 + 强度越过海平面），接下来有足够的上涨动能（机构资金介入 + 净利润惊喜 + 板块效应），但是还没有充分释放（股价还没有爆发）的个股才是 A+ 级别的投资标的。

总之，一句话："有强度，无大涨"。

2. "养股策略"

在实际操作中，我首先会将符合其他条件要求的个股放入观察池中，然后逐个观察个股的强度，选择强势股进行投资，我把这种方式称作"养股策略"。

重仓投资于初选股是一种严重的错误。因为即使这些个股之前表现强势，未来也会分化：有些可能会持续走强，有些可能会补涨，甚至可能出现未来的超级牛股。因此，需要保持观察。好的品种有板块效应、有业绩支撑、有持续性，它们会自己走出来，一旦它们真正启动，而你却猜错了板块想卖掉再追回来会很难。另外一波像样的行情，大多都是几个板块轮动的，所以，你可能前期上满了仓位，稍晚一点儿出现的强势板块就没办法参与，这里面存在一个时间差。

解决方案：你要更加细致地研究，定义好谁是一波行情的主线板块，这是绝对不能错过的，选择你能看得懂的个股，仓位上足，这将决定这一波行情的收获大小。当行情来临，各路资金都会一拥而上，但是标的肯定是不同的，有些涨得可能会很快，但是不符合你的能力圈和选股标准，也不用羡慕，毕竟一鸟在手胜过两鸟在林。

行情过后回头再看，买的什么个股可能都不重要，但是不是上了这趟车，用多少钱上了这趟车才是更重要的。毕竟个股翻倍时，10% 的仓位和 100% 的仓位所带给你的收益是完全不一样的。

至于其他非主流板块，都会在主流板块休息的时候有所表现，但是，如果你挪了仓位，可能会得不偿失。比如，从 2021 年 7 月开始，主流板块是科技股，里面又细分了消费电子、半导体和特斯拉三条主线。像其他的机械、传媒娱乐、游戏、石油、轮船、黄金、农业、证券、网红经济等板块都是点缀，那么，你要把绝大多数仓位配置在主线上，其他板块的优质机会可能没办法参与，并不是这种机会不在你的能力圈内，也不是完全看不懂，而是因为已经没有仓位了。

强势板块强势股策略最大的劣势是当我们发现它的时候，涨幅一定是不小了，它带来了两个问题：一是能不能持续，毕竟已经涨了多少是过去了，未来还能不能涨是关键；二是适合的买点在哪里。

能不能持续由两个要素决定，即大盘状态和板块力度。大盘状态是指接下来一段时间（1个月或3个月）能不能处在一个相对温暖的时期，换言之，是否出现了见底信号。当然信号出现后，是仅仅横盘还是有1～4周的反弹，或者慢慢进入牛市。

从这个角度分析，如果出现了见底信号，则需要你找到合适的板块介入。一旦你纠结于是不是1～4周的反弹，就让预判代替了信号，如果只有2周的上涨，则完全取决于板块力度。另外盘面一定是由短期底部过渡到中期底部的。可能刚开始仅仅是一个短期底部带来的短期反弹，然后出现了更强的买盘，一路上涨变成中线的行情。相反，如果短线反弹马上结束并开始新一波的下跌，自然需要等待下一个底部的机会。在上一个短线反弹时介入的仓位也会止损出局。

板块力度主要是由逻辑带来的，这个逻辑可以是业绩的真实改善，也可以是想象空间，反正资金要认可。但是不管逻辑是什么，表现出来的就是强度，抗跌领涨。所以，能力圈形成之后，你要做的是越来越清晰地看到它的边界，学会对看到的机会分级，只做对你来说是A+级的投资，这些钱已经足够赚了。

最后补充一个非常重要的概念，即汰弱留强。

即使我们已经万分小心，还是有可能买到弱势的品种。这时，你不能在一棵树上吊死，而是要找机会挪动仓位。那么，什么时候是恰当的时机呢？答案是个股的休息期和横盘震荡时。此时是最佳的汰弱留强机会。

当然，汰弱留强虽然是大原则，但是这个过程不能太短。你必须给选中的标的一定的表现时间才能确认它是否强势。

以上就是本章的主要内容。强度角是非常重要的，它是决定你一波行情赚 20% 还是 200% 的最关键要素。

首先，我们要知道什么是相对强度。它的本质是一种比较，谁和谁去比，怎么去比等，其次，我们要理解强者恒强，这是选择强势股的一个基础原则，最后介绍强度工具箱的两种方法及使用强度的"养股策略"。

第九章

资金认同度

第一节　跟着"聪明钱"

想要坐上机构的轿子，首先得能识别这些轿子长什么样。

第一类：公募基金 / 资产集合计划

它包括封闭性和开放性的，发行主体是各种银行、基金公司和券商机构，针对的是所有投资者，利润来源主要是管理费，不论最终是赚是亏，因此基金规模越大，收益越多。

2012 年，基金产品数量首次突破 1 000 只，全国基金规模约 2.87 万亿元，之后的基金行业进入了加速发展期。而仅仅 10 年后，基金产品数量突破了 10 000 只，截至 2022 年 8 月末，公募基金规模已高达 27.29 万亿元，10 年扩大了大约 10 倍。其中，投资于股市的权益基金差不多 8 万亿元，单一基金产品的规模少则几十亿元，多则上百亿元。这是 A 股机构投资者中占比最大的一块，具有强大的影响力，参与的个股值得普通投资者借鉴。

第二类：保险 / 社保 / 汇金 / 证金

除了基金，保险资金也是我国资本市场最重要的资金来源之一。各家保险机构拥有上万亿资金沉淀，需要寻找保值增值的途径，而资本市场不可或缺。巴菲特之所以能够践行自己的价值投资理念，很大一个原因就在于他背后拥有一家源源不断提供现金流的保险公司。

社保、汇金（中央汇金资产管理有限公司）、证金（中国证券金融股份有限公司）作为国民生活的重要保证，它们的操作更加稳健，投资目的是保值、增值和维稳，厌恶风险，期望收益不高。

第三类：北向资金／合格境外机构投资者（QFII）

北向资金是指从香港股市中流入内地股市的资金；合格境外机构投资者是指外国专业投资机构到境内投资。

截至 2022 年 7 月末，沪深股通为 A 股市场带来 1.69 万亿元的净流入。截至 2021 年末，合格境外机构投资者持有 954 只 A 股，合计持股市值为 2 840.08 亿元。这些资金大多偏好价值股，对公司质地要求较高，虽然规模不大，但是一些动向具有一定的参考意义。

第四类：私募／牛散／游资

私募基金与公募基金相对，指的是向特定投资者发售的基金产品，份额一般最低是 100 万元起步，而且一般有至少一年的封闭期。本节的私募主要指投资于 A 股的私募证券基金。

由于收益类型不同，私募更看重绝对收益，截至 2022 年 8 月末，私募证券投资基金有 86 877 只，存续规模 5.98 万亿元。私募的风格多样，包括偏成长的、偏价值的、偏趋势的、偏量化的和偏短线的等。

除此之外，有些个人投资者的影响力也不容小觑，我们把这些有影响力的投资者称为牛散，他们的偏好也不尽相同。而游资是指追逐热点而来的钱，可以是牛散、大户或私募等。

如果将证券市场比作原始丛林，各类资金就像是不同的动物，占据着不同的生态位：有如同大象般的大型机构，它们力量庞大但动作缓慢；有类似鳄鱼般的投资者，它们善于隐藏伺机而动；还有像鬣狗那样敏捷的游资，它们灵活地穿梭于市场，总之，每一种风格都有对应的生存空间，然而在风格之间，差异巨大。

一、大钱的流动

所谓资金认同度，一个层面是大资金的流动。股票之所以和公司不同，有一个很重要的原因是在股市中资金的流动相当迅速。公司（一级市场）也会有各类投资人，但通常不会在几个月内完成介入与退出，周期最少几年，即使经营情况不如预期也做不到随时转换，但是在股市（二级市场）中完全不一样。比如，2018 年底，以沪电股份、深南电路为代表的 5G 基站爆发，2019 年 10 月，市场热点变成了以漫步者为代表的消费电子，11 月，市场开始追逐国产替代，以通富微电、晶方科技为代表的半导体成为热点，2020 年 6 月，又转变到以阳光电源为代表的光伏、风电产业，2021 年，则是新能源产业链全面启动，三年时间整体框架是科技股，但是具体的板块和个股却天差地别。

这些资金像巨大的水流一样，不断地寻找出路，然后推高股价，平静时波澜不惊、一旦动起来，势如破竹。如果是小规模的进出，可能只是一个小波澜，如果是大规模的或超级规模的资金，掀起的可是整个板块的巨浪。

请注意一点：大资金依托于趋势，只会加速不会改变趋势。资金也是乘势者，而非造势者。大钱乘的势是大的产业格局，而我们乘的势是大钱。比如，现在的趋势是电动车代替燃油车，我想不会有大资金想要把这种趋势逆转，否则注定会被淹没在历史的车轮之下，毕竟和时代浪潮相比，多大的资金都是蝼蚁。资金会在趋势还没有完全被点燃时场外观望，决不会冒险螳臂当车。所有的资金流动，都要师出有名，都要遵循板块的核心逻辑。机构选股绝不是盲目的。他们在建仓前一定会详细考虑行业、公司的影响因素，比如这个行业是不是处于上升经济周期，然后根据每股平均盈利能力、资产状况、流动性和活跃性，以及未来的成长性预期，选出具备细分领域稀缺性、领先性及成长性的龙头股。对于没什么研究功底的我们，这些结论都是很好的探路石。但是市场走势，并不是完全由机构说了算，毕竟市场中亏损的机构也不少，不要高估他们的能力。

二、资金的合力

所谓资金认同度，还有另一个层面是资金合力。任何一只强势牛股，其后面都有强大的资金团体。

现在的市场环境中，单一主力无法真正控制一只有实力的股票，如果这只股票足够优秀，一定会有很多的资金关注，那么，资金之间的博弈会比散户更大，我们散户最好不要参与。

1. 长线、中线、短线资金的共振

在股票市场中，资金性质各异。它们的规模不一样，来源不一样，目的也不一样。通常情况下，长线资金看重产业格局，中线资金跟随板块机会，短线资金一般是游资性质的资金，它们擅长挖掘短期热点，一般操作周期是几天到几周。当这三类资金在某个时间段利益一致、产生共振时，个股将迎来大暴发。

2. 讲资金合力，一个逃不开的话题就是机构抱团

何为"抱团"？意思是参与者不断加仓某一个板块，接近或超过 30%，并持续持有超过两个季度以上，不轻易进行调仓换仓。这里主要以主动偏股公募基金作为代表，因为机构有分散投资的要求，持有一个板块超过 30% 已经是比较高的集中度了。事实上，抱团只是表象，其背后的本质是机构为何会抱团。

原因一：定期考核

国内的基金产品管理人都有定期的考核机制，无论是绝对收益（和一个固定的业绩基准比较）还是相对收益（和市场指数进行比较）。如果一个行业持续表现很好，但是某位基金经理没有买入，在定期考核的时候会遭遇质疑，这导致表现好的行业持仓越来越重，直到有外部因素让部分投资者放弃这个行业。这类似于我们之前讲过的强者恒强。

除此之外，不管你是公募、私募还是保险，只要你有公开业绩，一定会有人给你做年度排名，甚至季度排名、月度排名。而在营销和推广时，资源会毫不犹豫地倾向给排名最高的产品和管理人。

原因二：看重业绩

巴菲特被视为"价值投资"的典范，但他没有短期业绩考核，融资成本极低，可以长期持有高加权平均净资产收益率、高分红的股票。

国内机构投资者对业绩和价值的看重可能要远超巴菲特。他们通常要清楚每一个季度的业绩，一旦上市公司某个季度业绩稍微低于预期，都有可能考虑减持。尽管只是公司短期的失利，但是别的投资者可不会这么想，他们也许会无情地抛弃筹码，导致股价下跌。当然，股价背后最重要的是业绩。

因此，在这样的决策框架下，机构投资者必然会选择业绩增速最高、持续性最好的板块。换言之，业绩持续表现优秀的板块也必然会被集中持有。

原因三：路径依赖

当某一类型的基金产品能够连续两年排名靠前，那么第三年，基金管理人会被当作重点营销对象来发行新产品或管理更大规模的存量产品。为了保持持仓风格的稳定性及路径依赖，新产品及新管理的资金最佳选择是买入原来产品的持仓股票，形成正反馈，示意图如 9-1 所示。

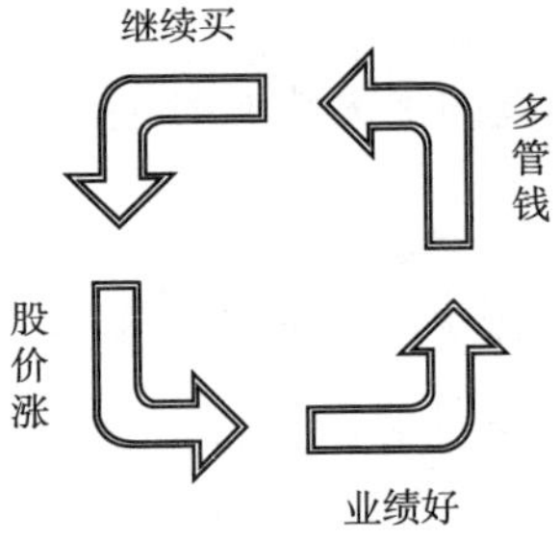

图 9-1　基金路径依赖示意图

第二节　从公告里找主力

上市公司每个季度公布的财务报表中，很重要的一项是公司的股东情况，因此，这也是我们发现大资金动向的重要途径。你可以通过看盘软件的【F10】调用数据，我个人更习惯使用同花顺的数据，其他软件也类似。

一、【F10】股东研究

它主要展示的是当前季度的股东人数、前十大股东和前十大流通股东。十大股东的股份有些是锁定的，所以，我们重点研究股东人数和十大流通股东。在分析的时候主要看三点，即有多少、都有谁、做了什么。

1. 有多少

股东人数越少，则代表筹码越集中，股价越有可能上涨；反之，股东人数越多，代表筹码越分散，越不容易形成合力（此数据可能不与财报同步更新）。

2. 都有谁

在分析十大流通股东的总体情况时，首先关注名称：查看是否有机构参与，如果有机构参与看看共计有多少家机构，以及有没有同一类的机构参与，比如中国工商银行、中国建设银行，它们旗下的各种基金是不是汇集在一起，如果同时出现，则可以重点关注。

其次是界定股东性质：是机构、游资还是牛散，并了解其风格，比如长线风格还是中线风格等，至于游资风格的资金，由于持股时间过短，一般只能通过"龙虎榜"来识别。

最后是比较之前几个季度的十大流通股东。

3. 做了什么

机构投资者在最近一个季度报告期内"新进"或"增持"的股票，通常要比他已经持有多期的股票更具参考价值，这表示他们对个股未来走势持乐观态度。而如果出现了大股东的减持，虽然并不一定对应下跌，但我们还是需要了解其背后的逻辑并密切观察股价表现。

二、【F10】主力持仓

除了要分析十大流通股东的变化情况，还需关注那些持有公司股票但未进入十大流通股东名单的机构，这些机构的观点隐藏在主力持仓数据中。

主力持仓主要是指机构持股汇总和每一期具体的机构持股明细。通过前后季报的对比，我们可以看到机构持股家数是增加还是减少，看机构持股占流通股的比例是增加还是减少。

以 2021 年至 2022 年大金重工的主力持仓变化为例，我们可以看到在 2021 年中报的时候，只有 15 家机构进入，到 2021 年年报的时候上涨到 186 家，持仓比例从 46.68% 上升到 69.25%，如图 9-2 所示。

然而事物的两面性告诉我们，在追求机构投资者持有的同时，也要明白当一只股票得到过多机构投资者的认同，一旦公司出现状况或是熊市来临，这种过度认同可能会转变成潜在的大额抛压，这就是欧奈尔所说的"过量持有"。

主力进出报告期	2022中报	2022一季报	2021年报	2021三季报	2021中报
机构数量(家)	363	30	186	46	15
累计持有数量(股)	3.56亿	3.30亿	3.78亿	3.11亿	2.53亿
累计市值(元)	148.63亿	103.33亿	146.43亿	74.75亿	18.92亿
持仓比例	65.27%	60.32%	69.25%	56.99%	46.68%
较上期变化(股)	↑ 2605.92万	↓ -4776.18万	↑ 6693.12万	↑ 5771.43万	↓ -2348.47万

图 9-2　002487 大金重工 2021 年至 2022 年主力持仓图

三、【F10】关联个股

除了可以横向比较，还可以纵向比较。通过研究第一大非控股股东的持股情况，比如它除了持有当前个股之外还持有了哪些股票，这些股票的比重分别是多少，排名是怎么样的，就能分析出这家机构把大量的资金投在了哪里，哪里是它的重点，以及过去三个月间它都有哪些变化。

比如，宁德时代 2022 年中报的所有基金中，前两位是指数型基金的被动配置，我们分析排名第三的这只基金，它持有宁德时代市值 19.62 亿元，占流通股比例 0.18%，如图 9-3 所示。

机构或基金名称	机构类型	持有数量(股)	持股市值(元)	占流通股比例	增减情况(股)
易方达创业板交易型开放式指数证券投资基金	基金	594.72万	31.76亿	0.29%	↓33.34万
华安创业板50交易型开放式指数证券投资基金	基金	446.58万	23.85亿	0.22%	↓120.00万
农银汇理新能源主题灵活配置混合型证券投资基金A	基金	367.36万	19.62亿	0.18%	↑22.70万
富国天惠精选成长混合型证券投资基金(LOF)A	基金	350.15万	18.70亿	0.17%	↑30.15万
汇添富中证新能源汽车产业指数型发起式证券投资基金(LOF)A	基金	335.30万	17.91亿	0.16%	↑46.64万
华夏能源革新股票型证券投资基金A	基金	322.39万	17.22亿	0.16%	↑69.63万
华泰柏瑞沪深300交易型开放式指数证券投资基金	基金	318.27万	17.00亿	0.16%	↓2.79万

图 9-3　300750 宁德时代 2022 年中报基金持股明细

点击进入之后我们可以看到它的十大重仓股，宁德时代是它的第一大重仓股，璞泰来和宁德的地位相近，紧随其后的是当升科技、振华科技。对比一季度重仓股数据，过去三个月中，该基金一直是轻微加仓，如图 9-4 和图 9-5 所示。

重仓股 2022 年 2 季度 数据更新至 2022-06-30

序号	股票名称	持有量（万股）	市值（万元）	占净值比
1	宁德时代	367.36	196168.37	8.34%
2	璞泰来	2277.62	192230.87	8.17%
3	当升科技	2063.94	186456.40	7.92%
4	振华科技	1312.77	178496.85	7.59%
5	天赐材料	2783.35	172735.01	7.34%
6	隆基绿能	2362.33	157402.03	6.69%
7	恩捷股份	607.25	152085.24	6.46%
8	科达利	655.98	104300.71	4.43%

图 9-4 农银新能源主题基金 2022 年二季度十大重仓股

重仓股 2022 年 1 季度 数据更新至 2022-06-30

序号	股票名称	持有量（万股）	市值（万元）	占净值比
1	宁德时代	344.66	176568.65	7.87%
2	振华科技	1506.44	170830.07	7.61%
3	璞泰来	1203.82	169184.93	7.54%
4	当升科技	2074.57	156007.72	6.95%
5	天赐材料	1613.50	151668.84	6.76%
6	恩捷股份	672.01	147841.32	6.59%
7	新宙邦	1593.58	129956.60	5.79%
8	隆基绿能	1501.74	108410.81	4.83%
9	科达利	692.05	102424.01	4.57%

图 9-5 农银新能源主题基金 2022 年一季度十大重仓股

通过分析，我们可以揭示出这只基金对于宁德时代的重视程度，并顺藤摸瓜找到其他值得研究的标的。

四、龙虎榜

除了【F10】中发布的季度数据，我们还可以从证券交易所每日公布的龙虎榜上，发现一些机构的短期踪迹。

那么，什么是龙虎榜？它是指对当天有异常波动的股票进行汇总，并分别按涨跌幅、换手率等指标进行排名的一种榜单。

上榜主要有四个条件：日涨跌幅度达到 7%、日换手率达到 20%、日价格振幅达到 15%，以及连续三个交易日内累计涨幅达到 20%。沪市根据每个条件选出前 3 名上榜，而深市则取前 5 名。

所以，登上龙虎榜的股票并非都是牛股，而是在某些方面波动较大。然而，既然是大波动，肯定是大资金的动作，所以，它也可以作为分析主力动向的一个窗口。

很多软件都有龙虎榜数据，仍以同花顺的"数据中心"为例。龙虎榜主要分机构席位和普通营业部。其中，机构席位主要是指基金专用席位、券商自营专用席位、保险机构专用席位、合格的境外机构投资者专用席位等。对于机构上榜的情况，主要要看机构资金净买入的总量是多少，通常情况下，净买入金额越多越好，代表机构看好后市；同时，买方机构数量越多越好。普通营业部则主要是自然人账户，但能上龙虎榜的多是资金雄厚的各类游资及超级大户。如果是游资，也要看总体的净买入总量及游资家数，这一点与机构资金是一样的，净买入金额越多越好，如果多家有实力的游资同时看中了一只股票，那么，这只股票遭到爆炒的概率是非常高的。最好是势均力敌，不要出现一家独大的情况，否则，后续的接力动能会降低，力量均衡才能走得更远、更持久。比如盛路通信，2022 年 10 月 17 日涨停，就是由于"日涨幅偏离率值达 7%"而登上龙虎榜，如图 9-6 所示。

成交明细		切换行情		
成交额: 2.04亿元　合计买入: 7936.53万元　合计卖出: 1.25亿元　净额: -4566.33万元				详细
买入金额最大的前5名营业部		买入额/万	卖出额/万	净额/万
机构专用		2017.45	0.00	2017.45
机构专用		1992.80	0.00	1992.80
机构专用		1370.80	0.00	1370.80
机构专用		1282.15	0.00	1282.15
机构专用		1150.97	0.00	1150.97
卖出金额最大的前5名营业部		买入额/万	卖出额/万	净额/万
招商证券股份有限公司成都人民南路证券营业部		86.03	3987.98	-3901.95
东方财富证券股份有限公司成都分公司		2.68	2716.55	-2713.87
中信证券股份有限公司广州花城大道证券营业部		0.00	2149.72	-2149.72
安信证券股份有限公司广州体育西路证券营业部		7.41	1865.46	-1858.05
国信证券股份有限公司深圳科技园分公司		26.24	1783.14	-1756.90

图 9-6　002446 盛路通信 2022 年 10 月 17 日龙虎榜

从图 9-6 中我们可以看到，买入前五均是机构专用席位，而卖出前五则来自各家券商营业部，这表明短期个股受到了机构重视，但由于买入净额明显低于卖出净额，所以，连续上涨的可能性仍然存疑。

又如，科远智慧由于"日换手率达 20%"的条件上榜，买入机构均是营业部，其中有两个一线游资，而卖出机构主要也是营业部，其中有一家机构专用席位且卖出净额要比买入净额大许多，如图 9-7 所示。

科远智慧(002380)明细：日换手率达20%的证券

		成交明细		切换行情		

成交额: 1.60亿元　合计买入: 5578.16万元　合计卖出: 1.04亿元　净额: -4870.30万元　　详细

买入金额最大的前5名营业部	买入额/万	卖出额/万	净额/万
东方财富证券股份有限公司拉萨东环路第二证...　一线游资	1416.65	905.51	511.14
东方财富证券股份有限公司拉萨东环路第一证...　一线游资	1070.84	753.94	316.90
东方财富证券股份有限公司拉萨团结路第一证...	1070.02	901.59	168.43
中国银河证券股份有限公司大连人民路证券营业部	992.65	0.36	992.28
华西证券股份有限公司成都龙腾东路证券营业部	935.09	46.07	889.02

卖出金额最大的前5名营业部	买入额/万	卖出额/万	净额/万
东兴证券股份有限公司合肥芜湖路证券营业部	20.17	3389.78	-3369.61
长城证券股份有限公司西安锦业路证券营业部	1.49	1188.43	-1186.94
中山证券有限责任公司上海徐汇分公司	17.14	1140.24	-1123.10
中国银河证券股份有限公司绍兴证券营业部	54.11	1097.41	-1043.30
机构专用	0.00	1025.12	-1025.12

图 9-7　002380 科远智慧 2022 年 10 月 17 日龙虎榜

在投资领域，有些资金选择在关键时刻止盈退出，而另一些则逆势加仓，试图抓住回调的机会。然而，单凭一天的涨跌很难判断未来的市场趋势，所以，我们需要借助"选股五角星"模型进行全面分析。

无论是中期的股东研究、主力持仓、关联个股分析，还是短期的龙虎榜，提供给我们的都是辅助的信息。原因如下。

1. 信息延迟

财报等关键数据通常会推迟公布，比如 6 月 30 日的中报，只要 8 月 31 日之前披露就可以，这期间，资金有足够的时间进行各种操作。

2. 资金动向与主力动机

我们所能观察到的仅是资金流向，而非主力的真正意图。即使有资金认同，也不一定意味着有持续的推动力。比如，价值投资者可能会长期持有股票，即使期间股价下跌 30% ～ 40%。如果我们仅仅因为看到资金流入就采取行动，可能难以承受中间的下跌和时间成本。

第三节 从盘面上找主力

我们不仅能够通过公开披露的财报信息来追踪大资金的流向，实际上，在股票的交易盘面上，我们同样可以通过两个主要指标来监测大资金的动向，即成交量和关键 K 线。

一、成交量

对于成交量，存在一个普遍的误区：如果某日股价收阳，是不是意味着买入的人数比卖出的人数多？事实上，只要是成交，肯定是一对一的，一个买家对应一个卖家，然后针对某一个固定的价格撮合成交。

那么，要怎么理解成交量和股价上涨或下跌的关系呢？我们可以借助一个排队的比喻来说明，示意图如 9-8 所示。

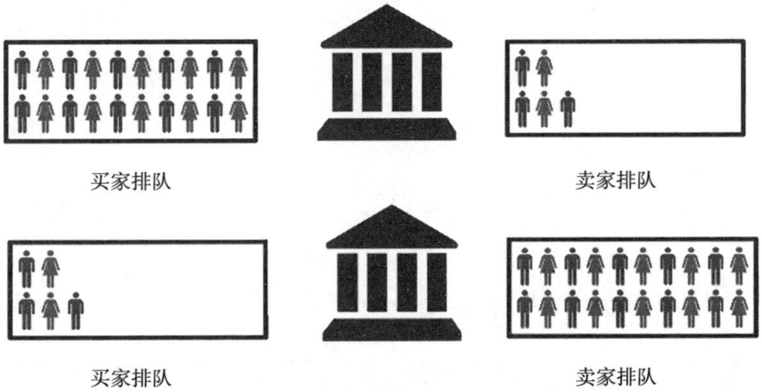

买家排队　　　　　　　　　　　卖家排队

买家排队　　　　　　　　　　　卖家排队

图 9-8　成交量示意图

以两队排队的人群为例，一队是买家，另一队是卖家，当双方出价相同就进入房子中成交，如果一段时间内进入房子里的人很多，则说明这段时间的成交量较大，一段时间内进入房子的人很少，则说明这段时间的成交量较小。

此外，如果买家队伍很长，一个人想卖，十个人想买，那么，价格会上涨，反之，则价格会下跌。

由此可见，成交量的本质是分歧，大家的观点不一样才会有买有卖，因此，成交量越大，代表着对于当前价格的分歧越大，而并非成交量越大，一定代表着上涨。是涨还是跌，需要观察哪一方的队伍更长。

但不管怎样，成交量的放大一定表明个股交投活跃，背后很可能有机构投资者参与，散户投资者通常不会有能力单独推动如此大的交易量。

成交量的主要指标包括成交量、成交金额和换手率。其中，成交量是指单位时间内，交易的总手数（1 手 =100 股）；成交金额是指单位时间内的成交量与当时股价的乘积；换手率是指一只股票在单位时间内的成交量与其总流通股本的比值。比如，祥生医疗，2022 年 9 月 26 日，当日的成交量是 6 200 手，成交金额是 2 102 万元，换手率是 2.21%；而到了 2022 年 10 月 17 日，成交量为 59 515 手，成交金额为 3.03 亿元，换手率是 21.16%。我们可以看到个股在短短十几个交易日，参与资金、活跃度都呈倍数增长，具体内容如图 9-9 所示。

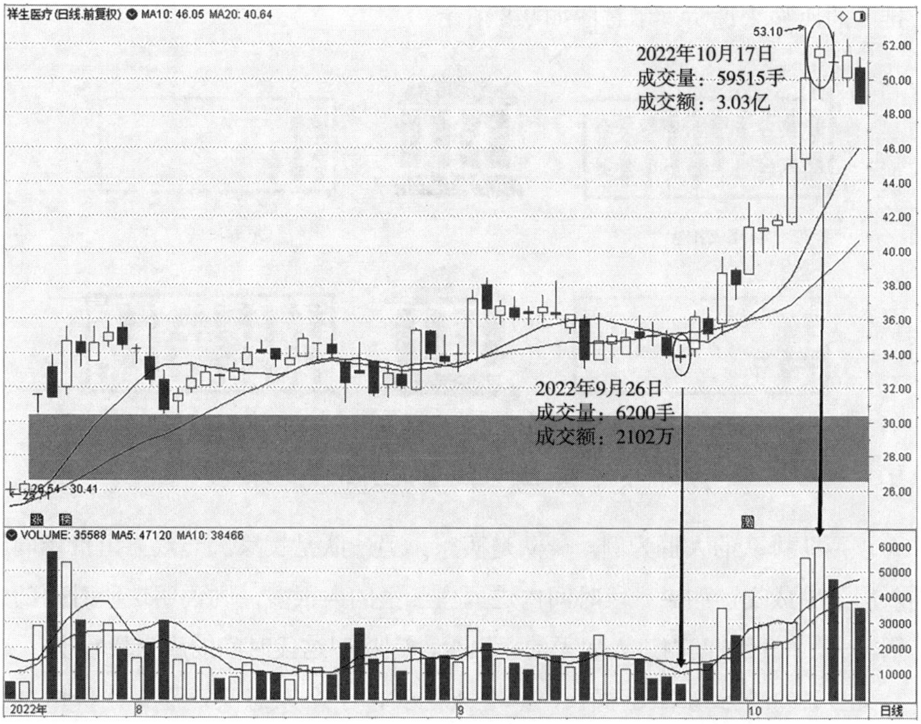

图 9-9　688358 祥生医疗 2022 年 9 月至 10 月走势日线图

当然，成交量、成交额和换手率只是表象，至于背后的资金意图，则需要我们谨慎识别。

二、形态解读

我们的核心目标是找出潜力股来实现账户增值，所以，关于成交量的分析也应当建立在趋势和强度的基础上，换言之，我们关注的量价形态应出现在第一阶段或第二阶段，在第三阶段或第四阶段出现的同样形态可能因市场心理的不同而具有不同的意义。

我们希望股价上涨时，成交量多数情况下也同步上升（代表机构投资者而非公众的买入），而当股票价格回落时，应当伴随着成交量的萎缩（代表此时没有太多抛压）。

所以，放量和缩量是股价变动过程中最重要的两种成交量形态。需要注意的是，放量有时是假的，因为主力可以"对倒筹码"来人为制造放量。而缩量一般是真的，毕竟没人卖就是没人卖，主力是没有办法伪造的。

1. 放量：股价的上涨信号

关于放量并没有一个统一的标准，和之前的趋势一样，我们重点关注的是周量，通常情况下，如果某一周的成交量超过之前一周一倍以上，都可以看作是放量，显示的是资金正在集结。

但需要注意的是资金集结之后并不会马上拉升，只有当放量发生在关键支撑位或阻力位时，才更具实战意义，除此之外，大多数的放量更多的是参考意义。

所谓"关键位置"主要是指关键的阻力位和支撑位，比如第一阶段或中期调整的阻力位。阻力位和支撑位放不放量，主要取决于它们是否在成交密集区。放量一般分为单独倍量或堆量。连续几次的单独倍量在第一阶段后期经常可以见到。

比如晶瑞电材，在 2020 年 8 月至 2021 年 5 月的第一阶段震荡过程中出现了四次单独倍量，随后突破时，继续倍量，并在第二阶段运行过程中形成了连续的堆量，如图 9-10 所示。

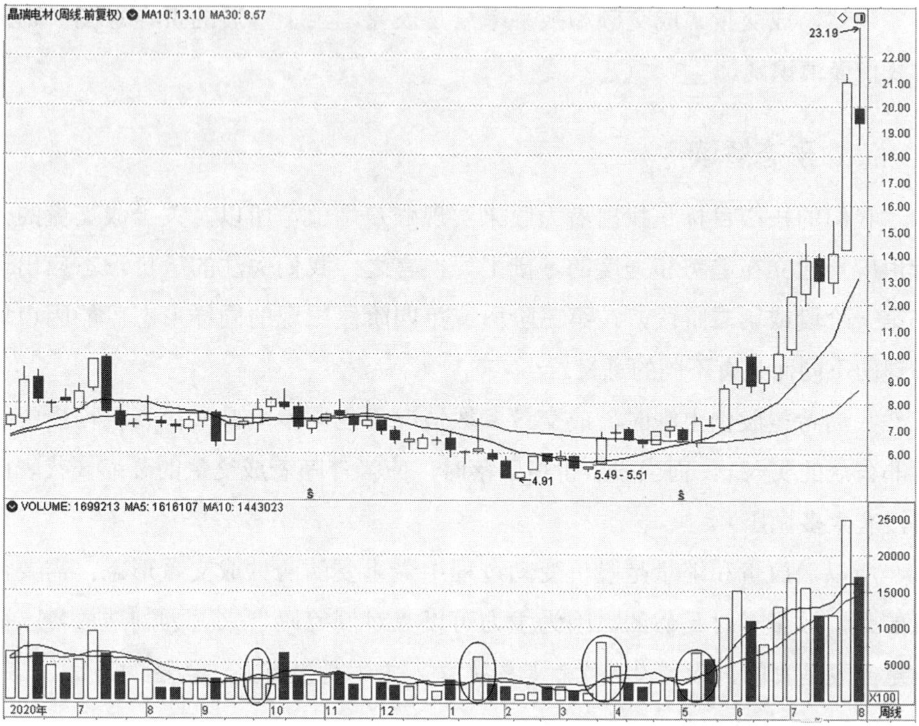

图 9-10　300655 晶瑞电材 2020 年 2 月至 2021 年 8 月走势周线图

所以，在分析第二阶段突破的时候，如果发现第一阶段出现过连续的单独倍量，则意味着资金在积极地吸收筹码，是一个正面的信号。堆量同样是主力积累筹码的一种方式，一般也出现在第一阶段后期。

比如坚朗五金，从 2017 年 11 月至 2019 年 7 月，形成了一个大的圆弧底，完成了第一阶段的构建，在第一阶段后期，出现了多次单独倍量，尤其是在 2019 年 2 月至 5 月，出现了明显的堆量。到了 9 月，股价正式实现了突破。

可以看到，突破的这个位置，并未放出很大的量能，原因在于 7 月 5 日那一周发出了倍量的集结号，只不过当时股价没有马上突破，又调整了两个月，当股价最终突破时，并不需要很大的量能来支持，如图 9-11 所示。

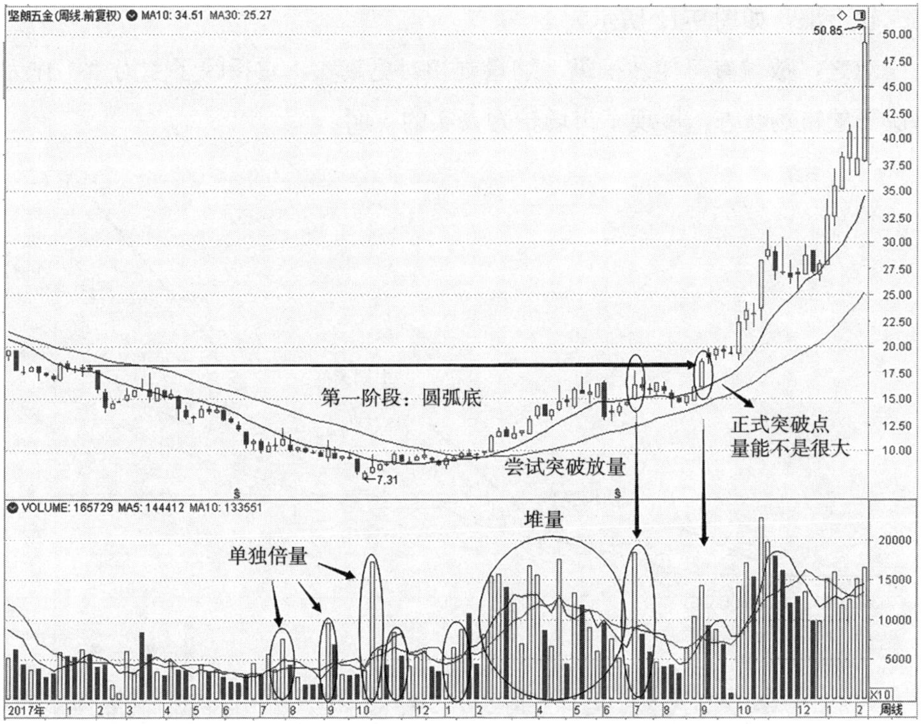

图 9-11　002791 坚朗五金 2017 年 11 月至 2020 年 1 月走势周线图

当然，上述例子都是一些比较典型的形态，在实战当中，会有很多的变形形态，理解了这一思路，就会明白只有出现放量现象，才能说明有大资金在活动，而大资金的介入往往预示着可能出现大行情。

2. 缩量：股价回调的预警信号

缩量与放量形成对比，我们更希望看到当股价回调时，成交量也相应缩小的状态。当缩量小到一定程度的时候，会出现地量，有句话叫作"地量见地价"，在某种程度上是正确的，因为我们的讨论范围要框定在中期调整过程中，地量并没有具体的数字，要参考之前个股的放量情况。

比如 2020 年 1 月的英科医疗突破第一阶段进入第二阶段，突破之后伴随股价上涨，成交量也随之增加，3 月至 5 月股价开始进入中期调整，在此期间，量能也进一步缩小，甚至在 2020 年 5 月 8 日那一周出现了地量，而此时，价格也处于整个中期调整最为紧凑的阶段，随后的一周内成交量倍增，开启了第二轮上涨，如图 9-12 所示。

总之，放量有可能被操纵，缩量则相对更真实，它反映了主力"不作为"情况下的市场状态，展现了市场较为真实的一面。

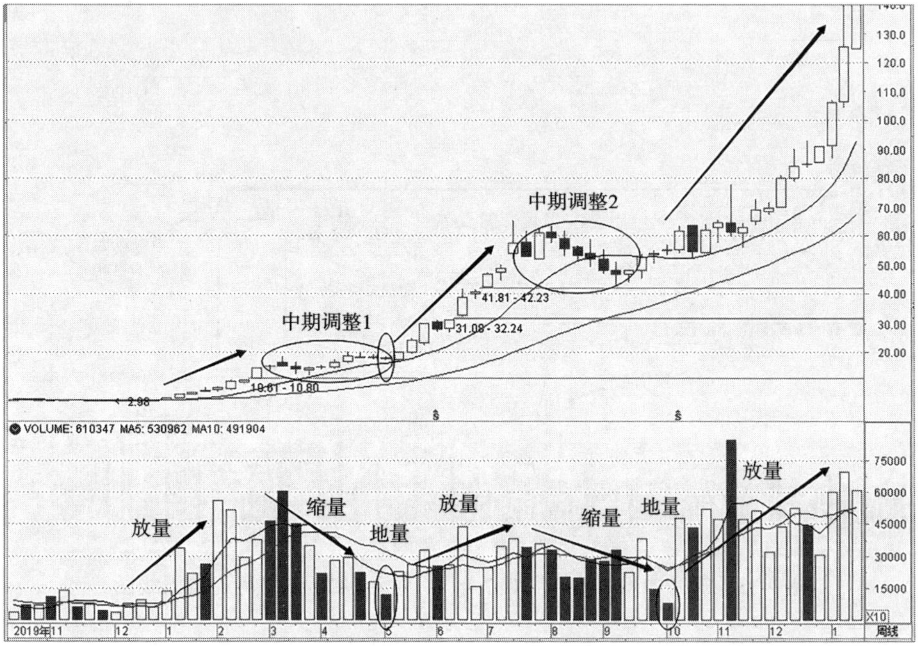

图 9-12　300677 英科医疗 2019 年 7 月至 2021 年 1 月走势周线图

当然，比较缩量与放量，并不一定局限于短期内的一两天，更多的时候是对比两个较长的时间段，这种比较往往较为主观。

3. 量过前高，价未过前高

在分析成交量的时候，应特别关注一种现象：成交量已经超越之前的高点，但股价还未突破前期高点"，这意味着资金虽然已经准备好了，但是价格还没有大幅拉升。

比如，2020 年 1 月 23 日这一周，华大基因的周线出现成交量放大，直接超过 2019 年 3 月初的成交量，2020 年 2 月 7 日那一周，形成了一根伴随着更大量能的假阴线（虽然是阴线，但是和之前一周对比其实是上涨的），但是此时的价格还未突破，这也意味着资金在此位置已经准备好上攻。不过，此时市场的关注点还在半导体板块，医药股缺少催化剂，所以股价继续横盘震荡，直至 4 月 17 日才再次倍量突破，如图 9-13 所示。

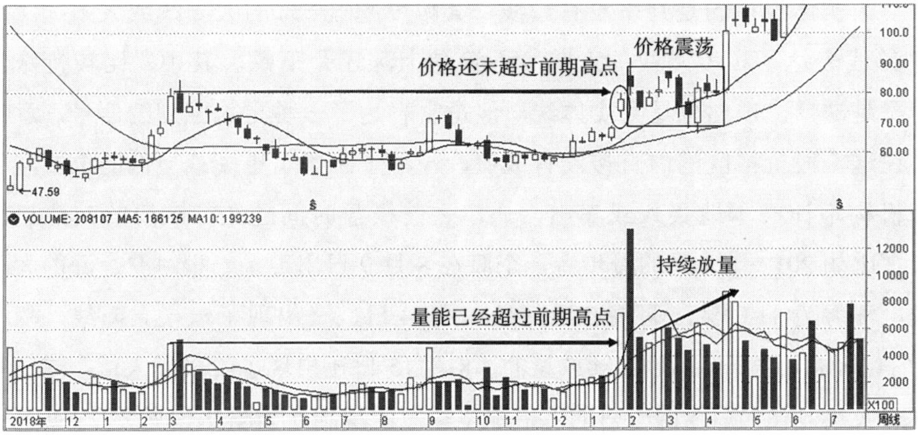

图 9-13　300676 华大基因 2018 年 9 月至 2020 年 7 月走势周线图

总之，成交量不仅是衡量市场供求关系的关键指标，更是评估股票受到机构投资者青睐的最佳标准。

三、关键 K 线

除了通过成交量观察资金的动向，某些 K 线也可以很好地揭示主力资金的行踪。刚刚接触 K 线的朋友可能会有一个误区，即认为每天的 K 线都值得研究，然而，事实并非如此。只有那些在关键时刻发挥作用的关键 K 线才应成为我们关注的焦点。

那么，什么是关键 K 线呢？简而言之，它们是指那些在关键位置上起关键作用的 K 线。关键位置包括趋势末期、突破或跌破等，而关键作用主要有两类即转折和加速。

为什么关键 K 线值得研究呢？因为大型资金在市场上的流动多数情况下都是很隐蔽的，但它们会在关键 K 线上留下痕迹，换言之，单纯依靠散户的力量，是做不出这样的 K 线的。这些关键 K 线在盘面上非常明显，像是机构资金在市场中行动的信号灯，表明他们的迹象和意愿。

为了深刻理解 K 线的意义，我们必须将其置于更大的系统中考量。我个人将关键 K 线归纳为三类：大实体线、上下影线和包线。

1. 大实体线

大实体线指的是几乎没有影线，其幅度超过 5% 的大阴线或大阳线。这种 K 线表达了极度坚决的意味，不管是上涨还是下跌。其中，比较特殊的情况是缺口，虽然也是大实体线，但是它表达了一种更加强烈的信号，意味着在这一段价格区间内直接没有成交，一下子跳到了更高或更低的位置，表明机构不计成本地买入或卖出，缺口之前横盘时间越久，缺口的威力越惊人。比如 2019 年 8 月的漫步者，个股在 8 月 9 日出现了一根跳空上涨的大阳线，涨幅为 11.74%，调整之后，在 8 月 14 日，又出现了一根大阳线，涨幅为 11.58%，这几天都是连续放量的，8 月 15 日还出现了阶段最大量，这一系列的大实体线为后续四个月的五倍涨幅奠定了基础，如图 9-14 所示。

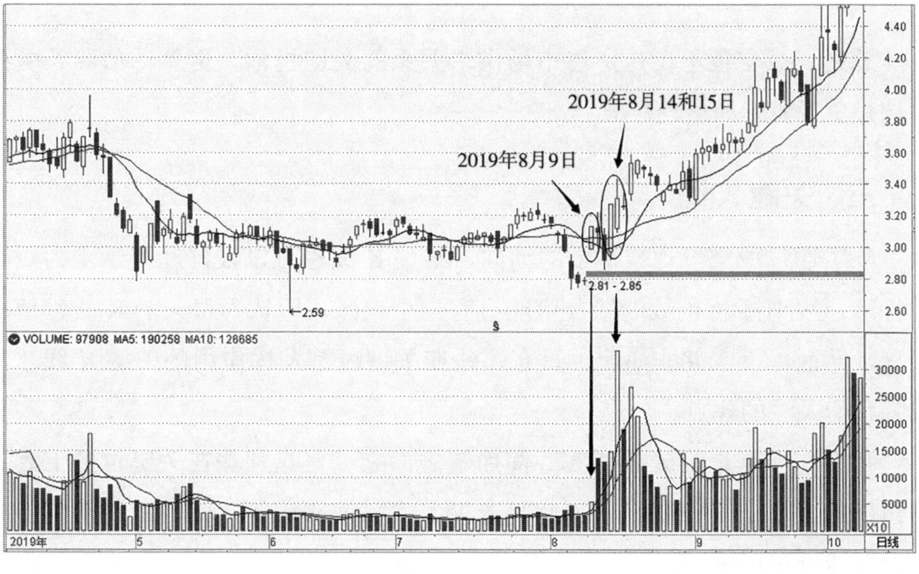

图 9-14　002351 漫步者 2019 年 1 月至 10 月走势日线图

缺口可分为四种类型：普通缺口、突破缺口、中继缺口和衰竭缺口。其中，两种缺口在实战中尤为关键：一是突破前期高点的跳空缺口——突破缺口；二是洗盘后的跳空缺口——中继缺口。

缺口在日线上比较常见，但是在周线上出现的频率比较低，所以，周线上一旦出现缺口，它的作用更是非同小可。

2. 上下影线

我们先仔细分析一下上下影线分别代表着什么。下影线如果出现在低位，意味着股价先跌后涨，告诉我们资金已经开始行动了。而上影线如果出现在高位，意味着先上涨，之后开始洗盘，有诱多出逃的可能。至于十字线，它的含义和上下影线的情况差不多。

比如，2021 年 7 月，雅克科技从 5 月再次启动，已经上涨了两个月，市场开始剧烈波动，到了 7 月 27 日出现了长上影线，之后虽然创新高，但是之前的长影线表达了强弩之末的意味，如图 9-15 所示。

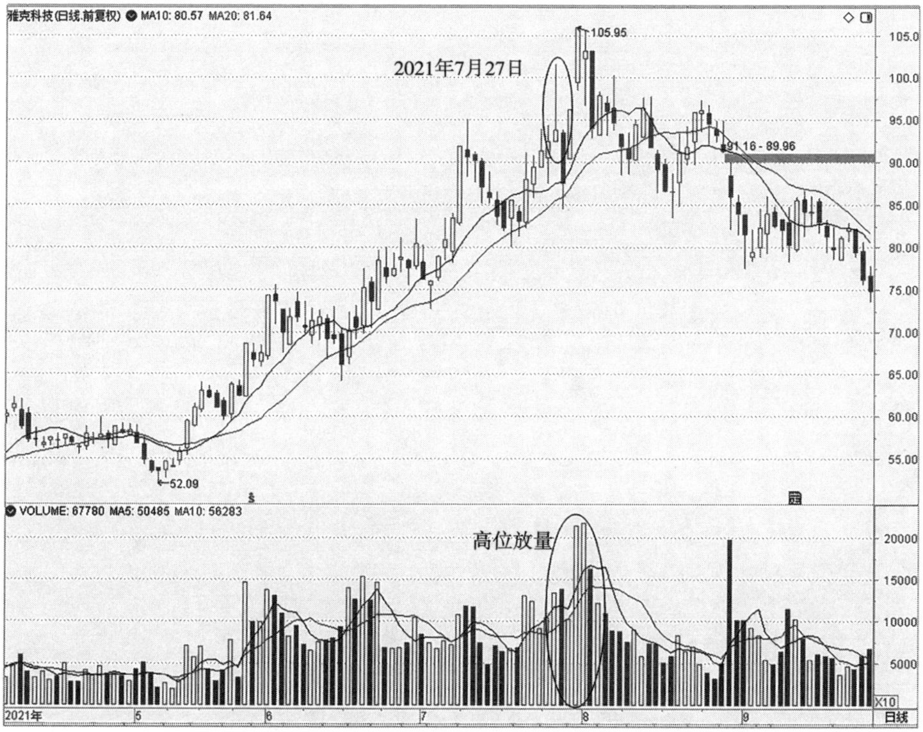

图 9-15　002409 雅克科技 2021 年 4 月至 12 月走势日线图

在大多数情况下，并非只有一根长影线，而是多根类似的长影线组合来表明对应含义。

177

3. 包线

当一根 K 线的实体完全覆盖前一根 K 线的实体和上影线，便形成了包线。包线包括阴包阳（阴线全包前面的阳线）和阳包阴（阳线全包前面的阴线）两种。这类图形一般出现在趋势的初期阶段。

我们分析 K 线时，不能单凭一根 K 线作出判断，而是要通过连续的 K 线形态、位置和成交量来综合判断，符合的条件越多，可靠性越大。

这些关键 K 线的信息，一般可以当作迹象而非确定的买入卖出信号，通过识别这种迹象，我们可以预测市场是否即将发生变盘。

第十章

净 利 润

第一节　根本驱动力

我们首先思考一个简单的问题："股价为什么会上涨？"在上一章中我们得出结论：是因为有资金买入。那么，接下来的问题便是："这些资金为什么要买入？"有人说是因为业绩，也有人说是因为情绪，实际上这两个因素都是对的，只不过每个因素产生的时间和影响的状况不一样罢了。但是如果我们深入分析，最为核心和根本的驱动力肯定是业绩。

一、十倍股是怎么诞生的

十倍股的概念是彼得·林奇提出的，指的是价格可以在一定的时间内上涨超过 10 倍的股票。实际上，十倍股并不罕见，比如老板电器、阳光电源、苏宁电器等，这些都是名副其实的十倍股，那它们是怎么诞生的呢？下面我们将进行分析，以帮助大家理解十倍股的形成和识别方法。

1. 老板电器

老板电器是一家专注于家用厨具的公司，随着中国房地产行业的发展，2013 年初，该股进入了一个新的阶段。当时的股价为 30 元（后复权价格，以下皆同），到了 2018 年初，股价最高涨至 319 元，涨幅达到了 10 倍。

与股价同步上涨的还有净利润。2013 年，老板电器的净利润只有 3.86 亿元，而到了 2017 年，这个数字增长到了 14.61 亿元，如图 10-1 所示。

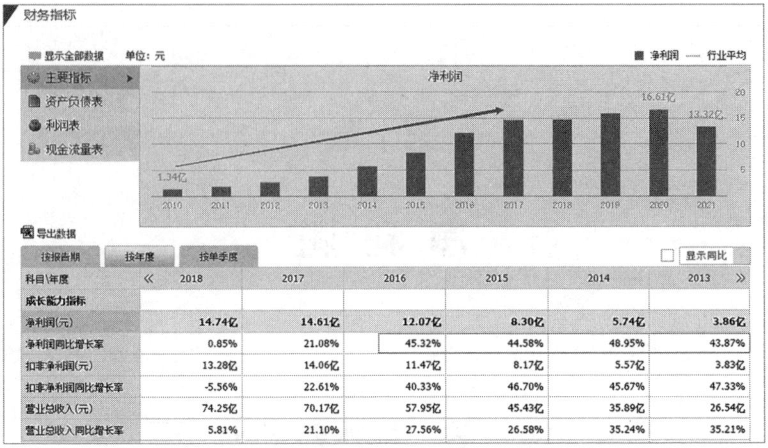

科目\年度	2018	2017	2016	2015	2014	2013
成长能力指标						
净利润(元)	14.74亿	14.61亿	12.07亿	8.30亿	5.74亿	3.86亿
净利润同比增长率	0.85%	21.08%	45.32%	44.58%	48.95%	43.87%
扣非净利润(元)	13.28亿	14.06亿	11.47亿	8.17亿	5.57亿	3.83亿
扣非净利润同比增长率	-5.56%	22.61%	40.33%	46.70%	45.67%	47.33%
营业总收入(元)	74.25亿	70.17亿	57.95亿	45.43亿	35.89亿	26.54亿
营业总收入同比增长率	5.81%	21.10%	27.56%	26.58%	35.24%	35.21%

图 10-1　002508 老板电器 2013 年至 2018 年财务报表

2. 阳光电源

与老板电器的稳扎稳打不同，阳光电源是典型的短期爆发。2020 年 6 月，阳光电源进入了一个新的阶段，股价为 79.45 元，仅仅一年后，该股股价最高已经飙升到 1 090 元，涨幅约为 13 倍。

在此期间，我们也能发现阳光电源净利润的秘密。如图 10-2 所示，2019 年，该股净利润只有 8.93 亿元，到了 2020 年业绩大增，净利润增长到 19.54 亿元，实现了直接翻倍，这一显著的增长，再加上催化剂的作用，促使该股选择了短线爆发的路径。

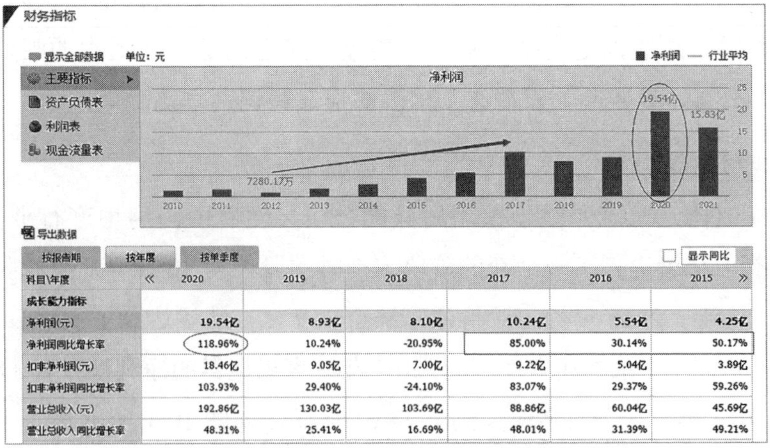

科目\年度	2020	2019	2018	2017	2016	2015
成长能力指标						
净利润(元)	19.54亿	8.93亿	8.10亿	10.24亿	5.54亿	4.25亿
净利润同比增长率	118.96%	10.24%	-20.95%	85.00%	30.14%	50.17%
扣非净利润(元)	18.46亿	9.05亿	7.00亿	9.22亿	5.04亿	3.89亿
扣非净利润同比增长率	103.93%	29.40%	-24.10%	83.07%	29.37%	59.26%
营业总收入(元)	192.86亿	130.03亿	103.69亿	88.86亿	60.04亿	45.69亿
营业总收入同比增长率	48.31%	25.41%	16.69%	48.01%	31.39%	49.21%

图 10-2　300274 阳光电源 2015 年至 2020 年财务报表

3. 苏宁易购

苏宁易购在 2006 年初进入了一个新阶段，股价为 840 元，而到了 2007 年 8 月，股价已经上涨至最高价 1 278 元。

无独有偶，苏宁易购 2004 年的净利润为 1.81 亿元，而 2008 年的净利润为 21.70 亿元，如图 10-3 所示。在股市中，我们应特别关注"净利润"的变化。

科目\年度	2009	2008	2007	2006	2005	2004
成长能力指标						
净利润(元)	28.90亿	21.70亿	14.65亿	7.58亿	3.51亿	1.81亿
净利润同比增长率	33.17%	48.09%	93.42%	116.08%	93.50%	83.22%
扣非净利润(元)	28.53亿	21.80亿	14.66亿	7.20亿	3.53亿	1.84亿
扣非净利润同比增长率	30.86%	48.69%	103.57%	103.80%	92.28%	82.07%
营业总收入(元)	583.00亿	498.97亿	401.52亿	261.61亿	159.36亿	91.07亿
营业总收入同比增长率	16.84%	24.27%	53.48%	64.16%	74.99%	50.94%

图 10-3　002024 苏宁 2004 年至 2009 年财务报表

为什么净利润这么重要？这当然要归功于成长股最大的赚钱逻辑之一——戴维斯双击效应。这一效应意味着，当一家公司利润持续增长使每股收益提高时，市场给予的估值也提高，股价得到了相乘倍数的上涨；相反，当一家公司业绩下滑时，每股收益减少，市场给予的估值也下降，股价得到相乘倍数的下跌，这被称为戴维斯双杀。

戴维斯效应公式可以表示为：股价（P）＝每股收益（EPS）×市盈率（PE）。比如，A 公司 2017 年股价为 20 元，每股收益为 2 元，市盈率为 10 PE，假设该公司每年净利润增长为 10%，那么三年后每股收益（EPS）＝ $2×（1+0.1）^3$ ＝2.66 元，在市盈率不变的情况下三年后公司的股价（P）＝ 2.66×10＝26.6 元（这只是单击），然而由于该公司业绩持续增长，使人们对公司的未来产生更乐观的预期，于是给它更高的估值，比如其他条件不变，市盈率为 15 PE，这时候用公式计算得出三年之后的股价为股价（P）＝ 2.66×15＝39.9 元（形成戴维斯双击）。

在上述案例当中，老板电器、阳光电源和苏宁易购的涨幅都远远大于同期净利润涨幅，这正是因为市盈率估值提高带来的情绪溢价。

当然，没有一家上市公司可以永远超过市场预期并保持高速增长。一旦增速放缓，接下来可能会面临戴维斯双杀。

虽然基本面的情况不好预期，但我们最先观察到的一定是价格。如果一只股票价格遭受重创，大多数情况下是公司或行业的基本面出现了问题，这通常只是价格持续走低的开始。比如苏宁易购在2010年之后进入了电商时代，线下实体家电业务面临了巨大的挑战，导致利润逐年减少，如图10-4所示，尽管其间公司也尝试了积极转型，但最终的结果并不理想，有些时候错过一时，就是永远。

按报告期	按年度	按单季度					□ 显示同比
科目\年度 《	2016	2015	2014	2013	2012	2011 》
成长能力指标						
净利润(元)	7.04亿	8.73亿	8.67亿	3.72亿	26.76亿	48.21亿
净利润同比增长率	-19.27%	0.64%	133.19%	-86.11%	-44.49%	20.16%
扣非净利润(元)	-11.08亿	-14.65亿	-12.52亿	3.07亿	25.15亿	46.24亿
扣非净利润同比增长率	24.39%	-16.98%	-508.25%	-87.80%	-45.61%	14.75%
营业总收入(元)	1485.85亿	1355.48亿	1089.25亿	1052.92亿	983.57亿	938.89亿
营业总收入同比增长率	9.62%	24.44%	3.45%	7.05%	4.76%	24.35%

图10-4　002024苏宁2011年至2016年财务报表

不论公司规模多大、名声多响亮，一旦基本面出现恶化，特别是净利润恶化，股价下跌的幅度将难以预测。因此，在享受戴维斯双击带来的利润大幅增长时，一定要时刻提醒自己，随时警惕戴维斯双杀的可能性。

股票说到底是要反映一家公司真实的经营情况，如果公司能持续稳定盈利，股价早晚能够上涨；反之，如果公司一旦被投资者发现盈利能力出现问题，股价下跌也将是极为惨烈的。请记住这个公式：股价＝公司基本面＋情绪。其中，情绪因素会影响股价，有时公司可能有利润爆发的时候，股价很有可能已经反映了这一变化，而此时你看它的业绩，还处在困境之中，这种状况我们称为有净利润的逻辑。

二、净利润增长的三种状态

净利润增长并非一成不变，主要有以下三种状态。

1. 净利润匀速增长

这是指公司以某一个固定的净利润增长速度维持发展。一种是20%以上的匀速增长，通常发生在成长期的公司，比如2017年以前的老板电器，都是

40% 左右的速度匀速增长；另一种情况是 20% 以下的匀速增长，通常发生在成熟期的公司，比如伊利股份 2017 年至 2020 年都是以 10% 以下的速度匀速增长，如图 10-5 所示。

按报告期	按年度	按单季度					☐ 显示周比
科目\年度	2021	2020	2019	2018	2017	2016	»
成长能力指标							
净利润(元)	87.05亿	70.78亿	69.34亿	64.40亿	60.01亿	56.62亿	
净利润同比增长率	22.98%	2.08%	7.67%	7.31%	5.99%	22.24%	
扣非净利润(元)	79.44亿	66.25亿	62.68亿	58.78亿	53.28亿	45.27亿	
扣非净利润同比增长率	19.90%	5.69%	6.64%	10.32%	17.70%	12.66%	
营业总收入(元)	1105.95亿	968.86亿	902.23亿	795.53亿	680.58亿	606.09亿	
营业总收入同比增长率	14.15%	7.38%	13.41%	16.89%	12.29%	0.41%	

图 10-5　600887 伊利股份 2016 年至 2021 年财务报表

2. 净利润加速增长

如果一家公司的净利润增长速度从 10% 加快到 40%，并随后到达 100%，这就是加速增长，那么它的股价一定会表现得很好。绝大多数明星股在大涨期间都具有这个特点，这也是我们需要重点寻找的对象。

图 10-6 是沪电股份的净利润增长情况，我们可以看到 2018 年一季度净利润增长率是 42.35%，到了二季度，增长率提升至 90.87%，三季度更是达到了 136.7%，到了年报时，增速上涨到 180.29%，全年以很明显的净利润状态加速增长。而这个阶段也叫作业绩的第二阶段——类似于股价的主升浪，然而，这个过程不会持续太久，一般维持 3 至 6 个季度，但这已足够我们赚得丰厚的利润了。

按报告期	按年度	按单季度					☐ 显示周比
科目\年度	« 2018-12-31	2018-09-30	2018-06-30	2018-03-31	2017-12-31	2017-09-30	»
成长能力指标							
净利润(元)	5.70亿	3.83亿	1.97亿	7018.33万	2.04亿	1.62亿	
净利润同比增长率	180.29%	136.70%	90.87%	42.35%	55.95%	150.19%	
扣非净利润(元)	5.17亿	3.43亿	1.69亿	5835.61万	1.45亿	1.21亿	
扣非净利润同比增长率	256.61%	183.51%	115.19%	62.66%	84.29%	277.90%	
营业总收入(元)	54.97亿	38.49亿	24.64亿	11.69亿	46.27亿	33.76亿	
营业总收入同比增长率	18.81%	14.02%	14.78%	8.99%	22.07%	21.37%	

图 10-6　002463 沪电股份 2018 年全年净利润

当然，如果公司业绩能够持续不断地超越市场预期，那么股价很有可能有数轮上涨。换言之，上涨的速度和力度取决于净利润的增长可以维持多久。

以 2019 年的大牛股万集科技为例，由于 ETC 项目的集中爆发，该股从 2018 年三季度增速 -231.49% 的困境中复苏，逐渐转变为 2019 年一季度的正向增长，其后增长速度越来越快，从 59.76% 到 13152.74%，如图 10-7 所示。

按报告期	按年度	按单季度				□ 显示同比
科目\年度	《 2019-12-31	2019-09-30	2019-06-30	2019-03-31	2018-12-31	2018-09-30 》
成长能力指标						
净利润(元)	8.72亿	1.29亿	-1128.62万	-1605.16万	657.64万	-1598.45万
净利润同比增长率	13152.74%	906.14%	59.76%	1.61%	-82.65%	-231.49%
扣非净利润(元)	8.64亿	1.25亿	-1406.11万	-1603.43万	-225.85万	-2206.17万
扣非净利润同比增长率	38346.53%	665.80%	51.61%	3.86%	-106.69%	-295.39%
营业总收入(元)	33.51亿	11.29亿	3.24亿	1.17亿	6.92亿	3.99亿
营业总收入同比增长率	384.10%	183.09%	48.08%	56.02%	10.13%	9.56%

图 10-7　300552 万集科技 2018 年至 2019 年净利润

而股价在这样的业绩加持下，从 2019 年 4 月持续上涨至 2020 年 1 月，半年多时间内最高实现了 6 倍的涨幅。

3. 净利润减速增长

公司可能在好的时期增速能达到 50% 或 60%，甚至更高，但之后会下降到 20%，虽然与只有 10% 增速的公司相比 20% 的增速仍然表现不俗，但是这一下降其实已经暗示了公司经营情况出现了明显的恶化。

老板电器就是一个典型的净利润减速增长案例。在 2017 年以前，它的净利润都是以 40% 左右的速度增长，但是到了 2017 年年报的时候，增长率下降到了 20%，股价也随之下跌 65%。

我们的目标是揭开明星股背后的真相，找到那些上涨速度远超其他股票的公司。这些股票价格走强的原因在于背后强大的动力——增长的净利润和营业总收入，它们的财报总是能超越市场的预期，从而推高股价。

三、股价的提前反应

股票不在乎过去，它关注的是未来。不管是上涨还是下跌，股价的变化速度有时会比业绩更快。怎么理解呢？比如，市场有消息称某家公司会得到一笔非常大的订单，这虽然尚未成为事实，但是在预期这个消息的过程中，股价可能已经提前上涨了。而一旦交易达成，官方宣布签署合同，股价反而会下跌；再比如国家会颁布利空某一个行业的政策，但是伴随着官方的确认，股价却上涨了，因为之前的下跌已经反映了这一预期。这意味着股价经常因为预期的好坏而提前波动，在好的消息确认前连续上涨，消息确认后下跌；在坏的消息确认前连续下跌，消息确认后上涨。

如图 10-8 所示，2020 年 1 月 14 日，万集科技发布 2019 年年度业绩预告，预计全年业绩增长，但股价却在当天高开低走，最终跌停，成交量也创新高。究其原因，是因为万集科技赢得了 ETC 项目，这种盈利不可持续，属于一次性的。由于股价在 2019 年已经大幅上涨，利好消息的出现反而成为股价崩溃的最后一根稻草。如果股价已经提前反映了利好消息，那么利润真正实现时，反而应该考虑卖出的时机。

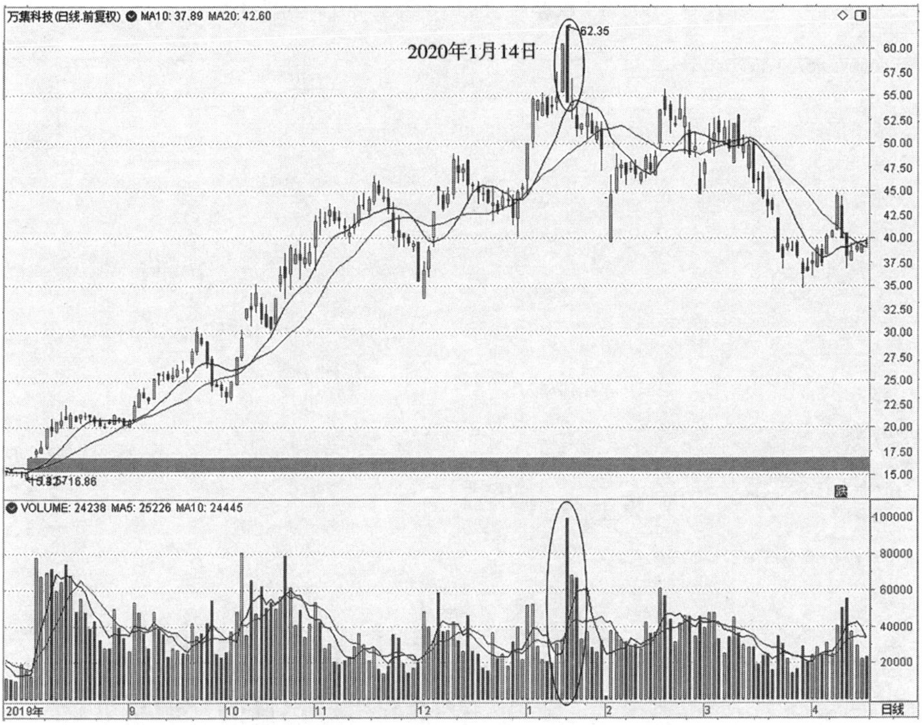

图 10-8　300552 万集科技 2019 年走势日线图

还有一种情况是周期类的个股。周期行业一般会经历复苏、繁荣、衰退和萧条四个阶段，其特点是当最没效率的企业都暴赚的时候，行业开始见顶，当效率最高的龙头企业都开始亏钱的时候，整个行业开始见底。因此，当股价开始上涨的时候，周期类个股的业绩一般是非常差的。比如2019年初的猪肉行情，第一阶段为产能兑现，猪肉价格虽然还在低位，但是产能开始回升，典型的例子是2019年2月，牧原股份的净利润还处于亏损的状态，如图10-9所示，但是股价已经开启了第二阶段的上涨，如图10-10所示。

按报告期 | 按年度 | 按单季度 | 显示同比

科目\年度	2020-03-31	2019-12-31	2019-09-30	2019-06-30	2019-03-31	2018-12-31
成长能力指标						
净利润(元)	41.31亿	61.14亿	13.87亿	-1.56亿	-5.41亿	5.20亿
净利润同比增长率	863.75%	1075.37%	296.04%	-97.95%	-497.64%	-78.01%
扣非净利润(元)	41.89亿	59.38亿	13.49亿	-2.02亿	-5.60亿	4.62亿
扣非净利润同比增长率	848.32%	1186.55%	324.17%	-98.32%	-501.73%	-80.53%
营业总收入(元)	80.70亿	202.21亿	117.33亿	71.60亿	30.48亿	133.88亿
营业总收入同比增长率	164.75%	51.04%	27.79%	29.87%	10.62%	33.32%

图10-9　002714牧原股份2018年至2019年度财务报表

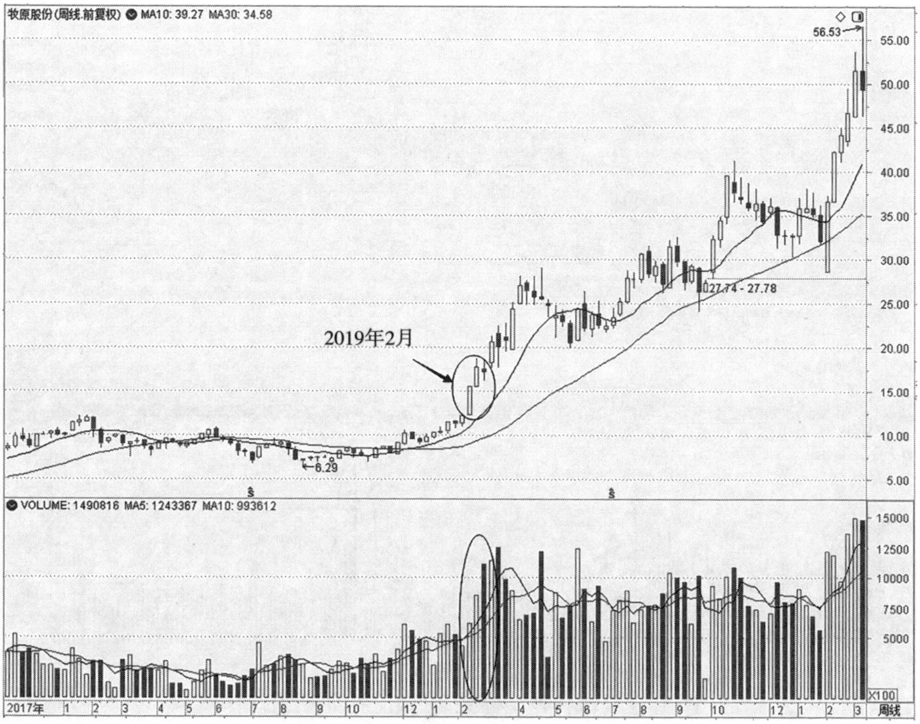

图10-10　002714牧原股份2018年至2019年走势周线图

第二阶段为价格兑现期，此时猪肉价格开始出现反转，股价已经开始上涨；第三阶段为业绩兑现期，随着猪肉价格的持续回升，产能释放，猪企盈利从大增到暴增，股价也基本上接近尾声。2021年1月26日，牧原股份公布了2020年年报预告，随后在2月股价达到了历史高点，之后一路回调。

再来看2019年末的半导体行情。当半导体股价上涨的时候，业绩大多还是亏损的状态，以晶瑞电材和通富微电为例，从2019年第一季度报告到2020年第一季度报告，它们的业绩增速都是负数，而个股早已开启了第二阶段的上涨，如图10-11和图10-12所示，此时的上涨我们叫作有净利润的逻辑。

按报告期	按年度	按单季度				显示同比
科目\年度	《 2020-03-31	2019-12-31	2019-09-30	2019-06-30	2019-03-31	2018-12-31 》
成长能力指标						
净利润(元)	425.55万	3131.59万	2080.15万	1443.87万	578.77万	5021.81万
净利润同比增长率	-26.47%	-37.64%	-47.24%	-39.62%	-37.67%	38.81%
扣非净利润(元)	72.99万	2251.62万	1390.69万	938.64万	300.96万	4014.99万
扣非净利润同比增长率	-75.75%	-43.92%	-57.77%	-49.49%	-52.27%	25.26%
营业总收入(元)	1.71亿	7.56亿	5.70亿	3.75亿	1.93亿	8.11亿
营业总收入同比增长率	-11.13%	-6.80%	-3.61%	2.24%	19.01%	51.69%

图 10-11 300655 晶瑞电材 2018 年至 2019 年度财务报表

按报告期	按年度	按单季度				显示同比
科目\年度	《 2020-03-31	2019-12-31	2019-09-30	2019-06-30	2019-03-31	2018-12-31 》
成长能力指标						
净利润(元)	-1172.83万	1914.14万	-2733.04万	-7764.05万	-5322.73万	1.27亿
净利润同比增长率	77.97%	-84.92%	-116.98%	-176.72%	-245.32%	3.94%
扣非净利润(元)	-3380.82万	-1.30亿	-1.17亿	-1.44亿	-9284.44万	4251.31万
扣非净利润同比增长率	63.59%	-406.74%	-198.41%	-309.39%	-632.09%	1208.82%
营业总收入(元)	21.66亿	82.67亿	60.55亿	35.87亿	16.54亿	72.23亿
营业总收入同比增长率	31.01%	14.45%	10.48%	3.13%	0.80%	10.79%

图 10-12 002156 通富微电 2018 年至 2019 年度财务报表

除了上涨会提前反应之外，下跌同样也会提前反应。虽然净利润还在同比增长，但是之前的涨幅已经透支了当下的好业绩，股价开始下跌。

比如，2019年12月17日，沪电股份发布年报预告，由于公司经营情况良好，营业收入比上年同期有所增长，产品结构、运营效率等也得到进一步优化，毛利率较上年同期亦有所提升，2019年1月至12月盈利11.5亿元至12.5亿元，同比增长101.6%至119.13%。尽管报告一出，但股价并没有反应，如果我们放大视野会发现当前的沪电股份已经处在第三阶段了，之前股价的4

倍涨幅已经透支了这次的业绩增长，即使该公司 5G 基站迎来建设高峰，业绩维持高增长，但是股价已经提前于业绩见顶了。

第二节　有质量的净利润

十倍大牛股的核心驱动力在于净利润，尤其是一家公司能够持续不断地实现利润增长。然而，如果你认为只要净利润增长，甚至大幅增长，股价就能同步上涨，那就过于天真了。因为净利润和净利润是不同的，有的扎实，有的虚胖。净利润并非都那么真实，因为存在多种方式可以增厚净利润，所以我才会强调：在分析一家上市公司的净利润时，重要的是判断其净利润是否是有质量的净利润。

核心观点是，净利润的提升只能通过三种动力来实现：卖更多、提高价格和削减成本。

如果你拿到一份财务报表，看到了强劲的净利润，首先要确定，是由于哪个原因或是哪几个原因造成了这种情况；是一次性影响还是持续性影响，最扎实的净利润还是销售收入的增长所带来的真金白银，而其他各种形式的，不管是变卖资产获得利润还是裁员缩减支出，抑或是有国家的各类补贴，都属于一次性的影响，都需要大打折扣。

那么，在投资中如何识别有质量的净利润呢？可以通过四大指标来透视净利润的迷雾。

一、营业总收入及增速

除了加速增长的净利润外，我们最希望看到每个季度的收入也在加速增长，也就意味着公司卖出的产品和服务越来越多。对于很多快速增长的公司，这一点并不难做到。只要不是一次性收入（像是促销什么的），而是扩大市场份额所带来的净利润增长，那么几乎在短期内没有什么天花板。

比如弘元绿能从 2020 年第一季度到 2022 年第二季度，连续十个季度营业总收入实现超过 200% 的增长，如图 10-13 所示。

弘元绿能营业总收入					
2020/3/31	4.36 亿	261.59%	2021/6/30	35.87 亿	231.08%
2020/6/30	10.84 亿	269.78%	2021/9/30	75.86 亿	289.71%
2020/9/30	19.47 亿	317.44%	2021/12/31	109.15 亿	262.51%
2020/12/31	30.11 亿	273.48%	2022/3/31	56.74 亿	252.62%
2021/3/31	16.09 亿	268.69%	2022/6/30	114.56 亿	219.35%

图 10-13　603185 弘元绿能 2021 年至 2020 年营业总收入

二、扣非净利润及增速

在大多数情况下，经营性收入和非经营性收入的区别非常明显。假设 ABC 公司公布了 3 元的净利润，而相较于去年的 2.4 元看起来很不错。但如果你仔细阅读财务报表会发现，公司最近出售了一些非战略性资产，这笔"非经营性收入"使每股净利润增加了 0.84 元。如果剔除了这部分的影响，调整后的每股净利润实际上为 2.17 元，较去年同期下跌了。我们希望的净利润应该来自公司的核心业务，而不是这种一次性的收入。那么，如何才能了解公司核心业务的表现呢？其实只需要关注扣非净利润，即去除非经常性损益的净利润。

尽管现行的利润表没有单独列出"非经常性损益"这个项目，上市公司仍需在年度报告中披露这一项目。

当我们从利润中去除这些非经常性损益，所得到的数值更能反映公司的实际业绩。然而，这里的"真实"只是相对的，因为有些投资收益仍被视为营业内收入，对于普通人而言，整张财报太复杂了，我们没有足够的能力和精力去逐一计算且没有必要。在我们的系统里面，扣非净利润及增速已经足够用了。使用方法和净利润的分析差不多。一是看具体数值，二是看增长速度。

最为理想的情况肯定是扣非净利润增速逐年上升。比如，沪电股份几个季度的扣非净利润增速就从 62.66% → 115.19% → 183.51% → 256.61%，如图 10-14 所示。

按报告期	按年度	按单季度					□ 显示同比
科目\年度	« 2019-03-31	2018-12-31	2018-09-30	2018-06-30	2018-03-31	2017-12-31 »	
成长能力指标							
净利润(元)	1.62亿	5.70亿	3.83亿	1.97亿	7018.33万	2.04亿	
净利润同比增长率	131.47%	180.29%	136.70%	90.87%	42.35%	55.95%	
扣非净利润(元)	1.49亿	5.17亿	3.43亿	1.69亿	5835.61万	1.45亿	
扣非净利润同比增长率	155.76%	256.61%	183.51%	115.19%	62.66%	84.29%	
营业总收入(元)	13.63亿	54.97亿	38.49亿	24.64亿	11.69亿	46.27亿	
营业总收入同比增长率	16.61%	18.81%	14.02%	14.78%	8.99%	22.07%	

图 10-14　002463 沪电股份 2017 年至 2019 年财务报表

三、毛利率

第三个关键指标是毛利率。可能很多人没有想到会是这个指标，但事实上，这个指标作用相当强大。

首先，毛利率显示的是公司在整个产业链中的生存状态。当然，这一指标的横向对比更有意义，因此，毛利率无疑是选股时的一个重要考量因素。在可选的情况下，我倾向于选择毛利率较高的行业，因为这意味着企业更容易获利。

其次，一家公司毛利率高一般代表议价能力更强，"掌控力"更好。当毛利率上升的时候，我们可以认为公司在市场中的"掌控力"逐年上涨。以苏宁易购为例，2005 年至 2008 年，随着毛利率逐年上涨，对应的公司发展和股价也是一路上扬。2009 年至 2012 年，公司毛利率能够维持高位，也就意味着在整个市场中很有竞争力，而到了 2013 年和 2014 年经营方面已经承压了，如图 10-15 所示。

苏宁易购毛利率变化					
2005/12/31	9.68%	2009/12/31	17.35%	2013/12/31	15.21%
2006/12/31	14.88%	2010/12/31	17.83%	2014/12/31	15.28%
2007/12/31	14.46%	2011/12/31	18.94%	2015/12/31	14.44%
2008/12/31	17.16%	2012/12/31	17.76%	2016/12/31	14.36%
逐年上升		维持不变		逐年降低	

图 10-15　002024 苏宁电器 2005 年至 2016 年毛利率变化

最后，毛利率和产品价格的综合对比能揭示出公司是否在主动提价。近年来，提价概念备受瞩目，贵州茅台、涪陵榨菜、东阿阿胶产品价格一涨再涨时，股价也是随之攀升。然而，主动提价和被动提价之间存在显著差异。如果产品价格提升，同时毛利率也在提升，那么意味着公司产品的竞争力增强了，我有理由卖得更贵，反正有人会买。而如果产品价格在提升，毛利率保持不变或下跌，就证明只是在被动传导上游的价格变化，自身的盈利空间已经被压缩。因此，你不要一看到涨价就兴奋，还要看看到底是什么原因导致的。

四、经营性现金流

上市对于公司而言绝对是一个重大的机遇，先不管企业产品本身的竞争力如何，起码之前制约发展的资金问题可以比较轻松地解决了。公司有了钱就可以在现有基础上加大投资，投资者对于增厚公司业绩就有一个比较积极的预期。再加上刚刚上市的企业大多都属于新兴行业，属于未来的发展方向。

只要公司上市的时候没有经过非常离谱的爆炒，涨幅远远超过业绩增长的预期，那么大概率还是有前途的。

不过想在众多上市企业中筛选出真正具备长期增长潜力的公司，需要关注一个关键指标：经营性现金流。

公司上市之初的发展往往依赖于外债，之后大幅扩张，不管是卖出股份融资，还是依靠自身的品牌借钱融资，总的状态都是高杠杆、高负债，有了钱之后投入生产，最好的结果是能赚到更多的钱，可以不再依赖大量的融资和高负债来维持企业的高速增长，从而实现自体循环。这种由内生性增长驱动的净利润就是质量最高的，相反，一直要靠不断融资才能维持运转的公司，后面的风险会越来越大。

对于这两类公司，投资者都可以在初期参与，但应有清醒的认知。

散户之所以亏损大概率是在大幅上涨的后期，买到了净利润质量较差的公司。因为如果净利润比较好，即使是短期被套，长期业绩积累还是能推动股价创新高的；但如果公司本身赚不到钱，只是靠着上市公司的身份东拼西凑，一旦遇到宏观环境变化，爆雷几乎是百分之百的事情。

经营性现金流有几个指标：一是经营性现金流净额，即一个会计周期中，经营现金流入减去经营现金流出剩下的部分，数值为正且越大越好。二是每股经营现金流，用经营性现金流净额除以股份总数。这个指标在个股之间可以比较。三是盈余现金保障倍数，是用经营现金净流量除以净利润，这个数值大于1最好。

比如，广誉远2014年至2018年的净利润都是正的，如图10-16所示。

按报告期	按年度	按单季度				显示同比
科目\年度	« 2018	2017	2016	2015	2014	2013 »
成长能力指标						
净利润(元)	3.74亿	2.37亿	1.23亿	203.03万	3664.64万	-1956.40万
净利润同比增长率	57.98%	92.82%	5948.84%	-94.46%	287.32%	-105.50%
扣非净利润(元)	3.76亿	2.08亿	1.10亿	-524.45万	-2428.96万	-6651.04万
扣非净利润同比增长率	81.43%	89.43%	2188.66%	78.41%	63.48%	58.69%
营业总收入(元)	16.19亿	11.69亿	9.37亿	4.28亿	3.54亿	2.68亿
营业总收入同比增长率	38.51%	24.73%	118.70%	20.97%	32.09%	2.86%

图 10-16　600771 广誉远 2013 年至 2018 年财务报表

而它的经营现金流净额却一直是负的，2018年更是达到了-2.9亿元，与净利润3.74亿元严重不匹配，这意味着公司收入没有带来相应的现金流入，反而都变成了应收账款，如图10-17所示。

报表全部指标(元)	« 2018	2017	2016	2015	2014 »
一、经营活动产生的现金流量(元)					
销售商品、提供劳务收到的现金(元)	7.54亿	6.53亿	4.34亿	3.72亿	2.79亿
收到的税费与返还(元)	28.01万	--	8.01万	--	--
收到其他与经营活动有关的现金(元)	1.32亿	1.43亿	1.58亿	1.16亿	1.02亿
经营活动现金流入小计(元)	8.86亿	7.96亿	5.92亿	4.88亿	3.81亿
购买商品、接受劳务支付的现金(元)	1.44亿	1.29亿	1.01亿	7472.48万	5522.88万
支付给职工以及为职工支付的现金(元)	1.92亿	1.25亿	9926.38万	7040.49万	5773.10万
支付的各项税费(元)	2.42亿	1.82亿	1.65亿	6935.64万	4790.15万
支付其他与经营活动有关的现金(元)	6.06亿	5.45亿	4.39亿	3.34亿	2.65亿
经营活动现金流出小计(元)	11.84亿	9.80亿	8.03亿	5.48亿	4.26亿
经营活动产生的现金流量净额(元)	-2.98亿	-1.84亿	-2.12亿	-6000.76万	-4509.73万

图 10-17　600771 广誉远 2014 年至 2018 年现金流量表

综上所述，我们分析了可以进一步判断净利润质量的四个指标，在此基础上，结合其他要素的共振，我们大概率能选到一只优质的潜力股。

作为散户投资者，一定要善于利用别人的成果，比如这个市场上有大量的研究报告，这些研究报告花费了研究人员大量的资源，而且大多是公司经营层面的，这些正好是我们的短板。如果能够合理利用，能缩小我们的选股范围。当然，并不是所有报告提到的公司都是可以投资的，尽量不要相信报告中关于未来定价的预测。这是根据业绩预测加上市盈率预测推算出来的，作用不大。

第三节　净利润惊喜

如果你几乎不读财报或研报，更不会去上市公司调研，那么，我教给你一个看公司基本面的方法：看公司公告的业绩是不是超越了分析师的一致预期，也就是净利润惊喜。比如，对于某一个季度的净利润，分析师的一致预期是增长 30%，而最终公司公布的数据是 50%，那么，这 20% 就是净利润惊喜；反之，如果最终公布的数据是 15% 则是惊吓了。净利润惊喜当然是越大越好，但是我们也有两个需要注意的要点：

一是真实性。不是所有的惊喜都是真的惊喜。因为人们喜欢超预期，所以有些上市公司的管理层会刻意引导分析师们的预期。比如他们可能会提前发布一些利润不及预期的警告，让分析师们调低盈利预测，之后再发布一个明显高于预期的净利润，人为创造了一个净利润惊喜。但这只是一个障眼法，公司本身可能并没有大家想象中的那么好。

二是有效性。公司公布的每股净利润为 1.23 元，而分析师的预测值为 1.2 元，这 0.03 元的差异也算惊喜，但可能并没有什么用。我们想要看到更为扎实的超预期和看到公司打败预期的逻辑，更重要的是想要看到市场对于这个惊喜的积极反应。不管财报上的数据有多好，你都需要看市场是不是认同。你不能让自己的希望代替真实的市场反应。

观察股票从报告公布日开始及随后几天的走势，如果这个惊喜是真实的，一定会有大量投资者抢筹，股价反应剧烈，反之，如果股价只快速上升了一点，就因为大量的抛盘跌了 15%，这肯定表明某些地方出了问题。

所以，我一般会从以下三个方面来评价某次净利润惊喜。

1. 反应

报告公布的时候，股价是上涨还是下跌。有时，净利润确实超过了分析师的预期，但是这个水平已经被公众预料到了，对投资者并非惊喜，当惊喜变成了失望，股价有可能下跌。最好的情况是出现净利润断层。什么意思呢？也就是净利润惊喜造成的股价缺口，比如开立医疗 2022 年 7 月 7 日晚间发布中报业绩预告，由于公司超声业务收入稳健增长，内镜设备业务收入保持较高增速，因此，中报净利润增长幅度为 46.72% ～ 83.40%。第二天个股高开，全天放量，之后横盘整理，在大盘下跌期间表现抗跌，最终在 9 月 28 日实现突破，如图 10-18 所示。

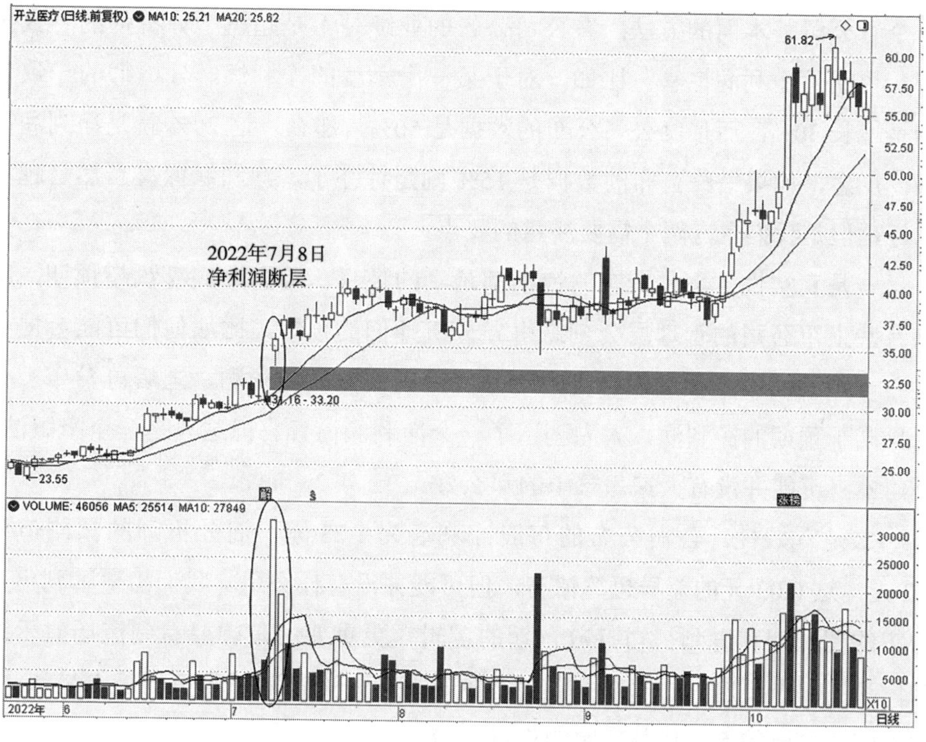

图 10-18　300633 开立医疗 2022 年 5 月至 10 月走势日线图

2. 力度

观察股价上涨或下跌的势头是否持续是关键。

超预期可以推动股价上涨到什么程度？一个惊喜能推动股价上涨 10% 与

上涨 30% 是完全不一样的。

一个有效的超预期除了可以引发第一波上涨之外，还可能会持续一段时间。即使我们没有在公司报告惊喜后的第一时间买入也不用着急——对于重大利好消息或净利润惊喜，股价在马上作出反应之后，仍会有较长的调整期。

为什么会出现这种情况呢？原因有以下三种。

第一，每一位投资者不可能同时对一件事情作出反应。第二，可供交易的股票数量也是有限的，尤其是对于突发的正向惊喜，大型的买家必须逐渐买入才能避免将股价拉升得过快。第三，如果真的是公司经营情况的改善，不会在短期内结束，可能连续几个季度出现更加剧烈的净利润惊喜，幅度也会越来越大。这种现象叫作"蟑螂效应"。

同样如果一家公司某个季度超预期，那么，很有可能未来的几个季度仍会有惊喜。反之亦然，公司本季度令人失望的净利润经常在下个季度仍不会有改观。其中，一个有效的判断标准是：当公司公布了一个真正的惊喜后，跟踪该公司股票的分析师很可能重新审视自己的判断标准，比如客户情况、订单量水平、产能水平、商业环境等，如果发现情况好于预期，会上调预测，而发现情况更加糟糕了，会下调预测。

比如，2018 年 7 月 10 日，沪电股份出了一份半年度业绩修正公告，将净利润同比增长从 4 月公布的 7% ~ 55% 上调到 65% ~ 94%，这份公告直接导致股价出现 8.5% 的大幅上涨，重要的是，这是一根有成交倍量的阳线，且带有跳空缺口。

当然我们没有必要因为一家公司净利润没有向上修正而将其排除在候选股池之外，但对于明显向下修正的公司应提高警惕。

3. 弹性

股价遇到压力能否快速且有力地恢复。

真正的牛股并不是不会遇到压力，而是在遇到压力之后能快速恢复。有些情况下，公司宣布了利好，但受大盘不佳或业绩不及预期的影响，股票可能会遭遇抛售，然而真正的明星股票会在随后站稳脚跟，重新回到上升通道。

如图 10-19 所示，2020 年 9 月 2 日，多氟多放大量涨停，第二天继续冲高，随后遭遇卖盘打压，股价被打回至起涨点附近，但由于个股内在动力并没有消失，因此，在短暂的修正之后，很快于 16 日再次放量跳空，重回上涨趋势。

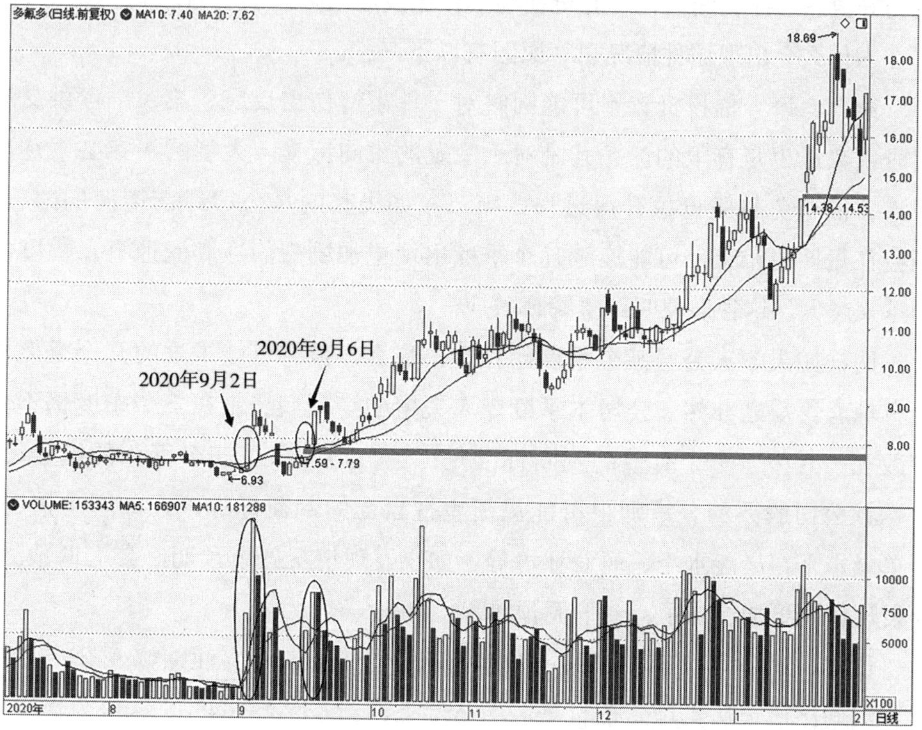

图 10-19　002407 多氟多 2022 年走势日线图

第十一章

板块效应

第一节　板块为什么重要

选择合适的板块至关重要，因为只有在未来 5 ～ 10 年内极有可能经历超级繁荣的赛道中，才有可能诞生超级繁荣的企业。

一、行业与板块

处在高速发展行业的上市公司，犹如顺水推舟一般。可能十年前并不起眼，但十年后却能腾空而起，波澜壮阔，这就是行业周期发展的机遇。行业在股市中的体现便是板块。板块常有，而板块效应不常有。在实战中，我们经常会发现行业的蓬勃发展与股价上涨并不是严格同步的。它是以脉冲的形式进行翻倍的，而某一时间的这个脉冲就是板块效应（即同一段时间具有同样属性的一系列个股的上涨）。

比如电动车行业，从 2008 年开始一直是一个朝阳行业，其中反映到盘面上孕育了两次大的机会：一次是 2015 年的锂电池板块效应，另一次是 2019 年底的特斯拉板块效应。而在其他的时间，电动车行业不温不火，如果你从 2008 年一直持有，总体收益可能不错，但是期间的几次大起大落可能会让你的持股体验变得非常糟糕。毕竟我们只是普通投资者，这种过山车体验是难以承受的。

A 股也是这样，随着个股数量越来越多，市场细分化的要求会越来越突出。资金在逐利性的驱使下会不断寻找下一个目标，以板块为特征的小市场正好可以满足它们的需求。因此，几乎每次中期行情都是以板块炒作作为主线的。强势板块的上升幅度一定是大于普通板块的，更不用说强势板块中的领头羊股，其涨幅往往是普通个股的数倍。下面列举几个案例。

图 11-1 为医疗保健板块的周线图，在这段上涨中，涌现出了泰格医药、普利药业、通策医疗、爱尔眼科等一大批医药牛股，值得注意的是，即使在2018 年 2 月受外围因素影响大盘见顶时，医疗保健板块也仅仅是一个短暂回调，随后很快创新高，如图 11-1 所示。

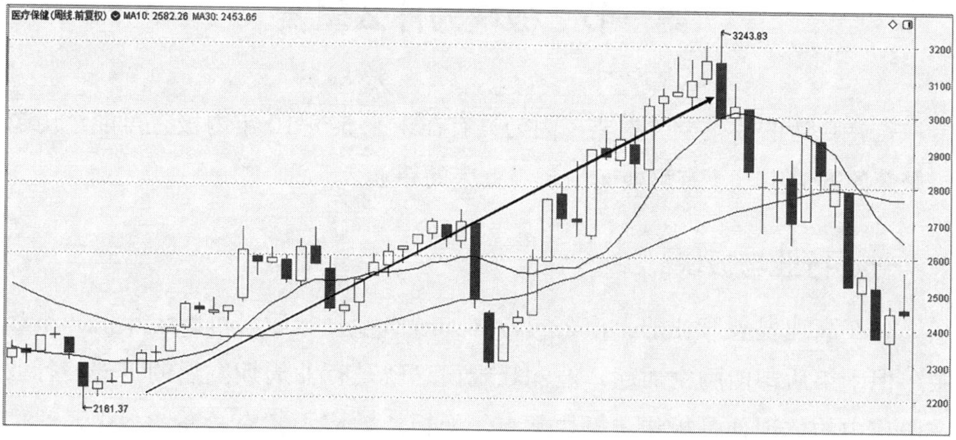

图 11-1　医疗保健 2017 年 6 月至 2018 年 12 月走势周线图

因此，这个板块也成为当年盈利最为丰厚的板块之一。

图 11-2 为 2019 年初猪肉行业指数的走势。牧原股份、温氏股份、正邦科技、新希望等公司在短短几个月内股价翻倍。在这样的板块中，如果投资者还能挑选到领涨的股票，那么想不赚钱都难。

图 11-3 展示的是 2020 年至 2021 年的市场新宠——新能源车，其中江特电机、天赐材料、德方纳米公司的股价涨得都很好。

市场想要上涨必然需要强势板块的带动，只有这样才会有人气和行情。而我们之所以要找稳定市场的主线板块，也是因为这类板块上涨持续的确定性更大。

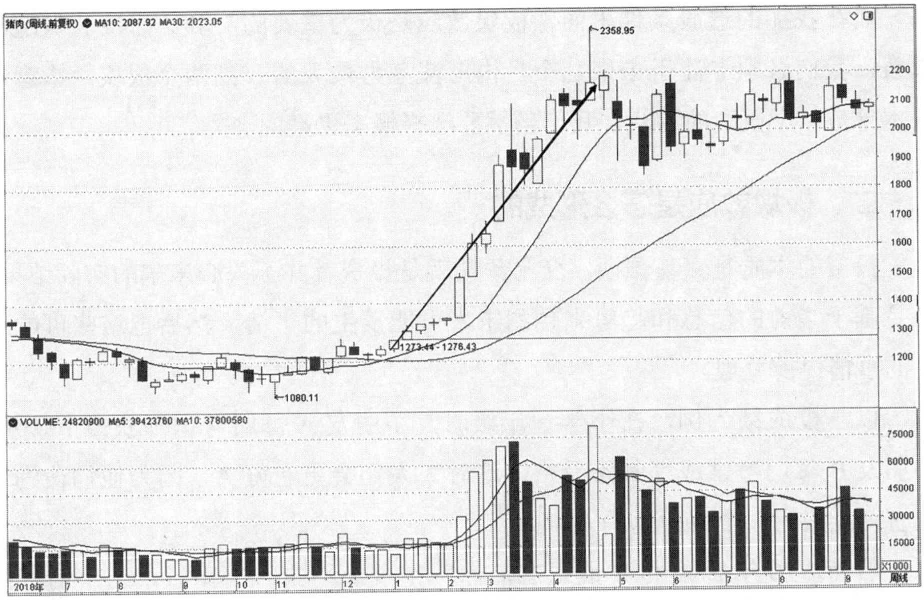

图 11-2　猪肉 2017 年 12 月至 2019 年 9 月走势周线图

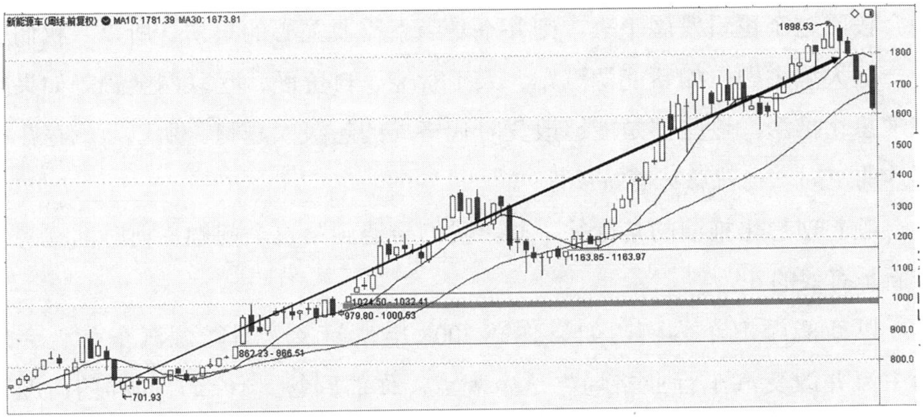

图 11-3　新能源车 2019 年 12 月至 2021 年 12 月走势周线图

我的交易系统其实很简单，明白了底层逻辑，然后在这个底层逻辑上不断加条件，增加概率优势，每加一个条件，就能筛掉一批股票，当把所有的条件都加上之后，剩下的那几只股票便是关注的重点，耐心等待买点，一旦买入后如果股票能符合预期上涨，则继续持有，如果没涨，则止损出局，然后不断重复这个过程。

而在我加的选股条件里面，板块效应是极为重要的一环。想要获得超额收益，我们必须专注于未来几个月内上涨潜力最大的一到两个板块。毕竟炒股本身是一个概率的游戏，我们当然要选择概率更高的一方。

二、板块效应是怎么形成的

投资的本质是交易预期，交易预期就是投资者并不关心未来的实际结果，而是基于当前的信息和趋势来预测未来可能发生的事情，然后把这些可能发生的事情提前兑现。

以学校成绩为例，在小学一年级时，小朋友 A 每门考试都获得 100 分，小朋友 B 每门考试成绩都不及格。这时大人们会更看好 A，因为他们认为 A 更有可能成为一个有前途的人。

然而，20 年后 A 和 B 谁更有前途？完全说不定，只不过，当下的好成绩，会给人一种未来很有发展潜力的错觉，这就是理想化推演——如果事情一直按照这样的逻辑发展下去，那么一定会发生很好的事情；至于未来是不是会按照这个逻辑发展下去，则并不是当下需要关心的事情。所以，我们去看一些大型主题，如新能源汽车、人工智能、自贸区、互联网金融等如果按照理想化推演，这些都是能够改变时代格局的超级大题材。所以，就存在被爆炒的空间，也就意味着持续性。

顺着理想化推演的角度往下想，我们会遇到第二个问题：何时的理想化推断是有效的？

以新能源汽车为例，如果你在 2008 年被问及"新能源汽车是否会成为主流并改变汽车行业格局"这个观点，你的回答是什么？同样的问题在 2015 年和 2019 年提出你的答案可能会有所不同。如在过去十几年中，尽管这个逻辑一直都是一样的。那么，为什么炒作空间就不一样呢？这涉及非常重要的一点：理想化推演的证据。如果证据少，那么势必愿意下的筹码就少。

比如，新能源汽车，在 2010 年的时候，如果要炒作，只能基于想象。为什么？因为什么影子都没看见。但是到了 2015 年就不一样了，特斯拉横空出世，出现了更多的实际证据，情况发生了变化，像赣锋锂业这样的新能源汽车相关股票真正开始受到关注是在 2015 年下半年，那可是在牛市结束之后，如图 11-4 所示。

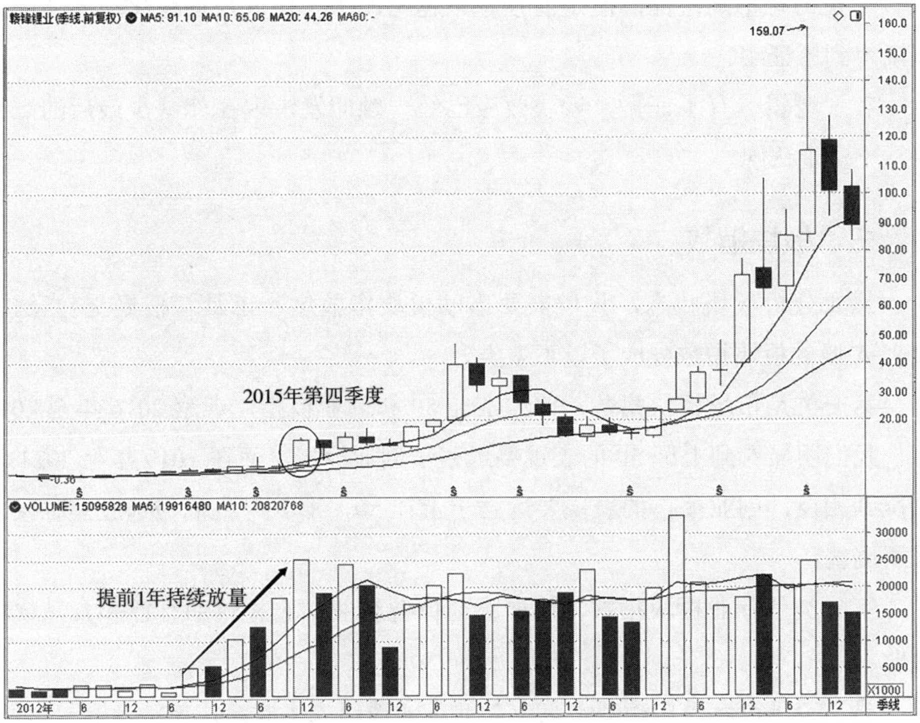

图 11-4　002460 赣锋锂业 2010 年至 2017 年走势季线图

图 11-5 为赣锋锂业 2011 年至 2016 年的财务报表，财务报表中显示其利润和营业收入都有了明显的增长。而且我们可以非常明显地看到，真正的业绩爆发（不仅体现在增速上，还体现在规模上）是从 2015 年开始，并在 2016 年进一步加速。

按报告期	按年度	按单季度					显示同比
科目\年度	《 2016	2015	2014	2013	2012	2011 》
成长能力指标						
净利润(元)	4.64亿	1.25亿	8572.74万	7412.35万	6964.47万	5428.85万
净利润同比增长率	271.03%	45.99%	15.65%	6.43%	28.29%	27.31%
扣非净利润(元)	4.74亿	1.06亿	7360.83万	6433.71万	5925.72万	4739.97万
扣非净利润同比增长率	345.24%	44.68%	14.41%	8.57%	25.02%	21.74%
营业总收入(元)	28.44亿	13.54亿	8.69亿	6.86亿	6.28亿	4.75亿
营业总收入同比增长率	110.06%	55.72%	26.70%	9.25%	32.25%	32.04%

图 11-5　002460 赣锋锂业 2011 年至 2016 年财务报表

为什么出现这种情况？因为新能源"汽车规模化"生产开始从畅想变为现实了，作为整个产业链的上游，自然首先享受到了这一变革带来的利润增长。尽管仍有不确定性，但是前景越来越明朗了，这就是理想化推演的证据逐渐得到了证实。

有了逻辑、有了证据，板块效应已经一触即发，现在就缺少最后的点火器——资金认同。

三、板块指数

想要分析板块状态，我们需要借助板块指数这一工具。根据交易经验，我把 A 股的板块指数分成了以下三类。

第一类是市场板块指数，比如上证 50 和创业板指，观察 2016 年至 2017年，我们明显看到上证 50 的表现要远强于创业板指，而在 2019 年至 2021 年情况则相反，创业板指的表现要远强于上证 50，那么，我们在选股的时候要有所侧重。

第二类是行业板块指数，比如医药保健行业、农林牧渔行业和食品饮料行业。

第三类是概念板块指数，这一类通常涌现出大牛股，比如涉及 5G、猪肉类、物联网等概念的板块。

之所以要分析板块指数，其重要性在于一个板块指数能走好，代表这个板块里的大多数股票走好了。这个行业发出了一些积极的信号，如新政策出台、经济发展的新需求等，这些因素共同导致产品需求增加，利润增加。换言之，大家的预期开始变好，然后资金进场，指数异动。研究板块指数其实和分析个股的步骤和标准是一样的，即要确认这个行业目前处在哪个阶段（参考个股四个阶段的分析），投资者最佳的买入机会是当某只股票处于第二阶段初期，同时这只股票所在的板块也处在相同的阶段。当有板块效应的时候，你会像坐在车上一样往前走。没有板块效应的时候，则是自己努力往前跑。两者的速度和长度自然不一样。

第二节　板块效应 1234

使用板块效应，最重要的是要判断板块行情是否具有持续性，如果没有持续性的板块不值得参与。

持续性分为短线行情（1 个月）、中级行情（3 ～ 6 个月）和年度行情（2 ～ 3 年），判断的主要依据包括以下几个方面。

一、一个核心

一个核心包括以下几点。

1. 是否符合当时市场的主流投资理念

这是判断行情发展的大方向。比如"半导体及缺芯"问题一直贯穿于中国股市 2019 年至 2021 年，而整体走下坡路的地产板块，就不太符合主流投资理念。另外还要分析板块容量是不是足够大，如果太小，则不利于机构资金进场，只能是小型资金的"狂欢"。

2. 是否能为上市公司带来真实的业绩增长

业绩持续增长，一方面，可以保证板块效应有多轮的上涨机会；另一方面，可以保证在股价大涨之后，市盈率仍能保持适当的水平，以便于主力成功兑利。

3. 是否会迅速带动大盘放量上涨

若市场反应积极，那么说明热点的出现正当其时，深得人心（但在熊市中，尽管热点产生在初期，对大盘的带动效应也不明显）。当然，板块和大势是相互配合的，如果大势能够起一波中线行情，那么一定是有主线板块的，否则这个行情的持续性及高度都可能受限。

能在大盘下跌期间强势横盘震荡，并提前于或与大盘同步放量启动的板块，被视为市场的领涨板块，这与在市场下跌时还在上涨甚至加速的板块有所不同，后者其实不算龙头板块，因为只有龙头板块才对引领大盘有指导意义。

4. 主要个股是否具备连续走强的技术条件

检查板块内强势股票的上方是否有明显的阻力位，其股价是否处在高位等；不具备联动效应和比价效应的板块，往往很难形成具有重要影响力的领涨板块。比如 2018 年末，猪肉板块异动，同一时间，除了大牛股牧原股份，其他的猪肉股都处于不同的状态。如图 11-6 所示，正邦科技放量进入第二阶段。

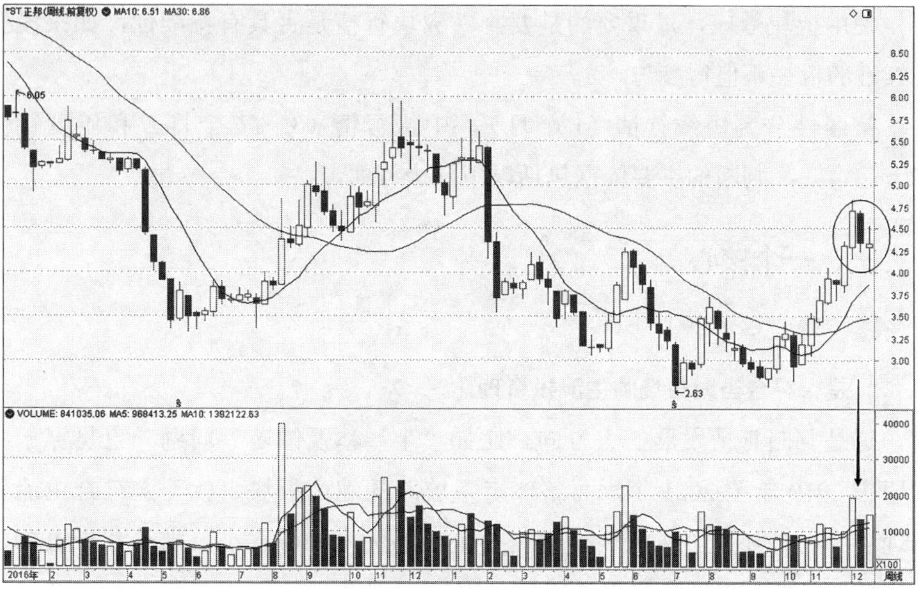

图 11-6　002157 正邦科技 2016 年至 2019 年走势周线图

如图 11-7 所示，天邦食品缺口进入第二阶段。

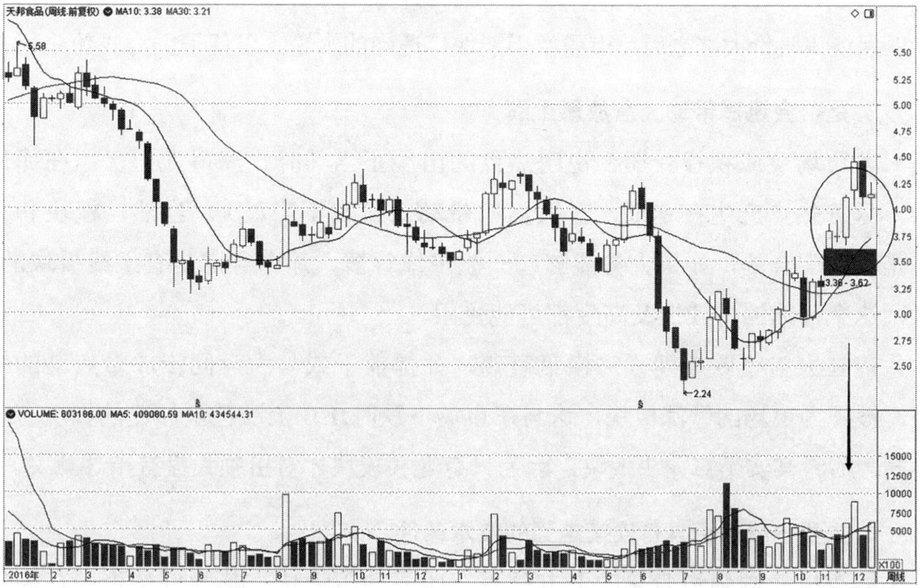

图 11-7　002124 天邦食品 2016 年至 2019 年走势周线图

如图 11-8 所示，新希望放量进入第二阶段。

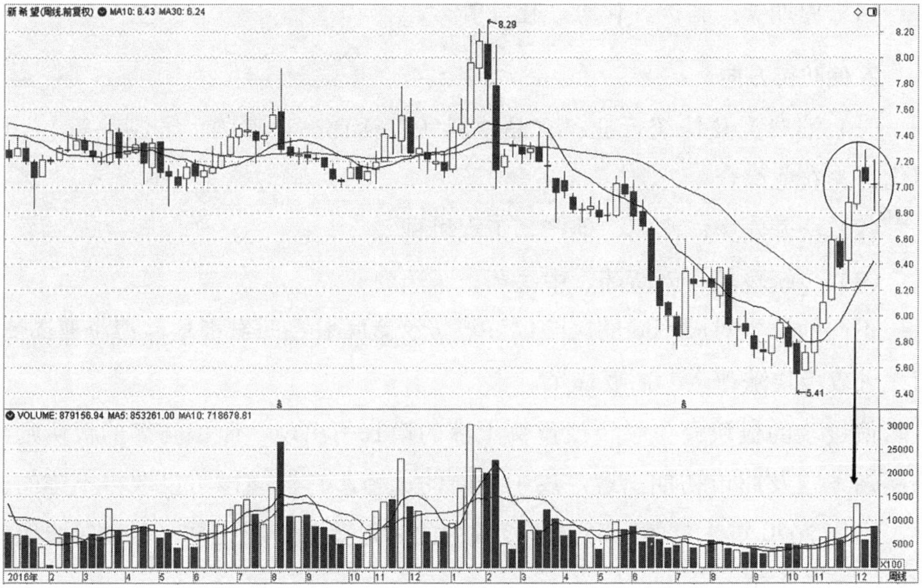

图 11-8 000876 新希望 2016 年至 2019 年走势周线图

对比以上三张走势图，10 周均线上穿 30 周均线，这就是板块效应。

5. 大资金介入深度决定行情的持续性和高度

如果不能获得主流资金的认同，这种板块行情可能只是一般性的短线炒作，交易者要注意规避行情随时见顶的风险。

因此，我们尽量做能够获得主流资金认同的板块，最好有实质性的业绩增长。

二、二个分类

我们可以将板块效应按照特点分为进攻性板块和防御性板块。理论上，进攻性板块的波段涨幅要大于防御性板块，赚钱效应也更好，因此我们应该积极参与进攻属性板块的研究。

1. 偏进攻方向

（1）科技类及部分医药类：TMT（科技、媒体、通信）行业肯定是首选，毕竟科技引领是共识，比如 IT 设备、通信、半导体、消费电子、互联网等。

（2）高端医疗类：智能医疗、医疗保健等。

（3）新基建类：特高压、新能源等。

（4）周期类：猪肉、化工、化纤等。

2. 偏防御方向

（1）消费类及传统行业：食品饮料（包括食品、啤酒、乳制品等）、日用化工、农业综合。

（2）泛基建类：水泥、地产、工程机械。

（3）传统医药：创新药、中医药、医药商业等。

不同的分类对应不同的风险偏好等级这意味着在防御板块涨得少要谨慎，而在进攻板块涨得多才需要谨慎。

偏进攻的板块会在牛市或震荡上涨的模式下出现，而偏防御的板块则会在震荡下跌及熊市初期出现，属于避险的选择，它们同样可以取得不错的业绩，比如 2020 年 3 月的食品饮料板块中的妙可蓝多、新诺威、科迪等股票均实现了逆势上涨。

三、三大动力

了解影响股市的三大动力，对于我们选择合适的投资机会至关重要，三大动力示意如图 11-9 所示。

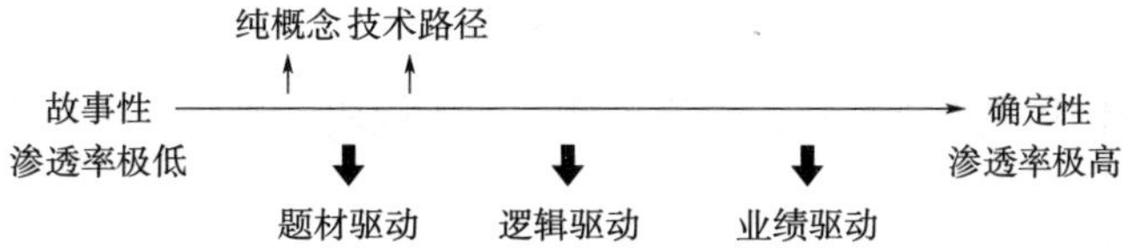

图 11-9　三大动力示意图

在股市中，板块驱动力主要为三种，其中第一种是题材驱动。

题材驱动又包括两大类：纯概念和技术路径选择。

1. 纯概念

纯概念指得是市场对某个未来可能带来巨大利润但尚未实现的概念的想象，其具体实现时间也未知。比如过去的区块链概念、网红概念、电子烟概念等。

以 2021 年 6 月的华为鸿蒙概念股为例，其中的核心龙头润和软件只是有布局，业绩兑现还需要很长的时间，但是股价已经上涨，走势呈现出突发性的急剧上升，如图 11-10 所示。

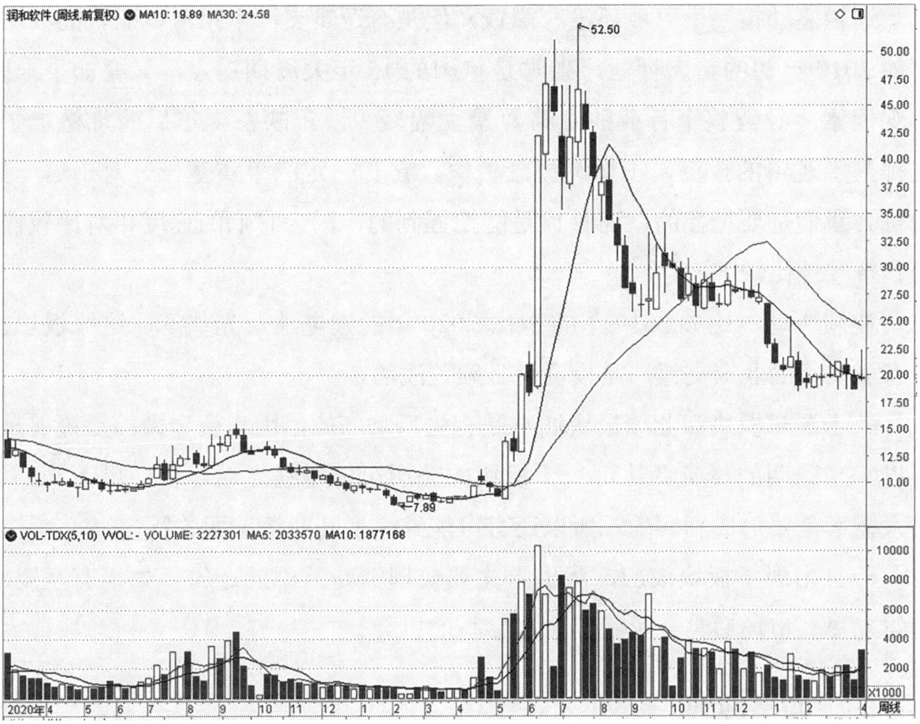

图 11-10　300339 润和软件 2020 年 9 月至 2021 年 12 月走势周线图

2. 技术路径选择

比如现在可能有多个技术路径，但最终走出来的只有 1 ～ 2 个，然而在早期阶段，这多个技术路径都可能会经历一轮炒作。

题材驱动板块业绩确定性不高，更多的是依靠故事讲述，既然如此，要看这个故事讲得是不是动听，逻辑是不是严密？如果能做到这一点，更容易吸引各路资金追捧，从而导致涨幅更大，持续性会更好。

以电子烟和元宇宙为例，其炒作周期分别约为 1 个月和 2 个月，之后长时间内没有表现。这也意味着短期会有巨大的涨幅，但潮水退去之后，真正的赢家才会浮现。

即便如此，这种试探依旧是有意义的，这是为什么呢？

因为所有重大的技术革新都是从这个阶段走出来的，比如电动汽车，也是那时的题材，但是随着产业发展，确定性不断提升，最终变成了逻辑驱动，直到业绩驱动。

逻辑驱动指当下可能还没有赚钱，但是有逻辑支撑未来可以赚钱的板块。比如 2019 年初的猪肉行业，当时是猪肉的 15 年大周期拐点，又叠加了一些客观因素，导致整个行业的生猪数量大幅减少，反映在半年后的价格上了。这种基于逻辑的投资，不像纯概念板块，它有一定的事实基础。对于这一类的机会我们是要把握的，而且也是能把握到的，因为它们的速度相对比较慢，而且持续性比较强。

业绩驱动，比如 2019 年的 5G、2020 年的锂电池及光伏等，这些板块已经有了实际的业绩支撑，是投资者必须关注的。

关于逻辑板块和业绩板块通常是有先后顺序的，因为资金做的是提前量，所以，当聪明的投资者认可一个板块的公司可能赚钱之后，会闻风而动，后面大概率是要形成利润的，所以还有可能继续展开业绩层面的行情。

一旦出现了板块效应，我们首先要梳理清楚其中的逻辑，如果有坚定的逻辑支撑，市场通常会给我们多次参与的机会。

四、四条规则

之前我们在分析净利润惊喜的时候提到过一个蟑螂效应："如果一家公司在某个季度超预期，则很有可能未来的几个季度仍会有惊喜"，并且如果一家公司超预期，在同一个行业或板块中的公司可能也会有惊喜。

这一现象是板块效应能够形成 3 ～ 6 个月趋势性机会的原因之一，从这一效应延伸出如下四条规则。

一是如果出现板块效应，在一波行情中，板块的龙头个股可能切换。

在初期可能是某些个股被资金发现，然后带动板块走强，吸引大众的目光，随后便是个股被挖掘，板块行情持续。

二是如果出现板块效应，一波行情完成之后，可能会出现第二、第三波行情。当走完了这波中级趋势之后，板块会进入休整。如果基本面持续超预期，就会展开第二、第三波行情。比如 2020 年 11 月至 2021 年 2 月的小金属板块，休整半年之后，于 2021 年 7 月继续开启第二波。当然在这种接力行情中，领涨的龙头一般也是不同的。

三是如果出现板块效应，行业的产业链可能会出现板块效应。

四是如果出现板块效应，行业的替代行业可能会出现板块效应。

规则三和四指出，从产业链或替代行业的角度继续挖掘机会。比如2020年至2021年，新能源车的崛起推动了上游动力电池的紧俏，碳酸锂开始涨价，锂电池、小金属、氟概念，乃至于后来的锂矿等，形成了一个以关键产品为中心的板块集群。像过去的苹果手机、特斯拉及 2023 年 2 月火爆的 ChatGPT 也是这样。这意味着只要能确认一次有效的板块效应，那么围绕着这个板块可以出现很多牛股。

第三节　强势板块龙头股

想要赚钱，核心在于从顶级板块中选出表现最为优异的股票。原因很简单，如果在这样的股票中都赚不到钱，那么想要在其他股票上赚钱就更难了。

所以，我们的分析通常要考虑两个方面：一是确定强势板块，二是确定强势个股。

一、强势板块的特征

在第八章中，我们重点讲了强度，判断强势板块和强势个股的方法与其类似。

1. 三个"先于"

强于市场的板块都有什么特征呢？主要是三个"先于"：一是先于市场指数见底，当大环境下跌时，强势板块可能会震荡或反弹。二是先于市场指数上涨，当大环境见底时，强势板块可能会大幅反弹或上涨。三是先于市场指数创新高，当大环境上涨时，强势板块可能会大幅上涨或创阶段新高。当整个市场创阶段新高时，强势板块已经创新高一年了。

这背后的逻辑在于资金对于强势板块的认同。当市场下跌时，恐慌情绪并不会影响资金的持股信心，甚至还会不断有新买家逢低进场，表现为以横盘震荡来抵御大盘的回调，从而形成背离；一旦形势好转，这种"赚钱效应"

又会进一步吸引资金，形成正反馈。

2. 板块内的资金流动

一个板块能否有出色的行情，能否后劲十足地持续高走，跟其本身的影响力、生命周期，以及其中的个股都大有关联。

3. 运行阶段

市场中所有的强势板块都是一步步成长起来的。我们可以从以下三个表现来判断有无板块效应及板块效应的力度。

（1）孤胆英雄式

如果某只股票一路高涨，但该板块中其他股票不为所动，则表明资金处于徘徊观望之中。可能是对大盘的持续走弱表示担心，可能是对个股背后的逻辑不认同（要么是不理解要么是没兴趣），也可能是该板块的规模太小，没有足够的空间承载大资金进出，总之一句话，市场总体表现为无追涨的欲望。

（2）带头式

如果某只股票一路高涨，该板块成员积极跟风，使该股成为本板块里的"领头羊"，但跟风股的涨幅始终赶不上"领头羊"，与"领头羊"保持一定的距离，说明该板块只产生了联动效应而无轮动效应，意味着资金较为理智，追涨欲望有节制。

（3）后者居上式

如果某只股票一路高涨，该板块成员积极跟风后反超"领头羊"，在个股联动的基础上产生了个股轮动效应，甚至出现了相连板块间的轮动效应，则说明该板块成功获得了资金的追捧，呈现出了阶段性的持续强势状态，通常该板块会诞生整个市场里的龙头股。一波耀眼的板块效应就产生了，接下来它又将如何演化呢？大概可以分成三个阶段。

第一阶段表现为个股普涨，一个板块效应形成之后，第一时期一般会普遍上涨，不论相关与否这段时间不会太长。

第二阶段为龙头分化随着短线资金的退出，市场开始冷静并产生分化，分化后的板块将会限制大多数跟风股票的涨幅，往往只会有少数真正优质的个股会脱离板块的牵制，实现突出表现。这个阶段是板块效应的主体阶段，既然板块有生命周期，有轮动效应，那么，当"老龙头"休息，"新龙头"还没有出现时，板块会进入调整。有些可以在调整中重新站起来走得更远，有些则陷在调整中再也起不来了，这需要看该板块里龙头个股的资金进出情况、资金性质及股价涨跌幅度等。在这个阶段，要评判板块状态，我们要留意三个迹象：第一个是否出现了龙头接力。如果是强势板块，肯定不是一枝独秀的，一定会不断有新的龙头来接力。第二个是否出现了加速阶段。加速即尾声，随着上涨速度越来越快，要完成百分之百涨幅只是几天的事情，而且加速的时候交易者会越来越不理性，会营造一种"买入就赚钱"的疯狂，这时一旦慢下来，市场恢复理性后，继续上涨很困难，所以，一旦加速大概率是尾声。第三个是否出现了资金外溢。随着板块里所有个股的股价不断上涨，风险会越来越大，同比于其他板块的比价效应则越来越低，于是获益的资金开始流入其他轮动的、整体价格比较低的板块。

第三阶段为龙头滞涨，弱势补涨，一波行情结束最典型的标志是龙头股开始滞涨，伴随缩量，反弹走弱不再新高，弱势股票开始补涨，如果这种情况一直持续，基本上预示着行情结束。

了解了板块效应演化的三个阶段，我们重点来了解板块中的龙头接力。新龙头的出现一定是资金不断竞争、强度不断增强的结果，因为只有真正的资金堆积才能显示其强度。

接下来我们用整个酿酒板块 8 年大周期的轮动进行说明。如图 11-11 所示，从板块指数的角度分析，酿酒板块在 2015 年牛市之后，出现了三轮很明显的上涨，第一波是 2016 年 3 月至 2018 年 2 月。

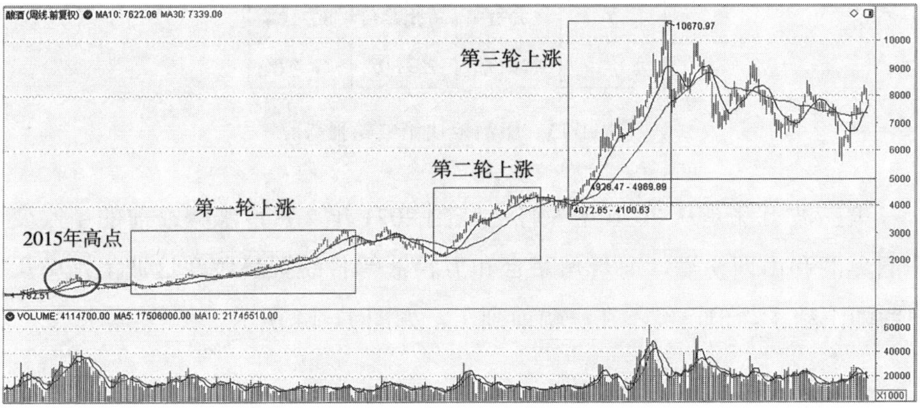

图 11-11 酿酒板块 2015 年至 2023 年走势周线图

在这一波上涨中，位于涨幅前列的是酿酒板块中最优质的个股，包括水井坊、山西汾酒、贵州茅台和五粮液，如图 11-12 所示。

代码	名称	涨跌幅度
600779	水井坊	344.30%
600809	山西汾酒	275.98%
600519	贵州茅台	231.18%
000858	五粮液	228.81%

图 11-12　酿酒板块第一轮强势股

第二波上涨是从 2019 年 2 月上涨到 2019 年 12 月涨幅靠前的个股变成了百润股份、五粮液、贵州茅台等这些一线白马股，它们的涨幅虽也显著，但相较于上一次涨势已经明显温和许多，如图 11-13 所示。

序号	代码	名称	涨跌幅度
1	002568	百润股份	215.00%
2	000858	五粮液	149.91%
3	600809	山西汾酒	149.61%
4	000568	泸州老窖	115.86%
5	603369	今世缘	99.03%
6	000799	酒鬼酒	93.43%
7	600519	贵州茅台	80.10%
8	600779	水井坊	79.97%

图 11-13　酿酒板块第二轮强势股

第三波上涨是从 2020 年 5 月上涨到 2021 年 2 月，涨幅靠前的个股变成了酒鬼酒和山西汾酒，而贵州茅台和五粮液等传统强势股在这波上涨中虽然也跟随上涨了，但已经不在涨幅前列了，如图 11-14 所示。

序号	代码	名称	涨跌幅度
1	000799	酒鬼酒	489.43%
2	600809	山西汾酒	332.34%
3	000568	泸州老窖	305.15%
4	600702	舍得酒业	257.39%
5	002568	百润股份	248.26%
6	603025	大豪科技	224.41%
7	600132	重庆啤酒	211.24%
8	600559	老白干酒	200.72%

图 11-14　酿酒板块第三轮强势股

从这三段涨幅的比较中，我们可以看到整个酿酒板块的隐形王者是山西汾酒。

这表明如果一个板块一直受主流资金认可，则会出现一个 2～3 年的投资机会，其间会经历多轮波动。就像现在半导体行业表现一样，每一波都有不同的领涨股，而且每一波结束都会和其他板块进行切换。

4. 板块间的资金流动

资金不仅会在板块内不同个股之间流动，还可能会在板块之间流动，导致板块切换现象。

在每一波中级以上的行情中，通常只有一个大的主线板块和 2～3 个副线板块。市场对主线板块的炒作往往占据了大盘主要的上涨时间段，与此同时，副线板块也会有伴随表现，而其他板块仅在主线板块进行休整的短时间内，才会有一定的补涨机会。

以创业板为例，如图 11-15 所示。从 2019 年初，创业板进入牛市之后，经历了五波中级以上的行情。

2019 年 2 月至 4 月主线板块是猪肉，副线是国产软件。

2019 年 8 月至 2020 年 2 月，主线板块是半导体，副线是芯片、消费电子和特斯拉。

2020 年 4 月至 2020 年 7 月，主线板块是食品、航空、消费电子和光伏切换。

2020 年 12 月至 2021 年 2 月，主线板块是化纤和白酒，副线板块是工程机械。

2021 年 3 月至 2021 年 7 月，主线板块是半导体和芯片，副线板块是医美和生物疫苗。

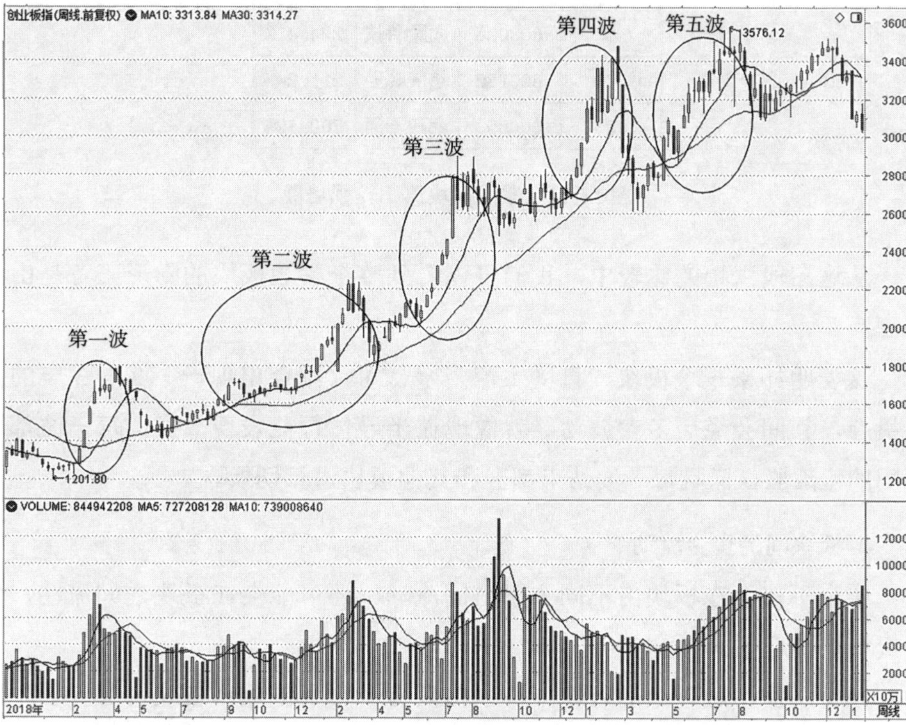

图 11-15　创业板 2018 年至 2020 年走势周线图

二、如何寻找强势板块

了解了强势板块后，接下来的问题是如何才能找到它们。

1. 通过相对强弱分析功能

在第 8 章中，我们介绍了如何使用这个功能对个股进行排序，同样的方法也适用于板块强弱的分析，强势板块不是一天形成的。通常是从某个阶段开始显现强势迹象，然后进入 5 日强、10 日强、20 日强，最终持续霸榜 60

日强的位置，成为一波中期行情中最闪耀的板块。而我们的寻找方式也是这样的。从每日的 5 日强、10 日强中，发现有潜力的板块，然后进行"板块深研"，之后持续跟踪，看它能不能进入 20 日强、60 日强的状态，如图 11-16 所示。

	代码	名称	今日强	3日强	5日强	10日强	20日强↓
1	880419	出版业	-2.45	-3.05	-7.16	11.67	33.91
2	880412	商品城	-0.82	-5.05	-9.10	12.76	32.84
3	880473	保险	-0.97	-1.88	-2.30	8.18	16.55
4	880466	路桥	1.28	-0.74	-0.00	8.46	12.34
5	880307	火力发电	2.59	3.11	2.46	8.43	11.22
6	880431	船舶	-2.17	-7.25	-2.13	5.11	11.10
7	880311	石油开采	-1.74	-6.90	-5.26	-2.16	10.82
8	880374	软饮料	1.01	2.05	-0.08	2.59	9.33
9	880471	银行	-0.74	-5.52	-0.68	4.38	9.27
10	880460	铁路	-0.30	-1.77	-2.91	6.35	9.04

图 11-16 2023 年 5 月 12 日 20 日强的板块列表

2. 通过两榜数据来分析

这一工具是根据"细分行业"而形成的每日强度数据。既可以通过两榜数据的数值来判断市场热度，也可以挖掘市场上的强势板块。

使用方法是通过每天的上榜数据，发现有潜力的板块，进行"板块深研"。简而言之，上述这两种方式都是指明了通向金矿的道路，但是具体能不能挖到金子，还需看我们如何综合运用"选股五角星"模型的能力。

三、为什么要关注龙头股

当我们确定了强势板块后，下一步是要寻找这个板块中强势的个股。你也许会有疑问：既然是强势板块则意味着板块整体是向上的，那么自己随便买一只股票不可以吗？为什么要选强势股呢？以 2019 年年初的 5G 板块为例来进行说明。我在 2018 年第四季度关注了这个板块，并且操作了其中很有代表性的两只股票：沪电股份和三维通信。先说结论：沪电股份 2018 年 8 月 24 日那一周突破第一阶段横盘震荡，到 2019 年 4 月 22 日进入中期调整，涨幅为 160%，如图 11-17 所示。

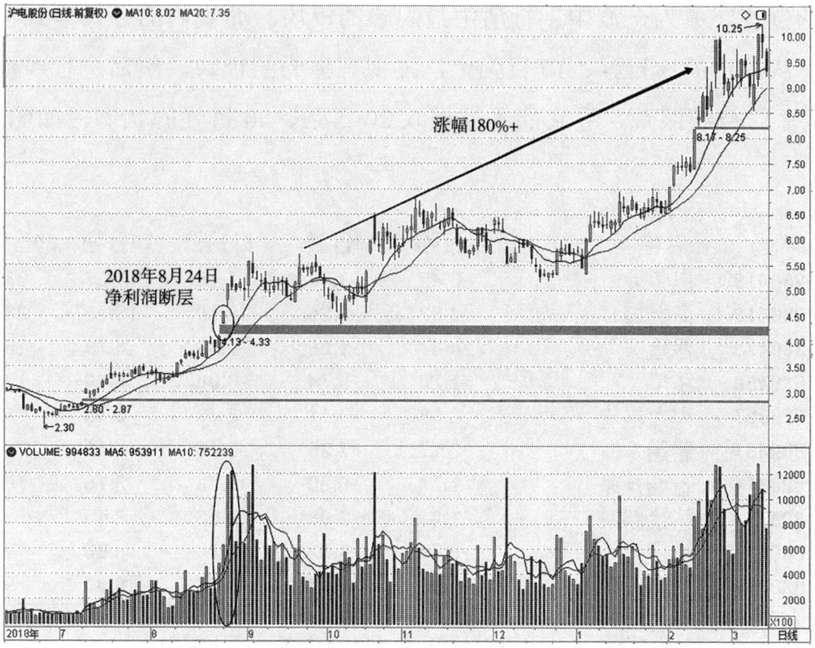

图 11-17　002463 沪电股份 2018 年至 2019 年走势日线图

而三维通信于 2018 年 11 月 30 日突破第一阶段的三角形整理状态进入第二阶段上涨趋势，同样到 4 月 22 日，其涨幅达到了 50%，如图 11-18 所示。

为什么会有如此巨大的差异呢？我们可以通过以下分析来了解原因。

第一，从突破时间上能看出个股强弱。沪电股份 8 月底就走出底部形态了，而三维通信一直到 11 月底才走出来。强势个股是要先于大盘启动，也先于板块内的其他个股启动。

第二，上方阻力。由于沪电股份是采用横盘震荡突破的形式，因此，上方的压力比较小，而三维通信是三角形整理，那么，上方每一个阶段高点都可以作为阻力来消耗个股的上涨动能。

上面这些是简单的技术面对比，再来分析基本面。

这两只股票同属于 5G 板块，沪电股份专注于印制电路板的研发、生产和销售，涉及通信板和汽车板两个主要领域。通信板部分，随着 5G 建设的推进，高频高速板能获得加速增长；汽车板则受益于汽车电子化趋势，需求稳定成长。

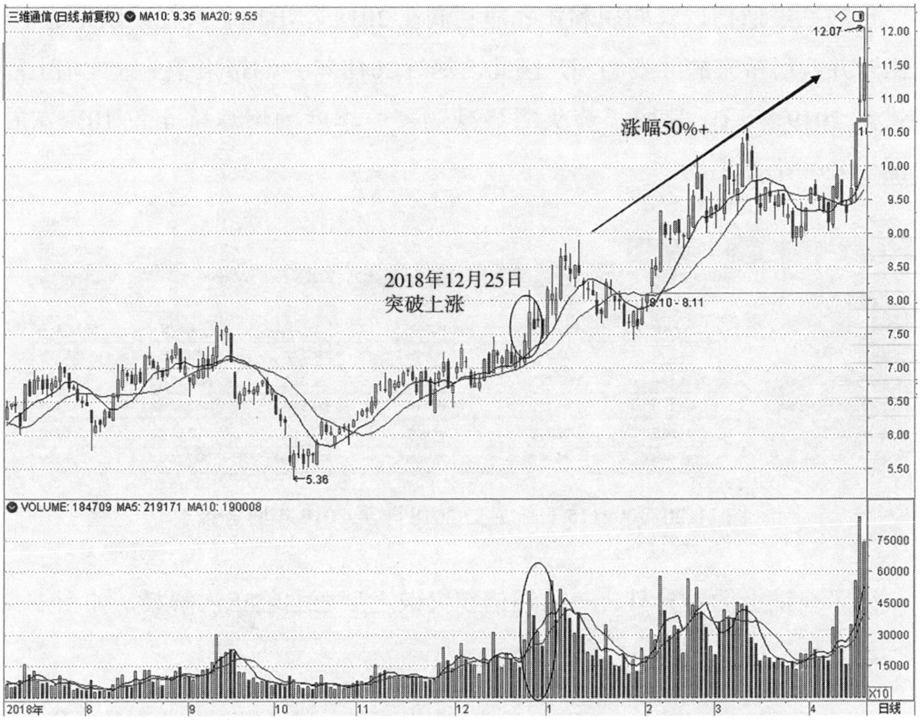

图 11-18　002115 三维通信 2018 年至 2019 年走势日线图

三维通信则专注于网络优化，业务增长主要来源于巨网的广告业务和积极布局 5G 的小基站。5G 网络运行于较高频段，传统宏基站穿透能力减弱，小基站将用来弥补宏基站覆盖不足的地方，尽管有数据显示，小基站的需求是宏基站需求的 25 倍，但这一预期并未完全体现在股价表现上。

从业绩表现来看，沪电股份从 2018 年中报开始就实现了三位数的业绩增长，并一直持续到 2019 年中报，如图 11-19 所示。

按报告期　按年度　按单季度　显示同比

科目\年度	2019-09-30	2019-06-30	2019-03-31	2018-12-31	2018-09-30	2018-06-30
成长能力指标						
净利润(元)	8.51亿	4.78亿	1.62亿	5.70亿	3.83亿	1.97亿
净利润同比增长率	122.13%	143.40%	131.47%	180.29%	136.70%	90.87%
扣非净利润(元)	8.13亿	4.53亿	1.49亿	5.17亿	3.43亿	1.69亿
扣非净利润同比增长率	136.71%	168.16%	155.76%	256.61%	183.51%	115.19%
营业总收入(元)	50.10亿	31.22亿	13.63亿	54.97亿	38.49亿	24.64亿
营业总收入同比增长率	30.18%	26.72%	16.61%	18.81%	14.02%	14.78%

图 11-19　002463 沪电股份 2018 年至 2019 年财务报表

反观三维通信，其归属和扣非净利润在 2018 年出现了大幅跳跃，这主要是由于并购所带来的并表利润，因此，尽管 2018 年并购带来了业绩大幅上涨，但进入 2019 年后，其增长势头明显减弱，一季度的增速降至仅 10% 左右，如图 11-20 所示。

科目\年度	2019-09-30	2019-06-30	2019-03-31	2018-12-31	2018-09-30	2018-06-30
成长能力指标						
净利润(元)	1.54亿	6153.23万	2401.94万	2.15亿	1.67亿	6932.81万
净利润同比增长率	-8.17%	-11.24%	10.44%	354.17%	693.23%	307.75%
扣非净利润(元)	7625.18万	3342.82万	2098.72万	1.31亿	9939.40万	6615.52万
扣非净利润同比增长率	-23.28%	-49.47%	10.84%	682.80%	2052.36%	2350.76%
营业总收入(元)	34.99亿	20.87亿	10.01亿	35.54亿	23.81亿	14.29亿
营业总收入同比增长率	46.94%	46.06%	92.46%	200.79%	227.38%	216.51%

图 11-20   002115 三维通信 2018 年至 2019 年财务报表

除了业绩上的差异外，三维通信在突破之后还面临三次解禁，如图 11-21 所示。

序号	解禁时间	解禁股东数	相关	解禁数量(股)	实际解禁数量(股)	未解禁数量(股)	实际解禁市值(元)	占总市值比例(%)	占流通市值比例(%)	解禁前一交易日收盘价(元)	限售股类型	解禁前20日涨跌幅(%)	解禁后20日涨跌幅(%)
7	2019-06-21	1	股东明细	171.96万	171.96万	1.39亿	2084.17万	0.31	0.42	12.12	定向增发机构配售股份	2.67	-9.98
8	2019-04-01	9	股东明细	3901.35万	3901.35万	1.47亿	4.97亿	7.05	9.60	12.73	定向增发机构配售股份	0.41	5.19
9	2019-01-14	4	股东明细	159.10万	159.10万	1.86亿	1731.06万	0.29	0.43	10.88	股权激励限售股份	21.31	5.68
10	2018-12-28	16	股东明细	1845.78万	1845.78万	1.88亿	1.82亿	3.33	5.05	9.87	定向增发机构配售股份	14.99	-0.59
11	2018-09-17	5	股东明细	202.33万	167.83万	2.07亿	1456.80万	0.30	0.48	8.68	股权激励限售股份	4.22	-12.26
12	2017-09-18	7	股东明细	158.75万	151.00万	7113.42万	1519.04万	0.36	0.44	10.06	股权激励限售股份	14.56	5.52
13	2012-12-10	3	股东明细	2040.00万	1605.00万	6758.06万	1.09亿	4.69	5.84	6.82	定向增发机构配售股份	-0.89	17.01
14	2010-02-22	7	股东明细	6313.50万	3228.75万	3151.20万	8.79亿	24.08	31.47	27.23	首发原股东限售股份	-14.88	4.21

图 11-21   002115 三维通信 2018 年至 2019 年解禁情况

相比之下，沪电股份在 2019 年下半年仅有总额 0.85% 的股份解禁，影响相对较小如图 11-22 所示。

序号	解禁时间	解禁股东数	相关	解禁数量（股）	实际解禁数量（股）?	未解禁数量（股）	实际解禁市值（元）	占总市值比例（%）	占流通市值比例（%）	解禁前一交易日收盘价（元）	限售股类型	解禁前20日涨跌幅（%）	解禁后20日涨跌幅（%）?
4	2020-06-29	4	股东明细	1744.33万	1727.83万	1897.63万	4.24亿	1.00	1.01	24.52	股权激励限售股份	5.54	-5.89
5	2019-09-02	1	股东明细	8.25万	0.00	3643.08万	0.00	0.00	0.00	23.45	股权激励限售股份	34.43	13.48
6	2019-06-26	3	股东明细	1462.15万	1458.15万	3683.41万	1.64亿	0.85	0.86	11.25	股权激励限售股份	13.58	37.72
7	2013-08-19	-	股东明细	4.94亿	4.94亿	98.28万	19.10亿	35.38	35.40	3.87	首发原股东限售股份	-1.83	6.93
8	2011-08-18	13	股东明细	4.41亿	4.41亿	2.94亿	43.76亿	53.06	82.11	9.93	首发原股东限售股份	-11.27	-6.04
9	2010-11-18	22	股东明细	1600.00万	1600.00万	6.12亿	2.75亿	2.31	20.00	17.20	首发机构配售股份	-2.87	1.83
10	2010-08-18	-	股东明细	6400.00万	6400.00万	6.28亿	12.94亿	9.25	100.00	20.22	首发一般股份	-	-3.46

图 11-22　002463 沪电股份 2018 年至 2019 年解禁情况

　　因此，从启动时间、上方阻力、具体业务领域、财报业绩、解禁这五个方面比较，沪电股份的表现都要更加优秀。并且从后期的上涨来看，资金重点进攻的方向是印刷电路板（PCB）这个细分领域，这是更加细化的强势板块。这就带出来一个新的问题：在细化板块之后，选哪只股票都可以获得理想收益吗？

　　当时的 PCB 个股包括沪电股份、深南电路、生益科技等，从绝对收益分析，都是正收益，但是如果从相对收益上分析，差别显著。

　　沪电股份从 2018 年 8 月 24 日突破到 2019 年 4 月 4 日上涨第一波结束，涨幅约为 176%；第二波涨幅更大，是从 2019 年 6 月 6 日见底到 2019 年 9 月 20 日结束，涨幅约为 226%。

　　深南电路从 2019 年 1 月 11 日突破到 2019 年 4 月 4 日的第一波涨幅约为 67%；第二波也是从 2019 年 6 月 6 日开始上涨的，持续到 2019 年 9 月 27 日，涨幅约为 103%。

　　生益科技第一波上涨是从 2019 年 2 月 22 日开始突破，持续到 2019 年 4 月 19 日结束，持涨幅约为 35%；第二波上涨是从 2019 年 6 月 21 日开始，到 2019 年 9 月 20 日结束，涨幅约为 110%。

　　通过这些案例，我们可以得出以下三个结论。

　　一是龙头股与其他股票的收益差距通常非常大。

　　二是龙头股往往最早实现突破，启动时间越早，表现出的强势越明显。启动时间越晚的股票，其后续上涨空间往往会受到限制。

三是龙头股的上涨会比较充分，而其他股票可能会因为涨幅受限而有第三波上涨的机会。

在同一时间内，我们可以选出很多能上涨的个股，但问题是个人资金是有限的，所以，一定要把资金押到龙头股上。这一步极为重要，否则即使有幸选到了强势板块，最终你的收益也可能相差悬殊。大多数时候，弱势股即使上涨，相比强势股的涨幅而言，也往往显得微不足道。

然而，个股的强度是一步一步走出来的，在最初的选择之后要不断跟踪，一旦发现某只股票的表现弱于预期，则必须考虑剔除弱股，聚焦于强势股。

四、应该购买哪只股票

对于一个板块的龙头我们可以分成以下几类：强度龙头、业绩龙头、行业龙头和人气龙头。它们可能是同一只股票，也可能是不同的股票。

股市有句名言想必大家都听过："指数搭台、题材唱戏"。这意味着一波可观的行情通常都会有比较清晰的主线带领指数反弹，此时大资金参与大市值个股带动板块上涨，而游资参与板块内的小市值股票，提升市场热度。大家各司其职，协同作战。

因此，对于龙头股我们可以做以下分类。

1. 强度龙头：大多是由游资性质或机构性质的资金参与，会有强大的逻辑支撑，可以是业绩，也可以是其他方面。

2. 业绩龙头：一般由机构性质的资金参与，有确定的业绩方面的改善。如果确实非常亮眼，也会吸引游资性质的资金加入。

3. 行业龙头：是行业当中品牌价值最高的企业，如果是新兴行业，整个赛道体量不是很大，那么行业龙头一般也会是业绩龙头，但是如果赛道体量已经比较大了，那么行业龙头的涨幅一般是赶不上小公司的。

4. 人气龙头：即市场上的妖股，这类股票连续涨停，不管是一字连板还是大阳线连板，大多数情况下，人气龙头都只是一个情绪参照物，普通投资者一般不作为实际交易标的。人气龙头一般会从强度龙头中诞生。

一个板块能走多高，取决于带头股能带多高。以上这些龙头股占整个板块的 5%～10%，其他跟随个股则没有太多研究的必要了。在一波 3～6 个月的行情中，这些龙头是轮番上阵的。而且随着板指周线级别的调整，领涨的龙头有可能切换。这为我们提供了充足的反应时间，能够比较从容地进场。

想用有限的资金获得最大的收益，一定要把钱放在最有可能产生利润的标的上。那么首先要购买哪只股票呢？

很简单，按突破的先后顺序买，最强的就是最好的。在市场弱势的时候，你依靠"抗跌"这个指标得到了一个观察名单，即便如此，我也没有办法告诉你，观察名单上哪只股票将是下一个交易标的。应该让市场告诉你应该在哪里投资——最好的选择，将会第一个爆发出来，并出现适当的买入点，这是超级回报的来源。

这时最好不要有个人偏好，你最喜欢的股票可能会在两三天后突破，也可能永远不会成功上涨，别勉强自己，也别勉强个股。如果它真的很好，早晚都会出现买点。

当你修炼到有足够耐心，只做高质量的交易时，就意味着你已经是专业的投资者了——不是为了行动而行动，而是为了赚钱而行动。

下面我介绍两种简便地发现龙头的方法。

第一种方法：可以使用"热点板块报表"来确认强势板块，旁边"龙头股"可以一目了然地看到。

比如，在2021年6月1日至25日这个阶段中，行业板块中最强的前三位是半导体、煤炭和航空。在半导体板块中，瑞芯微是最强的；在煤炭板块中，新集能源是最强的；在航空板块中，晨曦航空是最强的，如图11-23所示。如果我们选择的是当日热门板块，那么出现在龙头股的是这个板块中当天走得最强的个股。

	板块名称	均涨幅%	加权涨幅%	涨股比	涨5%数	涨停数	龙头股		龙头涨幅%	总成交	市场比%	换手率%
1	半导体	17.30	—	80/161	75		瑞芯微		60.79	11872亿	6.64	57.04
2	煤炭	13.98	—	30/33	26		新集能源	R	36.91	2256亿	1.26	31.91
3	航空	7.97	—	31/50	20		晨曦航空	R	95.97	3011亿	1.68	37.15
4	电器仪表	7.79	—	59/97	40		先锋电子		48.39	1550亿	0.87	31.54
5	元器件	7.69	—	173/274	113		东尼电子		62.42	9486亿	5.30	29.26
6	电气设备	7.52	—	173/307	112		ST天成		98.48	13912亿	7.77	36.02
7	化纤	6.62	—	19/30	14		新乡化纤		49.44	1202亿	0.67	23.69
8	公共交通	5.98	—	4/6	2		申通地铁		19.96	115.1亿	0.06	31.38
9	矿物制品	5.93	—	15/32	8		铂科新材		45.48	775.7亿	0.43	40.01
10	通信设备	5.82	—	92/134	54		富士达	R	47.14	3930亿	2.20	33.97

板块分析-行业板块 区间: 2021-06-01,二 至 2021-06-25,五 点右键操作

图11-23　2021年6月1日至25日行业分析

　　第二种方法：区间涨幅统计。只要涨得多就能赚得多，至于怎么涨，不重要。请注意，龙头股的强势是涨幅的领涨，而不是分时上时时刻刻地领涨。龙头股不可能每天都承担起所有重担，在龙头股出现分歧或休整的时候，可能会有一个次龙头拉升来维持板块的热度。

模块四

交易框架

1. 分析和交易的区别

这是普通投资者最容易混淆的一个认知误区。比如现在有两个人，一个专注于市场分析，另一个专注于交易细节。你会发现，前者能讲的东西特别多，比如一些宏观的、行业的时事和近期的事件解读等，他能让很多人都听得懂，好像还跟自己密切相关，用两个小时也讲不完。而后者能讲的东西特别少，比如当前的市况能不能做，如果做在哪里买，目标价位在哪儿，仓位多大，在哪儿止损，什么时候平价保护等，这些问题的答案非常直接明了，5 分钟就能说清楚。

那么，对于大部分的听众而言，会更喜欢哪一位呢？

肯定是第一位，因为他看起来更加专业，后面一位大部分人可能都不知道他在说什么。因此，我们看到的多数都是市场分析。

再举个例子，我平时在回答大家的问题时，最尴尬的一个问题就是"这只股票你怎么看？"从实际效果的角度来讲，这个问题本身的意义不大。因为市场上面有人看多，就有人看空，你怎么看都行，不可能只有一种声音，否则就没有成交了。

看多，不代表未来市场行情一定会上涨；看空，也不代表未来市场行情一定会下跌，所以看法这种东西，闲聊可以，但对交易决策的影响微乎其微。

2. 分析师和交易员的思维逻辑完全不同

分析师在乎的是自己的预测对不对，无论中间怎么波动，无论隔了多久，只要个股涨了，结论就是对的。而交易员在乎的是个股是怎么涨的，需要注重细节。

总之你要牢记，获益的关键在于交易，而不是分析。细节对于获益而言才是最重要的，然而许多人忽视了这一点，因此"高级分析师"并不等同于投资高手。

第十二章

买　点

第一节　经典模板：平衡态突破

我们可以从以下两个方面进行详细了解。

一、第二阶段解析

如图 12-1 所示，如果完整的第二阶段是从 A 点到 B 点的过程，则意味着 A 点是从平衡态转变为突破状态的关键点，B 点是从突破状态再次转变为平衡态的关键点（从月线周期上我们也可以很清晰地观察到这一现象）。

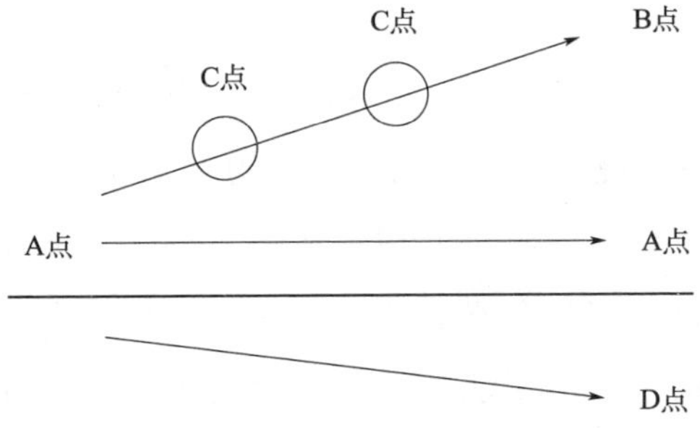

图 12-1　股价运行示意图

但是大家千万不要以为突破之后就可以一帆风顺地涨好几倍，它中间肯定会出现短期的平衡状态，也就是多次到达 C 点（这些 C 点都是阶段高点），原因在于趋势的演化过程并不是直线型的，它每隔一段时间会有回调，只是股价仍然处在第二阶段的最小阻力状态中。

以融捷股份为例，如图 12-2 所示。

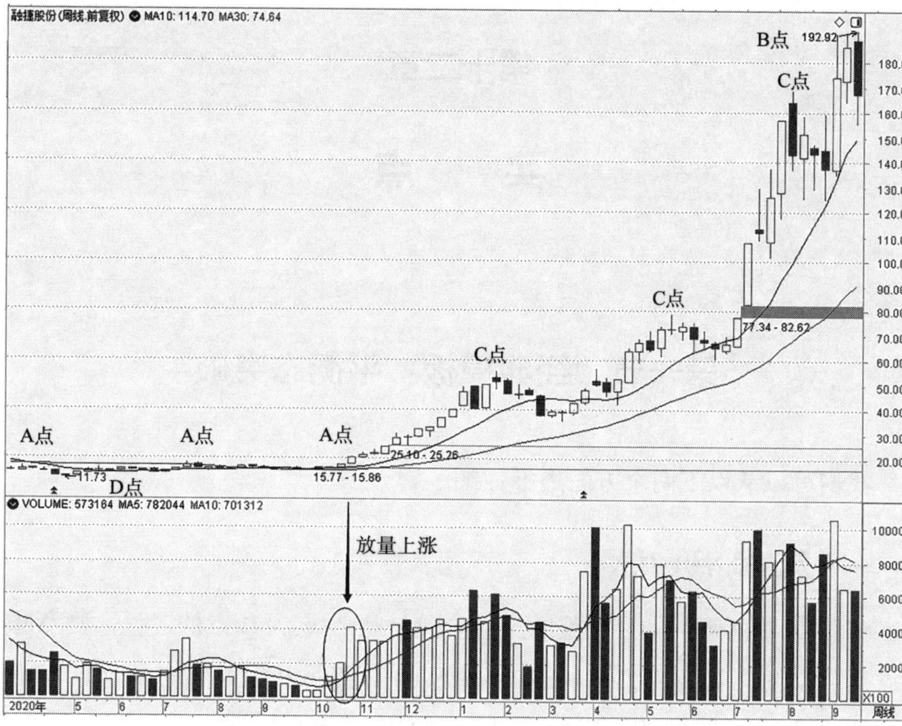

图 12-2 002192 融捷股份 2020 年至 2021 年走势周线图

2020 年 10 月至 2021 年 9 月，AB 向的波动中出现过好几次 C 点。请千万注意，这里是后视镜视角，因为每一次的 C 点都有可能是见顶的 B 点。

实际上，B 点和 C 点随时可能相互转换，每一个平衡状态，每一个休息期，都有可能是山顶，它与个股的特性有关，也与整个市场盘面有关。尽管个股本身还有上涨潜力，但无法预料的"黑天鹅"事件可能会对整体市场造成影响，一旦影响，可能需要几个月甚至半年来恢复。本来仅是短线调整的 C 点，突然变成了见顶的 B 点。这是很正常的一个状态。

C 点和 B 点的区别在于，C 点之后短期股价可以再创新高，然后覆盖此前的调整。而当股价到达 B 点之后，短时间不太可能再突破这个点了。因此，我们可以完成 AB 向的交易，然后去寻找下一只 AB 向的股票了。融捷股份这一波价格走势还比较流畅，所以其 C 点比较好辨别，如果走势不是如此流畅的个股，C 点可能更多，有些甚至还跌破了大的趋势线，则更加不好判断。

接下来我们将 C 点细分为短 C 和长 C。

短 C 一般是 2 至 3 周，长 C 持续时间会长达 2 至 3 个月，有时可能会触及 10 周线甚至跌破 10 周线，形成了中期调整（短 C 一般不会导致中期调整）。

虽然股价最终依旧是创新高，但如果从实战的角度出发，考虑到资金利用效率，建议大部分仓位不参与长 C 阶段，应先出局等待。什么时候市场走完了调整，开始再创新高，什么时候再买回来。这种策略，其实是用一部分利润换取了更大的确定性。我把这种策略叫作"吃到甘蔗最甜的一段"。如果大盘环境配合、板块效应共振，大概 3 个月就可以拿到翻倍的利润。比如士兰微 2021 年 4 月第二阶段中期调整之后的一波最小阻力状态中，3 个月的涨幅达到了 142%，如图 12-3 所示。

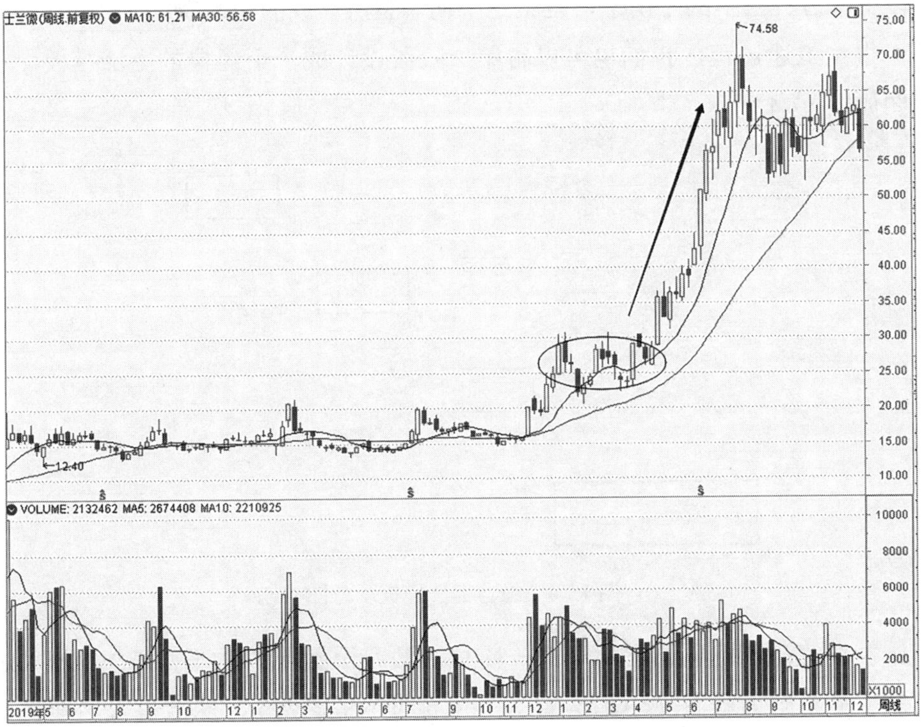

图 12-3　600460 士兰微 2016 年至 2019 年走势周线图

读到这里，你大概会产生一个巨大的疑问：该怎么确定即将到来的是短

C 还是长 C？必须承认，这真的是一个让人头大的问题。不过，我们可以通过这几种途径来判断：一是考虑大盘的整体状态；二是评估个股的涨幅；三是设定合适的止损位作为防线。

确保较小的调整和短暂的时间调整不会把仓位震荡出场。也就意味着如果平衡态的调整不足以达到你的止损位，虽然有下跌，但是都还在红区（可接受的风险范围）之内（备注：这个红绿区是我们观察趋势的指标），则继续持有。如果是比较大的调整，必然会进入绿区，如此一来，它可能持续的时间比较长，我们选择不参与。

二、经典的上涨模板

在实战中，平衡态主要分两种情况：一是第一阶段的平衡态，意味着整个第一阶段算是一个大的平衡态，它是一个长期的底部横盘状态。二是第二阶段上涨过程当中的平衡态，也就是中期调整所形成的平衡态。

根据上述过程，我们也可以将第二阶段设计成一个经典的上涨模板，示意图如图 12-4 所示。

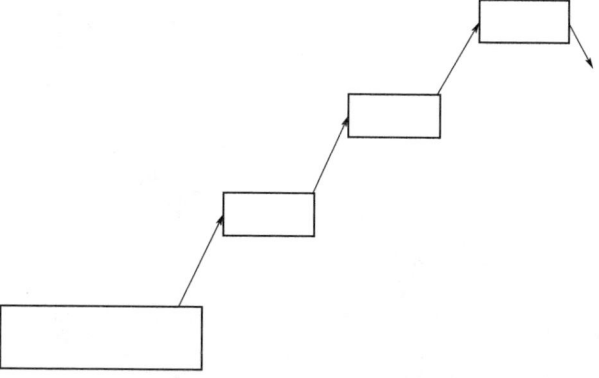

图 12-4　经典上涨模板示意图

牛股的初步发展通常始于第一阶段（数月至数年的大平衡态），随后进入一个最小阻力状态（中间会有 2 至 3 周的小平衡态），然后进入中期调整（2 至 3 个月的中平衡态）。对于强势个股，走完之后可以继续突破，运行新一轮最小阻力状态，这个过程会重复 2 至 3 次；而对于弱势个股，可能在其中任何一个形态中就此完结。在最小阻力状态中，上涨都是坚定有力的，而下跌都是谨慎短暂的。整个过程是从平衡态→临界点→最小阻力状态→平衡态的循环。

股价之所以能够运行在平衡态，其原理是在这个区间内，实现了供需平衡。需求（多方）无力带动股价向上脱离区间，供应（空方）也无力带动股价向下跌破区间。比如在 10 元至 15 元的平衡态中，股价运行到 10 元左右，这时只要股价稍微一停顿，持股的交易者卖出的意愿就会降低，同时场外准备入场的交易者也倾向于在这里买入，10 元的下跌阻力变大了，股价自然而然地获得了支撑，反之亦然，股价运行到 15 元，这时只要股价稍微一停顿，持股的交易者卖出的意愿就会加强，场外准备入场的交易者倾向于在这里等待，这里上涨的阻力就变大了，那么股价就自然而然被压力位压制，从而产生回落。总体表现就是股价在 10 元至 15 元的范围内不断震荡。

但是总有一天，事情会发生变化，导致在前高附近，上涨的阻力要小于下跌的阻力或在前低位置，下跌的阻力小于上涨的阻力，股价就会击穿障碍，进一步上涨或下跌。

至于是什么原因加强了这种力量，可能在变化之初你并没办法找到，甚至在多数情况下，最终也找不到确切的原因，因为股市实在是太复杂了，牵一发而动全身，一个毫不起眼的变化就能带来一系列连锁反应，然后这些反应再经过层层传递，最终呈现出我们所见到的结果。

因此，预测股价可能会向哪个方向发展真没必要，只要耐心观察，一旦市场显示出明确的方向，果断采取行动就可以了。我把这个过程称为平衡态突破。

第二节　平衡态概述

何为平衡态？平衡态的作用又是怎样的？简而言之，平衡态是一个多空争夺，清洗浮筹的过程。在这个阶段，由于股价频繁波动，那些意志薄弱的投资者会被筛选出去，除此之外，由于股价缺乏明显的上涨趋势，那些不断寻找标的的"猎人"也会将视线转移到别的地方。

时间越长，这个过程越充分，最后剩下的都是对股价仍然抱有希望的坚定投资者，坚实的形态也就形成了。

一、时间、幅度和量能

从时间维度来讲，第一阶段平衡态持续时间非常长。第二阶段平衡态持续的时间比较短，大多（80%至90%）形成于总体市场调整的过程中，这也是大势研判的意义所在——大盘环境决定个股走势。

时间在整个价格形态里面的重要性是很高的，因为不管是什么样的形态，都需要有足够的时间来形成非常有效的形态。如果时间特别紧，这个形态往往不稳固：一方面，筹码没有长时间的积累，未来去爆发行情的时候，不能期待这样的平衡态能给我们带来多大的利润；另一方面，如果调整不充分，即使股价上涨，很多时候还会再调整，导致假突破，甚至触发止损，造成交易损失，所以平衡态是需要时间的。

除了时间，我们还要考虑结构的紧凑程度，也就是回调的幅度。一个有效的平衡态应该尽量圆滑，不要太凌厉。

个人认为，回调幅度正常应为15%，最大能到30%，如果能低于这个幅度当然更好，极端情况下可能连续几周的收盘价都差不多。

波动幅度越小，结构越紧凑，意味着有资金承接，那些熟悉公司基本面的人，在悄悄地买，所以，个股是跌不下去的。同时，由于平衡态一般是出现在大盘调整过程中，如果结构越紧凑，那么，相对强度必然会得到提升——强者恒强。

当然这里面也分两种情况。

一是第一阶段的平衡态，这个过程持续时间很长，那么，相应的震荡幅度比较大。比如，晶方科技在2019年3月至11月的震荡范围在5.2元至9.2元（前复权价格），幅度大概是25%，如图12-5所示。

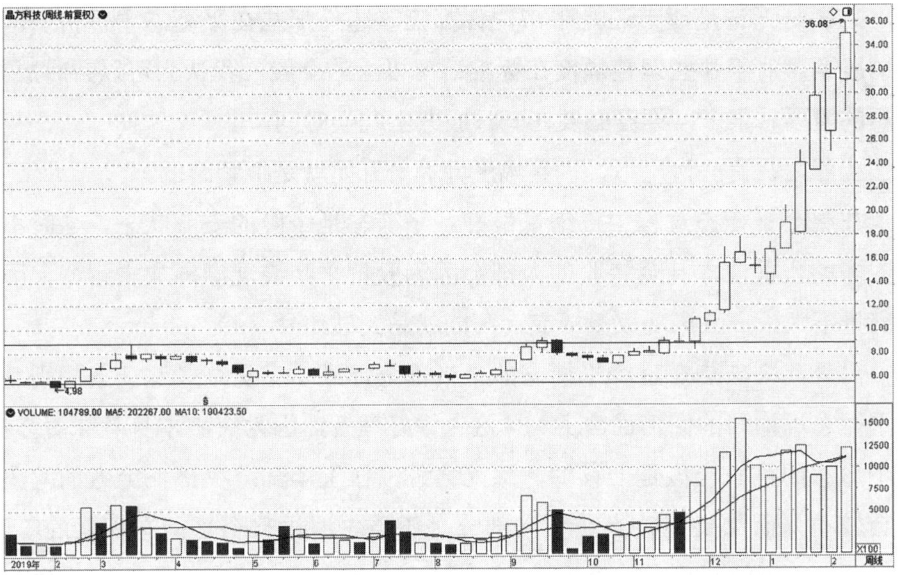

图 12-5　603005 晶方科技 2019 年 1 月至 2020 年 2 月走势周线图

二是第二阶段的平衡态，这类平衡态的持续时间和调整幅度都会比较小。比如，比亚迪在 2020 年 7 月至 9 月、11 月至 12 月的震荡范围差不多都在 15% 以内，如图 12-6 所示。

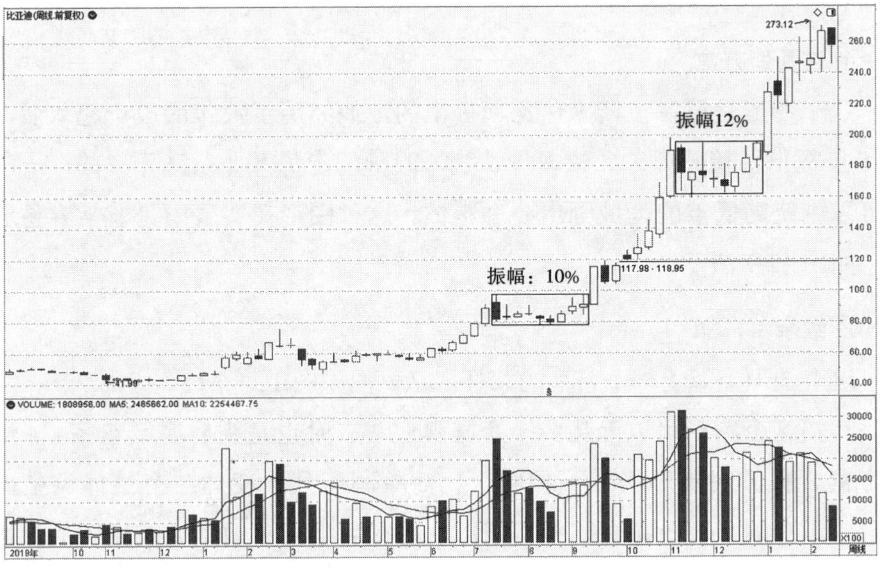

图 12-6　002594 比亚迪 2019 年 8 月至 2021 年 2 月走势周线图

总之，无论是熊市还是牛市，你都应该选择那些在平衡态中价格回落最小的股票。对于那些调整幅度在标准情况以上的个股，我认为可以暂时放弃，优质的股票有很多，你没必要在一只股票上耽误时间。

当然，在有些情况下，调整幅度并非一开始就是很紧凑的。

在整个平衡态过程中，缩量最好。平衡态是个股的安静状态，这时不会有太多的人关注，甚至持股的人都会因为股价平淡表现渐渐失去耐心，因此成交量不大。一旦出现大量成交，可能就是突破信号。

另外，突破点在整个平衡态的上半部分，成功率更高（这一条规则是针对平衡态不均匀的图形而言的）。这也很好理解，因为突破本身意味着强势，整个形态的重心应该是上移的，除此之外，在上半部分突破，上方的筹码压力会较小，而如果突破点在下半部分，还需先消化整个平衡态积累的筹码，难度更大，可能影响突破势头。

二、经典图形

现在的股票图形和 50 年前，甚至 100 年前的图形没有差别。这背后反映的是人性，是大众心理，有着极强的稳定性。下面我简单汇总了几种比较经典的平衡态，都是被反复应用的，市场中的万般变化无非都是它们的变形。

1. 达瓦斯方盒

这个图形是尼古拉斯·达瓦斯提出的，他经历了数年的股市起伏后，在 1955 年提出了箱体理论，该理论认为，股价的走势并非杂乱无章的，一段时间可以围绕高低点的区域画出一个箱体。这种图形在实战中是非常容易遇到的，如图 12-7 所示。

2. 欧奈尔杯柄

这个图形类似于一个带柄的茶杯，示意图如图 12-8 所示。

其实这个图形可以简化成一个圆弧底（有时也是头肩底或双底）＋达瓦斯方盒。圆弧底的形状各不相同，我简单画了几个变体：有整体调整比较均匀的，有前半部分调整比较剧烈的，也有后半部分调整比较剧烈的，如图 12-9 所示。

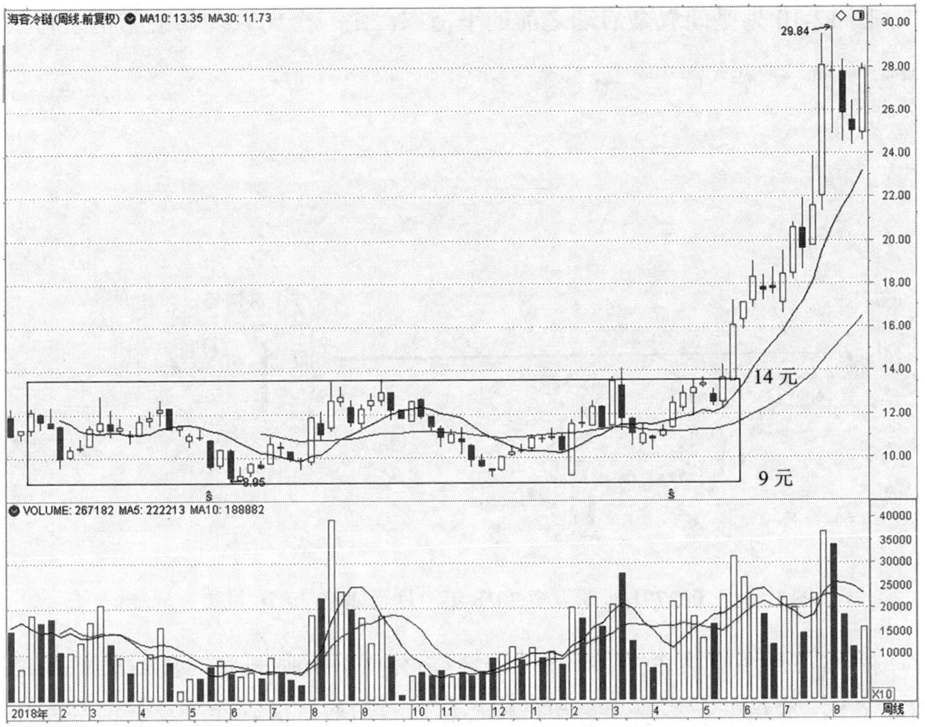

图 12-7　603187 海容冷链 2018 年 12 月至 2020 年 8 月走势周线图

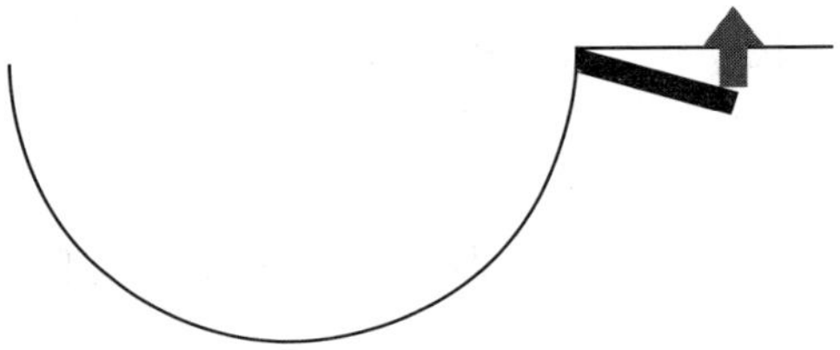

图 12-8　欧奈尔杯柄示意图

整体均匀　　　　　前半部分运行剧烈　　　　后半部分运行剧烈

图 12-9　不同类型的欧奈尔杯柄形状

图 12-10 为坚朗五金启动之前的平衡态，是一个比较均匀的带柄茶杯。

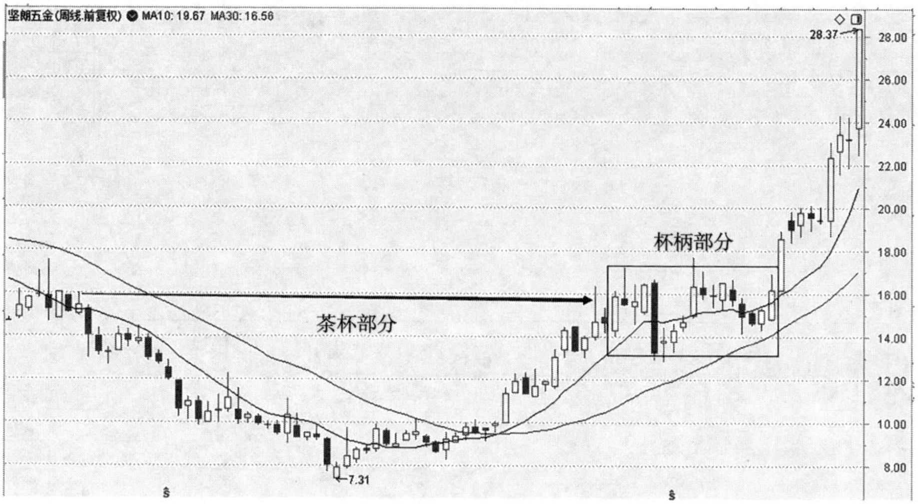

图 12-10　002791 坚朗五金 2018 年 1 月至 2019 年 10 月走势周线图

除此之外还有两个变体：一是无柄茶杯（只有圆弧底，然后股价就直接突破了）；二是带柄茶碟，它和带柄茶杯形态相似，区别在于碟状部分向外延伸得更久，使整个形态变得较浅。因此，这种图形和之前讲到的达瓦斯方盒看起来区别不大。

如图 12-11 所示，2019 年 4 月至 2020 年 4 月，密尔克卫由于底部运行时间较长，所以它看起来像一个浅一些的茶碟。

3. 马克 VCP

它是指在平衡态里，价格不断收窄，同时成交量明显收缩，形态上很像收敛三角形。

不过我更愿意把它称为投石效应。想象一下，你站在平静的湖边，突然旁边的小朋友拿起一块石子投入湖水中，随着石子的入水，掀起巨大的涟漪，然后一圈一圈向外蔓延，越到外围幅度越小，最终归于平静。

股价也是一样，最初由于大量的获利卖单涌出，跌幅会是最大的，但紧接着，卖单会越来越少。其过程有点儿像拧湿毛巾一样，拧过一次之后，它会完全干吗？不会，它还是湿的，里面还有水分，接着再拧第二次，又挤出一些水分，每次拧出的水分会越来越少直至毛巾变得干燥轻盈。

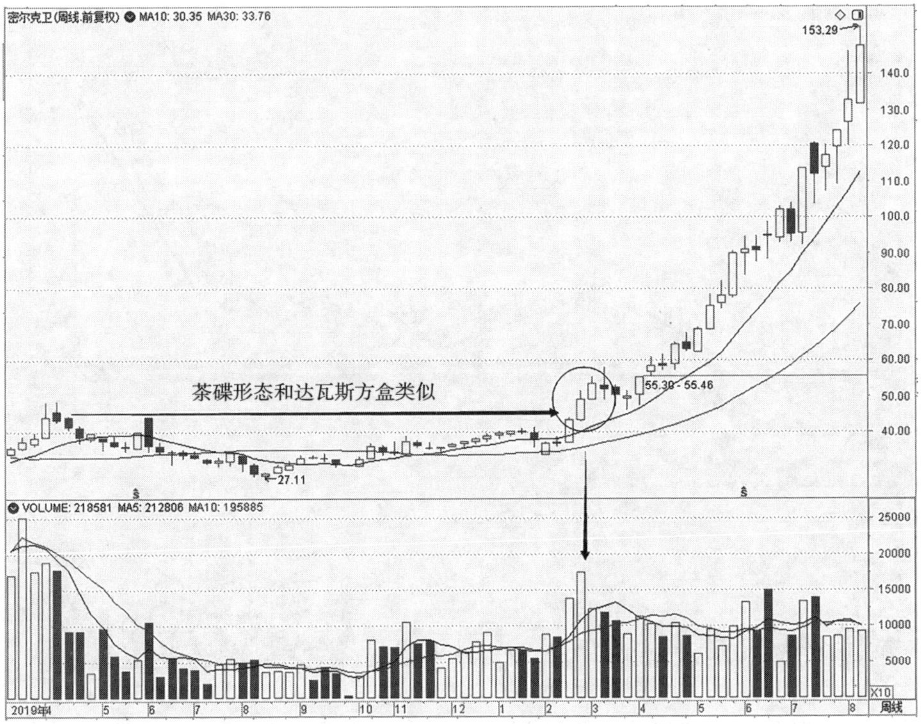

图 12-11　603713 密尔克卫 2019 年 4 月至 2020 年 9 月走势周线图

大多数 VCP 会经历 2 至 4 次收缩，有时也会达到 6 次。理想的 VCP 在第一次收缩时调整幅度最大，之后会较前一次有所减少，最好是减至前一次的一半左右。成交量一般在上涨时放大，而在下跌时明显收缩。

比如，2006 年 6 月，苏宁电器进入中期调整，显示出完美的 VCP 特点。在这个平衡态持续过程中，最初纠正幅度为 30%，最终波动性收缩仅为 9%，如图 12-12 所示。

4. 高而窄的旗形

它是指个股在短期（4 至 8 周）猛涨超过 100%，之后横向回调幅度不超过 15%，一般持续 3 至 5 周，然后再次飙涨 100% 至 200%。这是一种非常强劲的走势，不易捕捉，相当冒险。比如 2019 年 11 月的漫步者，虽然不一定严格符合条件，但是可以给大家一个参考，如图 12-13 所示。

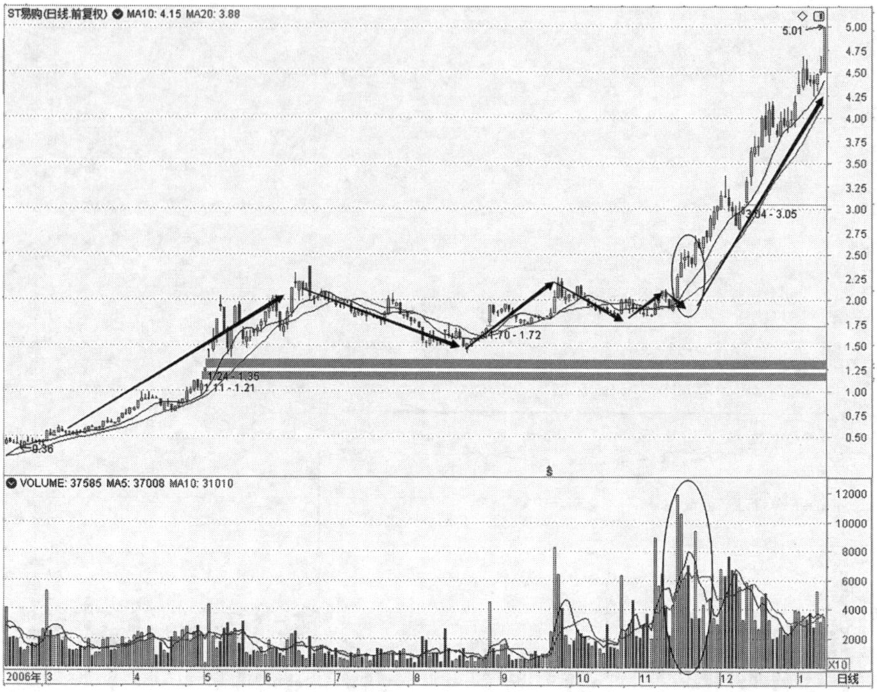

图 12-12　002024 苏宁易购 2005 年 9 月至 2007 年 1 月走势日线图

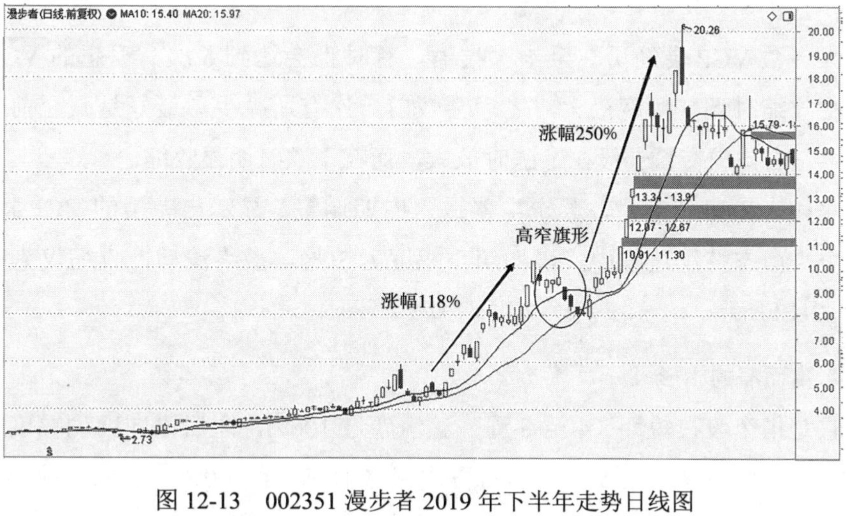

图 12-13　002351 漫步者 2019 年下半年走势日线图

以上简单梳理了四种平衡态的经典图形。在实际操作中，投资者可以留意这些形态，并加以甄别。这些图形提供了对市场行为的深刻洞察，有助于更好地理解股票走势和作出投资决策。

第三节　买点简述

研究平衡态的意义并非操作，而是为了之后的突破，也可以叫作临界点。这一概念在不同的书中有不同的叫法，比如转折点、关键点、最小阻力线、临界状态、中轴点等，在本书中我们统一称其为临界点。

所谓，临界点是指股票已经完成了价格整固开始放量上攻的时刻，此时股价在短时间内大幅拉升的可能性是最高的，通常被认为是最佳的买入时机，即我们一直强调的低风险买点。

在正常的平衡态过程中，成交量会逐渐萎缩，越到后期越明显。对比过去 50 日的平均量，可能只有之前的 1/5 或 1/10。

这种流动性不足和某些不被市场关注的股票的低成交量不同，它反映了描绘出的是股票在大幅上涨之前的情景。因为供应已经无法满足需求，即使是一点需求都能将股价推高。当成交量放量，股价突破原来的形态时，临界点就出现了。

所以临界点最大的一个特征是成交量放大。我常使用"倍量柱"工具和"虚拟成交量"工具来辅助判断。比如，一只股票正常的日成交量是 3 亿，某日开盘一个小时内成交量到了 2 亿，并且价格开始上行，可以预计当日的成交量为 8 亿，就算后面有所缩减，成交量也差不多可以翻倍。

这时，如果叠加股价突破平衡态，你就可以下单了。

突破的时候放倍量并不稀奇，甚至有些个股，成交量能放大 3 倍、5 倍甚至 10 倍以上。这么大的量，可以确定肯定不是散户投资者所为，一定是大资金，这个大资金可以是机构、游资、牛散等，总之是一种异动。

这里有两点需要注意：一是对于放量，我们不能仅依赖日 K 线，而应结合周线的量能状态，因为日线上的量很可能不准，但是周线上的持续放量则必须是长时间的买入行为才可能推动；二是有可能日线上没有放量，但是周线放量。意味着连续多日都是大量成交，周线上有倍量，但是并没有在日线上有一个突破量，所以，这也意味着周五选股的时候要特别注意。

那么这个临界点是否就是前高呢？不一定，比如欧奈尔杯柄形态的，突破可能到不了之前的最高价，会比最高价低 5% 至 10%；马克的 VCP 也和前高没有什么关系；而达拉斯方盒的突破则可能发生在前高附近。所以，具体情况需要具体分析。

一、不要抢跑

临界点是整个价格形态的一部分，也是最重要的一部分。为什么我们一定要等到临界点？

之前说过，所谓低买高卖，并不是买在绝对低点，而是相对低点，换言之，是未来有最大可能性上涨，出现更高价位能够卖出利润的点。之所以想要在临界点之前购买，看中的不是价格要更低吗？问题是这样的低价，后期上涨的概率却是不确定的。

没有谁规定接近了临界点或第一阶段上轨就真的能突破。在很多情况下，股票可能一直实现不了突破。

比如 2020 年 12 月，元隆雅图当时做的是周线 VCP，有突破的迹象，但最终并未成功，而是开始震荡，如图 12-14 所示。

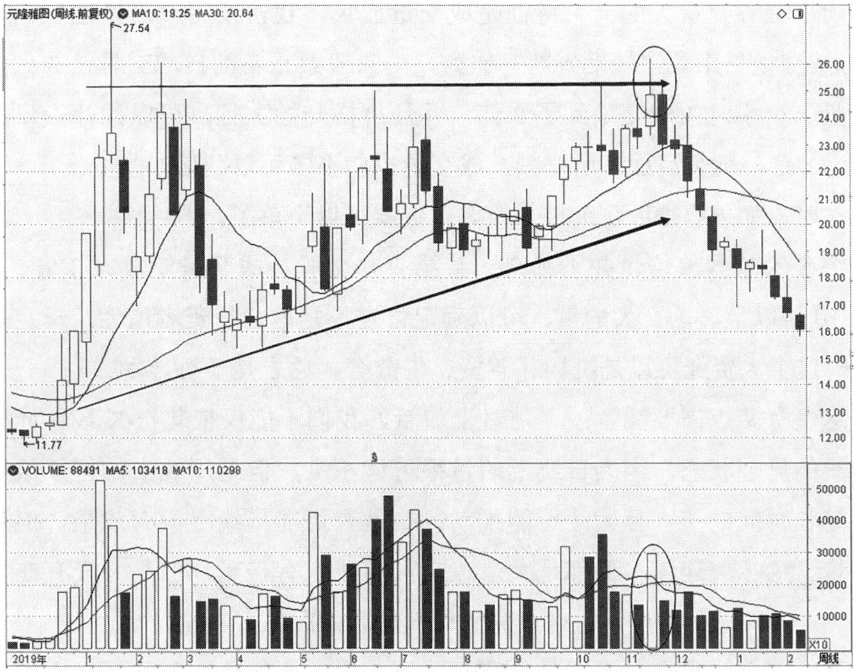

图 12-14　002878 元隆雅图 2017 年 9 月至 2021 年 6 月走势周线图

实际上，如果个股不打算走牛，在临界点附近，下跌的可能性要远远大于上涨——因为这里正好是压力区。如果临界点很难突破，并且没有实质的利好事件，你最终会竹篮打水一场空，并承担很多没必要的风险。因此，在选择投资股票时需要确保它们具有足够的潜力和价值。

二、买点模型

在股票交易中，平衡态突破的买点可以分成三个：突破点、回踩确认点和二次突破点，示意图如 12-15 所示。

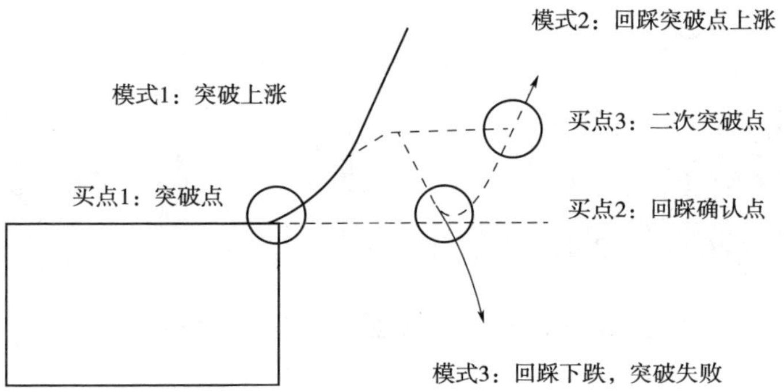

图 12-15 买点模型示意图

比如，士兰微在 2021 年 1 月至 4 月的调整之后，个股日线出现跳空高开的突破，此时是买点 1，随后个股下跌回踩突破点，形成买点 2，最后个股上涨突破了前高，形成买点 3。之后个股一路上涨，随后的两个月，股价翻倍，如图 12-16 所示。

当然，你千万不要认为这些买点会百分之百成功，买点模型只是提供了一种概率优势，并非绝对的成功保证。在交易中始终保持概率思维是非常重要的。下面针对平衡态突破的三种模式进行详细说明。

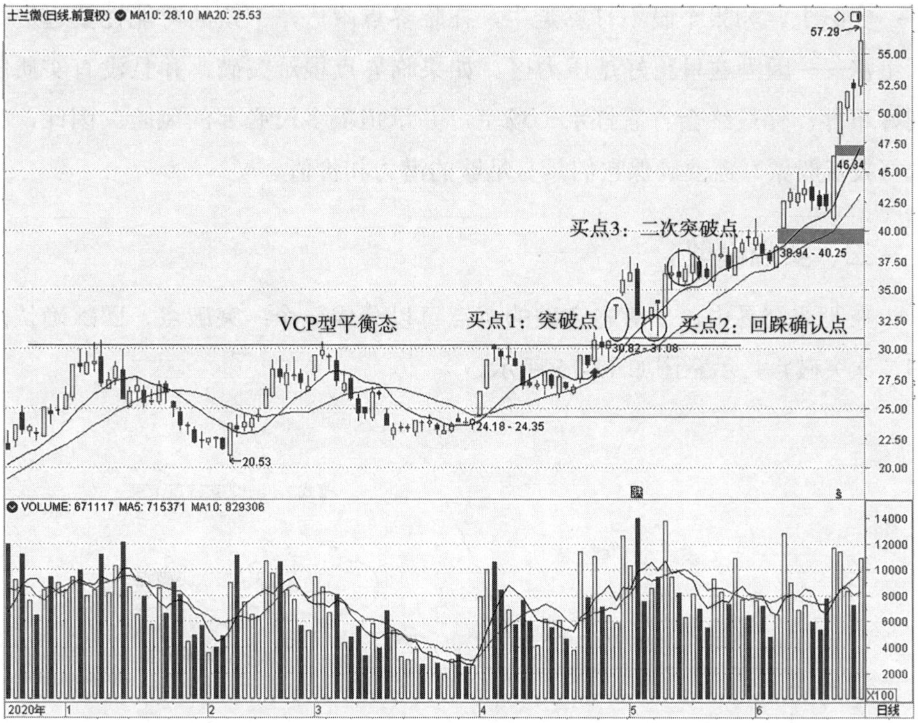

图 12-16　600460 士兰微 2021 年上半年走势日线图

1. 模式 1：直接突破上涨

这是最优质的上涨形式，此时的突破点也被称为第一次买点。如果此时配合成交量的放大，那么可靠性会大为增加。下面介绍两种对交易产生不利影响的现象：毛刺和假突破。

（1）毛刺是指对交易规则产生不利影响的单根 K 线。比如我们设定 10 元为突破买点，当天股价上涨到 10.1 元或 10.2 元但没有稳住，直接跌回盘整区内，这被视为毛刺；再比如我们 10 元进场，止损点设在 9.5 元，但是当天 K 线最低打到 9.4 元后直接拉升，这可能会触发我们的止损。

应对毛刺有三种常见方案，但各有弊端。

第一，移动止损位或是买点。它会导致以下两个问题。

- 需要承担更大的损失，或者更小的收益。
- 即使移动也不能完全避免毛刺出现，依旧有可能正好打到端点位置，因此，属于治标不治本。

第二，使用相对延迟的信号。比如收盘再确认，好处是确定性更高，但问题是需要承担行情运行过猛带来的损失扩大和收益减少。

第三，尽量选择少毛刺的交易品种。

虽然你可以从历史走势中发现一些规律，但不可能完全避免毛刺。

（2）我们定义假突破为突破之后三个交易日内跌回平衡态的情况，通常是在第二天表现出弱势。比如，如图 12-17 所示，飞科电器在 2022 年 2 月出现过一次突破，但是第二天就失败了，这就是一次很明显的假突破。

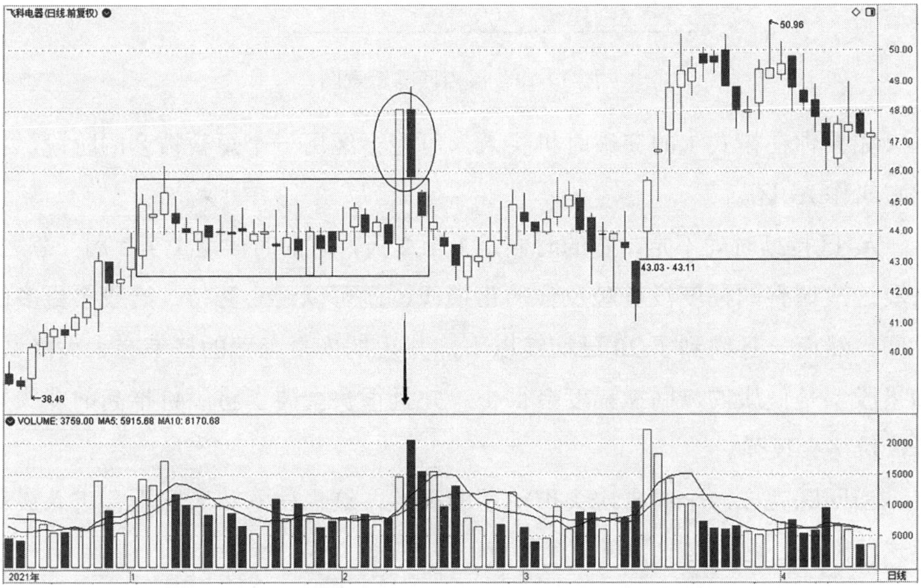

图 12-17　603868 飞科电器 2021 年 12 月至 2022 年 4 月走势日线图

总之，之所以出现毛刺和假突破，根本原因在于行情走势不坚决，第一是选股弱势；第二是量能配合不足；第三是大盘环境不佳。

所以，要减少这类亏损，最有效的方式还是要仔细选择入场时机和精选个股。

2. 模式 2：回踩突破点上涨

在某些情况下，突破上涨一段时间后，会对突破点进行一次回踩，根据力度可以分为浅度、中度和深度的回踩，如图 12-18 所示。通常，回踩的幅度越小，个股上涨力度越强。当回踩得到确认，不再下跌的时候，就构成了第二个买点。

在股价回调的过程中，成交量是一直缩小的，因此，回踩确认点应该伴随的是放量。

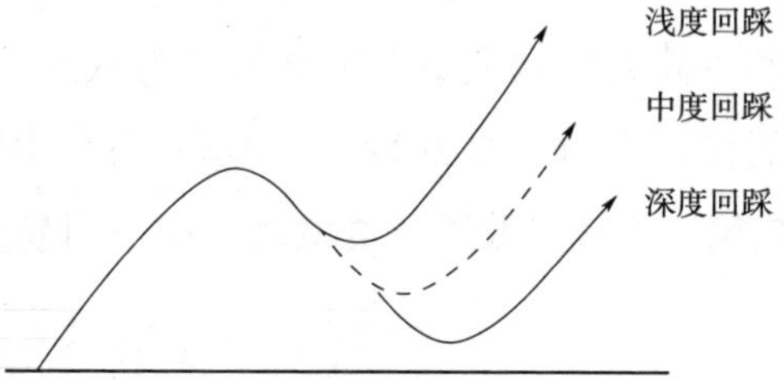

图 12-18　买点回踩示意图

如果你在模式 1 的突破时机买入，可能会经历一个短暂被套的阶段，我把它叫作 A- 区。

A- 区持续时间不定，有的时候是 1 至 2 天，有的时候是 1 至 2 周。总之，只要这次调整的幅度没有触及你的止损线，就可以耐心等待，给股票更多的时间。然而一旦跌到了 20 日均线以下，其短期恢复上涨的概率会大大降低。如果股票是健康的，回撤幅度会很小，并且很快会碰上将股价推高的多头力量，价格会反弹。

当回踩完成，个股再次突破前期的高点，这也就意味着它不会进入震荡模式，因此，这里构成了第三个买点。

在实战中，我们发现股票可能已经过了上述三个买点，但是通过分析发现还值得购买，这样的点位是风险买点。它并不意味着不涨，只是相比低风险买点，建仓成本更高，有更大的可能性回调而触发止损。

3. 模式 3：回踩下跌，突破失败

在某些情况下，尽管个股突破上涨了，但是最终没有扛住上方的压力，重新跌回突破点之下，意味着本次的平衡态突破失败了，这时对应的止损策略将在卖点章节中进行讲解。

比如中鼎股份，突破之后运行了将近 20 天之后再次跌到成本线之下，那

么，即使不赔钱这笔交易也是失败的，因为我们会将止损移动到成本价，如图 12-19 所示。

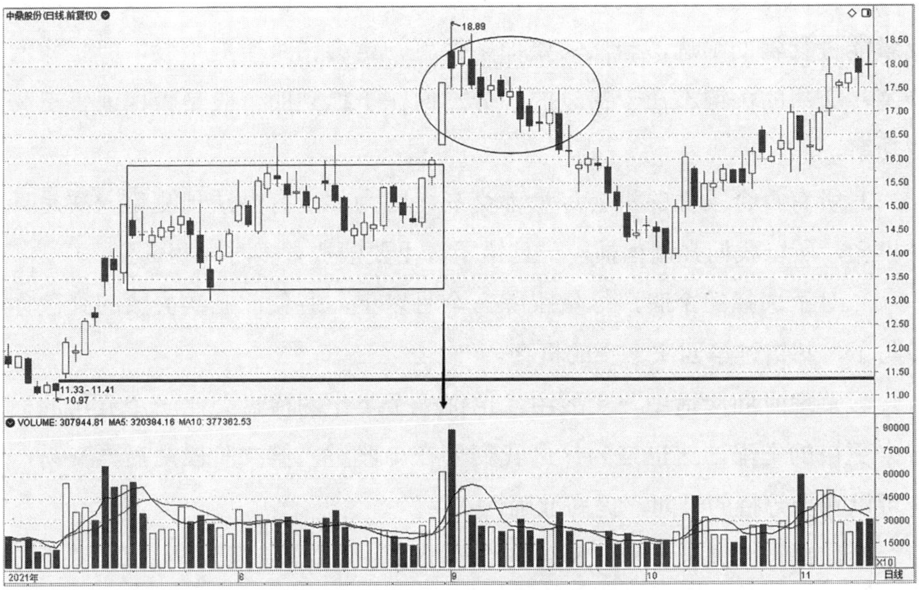

图 12-19　000887 中鼎股份 2021 年 6 月至 2021 年 11 月走势日线图

4. 特殊情况：底上加底

还有一种特殊情况是底上加底。这意味着某只强势股票突破了形态开始上涨，但是由于大盘的拖累，在之前的平衡态之上又构筑了一个新的平衡态。当熊市结束之后，这只股票有可能率先突破，继续走强，像是弹簧一样，只要上面的压力消失，便会迅速爆发。

你可以把这个过程理解成"好事多磨"，个股是有潜力往上走的，但是因为弹簧（熊市）一直压着它才起不来。当然，你也必须要明白，有些情况下也会出现弹簧压久了失去弹性，再也弹不上来了，对应的就是股票失去强度。

三、总结

不管是毛刺、假突破，还是突破失败，股价再次回到平衡态之后，我们也不用灰心，因为也许只是买得太早了，后面需要 1 至 2 个月才会真正突破。突破点对于已经走出来的个股而言是确定的，我们可以一眼看出哪一次的突破是真实的，但是对于普通投资者来说，这是一个不断试错的过程。因此，我们需要锻炼区分信号和噪声的能力。

1.我们尽量使用强度、资金认同度、净利润、板块效应、大盘环境，以及量能进行辅助筛选，当然只要加条件就一定会错杀一些个股，但是我们要清楚，交易的关键不在于错过的部分，而在于抓到的个股是否保证了更高的成功率。

2.所有符合条件的机会尽量都交易，因为你没有办法预测哪一次是真正的机会，所以我们强调止损，一旦错了，不要浪费太多时间和资金。

3.对于选择的个股，尽量跟踪三个月以上，避免前三次失败的突破你都参与了，却错过第四次真正的机会。

4.整理时间应适中，实战中，也许一个半年的横盘会比一个五年的横盘带来更快的上涨，这也是为什么我们要在个股进入第二阶段之后再交易，这样可以减少等待的时间，提高准确性。

5.如果一个突破信号前期结构比较松散，我会倾向于认为这是一个噪声，如果前期一直比较紧凑或由松散变得紧凑，那么，我更加倾向于这是一个信号。

6.如果一个突破信号在整个形态的下半部分，那么，我就倾向于认为这是噪声。

突破是需要共振配合的，有的时候个股准备好了，但是周围环境没有配合，很容易失败，但失败了并不意味着它就没有下一次的尝试，一只好的股票总是越战越勇。

如果一切进展顺利，正确的买点意味着能够快速脱离成本，这时持股会变成非常惬意的享受。接下来要做的是坚定持股，正如利弗莫尔所说："我的想法从来都没有替我赚过大钱，总是坚持不动替我赚大钱"。

第十三章

卖　点

第一节　原始止损

止损的重要性再怎么强调都不过分。只要股价触及止损线，你应该毫不犹豫地采取行动，即卖掉手里的股票。

那么，到底什么是止损？我们为什么要止损？所谓止损，就是认错。你根据某一逻辑买入了一只股票，当你发现这个逻辑不在的时候，应该认错离场。在大多数的情况下，这个错误会给你带来损失。比如，我们在买点买入，什么叫买点？买点意味着经过了层层筛选，我们认定在这个点位上，下跌风险最小，上涨概率最大。如果在这样的情况下，股价没有上涨，也就意味着事情不像我们想象的那么乐观，最好还是出局观望。

每次严重的跌幅都是从一次小幅回落开始的，你并不知道今天 10% 的下跌是否是未来 50% 下跌的开始，一旦没有及时撤出，一切都晚了。远离巨额亏损，最好的方法是在雪球滚大之前卖掉它。

一、常用止损

常用的止损方式分为：固定数额和浮动数额。

1. 固定数额

这种方式和低风险买点密切相关，如图 13-1 所示。

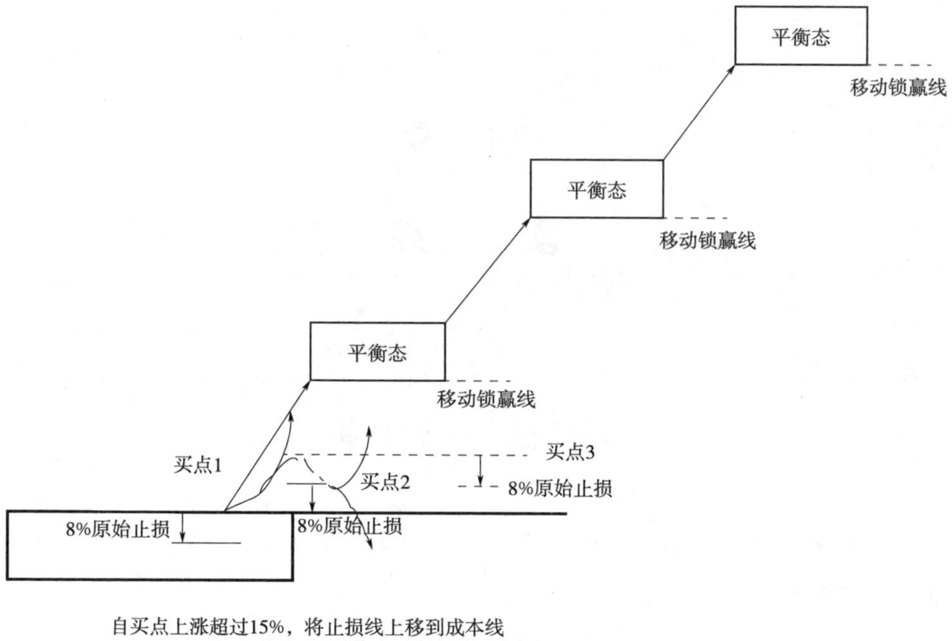

图 13-1　买点对应止损示意图

在买点知识章节中，我们确定了三个低风险买点，即买点 1——突破点；买点 2——回踩确认点；买点 3——二次突破点。如果我们在正确的买点买入，那么，只要买入之后没有上涨，就可以认为自己看错了，直接退出。比如，欧奈尔使用的是杯柄突破策略，他给自己制定了 -8% 的止损线。请注意 -8% 是最大的损失限度，是亏损的底线，一旦到达，必须毫不犹豫地卖掉，既不要浪费时间去观望，也不要希望股价会回升，更不要等到当天收盘时再行动，因为已经亏损了 8%，这才是最重要的。

这里的 -8% 需要和正确买点结合理解。

● 如果是一个正确的买点，股价大概率不会跌破 -8%，一旦跌破，要么是个股质量不佳，要么是大势开始下跌，此时的止损变成了一个真正的保护措施。

● 如果你没有在低风险买点介入，反而在股价涨了 20% 的时候追高，很有可能面临 10% ～ 15% 的正常回调，严格执行止损之后，股价可能很快再次上涨。

上述两种情况都是 -8% 的止损规则，一个保护了你的资金，另外一个则可能导致你错失超过 50% 的利润，所以，正确使用止损策略，才能让它变成你的好帮手。

你可能要问："如果我发现一只股票的时候，它已经上涨了怎么办？"

对此有两种应对策略：一是放弃，等待下一个低风险买点，始终记住即使再牛的股票也不可能一直上涨；二是如果确实极度看好，可以用更小的仓位去尝试，然后使用浮动数额的策略制定止损点。

2. 浮动数额

假设现在有三只符合选股条件的个股：股票 A 的价格为 20 元，止损卖点为 17.875 元，它的下行风险是 11%；股票 B 的股价为 40 元，止损卖点为 33.625 元，它的下行风险为 15%；股票 C 的股价为 60 元，止损卖点为 56.625 元，它的下行风险是 5%。如果其他条件都相同，从风险收益角度考虑，股票 C 显然是最佳选择。

浮动数额与风险买点密切相关。在很多情况下，我们看好的个股已经错过了正确的买点，此时你还想买入，止损不再是机械的 -8%，而是和之前低风险买点的位置相关。在风险控制领域，有一个重要的原则：更远的止损对应更小的交易规模。这样，当你执行 10% 甚至 12% 的止损位时，损失才能更少一点。

许多投资者常犯的一个错误是，在购买股票后才考虑止损问题，这是不正确的。正确的操作是先定下止损点，再去等待买点。

二、优化止损

止损的目的是在保证交易有效性的基础上，限制我们的损失。为了达到这个目的，我们可以将止损进一步优化。

首先，可以使用分仓止损。比如，如果你的止损位为 -8%：一是可以全仓 -8% 出局；二是可以在 -5% 的位置减仓 1/3，在 -8% 的位置减仓 1/3，在 -11% 的位置减仓 1/3，这样你的总亏损在 8%，这是三仓；三是可以在 -4% 的时候卖出一半，-12% 的时候卖出另一半，总亏损也是 8%，这是两仓。

其次，可以加入时间因素。开仓以后，已经超过 1 至 2 周没有预期中的上涨，而是上下震荡，出现整理形态，虽然没有到达 -8% 的止损位，也可以提前考虑出局，有意识地降低风险。为什么呢？原因很简单：突破是技术图形中最强烈的信号，如果此时行情没有持续上涨反而开始震荡，说明突破方向要么动能不足，要么对手盘发力，因此是先退出较好。

总之，不管是主动退出还是被动止损，我们的目标都是尽快退出弱势的个股，否则你可能会面临锚定效应而错失更强的龙头股，我们一定要尽可能保证资金追加到那些表现最好的股票上。

三、止损的有效性

止损之后股价有两种走势：一是，这是一次失败的操作，股价下跌，这表明你的操作未能成功，此时止损的存在尤为重要，因为它有效保护了你的资本。二是，止损之后个股马上反弹上涨这种让人窘迫的境地相当常见。

比如，2020 年 12 月，比亚迪运行在一个平衡态中，12 月 21 日，放量涨停，可以作为突破买点，但是随后几天持续震荡，12 月 29 日更是下跌 5%，止损卖出，马上反弹，之后的一个月内实现了 50% 的涨幅，如图 13-2 所示。

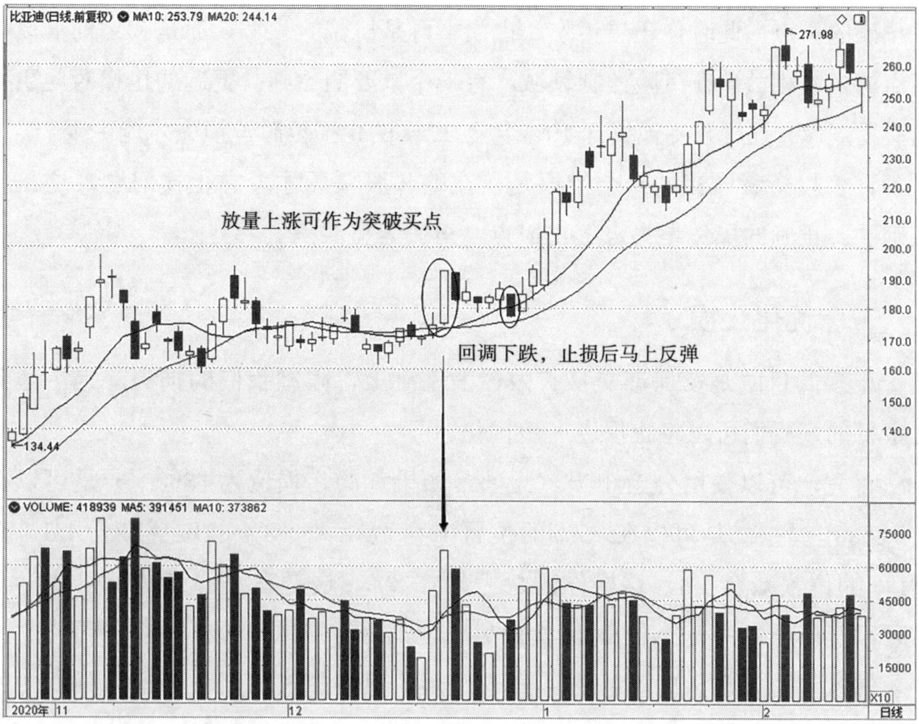

图 13-2 002594 比亚迪 2020 年 10 月至 2021 年 2 月走势日线图

首先，我们要明确一点：止损操作本身是对的，但是止损是不是有效，其实与止损比例的设置有关，止损比例的本质是这笔交易的容错空间。如果设置不恰当，可能导致结果不尽如人意。如果止损设置得太大，就没办法很好地保护你的资金，而如果设置得太小，很容易因为市场的波动而过早出局。

容错空间并不是一个孤立的个体，它与买点、交易规则密切相关。你必须能够保证正常回调没办法触发你的止损，而正常回调之外的那部分就是"市场噪声"。既然是噪声，则没办法完全避免，只能用纠错来补救。

对此，你需要注意：第一，如果每一次都是在最低价止损，那么，你应该反省一下自己的买点是不是不合适，应尽量寻找更有利的进场位置。第二，如果止损设置真的有问题，那么，需要在下一次的交易中把止损位调整恰当，而不能在当下的交易里一再放宽自己的底线，一旦你这么做了，可能后果会变得非常严重。第三，不管你如何小心，都不可能完美应对市场中的所有"市场噪音"，止损的意义在于只承担这么多的损失，本次操作已经结束了，后面的上涨已经和你无关了。

一定要记住，如果你想长时间在股市中生存，纪律是唯一的法宝，你必须严格按照自己的交易计划来执行，而止损就是整个交易计划中最重要的部分。

四、纠错

如果个股在我们止损之后，向着积极的方向演化，再次突破怎么办？此时我们需要果断纠错。比如，晶瑞电材在 2019 年 7 月出现了突破买入信号，但是很快价格开始下跌，不仅跌破了突破点，还跌到了 10 周线以下，这时我们应该果断止损，如图 13-3 所示。

但奇怪的是止损之后股价并没有极速下跌，反而在很短的时间内迅速回升。这意味着可能自己当初的判断是错误的，于是及时纠错并重新买了回来。之后，该股果然一路上涨。这样的操作在实践中其实相当常见。

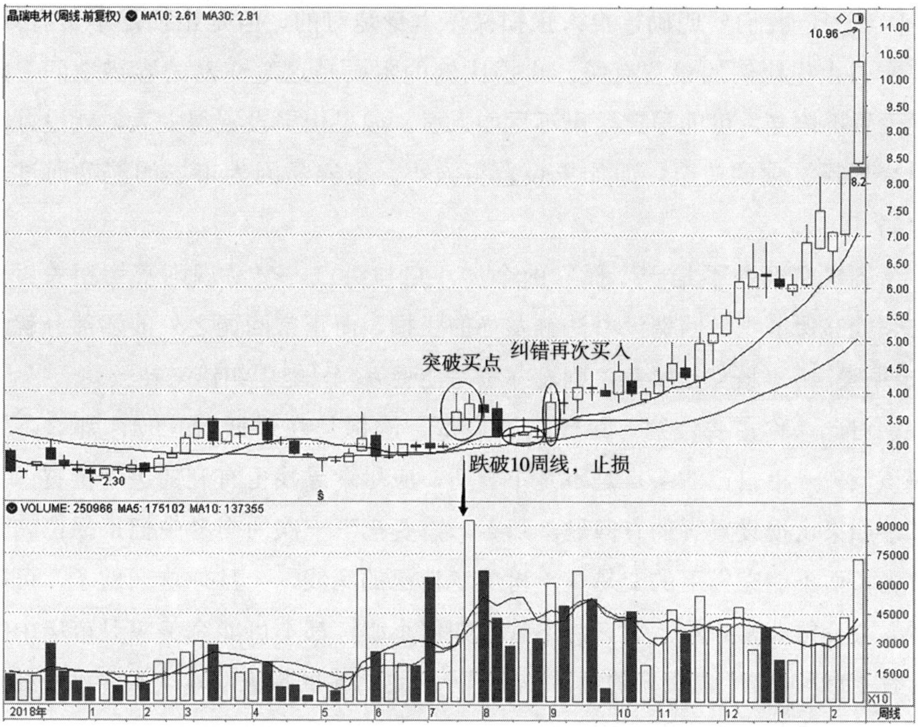

图 13-3　300655 晶瑞电材 2018 年 9 月至 2020 年 2 月走势周线图

个股从平衡态里突破之后发生快速回撤，这个回撤很有可能会把你"清洗"出去，尤其在整个大环境相对比较弱势的时候。谁也保证不了百分之百的成功率，有经验的投资者知道什么时候该撤退，但是撤退之后不会马上溃败逃走，而是重新评估目前的情况。

我们选择的个股已经经过了重重筛选（基本面和各种其他条件都支持），那么，即使因为某些原因出局了，也不能认定个股就此失败，还是需要不断跟踪，当主要危险解除时，照样可以介入，并且经过了之前的洗盘，接下来股价的上涨也许更加坚决。如果你不能及时纠错并重新寻找到进场的时机，可能会错失一只大牛股。

所以，你必须习惯纠错这个模型，这样的纠缠可能会重复好几次。

既然如此，那你可能要问了："我为什么一定要每次都出局"，对于新手而言，这样的操作可能令人难以承受，因为要用更高的价格把卖掉的股份买回来。

但问题在于不是所有的止损都是错误的，如果事情真向着糟糕的方面发展，你的出局就是明智的。

纠错的好处在于用一个很小的成本，保证了自己不会滑到损失的深渊里。算是买了小保险，如果没出险，万事大吉，如果出险了，这点小钱可以保证你没有更大的损失。而且这是两次完全独立的交易，并不能混为一谈。

所以，当你看到一个危险信号的时候，不要犹豫。如果退出后发现是虚惊一场，再次进场即可，中间的这一点点费用，对比可能出现的损失及成为牛股之后的盈利，实在是微不足道。

五、止损新手指南

之前和一个学员小王聊天，他说自己的股票下跌，后悔没有早点卖。我问："为什么不卖"他回答："套牢了，想等一等看看会不会解套"。

这里的"套牢"指的是买入后由于股价波动，当前股价远低于建仓成本的情况。

我相信，整个金融市场有千千万万个"小王"，他们只要买入后"被套牢"就万分难受，这时别的已经不重要了，头等大事是等着"解套"。甚至股价趋势、公司基本面都已经恶化，他们也选择忽视，采取"死扛"的方式来应对，期待市场能突然上涨。

1. 成本陷阱

理性的投资者应该从一开始就将"买入成本"的概念从决策系统里剥离出去。

首先，你的成本价对于个股的走势没有任何影响。在金融市场中，任何一笔交易的买入价都属于沉没成本，除了你自己，没有任何人关心。事实上，你买的股票未来是涨是跌，根本不会参照你的成本，因此卖出决策的标准不是你赚了多少钱或赔了多少钱，而是这只股票的趋势和逻辑还在不在。

如果预计未来的走势对你不利，即使账面已经出现了浮亏，也应该及时离场，而不是指望市场可能会突然反弹的小概率事件。

投资者最擅长做的一件事就是原谅自己，然后去怪罪别人。要么是庄家太"狡猾"，要么是上市公司业绩不佳，要么是市场上的分析师误导，甚至是同事为什么要告诉你这个代码等，但是很少怪罪自己。而止损就是将责任揽回来的第一步。

市场中绝大多数的事情都不是由你控制的，但是好在最重要的两项都是完全由你掌控，一是买入，二是卖出。

而"被套"这种状态是无力控制的表现，想象一下当时的情形，股价下跌 5% 你可能认为理所当然，下跌 10% 无关紧要，下跌 15% 终于开始紧张了，到了 20% 期待反弹，当下跌到 30%，你会安慰自己长期准备。

说白了，不就是被套了嘛，在投资交易中，只有赚和赔，赢和输，没有被套，当你能够接受认赔作为投资决策的一部分时，就离成功不远了。

2. 培养习惯

很多人只有止损的观念，而没有止损的执行力。所以第一步你应建立止损的感觉，培养止损的习惯。当情况不利于自己的时候果断出手，经历过十几次这样的实践后，你会惊喜地发现原来没有那么难，那些不佳的个股不会再耗费你的精力，你能够以放松的心态去寻找真正有潜力带来利润的优质股。

这才是质的飞跃。当完成了这一步之后，我们再来考虑如何更精细地设置止跌点。

在培养习惯机械化执行的这个阶段，最重要的是简单。如果给自己 18 条标准，对于一个还在和情绪对抗的你而言，这缺乏可操作性，还不如简单地一刀切，不管在什么情况下都将最大止损点设置在 -8%。

止损的目的是封锁住亏损的下限，如果你的损失一直扩大到 10% 甚至 15% 以上，那么止损策略就变得毫无意义。

新手很容易遇到这种情况：买进之后有了一点小幅上涨，然后个股开始下跌，很快跌到了成本价，然后他会安慰自己到了止损线就出局，可是当股价跌到止损线，他会再次安慰自己，要不等跌到 20 日均线上，很快 20 日均线也近在眼前了，此时又看到了下一个止损位。最终，个股从 5% 可以出局，变成了深套 50%。

要知道，底线不能随便改变。你一而再，再而三地后撤自己的防线，终有一天，你会发现自己遭受了巨大的损失。

3. 严禁向下摊平

新手在投资中除了忽视止损之外，更严重的问题是向下摊平。

向下摊平和价值投资里的越跌越买是两回事儿，因为这里面一个是主动一个是被动。

一只股票从 40 元跌到 35 元时，如果你在 35 元加倍补仓，看似只要股价回到 38 元就可以弥补损失了。但是你可能忽略了一个更大的风险，即一旦个股继续下跌，你会亏得更惨。实际上，股价从 35 元一直跌到 30 元的可能性要更大。

股票和你在商场里买打折商品不同，高速成长的股票一旦开始下跌，并不是意味着优惠，而是意味着变得更糟糕了。

这时很多投资者都会掉入基本面的陷阱，一厢情愿地认为自己持有的是一家好公司。我一直强调，即使是好公司也要有好价格和好趋势才行，否则没有意义。永远不要在还不知道自己是否正确的时候投入更多资金。

还是那句话：在交易中做错不可怕，真正可怕的是一直忽视错误。

第二节　盈亏平衡

如果你买的股票没有触及止损线，大概率不会遭受亏损，无非是赚多赚少的问题。如果你已经有了可观的利润，接下来最重要的就是如何保护自己本金和利润，以及什么时候卖出手中的个股。

你需要把最初的止损线顺着股价上涨的方向移动，这样就设置了一道锁赢线。这条线不仅能够保护你的本金，还能确保你已经获得的利润不被市场突然反转侵蚀。

一、盈利价值观

锁赢和止损是完全不同的话题，你可能会认为止损的压力会更大一些，获利了结应该是很轻松的事情，但事实并非如此，锁赢同样需要面对压力，即要么恐惧，要么后悔，总是会被这两种情绪撕扯，好像和最初买入的时候并没有什么不同。

交易的本质是卖出价大于买入价，而并不是要在最低价买入，最高价卖出。如果想要减少烦恼，不妨在卖出的时候问问自己：目前这个价位卖出，是不是大于了自己的买入价？如果是，则没问题，怎么卖都没问题。

当然，我们的交易系统是一个赔率的游戏。在这个过程中，你既要保证自己不能卖得太早，错失了后面的利润，也不能让自己卖得太晚，来回坐过山车。只要个股和行情允许，每一次赚钱都要尽量做到盈利最大化，否则又用什么来弥补之前多次尝试的小幅亏损呢？

二、设置方法

锁赢线允许的波动范围比止损线大一些。千万不要因为股价从最高价下跌了 8% 就急于出售，此时和原始止损所面临的情况并不相同。

原始止损的时候，你的出发点可能是错的。股价不仅没有上涨，反而下跌到买入线以下，甚至触及了最大允许回撤的止损线，且没有丝毫起色，这时错误已经很明显。你如果不马上纠正，情况会变得越来越糟。

而现在，你的出发点是正确的，股票的表现越来越好，也取得了可观的收益。既然如此，可以多给这只股票一些波动空间，如此一来，避免在市场调整幅度达到 10% 至 15% 时被淘汰出局。

当买点正确并开始产生利润时，这些利润还不一定是你的。我把它们叫作"市场暂存到你这里的钱"，大概 15%。什么意思呢？如果第一轮上涨幅度不超过 15%，然后开始回调，那么还使用最初的止损线作为出局标准。如果第一轮上涨幅度较大，超过了 15%，那么，理论上不应该回调得太深，否则失败的可能性会提高，因此你可以把第一条锁赢线放在成本价上，即使最后个股没有上涨，这笔交易也不会亏损。

第三节　移动锁赢

随着事情的进展，个股一路上涨，幅度已经到达了 20% 至 40%。这时我们需要警惕首轮比较明显的调整可能即将到来。

一、基本原则

当个股进入调整期后，我们要密切关注。如果个股完成了调整，新一阶段的上涨开始，我们需要把锁赢线上移到此轮调整最低点的位置。相反，如果个股没有再次突破，就要在跌破整个形态的时候出局，如图 13-4 所示。总的原则是：在新的平衡态下轨出现之前，不做锁赢线的移动。也就意味着，第一波最小阻力状态完成之前锁赢线不移动，开始进入下一个平衡态的构筑阶段，没有完整的上下轨，锁赢线也不移动，只有当上下轨构筑完成之后，才将锁赢线移动到新的下轨位置，这里的下轨通常是指最低价。

13-4 移动止损示意图

有以下三种特殊情况。

第一，最低价超过你的心理预期，比如一只股票上涨了 50%，你认为它不应该回调超过 20%，否则结构太松散，则可以将锁赢线放在涨幅 30% 的位置。

第二，你现在有 50% 的利润，不过 10 周线或均线的支撑位在 15% 波动的地方，那么，你可以将锁赢线放在涨幅 35% 的位置。

第三，越在行情的后期，风险会不断累加，原则上要缩小震荡的比例。比如在三个平衡态之前，波动空间可以放在 20%，三个平衡态之后，波动空间尽量缩小到 15%。

二、其他卖出信号

除了机械地等待锁赢线之外，很多情况下，我们可以更早感知到市场走弱的迹象，以便更多地保护已有的利润。

1. 最大跌幅

如果股票连续大涨了一段时间后，此时突然出现了自上涨以来最大的日线跌幅或周线跌幅，并且随后三根 K 线内没有收复这根阴线 1/2 位以上，则预示着未来可能会有大麻烦。

比如 2020 年 6 月 2 日，盐津铺子出现了自上涨以来最大的日线下跌，并且随后三天没有任何收复的迹象，如图 13-5 所示。除此之外，同一时间，消费股大面积放量长阴，甚至跌停，包括百润股份、绝味食品、妙可蓝多等。

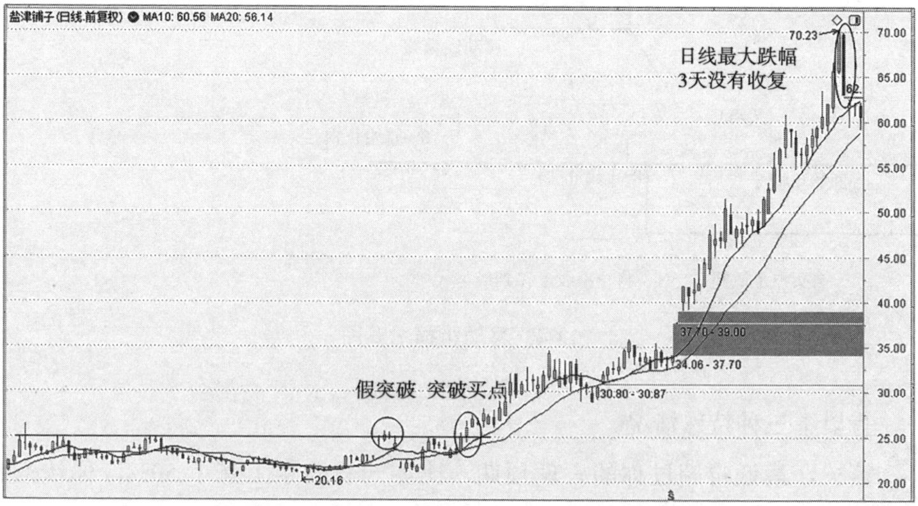

图 13-5　002847 盐津铺子 2019 年 10 月至 2020 年 6 月走势日线图

再比如 2020 年 2 月 26 日，半导体板块也集中出现了最大跌幅的阴线。

以华天科技为例，该股经过一波日线加速上涨之后，出现一根 -9.27% 的大阴线，随后几天越跌越多，并且同板块的兆易创新、闻泰科技、北京君正等走势也类似，如图 13-6 所示。

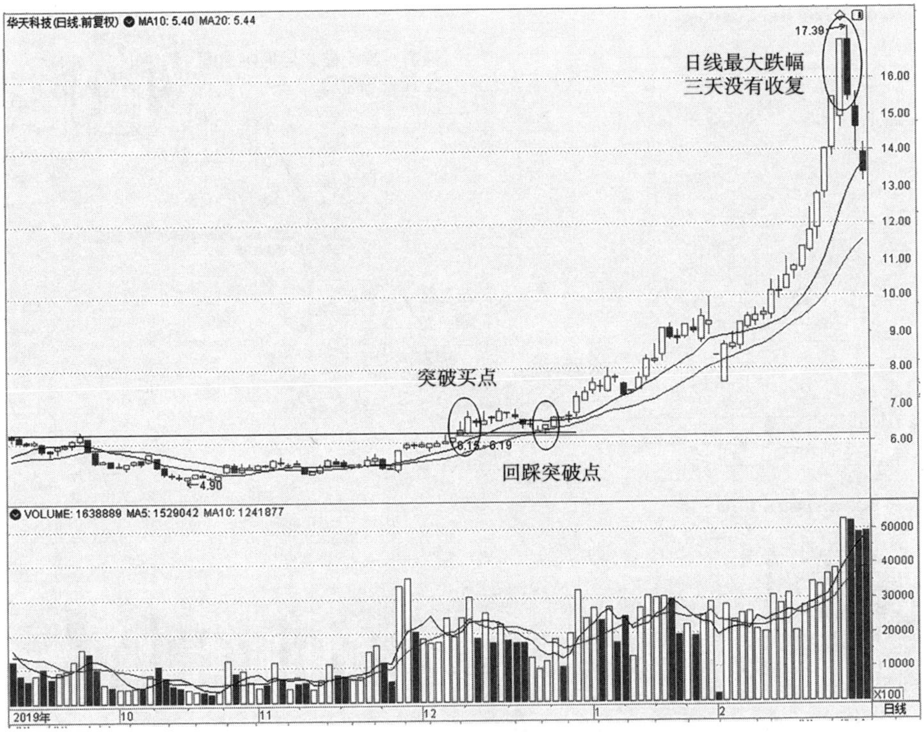

图 13-6　002185 华天科技 2019 年至 2020 年走势日线图

这代表了什么？从形态看，这属于"阴包阳"的反转形态，是非常典型的见顶形态。当个股出现这种形态的时候，你应该做的是先防御风险，切勿认为"这次不一样"。

2. 滞涨及震荡加剧

一只牛股每次突破形态都是一波凌厉的上涨，但是某一次突破之后，股票不仅没有快速上涨，反而震荡幅度明显加剧，结构不再紧凑。你开始感觉到不舒服，千万别忽略这种感觉，尤其是当你看盘的时间越来越长，这种被称为"盘感"的东西会在行情中越来越多地帮到你。

震荡加剧的走势意味着市场上充斥着大量的供给，换言之，筹码越来越多，多到股价已经不能维持上涨，马上要摇摇欲坠了。比如恩捷股份 2021 年 2 月至 2021 年 7 月的这段走势，如图 13-7 所示。

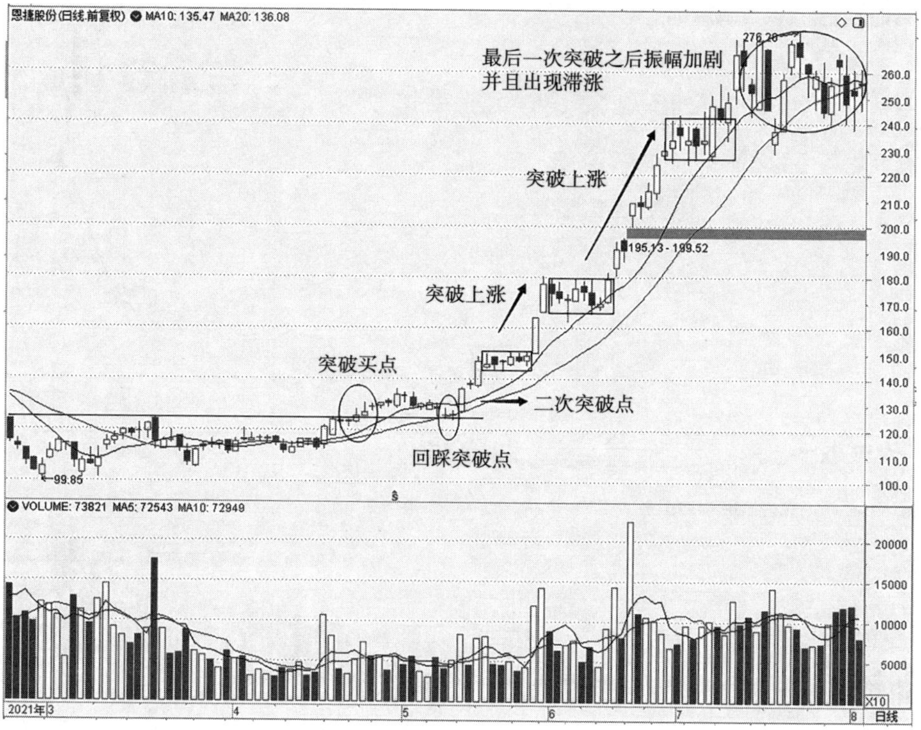

图 13-7　002812 恩捷股份 2021 年 2 月至 2021 年 7 月走势日线图

对于震荡加剧的见顶阶段，放宽止损可能是最错误的决定，你记住一句话：高风险才有可能经历高波动。此时你能允许的波动范围要变得更小，而不是更大。

3. 跌破趋势线

如果在上涨后期，特别是在趋势线斜率最为陡峭的阶段，股价一旦跌破了支撑线，则需要赶紧卖出。比如 2022 年 8 月的通灵股份，在经历了一波日线上涨之后，跌破了一直以来的趋势线下轨，这时你要尽快出局，如图 13-8 所示。

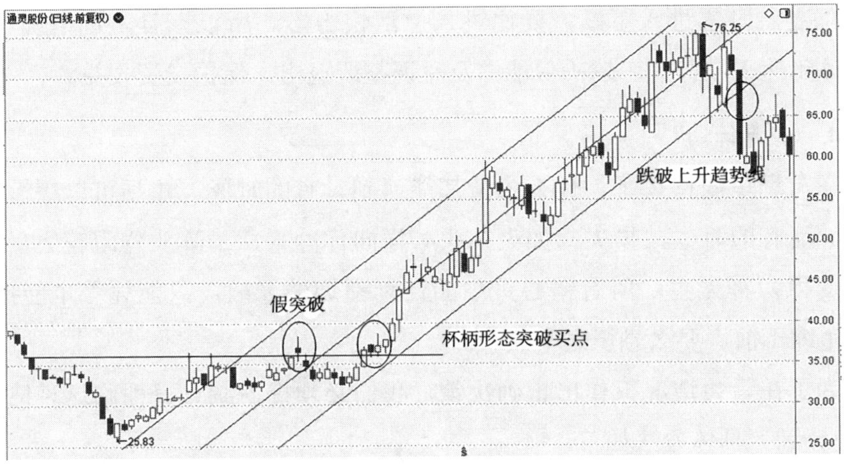

图 13-8　301168 通灵股份 2022 年 4 月至 2022 年 9 月走势日线图

还有一种情况，有一些长期表现优异的医药股和消费股，都是压着某一条神奇均线上涨，这时一旦跌破，必须卖掉。比如通策医疗 2017 年至 2019年走了两波行情，而这两波行情都是压着 10 周线往上涨的，那么，一旦跌破这条神奇均线，也就意味着此前的上涨到了尾声，如图 13-9 所示。

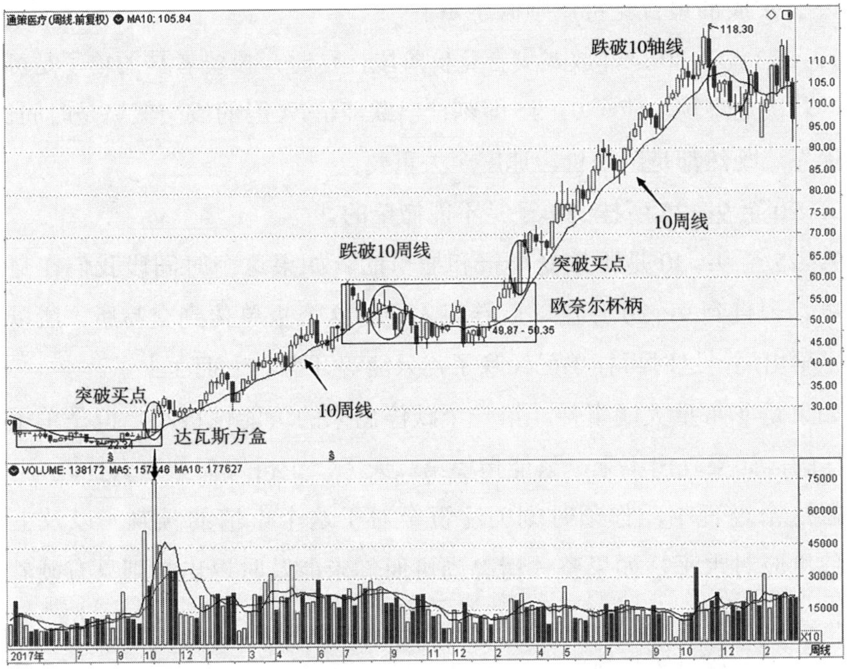

图 13-9　600763 通策医疗 2017 年 5 月至 2019 年 12 月走势周线图

总之，股票进入下跌，要比进入上涨快得多。所以一旦发现情况不妙，你必须迅速采取行动，以确保能够及时调整或退出，保护投资收益。

4."灾难计划"

在市场里面待久了，什么事情都能遇到。有的时候，止损可以缓慢地被执行，而有的时候，损失却如火车头一样向你冲来，一阵头昏眼花之后，你可能变得六神无主，所有精心策划的计划都烟消云散，只能凭着本能操作，要么龟缩不前，要么恐惧之下砍仓。

为了在紧急情况下作出正确决策，我们必须提前制订好面临这种情况的"灾难计划"具体方法如下。

方法一：利用集合竞价机制迅速反应

通常情况下，遭遇"黑天鹅"事件时，开盘的价格会大幅低开，远低于你的止损线，这意味着滑点会很大。我的建议是不论卖出价是多少，都要赶快抽身离开。这时属于第一个损失，虽然这可能导致比我们预期更大的初步损失，但避免了后续更加惨烈的下跌。

关于 A 股的集合竞价规则概述如下。

9：15 至 9：20 是开放式集合竞价阶段，这时，投资者挂的单子是可以撤单的，若决定离场，应于 9：15 即刻挂出跌停价，A 股的成交策略是时间优先、价格优先，既然都是跌停价，速度至关重要。

9：20 至 9：25 所挂的单子是不能撤单的。

9：25 至 9：30 是不接受申报和撤单的。如果这个时间段我们在交易软件下单，一直到 9：30 开盘以后券商才会将这个报单传到交易所。所以你如果想尽早出局，这时再挂单已经晚了，只能等开盘，一拥而上了。

如果是非常重大的事件，第一个跌停出来的可能性极小，但是单子也还是要挂的，如果真出不来，只能指望第二天了，记得每天都这么挂。

在这个过程中，你须时刻关注资金对于这个事情的预判，以及上市公司的危机应对水平，如果整体情况尚可而你未能及时退出，则只有硬着头皮应对。

方法二：利用低开缺口迅速行动

在盘前，如果你感觉有些事情不对，应格外小心，更多时候，事情发生可能毫无征兆，走得好好的盘面，突然低开了，这时你也一定要格外警惕。

如果能马上了解到是哪里出现了问题，则按照情况应对；如果不知道，则直接观察开盘之后的走势，如果很快收复，可以等待，如果一路下探，可以直接挂跌停。

比如 2018 年 10 月 10 日的合兴包装，之前的走势运行良好，但是当天开盘低开，紧接着在几分钟之内跌停，第二天直接一字跌停，第三天也是大幅低开的，更糟糕的是，随后个股一路走弱，很快跌回了起涨点，如图 13-10 所示。

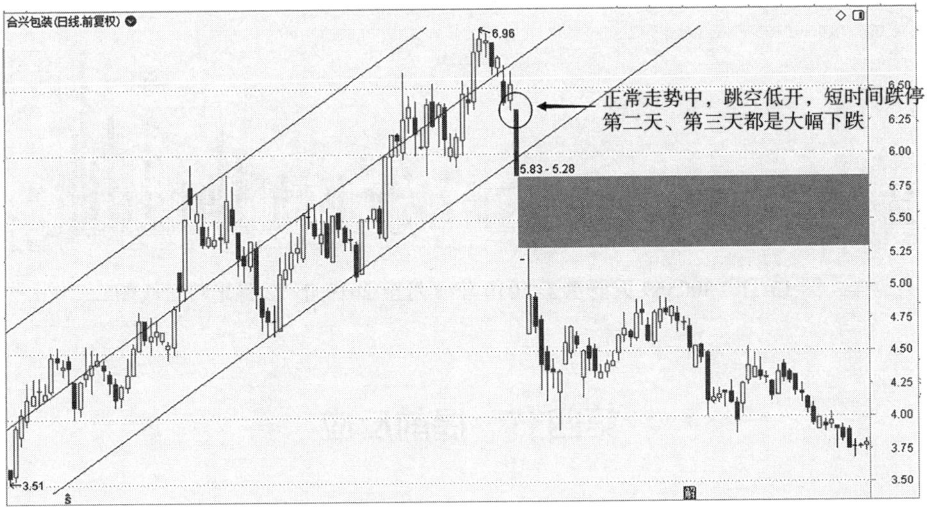

图 13-10　002228 合兴包装 2018 年 6 月至 2019 年 1 月走势日线图

再比如 2019 年 10 月 14 日，天能重工在正常的上涨过程中突然低开，然后快速跌停，之后再也没有抵抗住空头的攻势，股价一路下跌，如图 13-11 所示。

当然也不是所有的跳空低开都预示着持续下跌。比如 2018 年 12 月 6 日的沪电股份，由于 5G 板块大跌，沪电低开之后，快速放量跌停。但是随着利空进一步消化，本身已经进入第二阶段的个股很快恢复了元气，重启上涨。

如果你问我这样的情况还需不需要出局？答案是肯定的。因为没有人能准确地知道后面的走势，我们要做的是对自己的资金账户负责任。

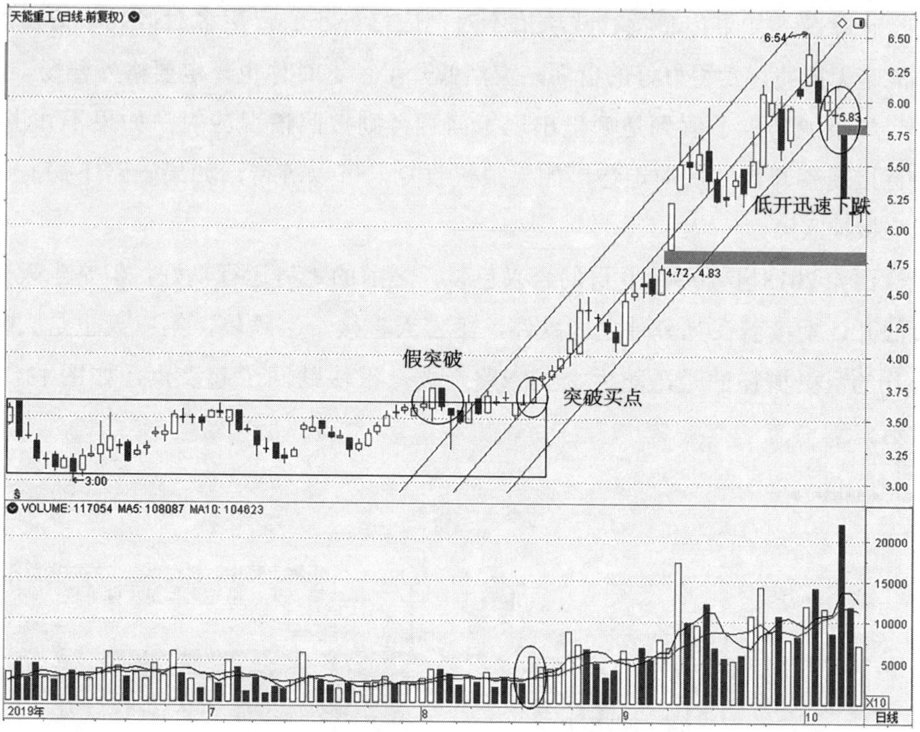

图 13-11　300569 天能重工 2019 年 5 月至 2019 年 12 月走势日线图

第四节　提前反应

之前我们提到的锁赢线都有一个共同的特征，即利润回撤，这需要股价在达到最高价后确认趋势的完结，属于右侧卖点。那么，我们能不能在股价上涨过程中预判高点呢？也就是寻找左侧卖点？答案是肯定的。

一、加速阶段

如果之前的几次平衡态，是一步一步建立的，那么越到后面，资金的分歧会减少，再加上各种利好消息的加成，上涨似乎变成了一件毋庸置疑的事情，市场上的卖单被一扫而光。

一只股票整个上涨行情的最大利润往往发生在这一次行情的最后两个星

期或更长一段时间。利弗莫尔把这段时间称为"最后标价阶段",而我叫它"加速阶段"或"大肉阶段"。

但是事情总是相辅相成的,加速过后,当该买的都买进去了,所有的资金都变成了筹码,自然后继乏力,离散场不远了。所以,股价加速上涨往往是绝佳的卖出时机之一。这个时期很有迷惑性,我们既不能错过,也不能丧失理性,一定要提醒自己时刻关注危险信号,果断落袋为安。毕竟我们的原则是只赚容易赚的钱,而此时的利润绝对是难赚的部分。

比如在沪电股份 2019 年 2 月加速阶段之后,个股开始调整,直到 2020 年 2 月,又出现了几周的上涨,创了新高,但是这段利润就是鱼尾,没必要进场,如图 13-12 所示。

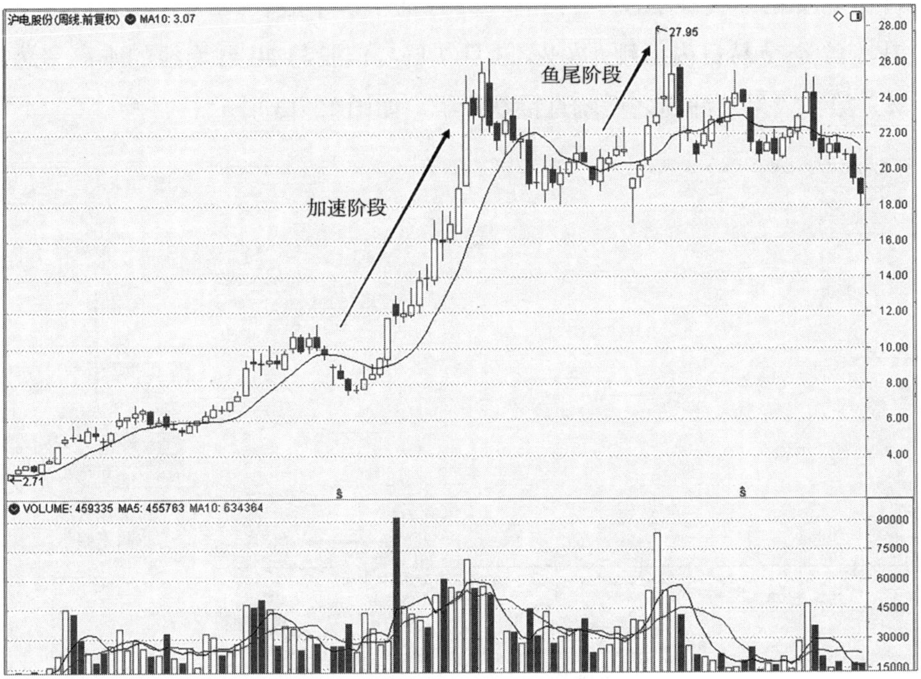

图 13-12　002463 沪电股份 2018 年 8 月至 2020 年 8 月走势周线图

当然,在实战中,加速阶段是一个相对的概念,不一定你每次都能判断得那么准确,正如之前所说,交易是用一套具有概率优势的系统不断重复,重点在控制止损,保持合适的盈亏比,至于其他因素,尽人事听市场即可。

二、卖出标准

卖出决策主要依据以下三个标准。

1. 大幅脱离 10 周线或神奇均线

如果个股从起涨点算起上涨幅度超过 100%，并且目前价格距离 10 周均线或 20 日均线的乖离率超过 40%，最近 1 ~ 2 周的上涨天数超过 70%，短期涨幅快速攀升到 25% ~ 50%，就需要格外警惕了。此时个股非常需要靠近均线。可能出现两种情况：一是个股下跌，逐渐靠近抬升的均线；二是个股横盘，耐心等待均线迎头赶上。不管是哪种情况，个股都必然进入调整形态之中，在此之前你可以考虑提前锁定利润。

比如中信建投在 2019 年初的一波行情中，个股在二次突破之后，快速拉升，17 个交易日内上涨 170%，3 月 7 日，该股与 20 日均线的乖离率达到 44%，第二天果然冲高之后就直接跌停了，如图 13-13 所示。

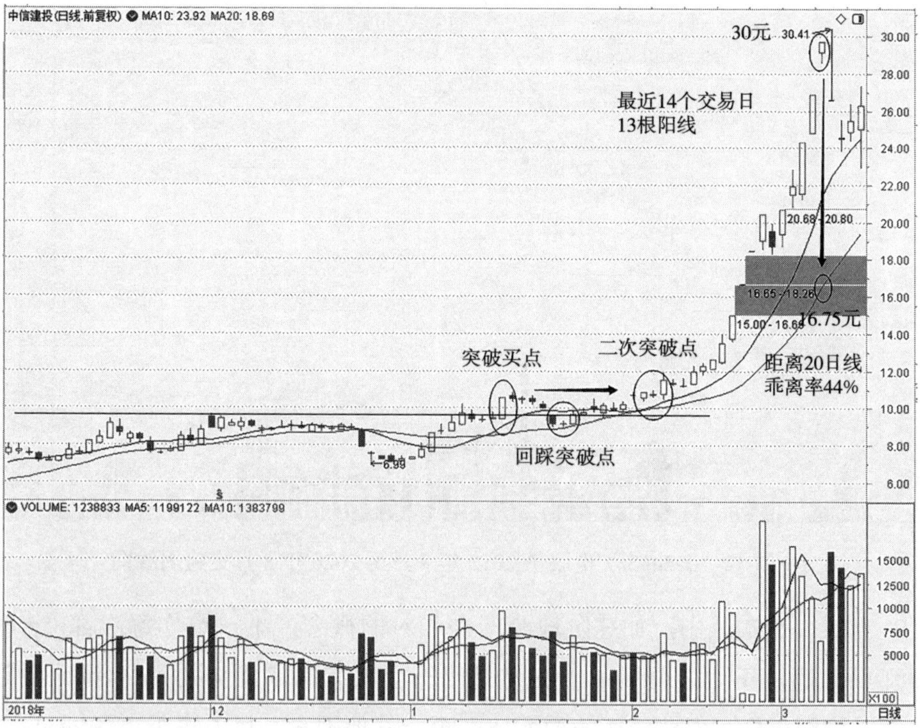

图 13-13　601066 中信建投 2018 年 11 月至 2019 年 3 月走势日线图

再比如，沪电股份 2019 年 6 月第二波的上涨，该股突破之后一路高升，连续 11 周中只有 3 周收了阴线，到了 2019 年 9 月 6 日这一周的最高点，涨幅达到了 136%，此时与 10 周均线的乖离率为 38%。之后虽然也上涨了，但是可以看到已经是行情结尾了，如图 13-14 所示。

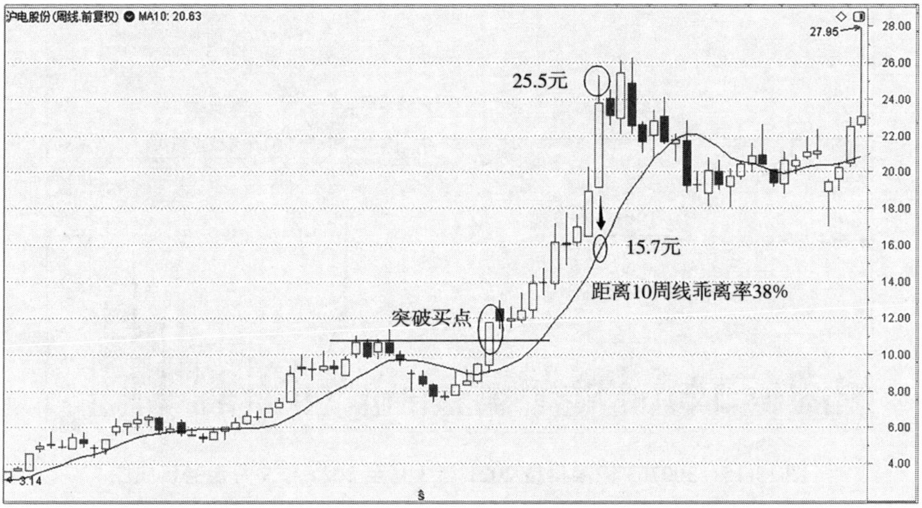

图 13-14 002463 沪电股份 2019 年 1 月至 2019 年 12 月走势周线图

2. 突破高斜率上涨趋势线

如果股价上升是沿着趋势线运行，尤其是后期斜率较高的趋势线，此时再次突破，同样可以考虑卖出。毕竟斜率越高，突破的可靠性越差。比如 2021 年 7 月的锦浪科技，突破了一直以来的上涨趋势线，然后开始剧烈回调，虽然后面又收复了阴线，甚至短线冲高了，但是也到了行情的后期，如图 13-15 所示。

再比如，通策医疗的上涨起始于 2017 年的 10 月，持续了约 9 个月。从 6 月 29 日至 7 月 13 日，11 个交易日内约 8 天是上涨的，涨幅约 30%。在周线图上，该股也明显沿着一个标准的上升通道运行，其中上轨线触及四个高点，是非常有效的趋势线。

而 7 月 13 日的周线突破了 2015 年的历史高点，同时也突破了通道上轨线，高出上轨线约 7% 的幅度。从形态上分析，已经出现了四个形态。而且这一次的突破成交量没有显著放大，显然已经不具有再度买入和持有价值了，如图 13-16 所示。

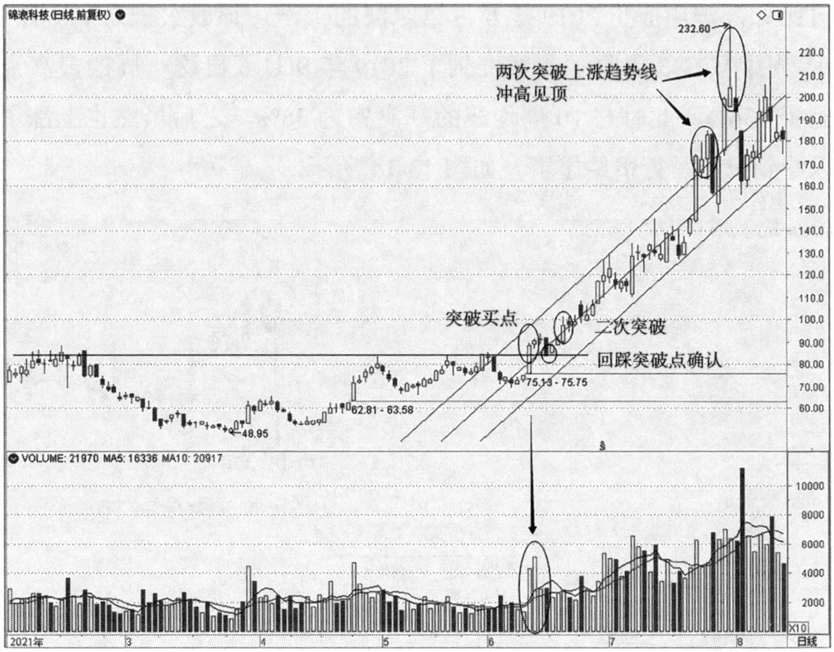

图 13-15　300763 锦浪科技 2021 年 3 月至 2021 年 9 月走势日线图

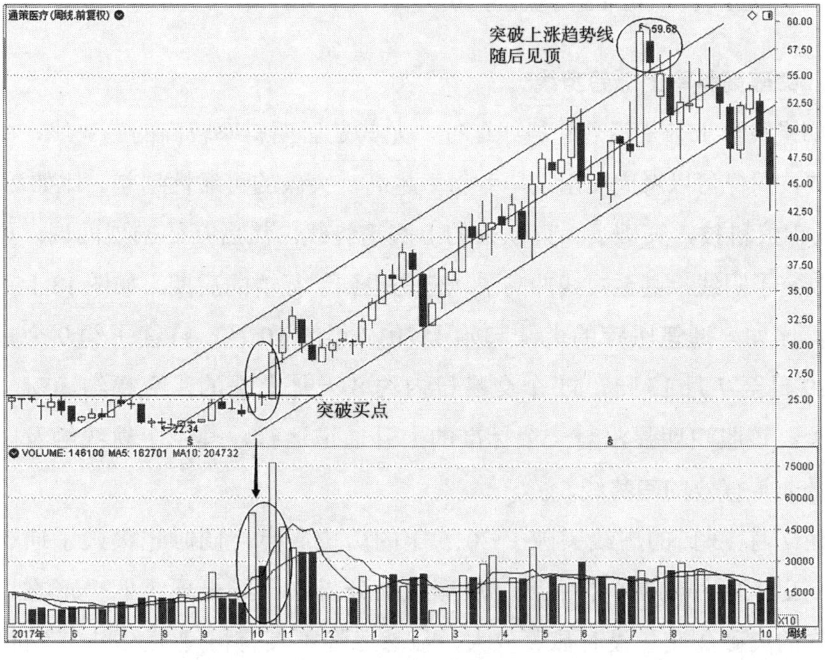

图 13-16　600763 通策医疗 2017 年 5 月至 2018 年 9 月走势周线图

3.测算涨幅

我们还可以通过测算涨幅来大体判断个股的目标价位，方法有以下两种。

第一种是通过摆动法则，适用于突破之前有过大幅下跌的个股。如图 13-17 所示，个股在 A 点开始下跌，最低跌到 B 点，之后重新开始上涨到 C 点，那么我们可以简单计算 C 点的价格等于 A 点与 B 点的差价。而这一位置就是潜在的目标价位。你可能在 D 点的位置寻找了一个合适的平衡态介入，接下来可以简单计算出在什么价位需要开始保持警惕。

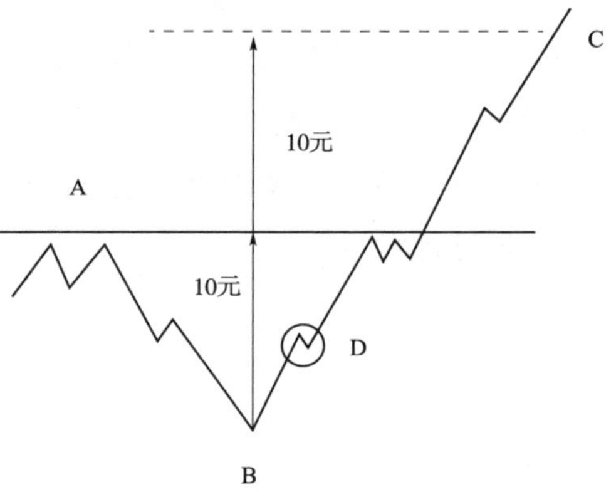

图 13-17 测算涨幅示意图

第二种是通过市盈率。虽然我们在买入个股时不需要参考市盈率，但是在卖出时，市盈率却是一个非常好用的参考指标。如果你买入的时候这只股票的市盈率为 20%，到了后期发现市盈率涨到了 40% ～ 60%，这时你就需要格外小心了。因为市盈率的扩大，代表着股价的上涨要远远大于实际的利润增长速度，也就是里面有了大量的情绪溢价。

总之，强势卖出是一种策略，但是卖出一只仍在上涨的股票通常不是最佳选择。因为只要趋势还没有显现出转变迹象，我们至少应该选择继续持有。

三、总结

本章最后，简单总结关于卖出的原则。

（1）是否卖出主要依据技术面，市场的反应往往要比基本面快得多，有时基本面还没什么变化，个股可能已经经历巨大波动了，你当然不想看着到手的利润消失。

（2）是否卖出取决于你的个股表现，大的市场环境再好，也有破位的股票，你可以根据自己的交易计划采取行动，不要忽略市场给出信号。

（3）止损是固定的，不能向下移动，到了就出局，如果出现止损滑坡，打到哪里，哪里出，不要等反弹，也许真的会有，但是绝大多数情况下都不会给你这样的机会。

（4）在没有利润的情况下，绝对不要在下跌过程中买入，向下摊平绝对不可取。

在卖点这个问题上，你永远都不要指望可以卖到最高点，你需要的是确认而非预测，一旦确认就可能要损失利润。

我们的目标是锁定预期的利润，即使卖出后股价继续大幅上涨，也千万不要后悔，专注于自己的投资目标即可。

第十四章

资金管理

第一节　风险价值观

在一次和朋友的交谈中，我们讨论了一位投资者的例子。这位投资者用1个亿资金重仓买了一只股票，结果亏损了90%，最终不得不以1000万的价格出局。他重仓投资的可不是什么劣质股票，而是信威集团。那么为什么会重仓？

一是贪心造成的，想要一把获得最大的收益。

二是过度自信，绝大多数普通人都是盲目自信，你所做的研究，收集的资料，历史的经验根本不足以带来真正的自信。这里的过度自信是对于高手而言的。之所以成为高手，是因为他们的盈利模式经过了多次验证，再出现一个熟悉的机会可能会重仓杀入。

但问题是当你认为没有问题的时候，问题会来找你。虽然有点儿拗口，但事实就是这样，你需要时刻记住：只有封锁住了亏损的下限，才有可能放大盈利。

一、"战争"还是播种

对于很多投资者而言，投资像是一场"战争"，成败在此一举，因此，你对于每一次的得失会看得特别的重，可能会用一种暴富式的交易仓位急功近利，这种方式往往效果不佳。

先不论结果如何，这种交易方式的容错率太低。只要在市场上待过一段时间的投资者都知道，股票市场的意外实在是太多了，有可能你做的每一步都是正确的，但最终的结果是以亏损收场。

所以，不要对自己太过严苛，在这个市场中，永远不要去满仓，永远不要让自己处在一个非常被动的局面中，即用所有的资金赌一个上涨的机会。

在经验丰富的投资者眼中，交易更像播种，资金是一颗颗种子。将种子种到土里，有些能够发芽，有些不能，如果最终没有长出来，对于整片土地没有太大影响。我们在市场中做的每一笔交易，能赚钱固然好，但即使亏损了，对你的资金账户的影响也应是有限的。

你要关注的是整个投资组合的成败，而不是单一交易的盈亏，所以不要因为单次交易的成败而沮丧，只要你的交易系统是正向期望的，只要不断地坚持，终将能取得成功。

一颗种子从发芽到长成参天大树是需要时间的。对于机会，我们要培育，不能太着急，一波可观的行情绝不可能一蹴而就。比如 2021 年 4 月 29 日突破的士兰微，整个第二阶段走完，用了 3 个月的时间，这还是非常标准的流畅走势，如图 14-1 所示。

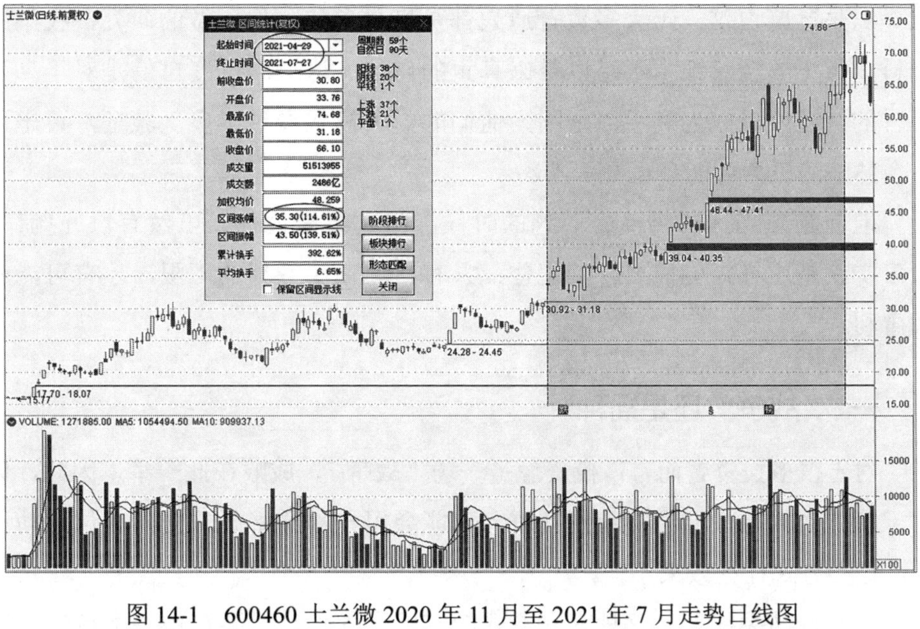

图 14-1　600460 士兰微 2020 年 11 月至 2021 年 7 月走势日线图

对于大多数普通的上涨个股而言，需要的时间会更久。总之，利润需要一步一步地积累，耐心既要用在等待出现更好的投资机会上，也要用在下单买入之后坚定地持有过程中。

除此之外，对于播种而言，会有明显的四季分别。春天是最好的季节，如果你一定要逆势在隆冬播种，种子只有一个结局——被冻死。

同理，市场也有四季变化，全年满仓绝对是不明智的行为，高手会耐心等待，选择天时地利人和的时机进场。你如果想要获得更好的投资收益，必须学会这种思维方式。

二、事先决定这一笔要赔多少钱

为什么下单前要事先决定这一笔操作你要赔多少钱？

也许你会在心里埋怨："我是来赚钱的呀"，可问题是，如果下单之前想的是买入可以赚多少钱，那么，你肯定希望多买。

在这个市场上"似是而非"的机会实在是太多了，而你的本金却非常有限，不论资金量有多大，对比市场都是沧海一粟，所以，你必须要保证在抓到一个可靠机会之前不会把自己的资金都亏光。

你要做的首先是生存，避免被意料之外的事情打败，因此控制风险至关重要。在每一笔买入指令前，确定好亏损卖出的确切价格和能买入的最大仓位，计算好自己可能遭遇的最大损失。然后问自己这个损失是不是自己能承受的，如果答案是肯定的，才可以准备下单。

当行情没有按预期的方式发展，股票跌破了卖出线，自然知道要如何处理。这时，已经没有多余的时间让你犹豫或思考，只需要执行之前的计划。如果你没有计划，那么情绪会接手一切，好比开着一辆没有刹车的汽车在马路上横冲直撞，撞车是早晚的事。

当然一开始你可能会觉得有些困难，这不奇怪，但是经过几次成功的交易之后，很快你能将这种思维模式形成习惯，你会变得很轻松，好像每天早上起床后都会刷牙一样，不会为这个事情浪费太多的精力。

不要专注于上涨空间，只专注于下跌空间，生存之后，才有可能盈利。"赔多少钱"这个问题由两个方面决定：一是止损的幅度；二是仓位的大小。

比如，一只股票从20元跌到10元，听起来很惨，但是如果你有一个100万元的账户，只用1万元买了这只股票，那么总体损失只有5 000元，针对整个账户而言风险仅为0.5%。

三、事前、事中和事后风控

风险控制的最高境界是未雨绸缪，防患于未然，止损应该是整个风险控制的最后一步，而不是第一步。

首先，应该做好选股，这属于事前风控，确保自己的股票符合"多头共振"条件。其次，应该耐心等待买点，包括合理的大盘环境和个股买点。如果你的选股标准健全合理，选出的股票大概率会上涨，但如果整个市场出了问题，再好的标准也很难帮你实现良好的业绩，所以大盘环境极为重要，这属于事中风控。最后，在这些基础上，再考虑止损的问题，这属于事后控制。

实际上，我们要做的是交易的过程风控，即怎样做才能尽量不被止损。因为止损并不是万能的，频繁的止损，说明交易的成功率偏低，对本金造成持续损害，如同温水煮青蛙，钝刀子割肉，最终导致严重亏损。

第二节　最佳仓位

最佳仓位是一个相对概念，主要是针对个人情况，而非与他人比较。

一、总体仓位的分配

仓位具体该如何设置呢？原则只有一条，既不能太分散，也不能太集中。好比你要负责管理的孩子越多，照看好每一个孩子越困难。股票也一样，如果你将资产分配到五十只股票上，要想清楚地了解每一只股票的变动情况是非常困难的，同时，最好也不要重仓1至2只股票。因为普通投资者了解一家公司的真实情况是极其困难的，即使在买入之前做了必要而细致的选股，依旧有太多的盲点，没办法预知自己的股票会出现什么问题，如财务造假、产品造假、贸易战、带量采购、商誉减值等。从过去的经验来看，这些事情也并不鲜见，那么唯一可以控制的就是个股仓位。像开车，你必须上路，上路又有可能发生交通事故，唯一能做的，除了谨慎小心之外，一定是系上安全带。

我的策略是个股最高配置 20%，也就意味着五只股票是轮动的。

如果你的全部投资额是 10 万元，那么每只股票的投资额度应该在 2 万元左右。如果是每股 50 元，可以买入 400 股；如果是每股 10 元，可以买入 2000 股。这样，即使一只股票腰斩，整体账户的损失也在 10%，并不会伤及元气。相反，如果你重仓一只股票，可能会损失一半的资金。除此之外，这 20% 的仓位我会根据个股的分级、买点的质量和大盘的情况进行分配。

比如一只股票是 A+ 级，在第一阶段突破买点时，我可能会先上 20% 的仓位，如果是 A 级的股票，则可能会先上 10%。

这里引出一个新的技术点：买点质量怎么区分？

最理想的情况是第一阶段突破买点，如果能够确认这个买点的有效性，可能直接会上 20%，如果是第二阶段上涨过程中才研究完股票，且仍有上涨空间，但属于一个风险买点，我可能只会上 5%。

再看大盘情况，简单分三类：上涨、震荡和下跌。理论上来讲上涨是 20%，震荡是 10%，下跌是 5% 甚至是 0。我一般不会在大盘主跌浪的时候操作，除非是 A+ 级的个股，但是仓位也只会控制在 5%。当然了，这三个方面是一个综合判断的结果，需要灵活运用。

总体原则是多头信号越多，仓位越重；多头信号越少，仓位越轻。个股仓位顶配 20%，如果真有极品股票，可能会稍微超过一点，但绝对不能重仓超过 30%。

把组合里的每一只股票都当作是持有的唯一个股。如果它表现不错，继续持有；如果它表现不佳，即使止损点未被触发，也应减轻头寸，然后把资金移入下一只第二阶段的新股票。

二、单笔风险的确定

在交易中，我建议设定一个今年的最大回撤限额。比如 5 万元。将这笔钱分为若干份，比如，10 份或 50 份，以确定单笔风险的具体金额。通过调整投入资金和止损比例，使每笔交易的风险控制在这个固定金额内。

设置合适的"单笔风险"非常重要，你需要从以下三个方面来考虑。

1. 连续亏损次数

在交易过程中，可能会连续亏损。因此，你要根据以往的交易情况预估可能连续亏损的最大值，比如，有没有可能连续亏损 10 至 15 笔？这是有可能的。

如果你不做管理，那么，交易账户会面临巨大的风险。如果我们控制每次承担的风险，比如每次 1 000 元，一旦连续亏 15 次，达到 15 000 元的总风险，则应停止交易一段时间。

定了这样一个规则之后，能让你在市场上保持安全，因为亏损在可接受范围内，每次做交易的时候真的可以把它当作播种，能长出来最好，长不出来损失掉，也在预期之内。

这样你进场和出场的时候，内心是平静的。这对于交易者的动作执行，会产生一个非常大的帮助。

2. 心理承受能力

单笔风险的设置，除了和连续亏损次数有关，还有另外一个要素也很重要，即对风险的心理承受能力。

有的交易者非常敏感，账户有一点点的波动，可能寝食难安。有的交易者则比较淡定。心理承受力，对于交易来讲是非常关键的。

你需要对自己的心性进行刻意训练，以确保在加大资金之后，动作不会变形。

那么，怎样才能提升自己的心性呢？你要对于自己的交易方法产生一种信念，说白了我们在市场中交易的是自己的信仰。这个信念不是凭空产生的，有以下三个方面。

第一，要看你的方法是不是逻辑缜密，规则是不是明确的、清晰的、可执行的。

第二，你要在过去的市场当中，进行充分的测试，一是不断熟练自己的方法，二是分析测试的交易账单，验证你的体系是不是有正向期望。

第三，在实际的交易过程当中，你要不断给自己一个正反馈，即建立了一套体系后，通过不断地执行，不断地交易，真正给自己带来利润。

通过这样的过程，信念感才能逐渐建立起来，因此我们需要更加耐心，给予自己更充裕的时间。

3. 盈利目标

决定单笔风险的第三个影响因素是盈利目标。我们如果把单笔风险设置得过低，风险是控制住了，但是根据盈亏同源，利润也被控制住了。

复利的力量很大，但是大多数的富翁非仅靠复利积累财富。比如1万元经过50年后变成1000万元看上去很厉害，再仔细一算20年后才300万元，30年后才500万元，50年后我们都老了，1000万元也没有多大用处了。

所以，在交易的世界中，对于资金量较小的投资者而言，应把年化收益目标定在30%左右。接下来再根据这个目标和交易系统，将每年的有效交易机会结合起来，制定适当的单笔风险。

总之单笔风险设置的考虑要素包括总体风险、连续止损、风险的心理承受力、盈利目标等。

通常情况下，总体风险维持在20%，单笔风险控制在2%左右比较合适。当然这个数字要和你投入市场的总资金、交易系统的效率及交易的一致性和稳定性有关。

三、单笔风险不一致

单笔风险不一致主要由两大因素导致：一是理解不清；二是权重。

第一，理解不清导致的单笔风险不一致主要包含以下三个方面。

1. 交易手数不一致

比如，每次交易必买10手（1000股），这里最大的问题是个股的股价完全不一样，所以交易金额不可能一致。如果股票A的价格为5元/股，1000股总计5000元而股票B的价格为500元/股，1000股总计50万。如果止损比例都是5%，盈亏比为1:3，则即便股票A的盈利率达到15%，也仅有750元的收益，而股票B的一次止损要亏2.5万元。

2. 止损点不一致

如果每次交易都投入 2 万元，那么，对于股票 A，能买 4000 股，而对于股票 B，只能买 40 股。在止损比例一致的情况下，单笔风险是固定的。如果你的止损比例不同，股票 A 的止损比例是 5%，股票 B 的止损比例是 15%，那么股票 A 的单笔风险是 1 000 元，股票 B 的单笔风险是 3 000 元。

3. 交易金额不一致

首先，如果交易金额不同，那么最后的亏损肯定不一样。其次，权重也会导致单笔风险不一致。

如果每次都用 2% 的单笔风险，权重就是一样的。但有些情况下，你会调整某一笔的交易权重，比如仓位不足或你这一段时间做得特别不顺，已经连续四次亏损了，接着遇到了一个非常好的交易机会，这时，你会不会因为之前的不利操作而导致对于本次交易的信心不足？我想大多数投资者是会受到影响的。

又比如，之前每笔交易的风险一直是 1 000 元，这次进场的时候降低了单笔风险，只用了 500 元，如果盈亏比为 5 倍，那么原本可以获得 5 000 元收益的交易现在只能得到 2 500 元，这可能不足以覆盖之前的亏损，从而影响整体的盈利状况。

第三节　关于加仓

所谓加仓，简言之是在原有的投资基础上，同品种同方向增加买单。也就是你有一个底仓，之后继续买入这个品种。

"加"这个字很有误导性，如果你的第一笔交易是 A，后面又在这只股票上加了 B、C、D 三笔交易，很多投资者会感觉 A 和 B、C、D 之间有某种很强的关联性。

其实从概率的角度上来讲，这几笔交易之间没有必然的关联性，每一笔交易的结果都是独立的，像抛硬币一样。

一、更多利润更多风险

既然每笔交易都是独立的，我们应换个角度去思考这个问题。之前我们讲过，交易是用一个固定的风险去换取一个不确定的、潜在的、更大的利润。加仓之所以能够赚更多的钱，是因为承担的风险也增加了。假设第一笔交易 A 能带来 3 倍的利润，如果这时不加任何的仓位，最终行情涨上去了，你获得了 3 倍的盈亏比。如果你又做了一笔交易 B，假设两笔交易的盈亏比是一样的，那么交易 B 也会给你带来 3 倍的潜在利润，承担了 1 倍的风险。两笔交易总体上带来了 6 倍的利润，因为它们加在一起有了 2 倍的风险。

因此，加仓这件事情是因为你承担了更多风险，才拿到了更多的利润。

二、更多利润、更小风险承受力

为什么有很多投资者觉得加仓是不承担风险或承担少量风险，却能够带来更多利润呢？原因很简单，如图 14-2 所示，行情一直是上涨的。假设投资者在 A 位置进行了第一笔交易，止损点放在 A-，随着市场上涨，投资者在 B 位置又进行了一次买入，止损点放在 B-，此时 A 点的交易已经产生了一定的利润，即使行情跌到 B- 这个地方，合并后的结果也可能达到不赚不亏的状态。

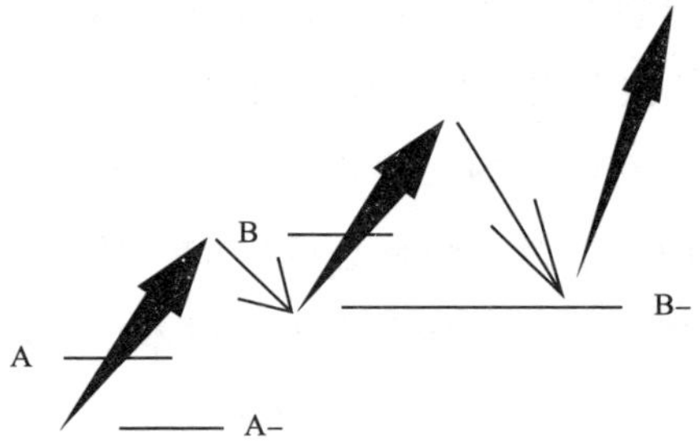

图 14-2　加仓示意图

但如果行情没有跌到 B- 这个位置就涨上去了，那么，通过加的仓位，两笔交易会赚更多的钱，看似风险是不赚不亏，但利润更大。我们知道只要进场，就承担了市场价格波动的风险，这种算法将风险转嫁到哪里去了呢？

假设现在只有第一笔交易，即使后来行情来到了 B-，单看 A 是有利润的，并没有打到止损位，则没有必要离场。但是当加了第二笔交易之后，发现到 B- 变成了不赚不亏，如果再往下走，两笔交易加在一起变成了一个亏损的状态，这意味着因为 B 的加入带来更多的风险，让整体头寸抵御价格回调的能力降低了。

换言之，本来我能够抵挡 15% 的回调，但是因为加了一个头寸，变成只能抵挡 8% 的回调，这是换取未来更多利润的成本，而不是没有成本。

三、加仓是单独交易

每一笔交易都是独立的，前一笔交易有盈利，后一笔交易不一定有盈利，它们之间没有什么可靠的联系。尽量不要把两笔交易放在一起，这样会特别感性化和主观化。所谓加仓只不过是满足同品种同方向上再做一笔交易而已。

那么问题就来了，有了第一笔交易，还要不要做第二笔呢？核心在于你要分析这个位置是不是又出现了符合系统的交易机会，如果出现了就做，反之则不做，不能因为第一笔交易赚钱了而盲目加仓。

如果你能把每一笔交易都独立出来，这有助于保持清晰的思维，避免因账户内多笔同方向交易的平均成本计算而导致的混淆，这样做可以更客观地评估每一笔交易的表现，而不是将它们视为一个整体。

总之，每一笔交易都要满足条件，都要有价值，不能因为有底仓、有利润就胡乱操作，这也是很多投资者所存在的问题。

除此之外，加仓还有两个核心要点：一是坚持在盈利的基础上加仓，绝不在亏钱的头寸上加码；二是尽量保证仓位的一致性或采用金字塔式加仓方式，避免倒金字塔式加仓，后者会提高平均成本，增加因市场回调而触发止损的风险。

第十五章

大势研判

第一节　大势研判的必要性

"覆巢之下安有完卵"，所以才有了"君子不立危墙之下"的应对策略。市场中也一样，风和日丽才是打鱼的好时机，而非狂风暴雨时。虽然我们最终的收益来自个股，但是研究指数却能够抓住系统性机会，避开系统性风险，让这些收益以更高的概率来到我们手里。像顺水行舟和逆水行舟一样，逆水行舟的时候，需要克服水流的冲击，船走得很吃力，同时需要发动机提供足够的动能来克服水流的阻力。在这样的情况下，船一般都很难快速行驶，发动机的动力稍有不足，船就会被水冲到下游。与此相反，当顺水行舟时，船在水流的冲击下，甚至不用开发动机，就可以往前走，行驶得很轻松。如果船的动力更强些，速度会非常惊人。

所谓大势，其实是市场中绝大多数人的共识。一开始可能只是某些人、某些机构的观点，渐渐地扩展的范围越来越广，资本有一个灵敏的鼻子，不管是嗅到风险还是机会都会一拥而上，然后整个市场开始应声而动。

比如 2007 年或 2014 年，绝大多数的股票表现出色；而在 2008 年或 2015年，超过 80% 的股票都会随着大盘狂跌不止。

当然，像这种极端的行情并不会经常出现，大约几年会有一次，而在其他的时间里，大多是持续几周到十几周的结构性行情，趋势明显。个股的波动幅度一般是大盘的三倍左右，所以在一波上下 15% 的结构性行情中，个股上涨 50% 是大有可能的，对于这种幅度的个股行情，是我们不能也不应该错过的，所以，结构性行情是我们研究的重点。

股市操作讲究节奏，用不着每天投入 8 小时，全年无休。事实上，结构性行情一年可能有两到三波，这个阶段果断持股，然后等市场转向之后，获利了结，安心地休息两三个月，再迎接下一波，这反倒是最有效率的一种操作方式。

市场是最聪明的，要学会尊重它。

尊重的含义是你可以有自己的判断，但是不能强迫市场。市场不是你养的宠物，不会听你的话。

敬畏和尊重市场就是要求在实战中不以个人喜好、猜测和想象作为操作依据，不以任何新闻消息报告作为操作依据，而是要根据市场实际的走势作出买卖决策。

很多朋友都喜欢预测后市，跌的时候猜测底部在什么地方，认为跌到某个价位就可以买进；涨的时候又会猜测涨到什么位置，什么时候见顶。每当有人问我这样的问题："对于后市如何看？是涨是跌？"我都会回答不知道，不是敷衍，是真的不知道。

如图 15-1 所示，截至 2019 年 8 月 9 日，市场 2019 年初走了一波凌厉的上涨，然后突然跌了，甚至都找不到明确的原因。当下的状态是下跌趋势进行中，若此时询问我下跌是否继续？我的回答一定是会的，因为趋势本身有持续性，这时不宜买入股票。

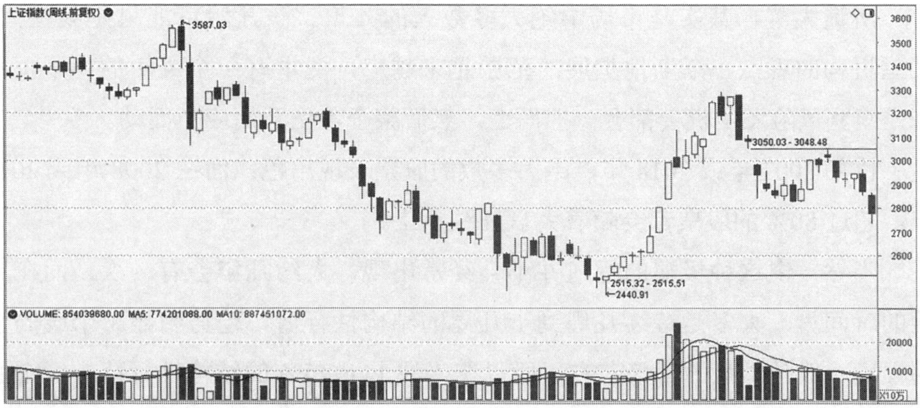

图 15-1　上证指数 2017 年 11 月至 2019 年 8 月 9 日走势周线图

但到了 8 月 16 日，事情出现了些许变化，首先价格没有创新低，只是在之前阴线的范围内持续震荡，其次反向线有金叉的迹象，此时你再问一遍刚才的问题，答案就变成不确定了，如图 15-2 所示。

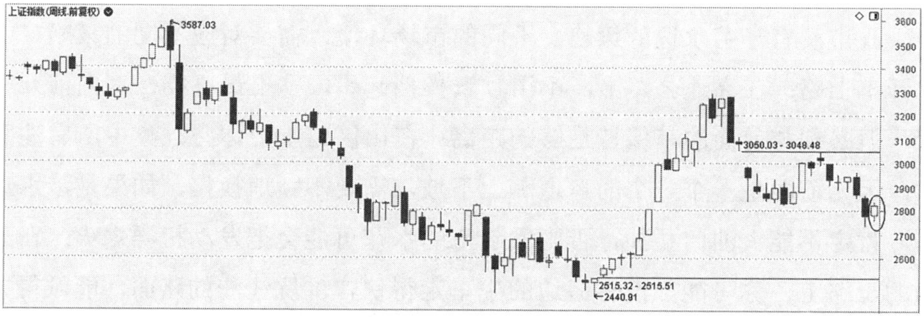

图 15-2　上证指数 2017 年 11 月至 2019 年 8 月 16 日走势周线图

不是善变，而是在熊市里，没有什么是一根阳线改变不了的，但此时的下跌趋势改变了吗？当然没有，只有止跌的迹象，如图 15-3 所示。

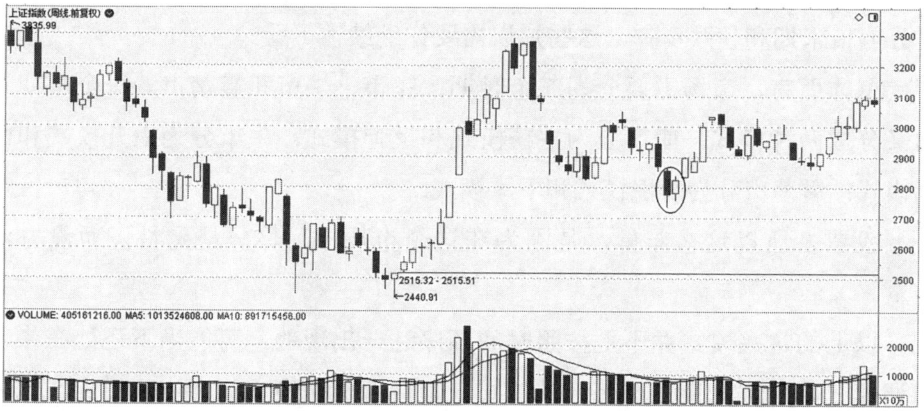

图 15-3　上证指数 2018 年 3 月至 2020 年 1 月走势周线图

果然 8 月 26 日，又来了一根阳线。从后面的走势来看，市场在一波反弹之后转成了震荡走势。而在这个过程中，诞生了韦尔股份、圣邦股份、兆易创新等翻倍大牛股。所以，在实际操作中，永远要以当下的市场走势作为决策依据，出现买点就买，出现卖点就卖。这是对市场最大的尊重，也是对自己账户资金最大的尊重，凡是忽视市场，藐视市场，妄想战胜市场的人最后必被市场踩在脚下。

第二节　大势六边形

股市没有一劳永逸的策略，不同的市场环境，需要对应不同的策略。好比开车上路：在高速公路上，不用频繁换挡起步，挂上最高挡一直向前开就行，但必须与前面的车保持足够的距离；在山区路上，你必须集中所有注意力，因为前面是一个一个的弯道和上下坡，需要不断地换挡，如果是涉水过车，肯定不能大油门猛冲，否则溅起来的水花可能会把发动机弄熄火；在颠簸的土路上，你可能都没有旁边的牛车走得快，坑坑洼洼的路面，能颠得人找不到北。

市场也是一样的，在牛市的上升期，开足马力向前冲就行了；但在熊市的下跌期，却需要寻找安全的"避风港"等待风暴过去。

不过市场上的情况要复杂一些，因为没有那么直观，所以，不一定能够区分熊市末期和超跌反弹，这些知识需要你继续往下看。

总体而言，市场主要分为三个时期：熊市、牛市和震荡市。每个时期里面又分成两种模式：熊市分为主跌模式和反弹模式；牛市分为主升模式和回调模式；震荡市分为上涨模式和下跌模式。

股票之所以这么难做，是因为在这个市场中，你只能定性，而没办法定量。

以上的这些模式并不是按照时间顺序逐一出现的，可能当下还处在牛市回调模式，很快转换为震荡下跌模式，紧接着又切换成熊市主跌模式，比如2009年8月的上证指数，如图15-4所示。

同样可能是当前处于熊市反弹模式，然后切换成牛市主升模式，比如2018年12月的上证指数，如图15-5所示。

除此之外，市场的下跌幅度和持续时间并无固定模式。比如2007年10月，大盘从6124点暴跌至3300点，尽管已腰斩，但依旧只是在熊市中期，而在2019年4月，大盘从3200点跌至2800点见底，跌幅13%。

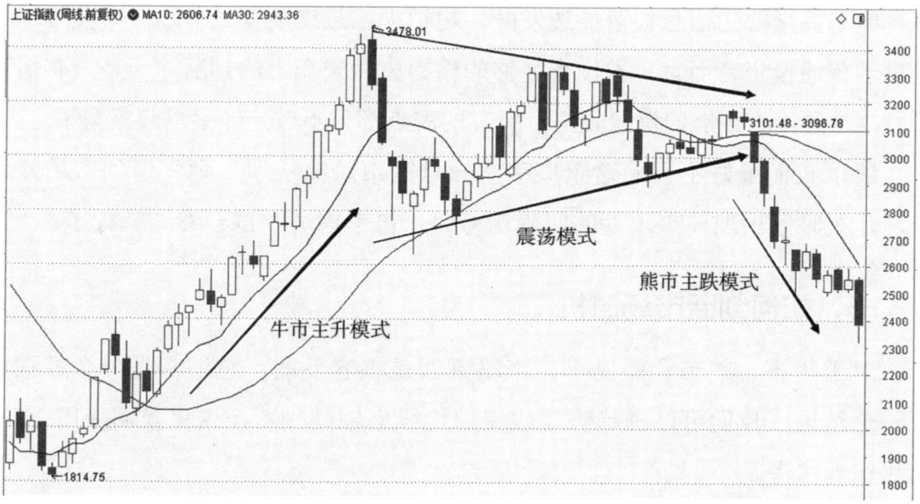

图 15-4　上证指数 2008 年 10 月至 2010 年 7 月走势周线图

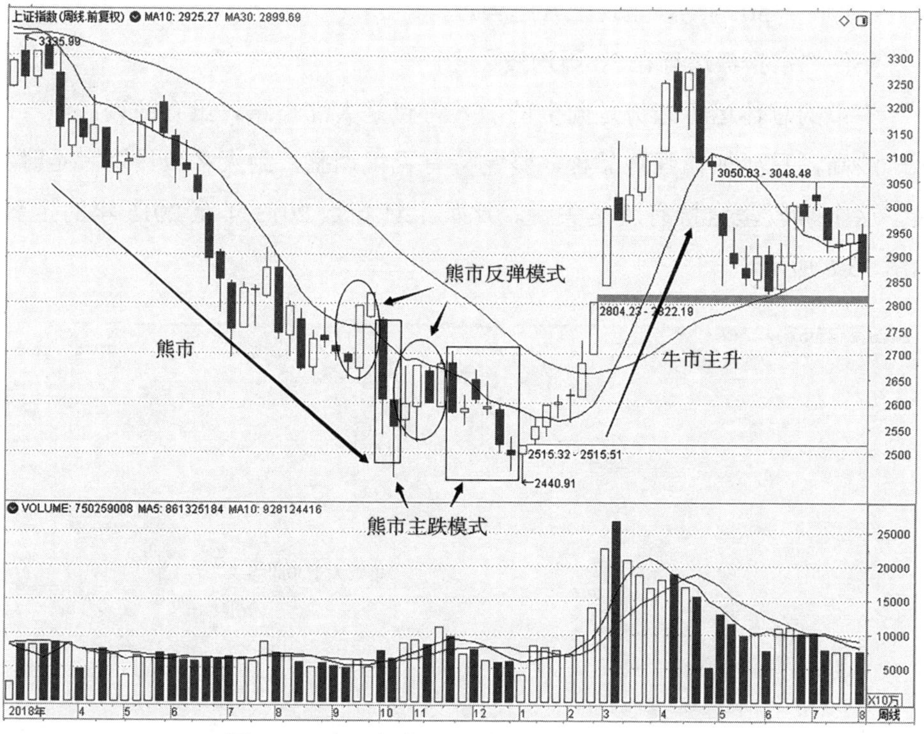

图 15-5　上证指数 2018 年 12 月走势周线图

　　而且最让人崩溃的是，你并没有办法准确判断到底能跌多少。因为整个金融市场太复杂了，很多看起来很严重的事情，最终到了盘面上却是轻描淡写，而其他无关紧要的信息却可能边发酵，边扩大，最终演变成一场金融灾难。并且对于普通投资者而言，也没有足够的精力去做宏观上的判断，一是没有知识能力，二是没有足够的资源收集，所有的观点都只不过是针眼里窥象罢了。

所以我们最好不要赌这个概率，一旦熊市迹象初现，则先退到市场外等待，什么时候出现熊市末期的明确信号时，再考虑适时试仓参与就行了。

一、如何判断市场时机

对于牛市、熊市和震荡市，粗略判断是很容易的，它们都是一个过程并非一个结果。我们可以画趋势线或使用均线来辅助判断，这里我们使用 30 周均线作为参考。

1. 牛市的判断条件

条件一：30 周均线呈现上升趋势。

条件二：指数运行在 30 周均线之上。

牛市的总体运行趋势是向上的，其特点是大涨小跌。虽有回调，但一波比一波高，只要抓住强势品种，坚定持有无惧调整，绝大多数投资者是赚钱的。这个阶段坚定持有就是关键。比如上证指数 2013 年至 2015 年的走势，如图 15-6 所示。

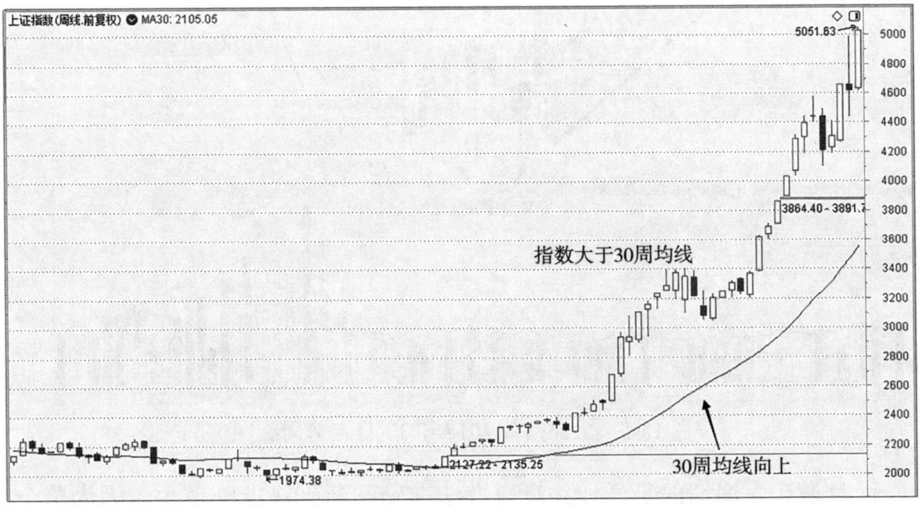

图 15-6　上证指数 2013 年至 2015 年走势周线图

2. 熊市的判断条件

条件一：30 周均线呈现下降趋势。

条件二：指数运行在 30 周均线之下。

熊市的总体运行趋势是向下的，其特点是大跌小涨。虽有反弹，但一波比一波低，绝大多数人是亏损的，偶尔有交易机会但转瞬即逝，不易捕捉，操作困难。比如创业板指数 2017 年 9 月至 2019 年 1 月的走势，如图 15-7 所示。

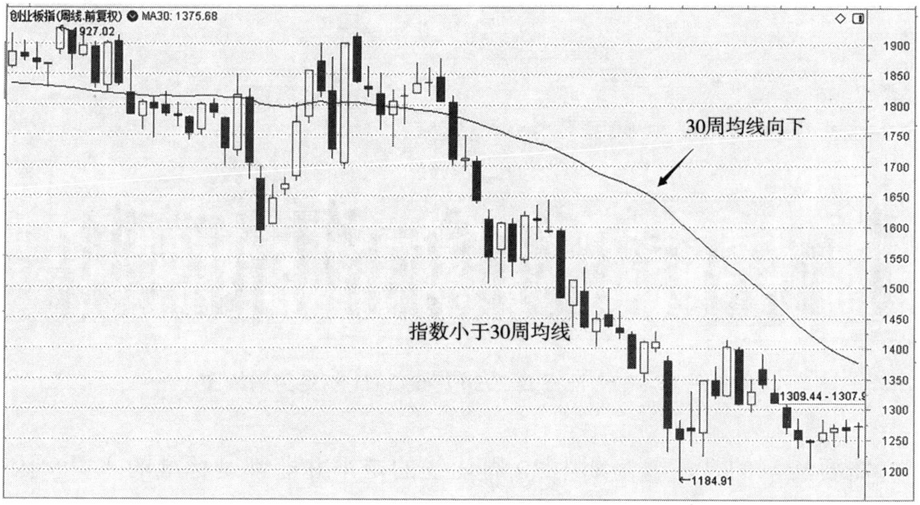

图 15-7　创业板指 2017 年 9 月至 2019 年 1 月走势周线图

3. 震荡市的判断条件

条件一：30 周均线趋于平稳。

条件二：指数在 30 周均线附近上下波动。

在这个阶段，你应该把握结构性行情，不用过多纠结于大势表现，选择主线板块，就可以捕捉到可观的主升浪。比如 2021 年上证指数的走势就体现了这一点，如图 15-8 所示。

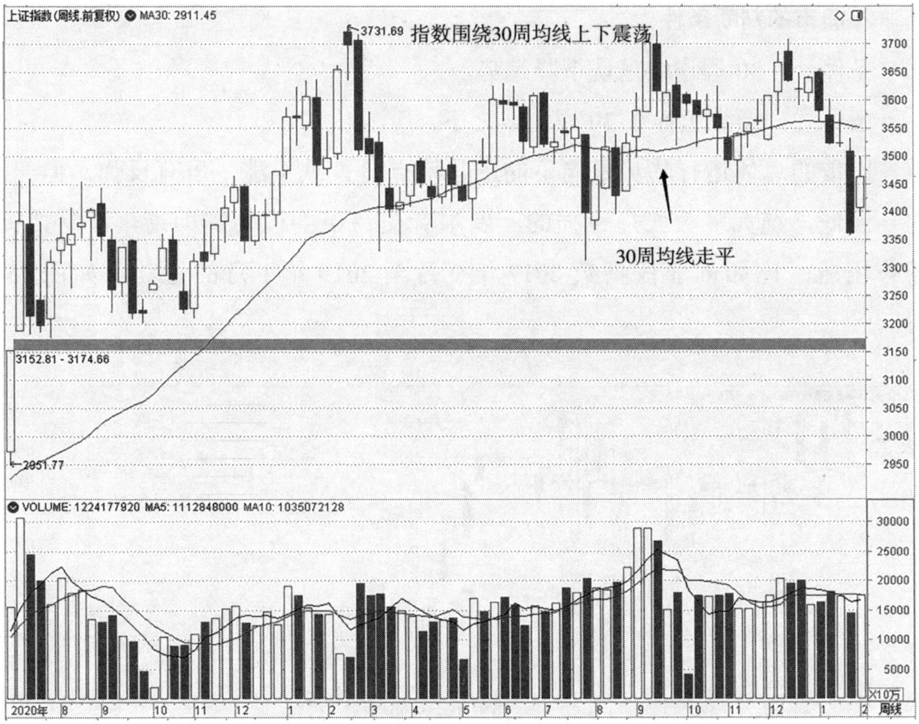

图 15-8　上证指数 2020 年至 2021 年走势周线图

需要注意的是，震荡期中 30 周均线的走平并非都是标准的水平，因为 30 周均线的时间跨度非常大，一般指数运行一段时间之后，均线还没有很好地跟随，所以，更可能是夹角很小的上扬线或下斜线。

图 15-9 为牛市、震荡市和熊市的模式汇总。

	牛市 30周均线向上 指数大于30周	震荡市 30周均线走平 指数围绕30周	熊市 30周均线向下 指数小于30周
↑	主升	上涨	反弹
↓	回调	下跌	主跌

图 15-9　大势模式汇总

接下来我们分析模式切换的条件和具体表现。在上述这六种模式中有两个核心点：底部拐点（下跌趋势中的核心点）和顶部拐点（上涨趋势中的核心点）。底部拐点出现会上涨，涨多少不知道，顶部拐点出现会下跌，跌多少不知道。我们所知道的是，趋势级别越大，出现拐点用时越长，确认拐点要素越多；趋势级别越小，出现拐点用时越短，确认拐点要素越少。

在交易中，对大势的研判并不是时时刻刻都有意义，我们最重要的工作是识别大盘有没有主跌的风险。如果没有，则应专注于主线板块，精选强势个股以获取利润。

二、熊市：主跌＋反弹

我们把熊市放在第一位讨论是因为在所有市况之中，熊市对于我们的资产账户构成最为严峻的威胁。你在牛市中积累的利润能不能留得住，取决于我们在熊市中的操作。

很多人对熊市持反感态度，其实熊市没什么可怕，可怕的是你在熊市时满仓。如果你已经踏准节奏，在熊市初期就空仓了结了上一波的巨大利润，那么熊市反而可能是一个机会，因为它提供了一个以更低价格买入下一轮牛市潜力股的时机。如果熊市不来，股价一直高，我们反而没有好的买入机会，我们使用 30 周均线来定义牛市、熊市和震荡市，而在细分模式的时候，需要用到 10 周均线。

1. 演化过程

杀伤力最大的熊市主跌是怎么演变而来的？首先是牛市回调模式，最典型的是 2015 年 6 月的上证指数。市场本来是运行在牛市主升阶段，也就是运行在 10 周均线之上，之后出现了剧烈的牛市回调，直接跌破 10 周均线，紧接着这个回调发生质变，导致 10 周线下穿 30 周均线，股价一直运行在 10 周线之下，如图 15-10 所示。

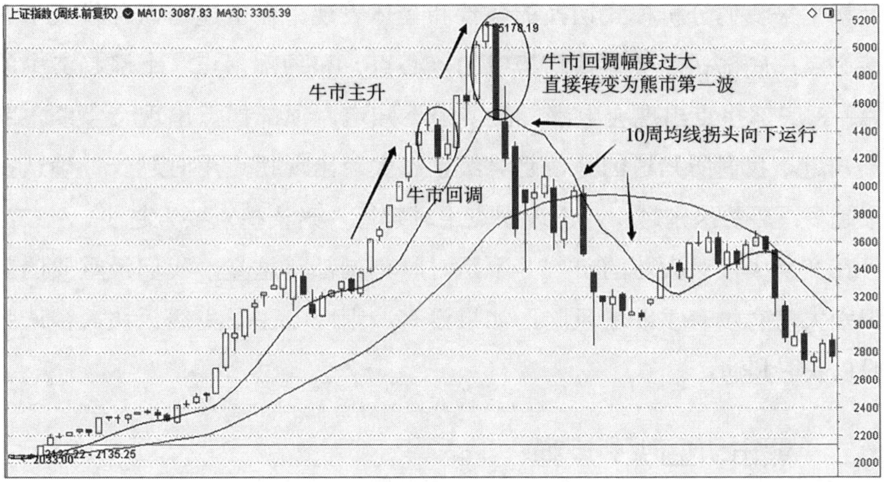

图 15-10　上证指数 2014 年 7 月至 2016 年 5 月走势周线图

　　此时，你可以看到 30 周均线有走平的迹象，但是股价没有止跌，直接将 30 周均线拉了下来，形成了熊市。原本从熊市末期过渡来的回调，演变成了第一波熊市的主跌浪。如果没有去杠杆的消息传出，市场很有可能回调之后再次上涨。

　　这种情况一般出现在一波凌厉的牛市上涨之后。比如 2007 年 10 月，如图 15-11 所示，显然，这一次的速度没有 2015 年快，而且下跌幅度也没有那么大，原因在于当时市场对于去杠杆的预期并不如 2015 年那样统一，也没有那么多因去杠杆而产生的被动卖盘。

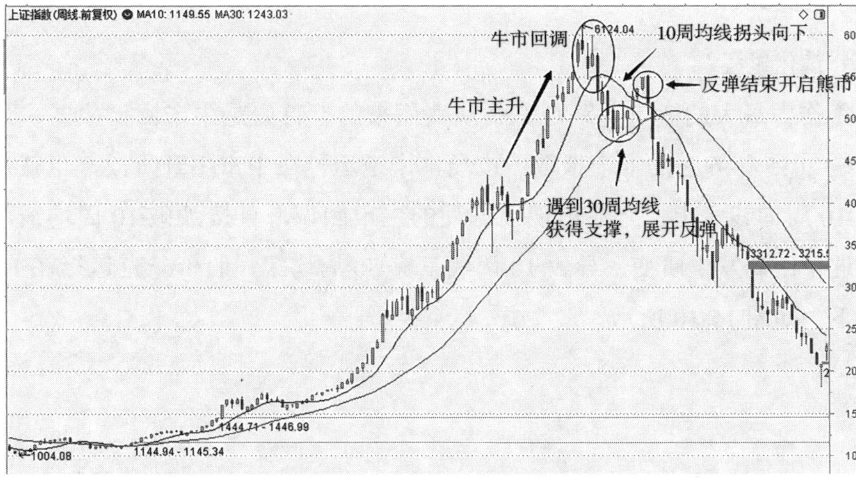

图 15-11　上证指数 2005 年 11 月至 2008 年 10 月走势周线图

同样是从 10 周均线之上的牛市主升模式开始，之后回调下破 10 周均线，但是到牛市分水岭 30 周均线这里止跌了，30 周均线的角度有放缓但是没有走平，随后股价再次下跌，10 周均线下穿 30 周均线，将 30 周均线拉下来，熊市第一波主跌，从牛市回调中演变出来。但是牛市回调之后并不意味着一定会转成熊市主跌，也有可能短暂停顿继续原来的趋势或形成震荡。比如 2019 年 4 月的创业板指。这波上涨幅度其实并不大，但特点是走得非常快，所以后面也出现了回调到 30 周均线的情况。但这里却并没有出现市场持续下跌，10 周均线下穿 30 周均线，把 30 周均线拉下来的情况，反而走了一小波震荡，30 周均线微微上扬，之后市场继续上涨。这表明牛市趋势仍在继续，如图 15-12 所示。

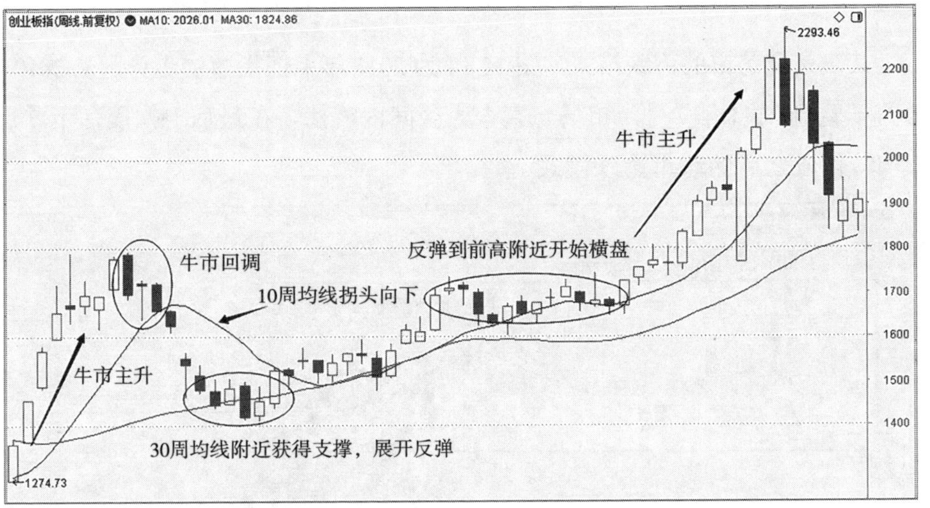

图 15-12 创业板指 2019 年 1 月至 2019 年 11 月走势周线图

继续看 2021 年 2 月的创业板指，如图 15-13 所示，同样是始于牛市回调，回调特别剧烈，直接跌破了 10 周均线和 30 周均线，在接下来的三周内，低点几乎持平，之后出现反弹——15 周内涨幅达到 24%，之后进入震荡走势。在这个过程中，30 周均线仅仅是走平而没有被拉下来。

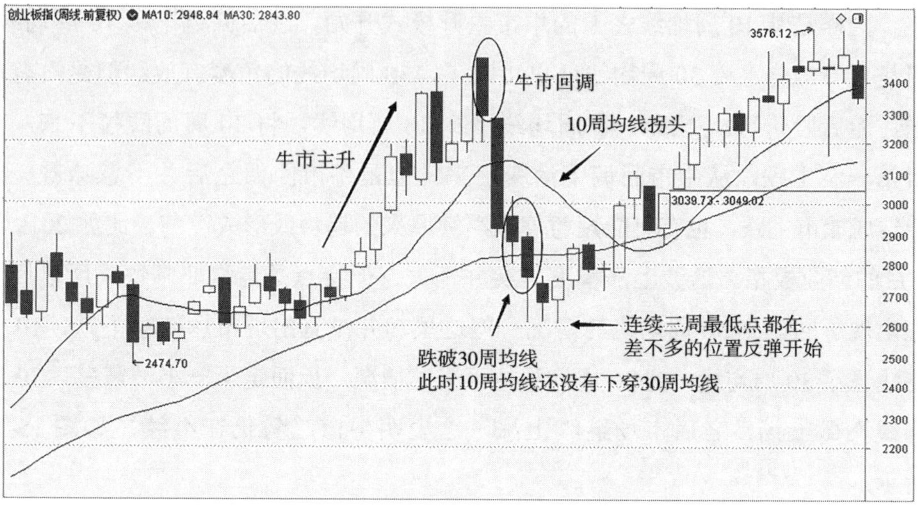

图 15-13　创业板指 2020 年 9 月至 2021 年 12 月走势周线图

其次是震荡市的下跌模式，图 15-14 为 2011 年上证指数的走势，从 2010 年 10 月一直到 2011 年 7 月，市场一直在大区间内震荡，在最后一次震荡下跌后，市场转化成之后的熊市主跌模式。

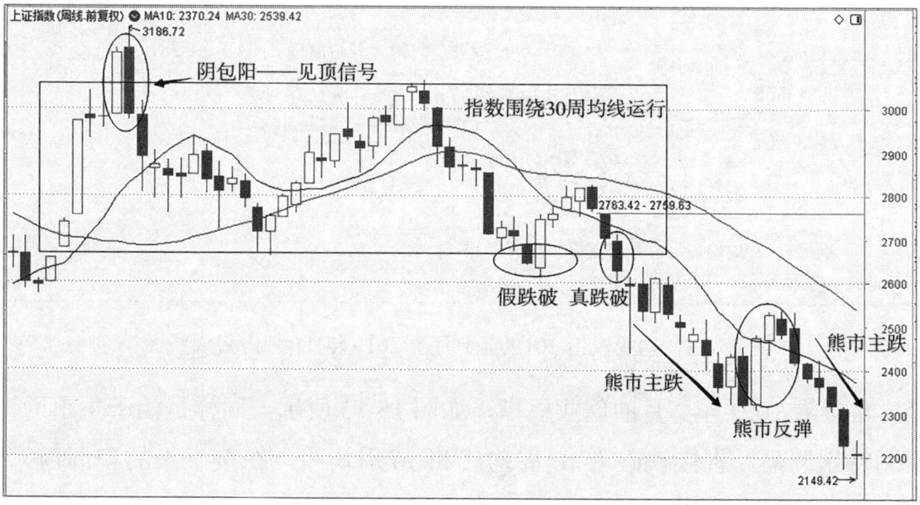

图 15-14　上证指数 2010 年 8 月至 2011 年 11 月走势周线图

通常情况下，市场进入熊市至少会酝酿一年左右的时间，否则均线拐不过来。在少数急跌情境下，市场可能不经历标准的震荡过程，此时跌幅巨大且迅速，导致时间周期缩短，均线表现为异化。相反，如果市场通过缓慢的震荡配合渐进性下跌，整个过程所需时间会更长。

至于熊市反弹的行为，它通常发生在主跌后面，作为次级趋势的一部分。重要的是，如果没有先前的显著跌幅，就难以界定为有效的反弹。

2. K 线及指标变化

在熊市主跌阶段，30 周均线和 10 周均线都是呈下降趋势，而且股价运行在 10 周均线之下。整体表现是持续向下，没有明显的波动。

每一根周 K 线的高点和低点都是依次下降，几乎没有周阳线，即使有，阳线的力度也是不足的。日线上多是高开低走，甚至低开低走。即使有时候会有阳线，那么第二天多半也会低开，这意味着卖方蜂拥，而买方刚刚冒头就被打下来了，如图 15-15 所示。

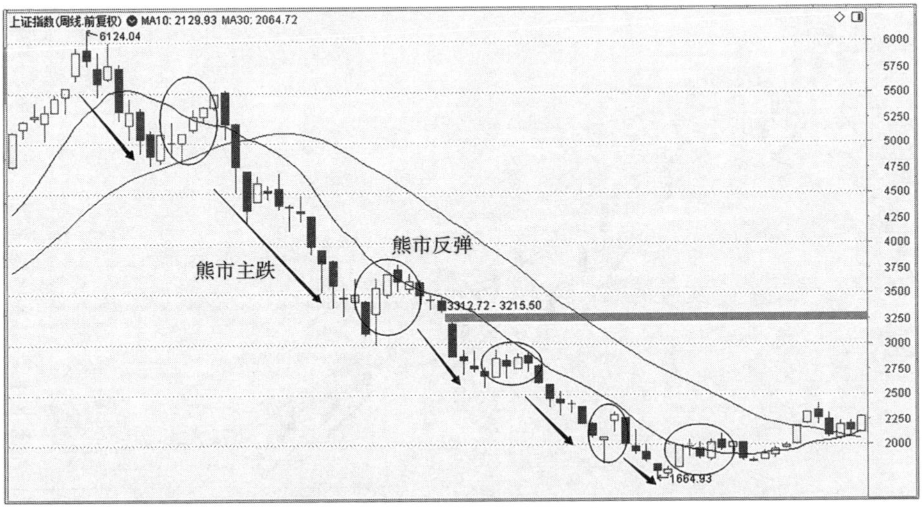

图 15-15　上证指数 2007 年 9 月至 2009 年 1 月走势周线图

在一段时期的空头力量释放完毕之后，K 线会表现出反弹，此时 10 周均线可能会短暂走平，指数可能会碰一下或突破 10 周均线，但是 10 周均线大概率是不会拐头的。

这些反弹会在 1 至 2 周之内结束，幅度非常小，阴线阳线相间，几乎只是横盘而已；偶尔也会有持续 5 至 6 周的长时间反弹，幅度稍大一些，会出现连续的阳线，可以看到明显的价格上涨，而且所有的反弹全部都只有一波。

当然，所谓反弹，也就意味着不管这一波上涨幅度如何，其最终都将无法维持，反弹结束之后，一定会迎来新一轮的熊市主跌阶段。

然而，有一种特殊情况：如果你发现在一波熊市反弹之后没有出现熊市主跌，且指数没有创新低就接着展开了第二波反弹，那么，你需要留心。因为市场已经发生了一些不同的变化，这可能是模式转变的信号。此时 10 周均线有可能走平，甚至拐头。整个熊市期间，只有在这种时候才有观察的意义。

接下来，看一下指标状态。

反向线在熊市主跌阶段会一直处在死叉状态，它的持续周期一般会是 4 至 7 个单位时间（以周为计算周期即为 4 至 7 周）。当然，这并不意味着一旦到了 4 个单位时间或 7 个单位时间就可以抄底，而是此时，我们可以着重观察有没有其他的模式转变迹象出现，如图 15-16 所示。

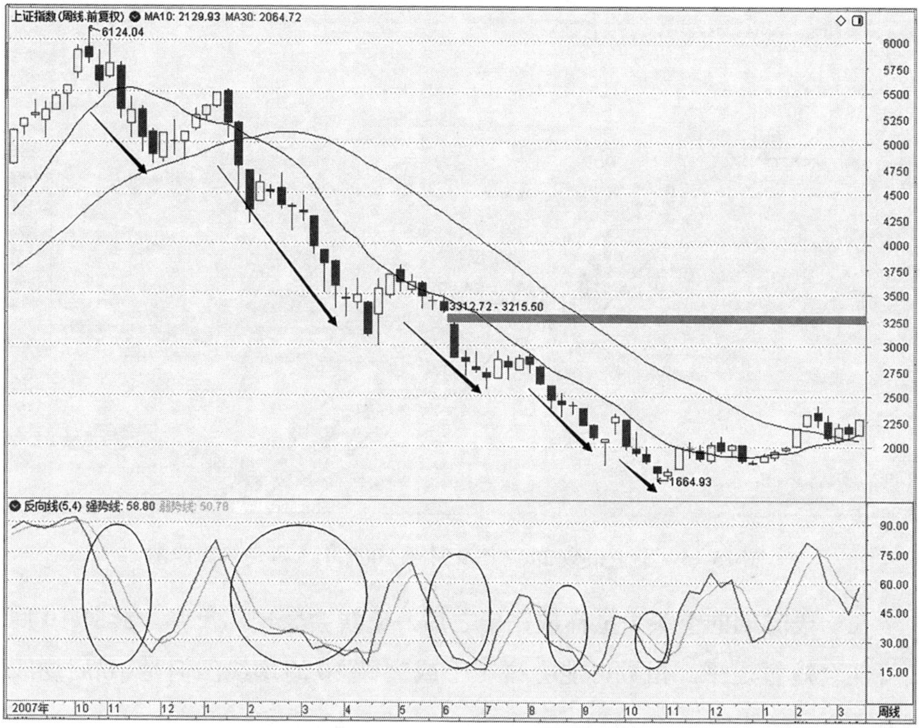

图 15-16 上证指数 2007 年至 2008 年走势周线图

在熊市反弹阶段，尽管反向线也可能出现金叉现象，但是此时金叉的可靠性没有死叉来得那么大，而且也不一定有多大的利润。总之，熊市中的反弹是一种逆势，参考金叉不一定要买，但是如果你想要卖出，可以稍微等一等，也许会有更好的卖点。

接下来看一下 MACD 指标，每一轮熊市主跌都对应了 MACD 绿柱的不断扩大，这意味着会不断有低点出现。我们从图 15-17 中可以看到，越到熊市主跌的后期阶段，MACD 往往会出现背离现象。关于这一点，我们会在模式切换的时候再详细说明。

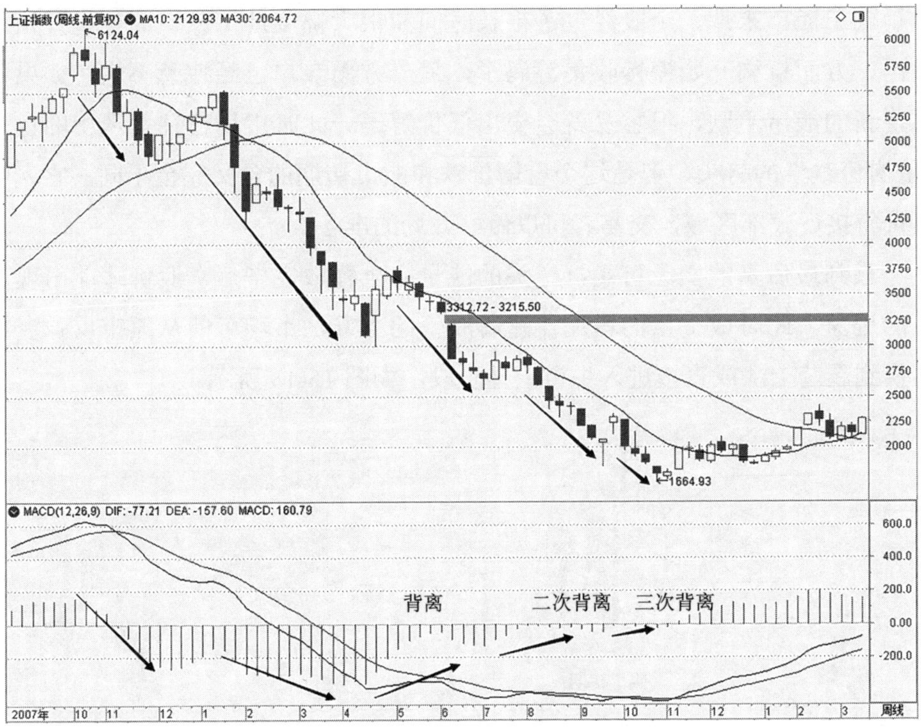

图 15-17　上证指数 2007 年至 2008 年走势周线图

3. 量能及情绪变化

通常情况下，大熊市的形成、确认及发展与成交量并没有直接关系。下跌不需要成交量放大，只要没有做多的力量，很小的成交量同样可以导致大跌，甚至持续性地大幅下跌。不过，针对熊市的不同阶段，我们还是能发现一些量能变化的规律。

比如，在熊市最开始的主跌时期，一般表现是量增价跌，原因在于当股价达到高位后，主力开始抛出大量筹码，但是有很多散户并不认为熊市已经来了，他们还沉浸在之前的狂热情绪当中，一旦有下跌就迫不及待补仓，于是市场便形成了"量增价跌"的情形，这时的牛市已经岌岌可危了。

短暂的反弹结束之后，再次回到熊市主跌，此时想要卖出的投资者已经出得差不多了，没出的投资者往往选择无视市场风险，于是市场呈现出"无量阴跌"的情形。这明显表明空头能量并没有得到充分的释放，因此投资者不要轻易抢反弹。

到了熊市末期，个股经过了很长时间和很大幅度地下跌，成交量开始递增：一方面机构开始慢慢收集筹码了，另一方面散户已经疲惫不堪，如果再出现新的熊市主跌，很容易就会交出低价筹码。此时市场往往呈现出的也是"量增价跌"的势头，但是这个量增价跌和熊市初期的含义完全不同，它表明股价将接近底部区域，交易者可以做好入场的准备。

直到最后真的卖无可卖，空头的能量完全释放完毕后，股价才能出现反转的迹象。此时成交量的增加伴随着股价的上升，市场可能从熊市反弹慢慢切换到震荡上涨或直接进入牛市主升阶段，如图 15-18 所示。

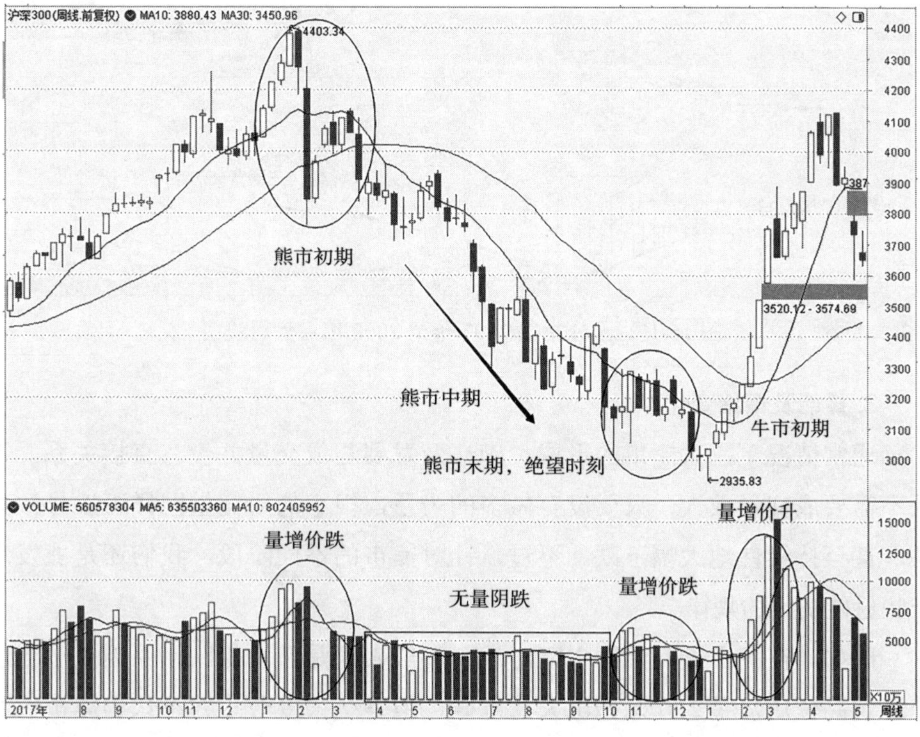

图 15-18　沪深 300　2017 年 8 月至 2019 年 4 月走势周线图

在整个熊市主跌的过程中，投资者的情绪无疑都是恐慌和害怕的，但是在不同的熊市阶段也有所不同。

当从牛市刚刚进入熊市，大家还沉浸在牛市末期的狂欢情绪中，虽然突然的下跌如冷水浇头让人没有反应过来，但是大家的心情并不会感到极度沮丧，而会安慰自己，认为这是正常的牛市调整，跌幅很快会被恢复。

然而随着情况变得越来越糟，市场在短暂反弹之后迎来了第二波、第三波熊市主跌，这时人心涣散，情绪低迷，人们再也不会谈论新高，只想着接下来再有反弹一定卖出。

更为沉重的打击还在后面，市场会进入第四波、第五波熊市主跌，绝大多数的投资者已经彻底死心。所有想卖的已经在大盘加速下跌中卖光了，但是悲观的情绪依然弥漫市场。

4. 板块状态

熊市下跌初期资金会在强势的板块里面抱团，一开始这些板块会表现得比较抗跌，当指数大幅回落后，强势股将会迎来补跌，这一过程可能会非常剧烈，所以不管任何个股进入第四阶段都应考虑撤离。

在熊市主跌阶段，整个市场趋势完全是向下的。这时，所有的好消息都是坏消息，提前下跌成为常态，因为市场只看到了恐慌。几乎找不到表现稳定的板块，即使盘面有热点，但也往往是杂乱不堪的，主要供短线游资操作，大多数都是只维持极短的行情。

这个阶段，板块切换非常快，很难出现持续性走强的板块，几乎不存在中长期的投资机会。这使得交易者的操作成功率非常低。尽管市场环境如此，但机构资金仍在市场中运作，它们不能像普通投资者那样可以选择清仓出局，一般会保持最低的仓位，而这个最低仓位也意味着数万亿的资金。

所以，有些板块会异动，即便如此，也有以下三个特征。

（1）板块行情会在熊市主跌的下跌趋缓时期发动。在熊市反弹阶段，一些防守板块，比如医药、消费、黄金等，会表现得比较抗跌，但是不会有很大的利润。除此之外，在大盘下跌动能出现衰竭的时候，超跌反弹的个股和板块往往会群起而动。

（2）板块行情往往都很短暂，而且陷阱比较多。这时别指望能和牛市一样，依靠一波主线板块长时间稳定获益。交易者如果每月只捕捉一次短线行情，见好就收，或许还能获取一些小额收益。

（3）在存量博弈下，成交量难以扩大，市场两端很难同时上涨，场内资金在不断游走。这表现为板块轮动速度加快，彼此之间的转换非常迅速。

所以，注意买点一定要低吸。牛市买错了容错率很高，但弱势环境下，任何追涨都很难获益，很多突破创新高可能都是陷阱，追进去就可能面临被套的风险，外围市场的突然下跌或板块的被跌都可能导致损失。

表 15-1 可以帮助投资者梳理思路。

表 15-1　熊市板块策略示意图

熊市板块	板块无趋势	板块趋势
个股无趋势	放弃	换股
个股趋势	考虑做	等回调

到了熊市末期，经过了长期的下跌，股市几乎已经从公众视野中消失，人气极度低迷。这时很多主力都会在犹豫和试探中逐步建仓，它们开始揣测市场人气和环境压力。

所以，虽然板块行情还是难以持续，但是已经会有一些强势的板块慢慢显现出来。单靠冷门板块的暴涨难以得到广泛的市场认同，只有适合大资金参与的板块连续上涨，才能彻底激活市场人气。

因此，投资者一定要重点关注那些持续放量并开始表现出抗跌的品种，这说明主力正在大举建仓，后期市场一旦回暖，他们的下一个动作往往是直接拉升股价。如果在这个阶段介入，面临的风险通常较小，投资者千万不要在第一个获利回吐的高峰期就急于平仓，而应让利润"飞一会儿"。

5. 判断熊市力度

熊市力度的判断可以从以下三个层面进行观察。

（1）熊市主跌的下跌幅度。比如在 2008 年的熊市中，一波主跌的下跌幅度甚至可以超过 40%，而在慢慢阴跌的 2013 年熊市中，比较大的一波主跌下跌幅度是 20% 左右。

（2）熊市主跌的轮数。在比较猛烈的熊市中，可能会出现 3 至 5 轮的主跌，而在比较温和的熊市中，这个主跌轮数通常为 1 至 2 轮。

（3）熊市主跌之后反弹的力度。这个力度分为两个方面：一是幅度，二是时间。

先来分析幅度因素。在比较弱的主跌段，能够反弹到前期下跌幅度的 1/2 左右，说明多头的力量还是很强的。比如 2011 年的上证指数，反弹都能持续 1 个月左右，而且价格也能突破主跌段的趋势线或 10 周均线，但是 10 周均线一般是不拐头的。图 15-19 为上证指数 2011 年走势的周线图。

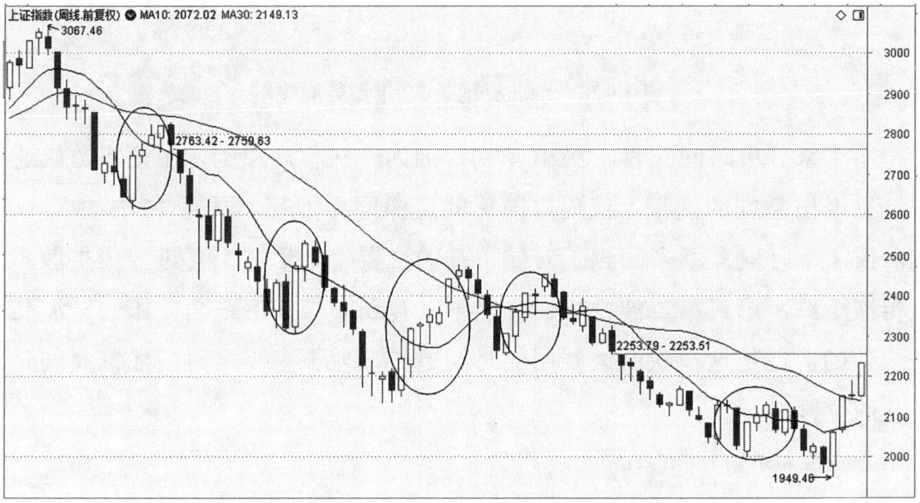

图 15-19　上证指数 2011 年走势周线图

在评估熊市力度时，如果是很强的主跌段，通常反弹到前期下跌幅度的 1/3 甚至 1/4 就显示出上行动能的乏力，在一些极端空头的情况下，几乎不能形成有效的反弹。比如 2022 年的创业板指，所谓反弹只是横盘之后的一点点停顿，根本碰不到主跌段的趋势线或 10 周均线。图 15-20 为创业板指 2022 年走势的周线图。

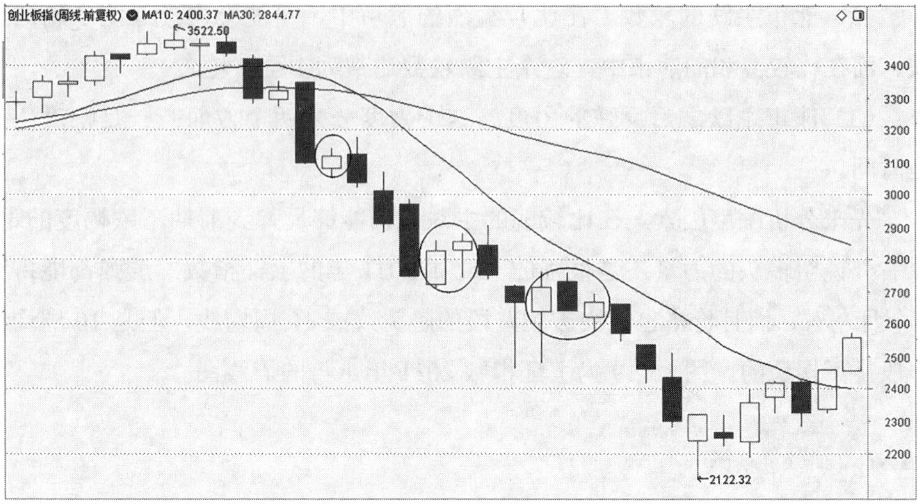

图 15-20　创业板指 2022 年走势周线图

接下来分析时间因素。2020 年初，因为一些客观原因，上证指数快速下跌，呈现出急剧的跌幅，然而，随后的反弹同样很强，从图 15-21 中可以看到，仅 1 个月就差不多回到了开始下跌的位置，之后 3 个月进一步扩散，指数再次下跌，形成第二波跌势。我们可以看到第二波下跌角度跟前一波几乎是一致的，但是这一次的恢复用的时间更长，差不多 3 个月后才恢复到开始下跌的位置。

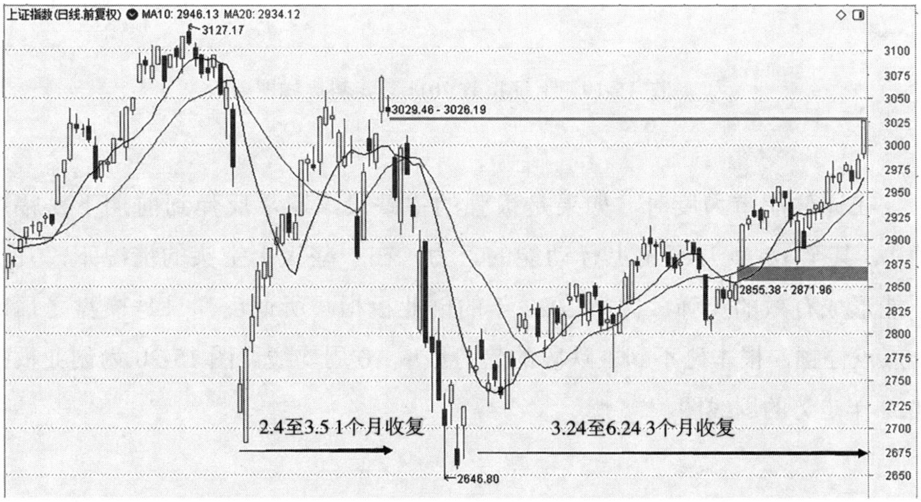

图 15-21　上证指数 2019 年 12 月至 2020 年 6 月走势日线图

6. 总体思路：坚守风险控制原则

在我们的交易系统中，风险控制绝对是重点，尽管我们之前已经进行了详尽的分析，但实际上，最好的风险控制方式是在市场极度低迷时，尽量避免股票交易，遵循"能不进场就不进场"的原则。

大盘处在熊市，尤其是单边下跌的熊市中，绝大多数股票都会随大盘指数一起下跌，增加了买入股票触发止损的概率。

当然，在熊市最为严峻的时候依然会有强势的股票连续涨停。

另外，试图抄底往往导致资金的重大损失。毕竟底部形成和散户没什么关系，只有市场中主力资金的态度才有可能改变趋势，只有当大投资者开始买入时，才可能出现真正的底部。所以，散户应该做的是耐心等待走势转向，而非急于抄底。

那么，熊市反弹你需不需要参与呢？如果你是普通投资者，尽量不要参与，等到"见底三部曲"完成之后再进场也不晚。如果你是进阶投资者，反弹可以适当参与，原因如下。

（1）没有人知道这波短期的反弹，能不能转化为中期行情的开始，因为只有在市场创新低后我们才知道这是反弹，如果不创新低，则不是反弹而是反转。

（2）对于强势板块而言，熊市后期已经是创新高的开始了。

然而，即使在这种情况下，我们仍需要严格控制仓位，以此来控制风险。在不利的市场环境中，预期收益会低于正常水平，成功的交易比例也一定会比平常低，所以我们必须缩小止损的空间，而非放大，一旦证实反弹结束且没有形成反转，则立即止损。

真正的中线行情，只存在于牛市和震荡市（牛市的主升和回调及震荡市的上涨、下跌都要谨慎，而熊市中几乎没有）。我曾回测过去10年的A股数据，交易系统中能够抓到的机会的收益，都是来自牛市和震荡市，在熊市里面几乎没有，这意味着如果在10年的时间跨度中，只抓住牛市和震荡市的机会，完全避开熊市，我们依然能够获得高额回报。

总之，一旦大盘进入困难模式，我们应尽量减少出手次数，严格控制仓位和止损，只要做到了这一点，资金就不会在市场中遭受重大损失。规避熊市的风险，才能保留实力享受下一轮牛市的红利。

多年的交易经验教会了我要耐心，包括在上涨趋势中耐心等待以让利润增长，以及在下跌趋势中耐心持币，等待安全时机的到来。

三、震荡：上涨和下跌

了解了熊市的市场表现之后，接下来我们来探讨震荡市。坦率地说，震荡是市场中最常见的形式，甚至在牛市和熊市的过程中，也有很长一段时间是以震荡的形式来运行的。然而，本节我们将重点分析大的震荡周期。

那么，震荡到底是怎么形成的呢？它的核心在于平衡，市场走完了一波剧烈的上涨或下跌之后，多头和空头力量均有所消耗，市场进入休整阶段，此时便形成了震荡。

值得注意的是，从 A 股 30 年的发展历程来看，波动性是最大的特点。所以，快速上涨的牛市之后一般都是熊市主跌，大多数情况下不会过渡到震荡模式，反而在缓慢上升的牛市之后，市场转入震荡模式的概率更大。此外，由于底部持续的时间较长，所以熊市反弹之后往往会跟着震荡上涨，然后过渡到牛市主升阶段。

1. 演化过程

先来分析震荡上涨模式，特别是由熊市反弹过渡而来的震荡上涨。当熊市出现显著反弹，不仅突破了 10 周均线，甚至带动 10 周均线开始拐头向上之后，震荡上涨就开始了。

图 15-22 为上证指数的周线图形，该图展示了之前长达 1 年的下跌行情。在 2005 年 6 月，市场出现了一波熊市反弹，虽然没有突破 10 周均线，但是之后并没有接熊市主跌，反而在前低附近止跌了，在熊市反弹的章节中我们分析过，一旦出现类似的走势要特别注意，因为这有可能预示着从熊市反弹过渡到震荡。果然，2005 年 7 月市场上涨，突破了 10 周均线和 30 周均线的阻力，之后遇阻回落展开震荡，这是第一波的震荡上涨，之后是一段震荡下跌，此后牛市主升就开始了。

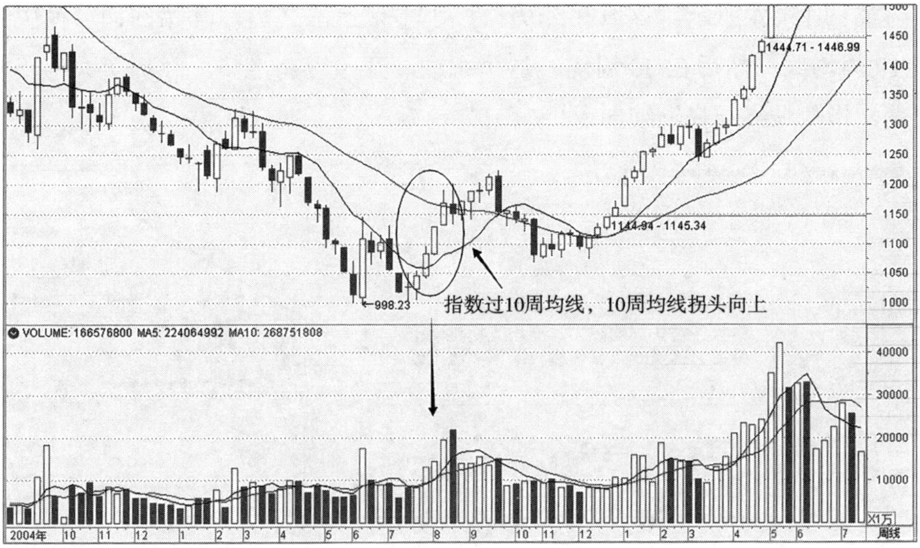

图 15-22 上证指数 2004 年 9 月至 2006 年 7 月走势周线图

但是在有些情况下，震荡之后是下跌的，比如 2012 年 1 月的上证指数。这波反弹是没有二次回踩确认的，直接从熊市反弹模式突破 10 周均线和 30 周均线，之后遇阻回落，这是第一波的震荡上涨。不同于之前的模式，这次震荡完成后，市场选择了向下突破，继续走熊市主跌，如图 15-23 所示。

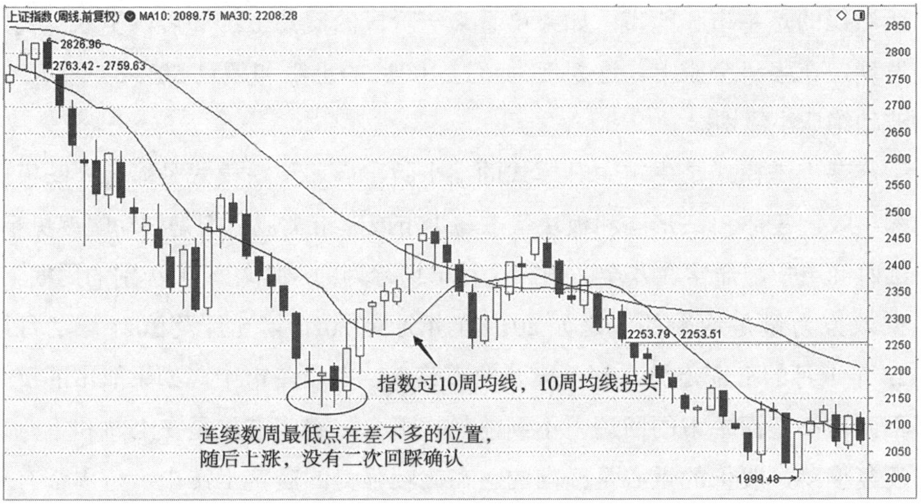

图 15-23 上证指数 2011 年 7 月至 2012 年 11 月走势周线图

如图 15-24 所示，该股在经历一波小牛市上涨之后，开始回调，很快跌破 10 周均线，然后在 30 周均线这里止跌，开始震荡走势。经历了大半年的震荡，指数最终选择继续向上。

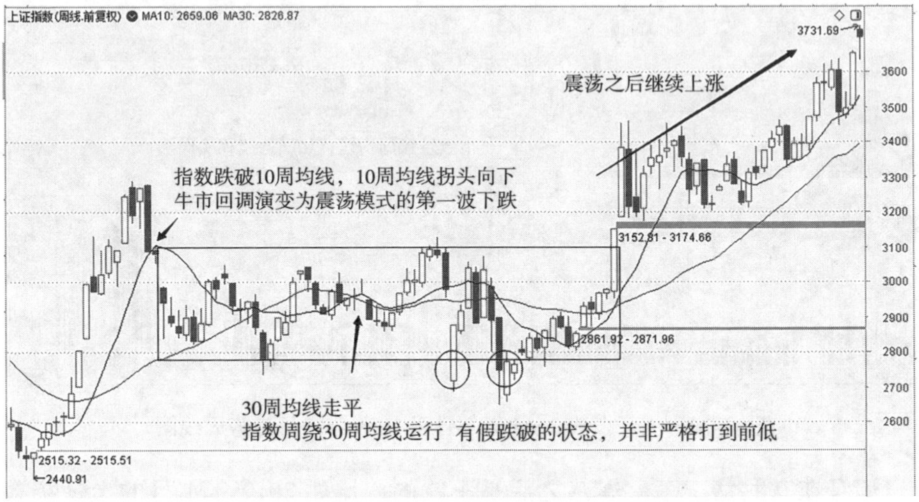

图 15-24　上证指数 2018 年 10 月至 2020 年 3 月走势周线图

2. K 线及指标变化

震荡市最大的特征是局促，不管是在上涨还是下跌过程中。请注意，这里所对比的是牛市和熊市，如果单看某一阶段的震荡上涨和震荡下跌，我们会发现，在强势个股上，这表现为超过 100% 的上涨和超过 50% 的下跌，这些波动绝非小级别。

震荡上涨模式是牛市主升模式的缩小版，震荡下跌模式是熊市主跌模式的缩小版，各种 K 线形态和板块状态与牛市或熊市类似，但是波动幅度更小，持续时间更短，通常在 4 至 7 周。这种市场行为的原因在于大级别的周期上，多空双方力量是均衡的，比如 2019 年 4 月至 2020 年 6 月及 2021 年 2 月至 2022 年 1 月的上证走势，都是典型的震荡市。在震荡市中，如果熊市的反弹够不到前高，而牛市的回调下不到前低，那么，震荡市就是在上轨和下轨之间反复横跳，股价的重心是横向的。在比较强势的震荡上涨中，每周都有新高点，无论收盘是阴线还是阳线，日线上会表现出进二退一的趋势，而在比较强势的震荡下跌中，则正好相反。图 15-25 为震荡上涨的周线图与日线图。

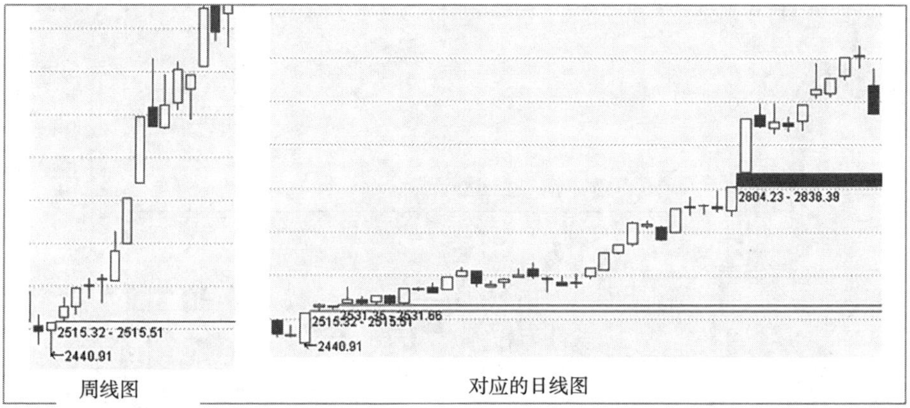

图 15-25　震荡上涨示意图

当然，震荡也分宽幅震荡和窄幅震荡，并且这两种震荡模式可能还会互相嵌套。比如 2016 年 4 月至 2017 年 6 月的中小 100 指数走势就是一个很好的例证，如图 15-26 所示。

图 15-26　中小 100 指数 2015 年 10 月至 2018 年 1 月走势周线图

在震荡期间，反向线的金叉或死叉都有比较明显的指向性，我们可以根据这个指标做仓位的增减。图 15-27 为科创 50 2022 年至 2023 年走势的周线图。

除此之外，KDJ 指标也能够在震荡走势中发挥作用。从图 15-28 中可以看到，J 曲线的变化还是很明显的。

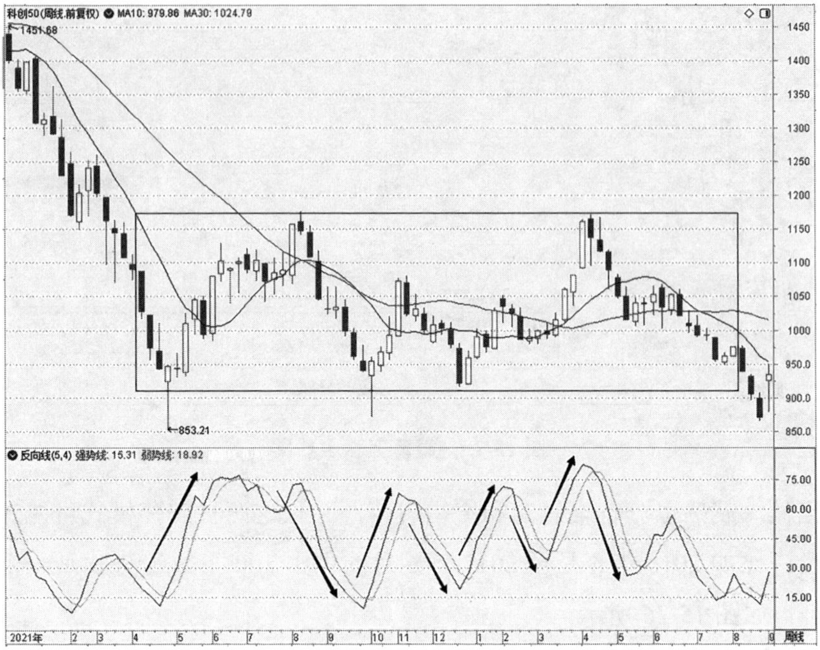

图 15-27　科创 50 2022 年至 2023 年走势周线图

图 15-28　科创 50 2019 年至 2022 年走势周线图

由于震荡期的上轨和下轨相对比较好确定，这使得进行相对准确的预测成为可能。

3. 板块的两种状态

震荡分为上涨和下跌两种模式，同样对应的板块状态也有两种不同的表现。

先看上涨模式，此时很容易出现表现优秀的强势板块，涨幅可达50%左右。比如2022年5月至2022年7月就是典型的震荡上涨阶段，在这个阶段里诞生了两条市场主线，一条是电气设备线，另一条是汽车线，板块涨幅都超过了50%，其中像中通客车（370%）、广东鸿图（230%）、固德威（180%）、丰元股份（150%）等大牛股的表现尤为突出。再比如2022年11月至2023年4月的震荡上涨期间，人工智能成了超级主线，阶段涨幅超过60%，其中涨幅超过300%的股票多达十几只：昆仑万维（370%）、万兴科技（360%）、寒武纪（300%）、剑桥科技（350%）、佰维存储（320%）等。这说明在震荡行情中，合理的利润来源依旧存在。

然而，这个阶段能够走强的板块和个股一般都有比较强的业绩或逻辑支撑，并不像牛市主升时期的板块一样普遍上涨。

再看下跌模式，这个阶段属于无序期。是指这个阶段板块比较杂乱，缺乏赚钱效应、持续性和人气。但是这种无序状态和熊市期间的板块状态还不太一样。熊市主跌是一日情，熊市反弹是超跌，算不上有板块效应。而在震荡下跌模式中，尽管有潜力板块出现，但是持续性不好，资金转动现象明显，这个时期的板块涨幅仅有10%左右，更多表现的是抗跌。

比如，2022年7月至10月，市场经历了一个比较典型的震荡下跌阶段，在这个时期，机床制造和信创两个板块都没有明显的上涨，只是维持横盘态势。

我们也可以根据强势板块的表现来大体预测震荡之后市场方向的走向，如果是震荡之后选择向下，则不会出现强势板块，相反，如果市场准备向上移动，则开始慢慢出现强势板块的迹象。

图15-29为震荡模式中板块状态的示意图。

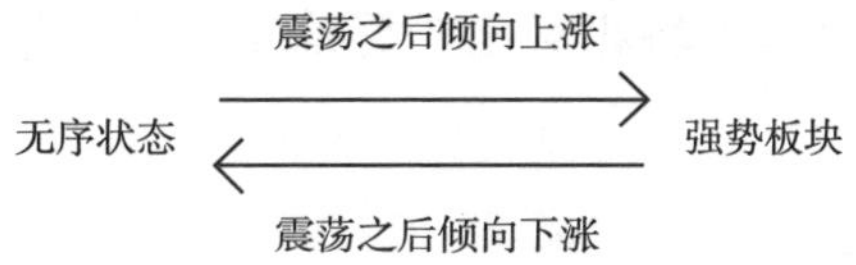

震荡之后倾向上涨

无序状态 ⟶ 强势板块

震荡之后倾向下涨

图 15-29　震荡模式中板块状态示意图

多数时候，各大指数的走势并不是完全同步的。比如 2019 年 12 月和 2020 年 2 月，中小板、创业板和深证指数都明显经历了一波牛市主升，而上证指数、上证 50 和沪深 300 则从 2019 年 4 月开始就处于震荡状态，这使得当时的强势板块半导体并不完全算是从震荡期走出来的板块。

而在 2016 年 4 月至 2017 年 6 月的行情中，中小板和深证是比较标准的震荡模式，上证指数、上证 50 和沪深 300 则是稍微有个仰角的震荡模式，而创业板在 2016 年 12 月开始了新一波的下跌趋势。在那一波震荡中，强势板块酿酒、家用电器等同属于蓝筹类的防守板块，表现强势，其中贵州茅台和五粮液引领酿酒板块翻倍，而格力电器和美的电器家用电器则带动家用电器板块翻倍。

四、牛市：主升和回调

现在我们来探讨最令人兴奋的市场阶段：牛市。

作为投资者而言，这是绝对不容错过的阶段，因为这是我们主要的利润来源，在这个阶段，赚钱是很容易的事情。但是市场能够走到牛市，需要很长时间的酝酿，需要各种条件达到共振，这是难得一见的机会。

牛市主要分为两个阶段：主升模式和回调模式。

1. 演化过程

牛市主升是最为流畅的上涨阶段。

接下来分析什么情况可能转化成牛市主升。让我们回顾一下最深刻的两次牛市——2007 年和 2015 年的大牛市。

2005 年 6 至 11 月，市场刚刚走完一轮很明显的熊市，即五波熊市主跌与五波熊市反弹。根据我们之前讨论过的一个市场规律：如果一波熊市反弹之后没有接熊市主跌创新低，反而很快展开了第二波熊市反弹，那么，我们要注意这有可能见底。如图 15-30 所示，在这轮下跌的过程中，（1）（2）两个阶段都符合这个条件，但是（1）阶段下跌时间不是很长，后面的反弹震荡之后无疾而终，转成熊市主跌了。（2）阶段明显不同，第一是下跌时间已经很长，第二是后面的反弹持续了两个月，突破了 10 日或 30 日均线，事情已经发生变化了。尽管 A 段的表现不是很明显，但确实是牛市主升的第一波，之后跟了一波牛市回调，并于 2005 年 12 月开始真正发动攻势。

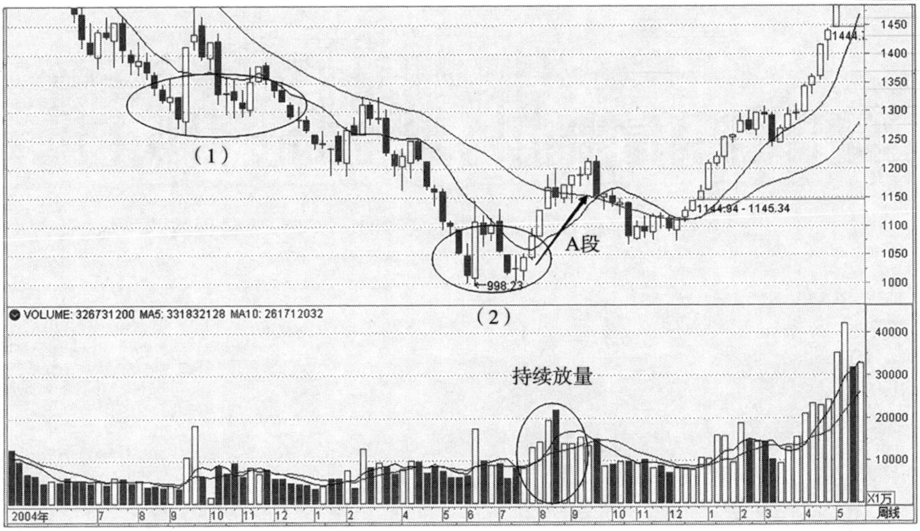

图 15-30　上证指数 2004 年 4 月至 2006 年 5 月走势周线图

因此，牛市可以从熊市反弹转化过来。2009 年 1 月的见底过程也是类似的。市场经过了 2008 年的大幅下跌，在经济刺激下迎来了 2009 年的一波小牛市。其见底过程与 2005 年 6 月非常相似，也是从熊市反弹转化过来的，如图 15-31 所示。

2015 年的牛市中，创业板指扮演了领涨角色，它的牛市征程早在 2012 年底就已经启动了。在牛市主升阶段之前，创业板处在为期 10 个月的震荡行情中。与同期（2012 年 1 月至 10 月）的上证指数相比，创业板要更加强势，尽管两者方向相同（都是下跌趋势），创业板跌幅更小（上证指数持续下跌，而创业板一直横盘），到了 10 月，创业板出现了一次假跌破，如图 15-32 所示，这部分也有其他指数影响的原因。

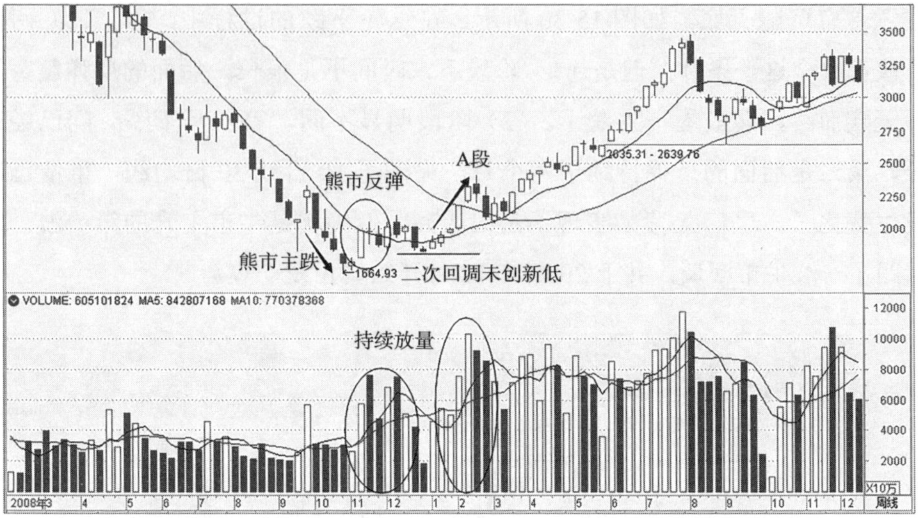

图 15-31　上证指数 2008 年 2 月至 2010 年 4 月走势周线图

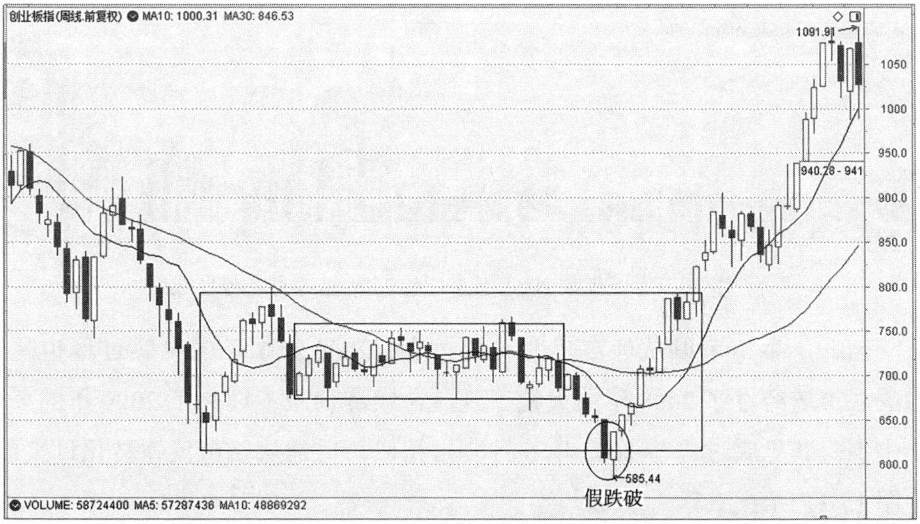

图 15-32　创业板 2011 年 11 月至 2013 年 5 月走势周线图

因此，牛市主升也可以从震荡模式转化而来。

牛市可视为熊市的镜像，在一段时间的上涨之后也会出现短暂的停顿，这就是牛市回调。一般的牛市回调都没什么可怕，但是最后一波见顶的回调，一定要时刻注意，仔细辨认，否则在牛市中辛苦积累的利润很快会消失殆尽。

更为严重的是，大多数投资者越到后期加仓越猛，这意味着小幅的下跌有可能将之前的利润抹平,如果你缺乏清醒的认识,并且不断向下平摊成本,绝对是一种灾难。

2. 形态

牛市通常表现为 30 周均线拐头向上,指数位于 30 周均线以上,而在主升阶段,10 周均线拐头向上,股价同时位于 10 周均线和 30 周均线以上。

一个健康的上升趋势并非每日都是大阳线,而是伴随着短暂的震荡持续向上,尽管上涨幅度很大,但下跌幅度却很小,即使遇到不得不调整的时候,市场也会快速恢复,甚至是日内完成大幅度的调整。几乎每周 K 线都有新高点,不管是阳线还是阴线。

而牛市回调的具体形态会根据这一波牛市的质量有些许不同:如果是力量非常强大的牛市,回调一般都不会下跌,而会以横向整理的形式来表现,10 周均线会继续保持上涨;如果力度不是特别强,可能持续时间和震荡幅度就会加大,10 周均线会走平。

比如,2005 年 12 月至 2017 年 10 月的牛市中,前期的回调都是横向整理,只有 2007 年 6 月的这一波有比较大的下跌,但是很快出现长下影线,这也是牛市的标志性 K 线,所有的洗盘动作在一周内,甚至一天内完成,这意味着下方有巨大的承接盘,使得价格根本跌不下去,如图 15-33 所示。

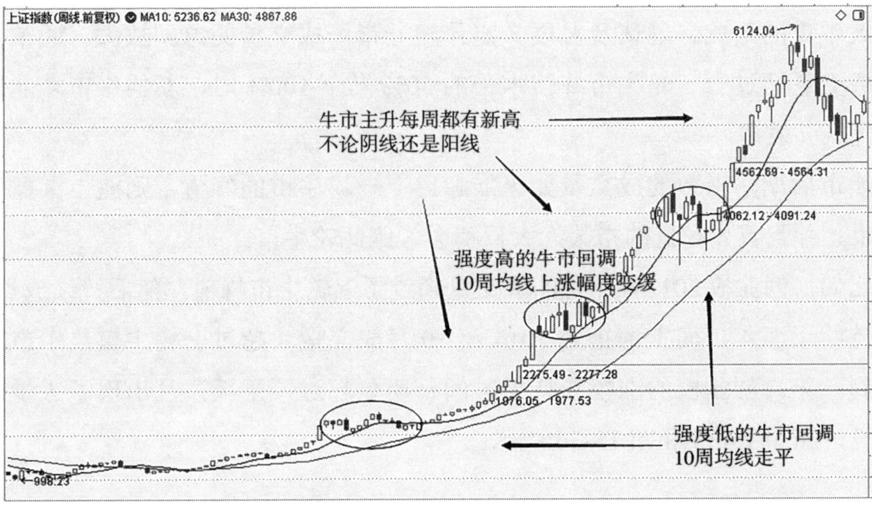

图 15-33　上证指数 2005 年 11 月至 2007 年 11 月走势周线图

对比 2019 年 4 月至 2021 年 2 月的创业板牛市时,可以观察到几波回调都是周线级别的阴阳 K 线,这使得它们与震荡模式的关系变得非常难以判断,如图 15-34 所示。

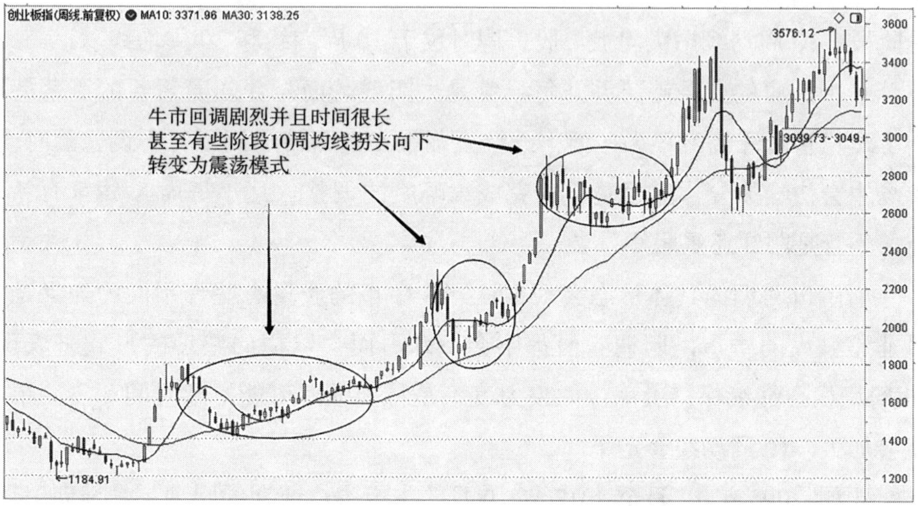

图 15-34　创业板 2018 年 12 月至 2021 年 4 月走势周线图

3. 成交量

大牛市的形成、确认及发展一定伴随着市场成交量的急剧放大。通常只有当成交量超过上一轮牛市峰值水平的 50% 乃至 100% 时,新的牛市才能形成、确认并发展。

熊市后期,指数的成交量如果能超过上一轮牛市的峰值,则熊市大概率会结束,并且首先超过的指数,大概率会领跑此轮牛市。

比如,创业板 2013 年 1 月的成交量超过了上轮牛市峰值,随后持续放量,上涨持续了两年,而上证指数 2014 年 10 月成交量才超过上轮牛市,牛市持续不到一年。创业板的涨幅和持续时间都明显超过了主板,且出现了大量的多倍股,如图 15-35 和图 15-36 所示。

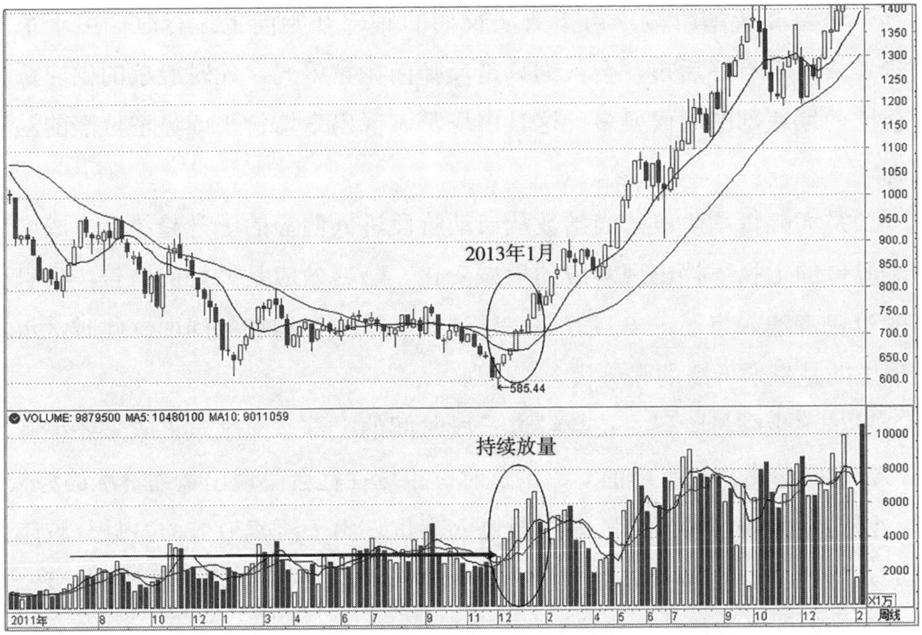

图 15-35　创业板 2010 年 9 月至 2013 年 8 月走势周线图

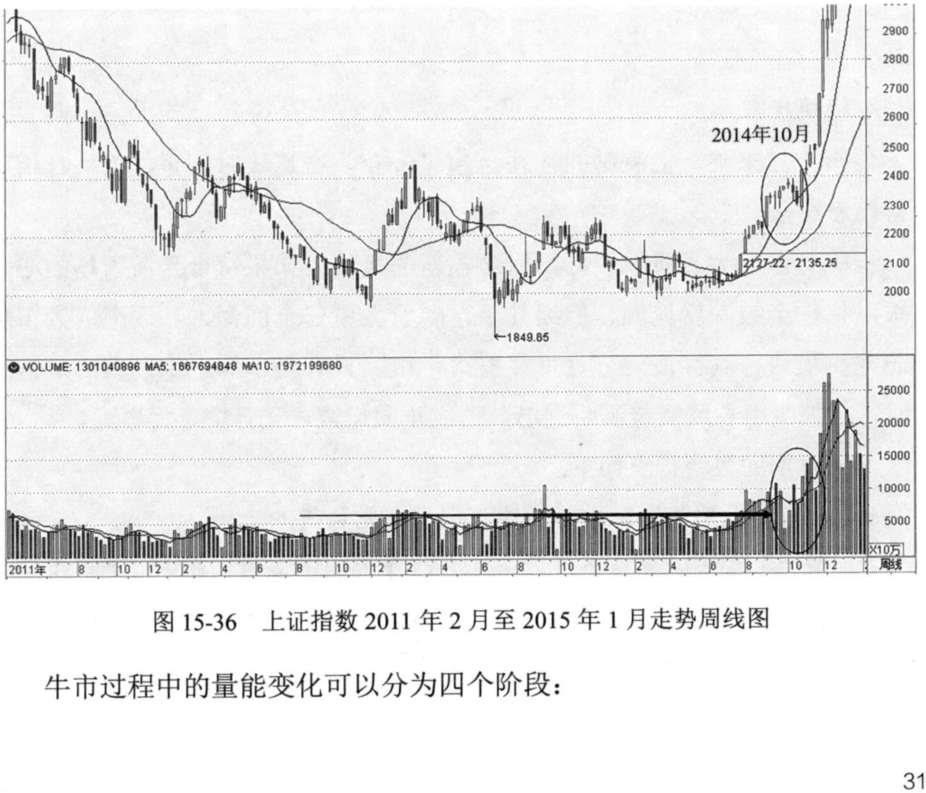

图 15-36　上证指数 2011 年 2 月至 2015 年 1 月走势周线图

牛市过程中的量能变化可以分为四个阶段：

一是温和量增阶段。当指数从长期的底部开始向上运行时，由于很多投资者依然不看好后市，会认为只是反弹而抛售筹码，此时股票的供应量往往会比前期底部的时候要多。这时市场常表现出量增价平或量增价涨的温和状态。

二是大幅量增阶段。当指数从启动阶段进入明显的上升趋势后，成交量随着股价的上扬下挫出现对应的增减变化。赚钱效应是最好的广告，吸引更多的投资者涌入市场，争夺筹码，导致成交量大幅增加的局面。此时，市场呈现出的是量增价涨的强势状态。

三是逐步缩量阶段。指数经过一段时间的上涨，大家对于未来还很有信心，都非常珍惜自己手中的筹码，这时，市场往往会呈现出量缩价涨的势头。

四是量能增加阶段。随着指数进入高位，由于买卖双方的意见分歧越来越大，导致成交量再次开始放大，伴随着筹码的不断交换，股价起伏跌宕，直至多头的能量被耗尽，市场开始下跌。

总之，成交量代表了在这个位置市场有多少需求，没有需求的市场，指数是很难走牛的。在强大的需求推动和示范带动下，中长期指数才能持续上升。

4. 板块状态

牛市一旦来临，上涨时间往往会超过一年。在这段时间里，板块行情将变得精彩纷呈。

一些容量较大、质地较好、概念较新的板块，如果符合当前市场的心理需求，往往会被深度挖掘、持续升温，随着大量资金的涌入，逐渐成为市场中的龙头板块，其行情将一直贯穿整个牛市。只有当市场产生巨大的财富效应时，才能吸引各路资金不断进出，形成正向反馈，让行情走得更远。

不同时期的板块特点如下：

- 牛市的上涨初期，主线板块表现出非常稳健的走势。
- 当大盘涨势确立几个月之后，之前介入的资金盈利颇丰，随后进场的资金想要降低风险，就会四处寻找低价板块再次建仓，比价效应容易将还未表现过的板块带动起来。

● 随着市场资金越来越狂热，所有的股票都会获得大幅拉升，市盈率翻倍增长，充裕的资金和疯狂的投资者不会放过任何低廉的股票，不论股票优劣，不论流通盘大小，所有的股票都会普遍上涨，这是牛市末期的典型特征。

一旦最冷门的股票及其板块都经历了爆炒，往往是行情需要大面积调整的时候，甚至一个牛市的生命也可能走到了尽头。

通常情况下，先启动的大概率是主线板块。虽然牛市的特点是普遍上涨，但是我们作为专业的投资者必须考虑让自己的资金最有效率，尽量去寻找对的板块和个股：如果选中了强势的个股，利润会非常可观；如果选挡不当，像 2020 年初重仓上证 50，只能看着创业板上涨，你会觉得自己仿佛置身于不同的 A 股市场。

比如，2005 年的行情，上证指数从 2005 年 6 月开始酝酿，12 月正式启动，直至 2007 年 10 月结束。在这个阶段，有几个板块的涨幅最为显著：

2005 年 6 月至 2008 年 1 月，多晶硅板块上涨了 9 倍。

2005 年 6 月至 2007 年 5 月，半导体板块上涨了 3 倍。

2005 年 6 月至 2007 年 5 月，航空板块上涨了 6 倍。

又比如，2013 年 1 月的创业板牛市启动，2014 年 2 月结束。这段时间里，最强板块指数是互联网，涨幅为 254%，医疗保健紧随其后，涨幅为 118%，然后是传媒娱乐，涨幅为 106%。其中，互联网板块和创业板指走势类似，都是窄幅震荡之后的上涨。其他板块启动之前的走势都要稍微弱于创业板和互联网，这也是强度法则的重要实例。

另外，这波行情板块的涨幅小于 2005 年，主要原因在于当时其他指数的走势并不是特别理想，只是创业板指的独立行情。通常情况下，牛市的强势板块会从头走到尾，但是涨幅有可能以牛市回调期作为分水岭发生一些变化。比如 2012 年 12 月至 2014 年 2 月的创业板牛市，中间大致有四波行情：

第一阶段：2012 年 12 月 7 日至 2013 年 3 月 1 日

在这一时期，涨幅最高的是 3D 打印板块（70.15%），其次是航空板块（65.74%），环境保护板块（52.27%）也表现强劲。而整个阶段中，互联网板块虽然强势，但仅排名第四（50.48%）。

第二阶段：2013 年 3 月 1 日至 2013 年 5 月 31 日

在此阶段，互联网板块开始发力，涨幅排名第一（41.31%），后面紧跟着安防服务板块（33.94%）和环境保护板块（31.13%），同时，医疗保健板块（25.02%）也开始崭露头角，涨幅排名第五。

第三阶段：2013 年 5 月 31 日至 2013 年 10 月 11 日

互联网板块继续领跑（81.82%），但是热点板块切换到 IP 变现（62.48%）和传媒娱乐（52.59%），医疗保健板块在此阶段开始休整。

第四阶段：2013 年 10 月 11 日至 2014 年 2 月 14 日

在这个阶段，创业板经历了一段相对长时间的中期调整。之前的强势板块暂时退居二线而家居用品板块（41.96%）和信息安全板块（35.89%）开始展现实力，此前休整的医疗保健板块（26.5%）也开始发力。

整体行情的涨幅排名如图 15-37 所示。

序号	名称	涨幅	序号	名称	涨幅
1	互联网	294.37%	6	传媒娱乐	132.98%
2	医疗保健	161.95%	7	电子支付	124.34%
3	IP变现	134.69%	8	广告包装	123.96%
4	软件服务	133.89%	9	仓储物流	112.38%
5	云计算	133.80%	10	物联网	108.89%

图 15-37　2012 年 12 月至 2014 年 2 月的创业板牛市涨幅排行

事实上，当我们按照复利进行涨幅计算时，看似不起眼的医疗保健板块竟然能够排到整体涨幅的第二名。这一对比不仅让大家可以初步领略板块切换的节奏，而且在实战中一定要注意如下三点。

第一，我们要有意识地识别强势板块，比如第一阶段最强的 3D 打印板块，后面三个阶段表现较为平淡，而互联网板块则是从头强到尾，传媒娱乐板块是从第三阶段开始加速。

第二，强势板块会持续整个牛市阶段，即使偶尔出现调整，但是从头到尾持有的利润依旧很可观。

第三，在实际操盘中，我们绝对不可能看得如此清晰，取法其上，仅得其中。

此外，值得一提的是，创业板在这波牛市中的走势比较快，导致板块切换的节奏不是特别明显。反观 2019 年 3 月至 2021 年 2 月的创业板行情，这波速度就慢很多，板块切换是非常明显的，如图 15-38 所示。在这期间，我们可以明显观察到五个不同的波段，几乎每一个上涨周期中的领导板块都有所不同。

20190215–20190404		20190412–20190912		20190920–20200221		20200228–20200710		20200717–20210210	
分散燃料	71.13%	奢侈品	22.54%	无线耳机	74.36%	旅游	93.11%	化纤	115.26%
船舶	52.47%	酿酒	18.75%	半导体	65.24%	奢侈品	67.19%	多晶硅	106.60%
博彩概念	52.12%	元器件	18.44%	光刻机	54.47%	基因概念	58.93%	旅游	80.45%
猪肉	46.21%	华为概念	16.89%	消费电子	50.82%	酿酒	57.49%	工程机械	77.10%
农林牧渔	44.68%	半导体	14.33%	芯片	48.79%	海南自贸	56.62%	酿酒	70.62%
国产软件	44.55%	ETC概念	13.97%	小米概念	46.46%	公共交通	55.66%	聚氨酯	69.82%
互联金融	44.29%	国产软件	12.01%	苹果概念	41.14%	生物疫苗	55.00%	奢侈品	68.80%
上海自贸	44.08%	保险	10.39%	元器件	36.12%	医疗保健	47.32%	建筑节能	59.98%
电商概念	43.88%	泛珠三角	9.14%	智能电视	35.22%	跨境电商	44.95%	碳纤维	58.51%
多元金融	43.54%	5G概念	8.67%	智能穿戴	35.02%	日用化工	44.38%	电气设备	58.03%

图 15-38　2019 年 3 月至 2021 年 2 月的创业板牛市板块情况

在慢牛市中，投资者要把握牛市回调阶段进行换股，否则整个牛市只能得到一波走势的利润。即使在牛市的回调阶段，同样有很多板块机会。

比如 2020 年 7 月至 12 月，这段时间正处于大牛市环境中，出现了一波较长时间的中期调整，如图 15-39 所示。在这个阶段，虽然市场整体呈现回调态势，但部分板块仍然表现出色。因此在慢牛市中，投资者不应忽视任何一个阶段的市场动态，而应灵活调整策略，以把握住每一个可能带来收益的板块轮动。

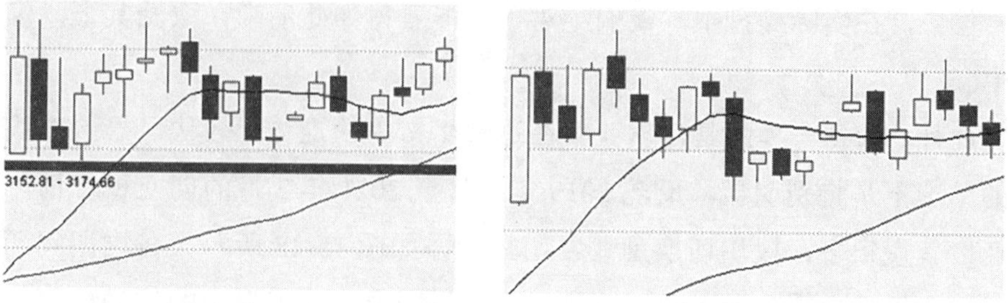

图 15-39　上证指数和创业板指 2020 年 7 月至 12 月走势周线图

尽管市场整体呈现回调态势，但在这一阶段，依旧出现了光伏、航空、新能源车、化纤这些强势板块，走出了阳光电源（光伏板块的龙头，涨幅300%），洪都航空（航空板块的龙头，涨幅170%），比亚迪（新能源车的龙头，涨幅120%），恒力石化（化纤板块的龙头，涨幅80%）及其他一大批翻倍个股。

5. 回调与见顶

牛市再辉煌灿烂，也总有结束的时候。新手投资如果运气好，在牛市非常容易创造短期高收益。而经历多轮牛熊市的成熟投资者，通常更加谨慎，因为在普涨行情中，他们的优势并不明显。但是，牛市一过，那些新手总是会把利润再还给市场，而成熟投资者却锁定了利润。

之所以有这样的巨大差距，原因就在于是否能够准确判断出这次的下跌是回调还是真正的顶点。

如果从一般的技术形态上来看，回调洗盘走势和构筑顶部走势在很大程度上比较接近，判别起来也比较困难，但还是可以从以下几个方面看出两者的区别。

第一，前期的涨幅。前期涨幅包括两个方面：一是这波牛市的整体涨幅，二是最近一波最小阻力状态的涨幅，如图 15-40 所示。

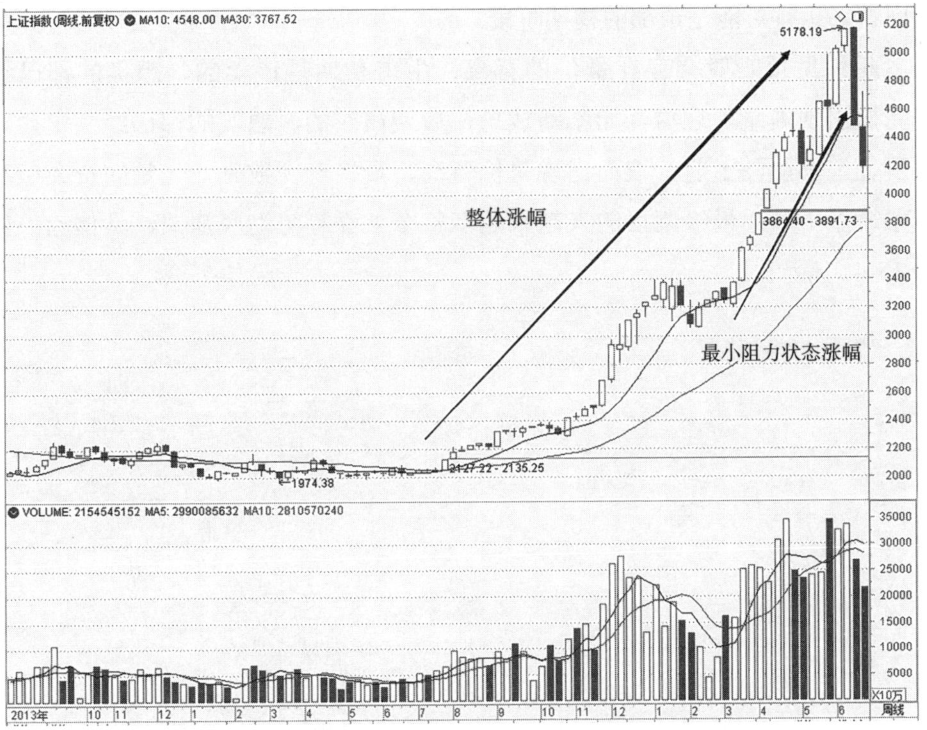

图 15-40　上证指数 2014 年 3 月至 2015 年 6 月走势周线图

　　洗盘时，整体涨幅偏小，而最后一波最小阻力方向的涨幅偏大，见顶时则正好相反。

　　这也就意味着在经历了一波比较大的涨幅之后，指数不太可能马上见顶，往往还会形成新一波的上涨，但是这一波的上涨力度明显偏弱，涨势有限从侧面展示了多头力量已经逐渐衰退。

　　然而，这一判断具有较强的主观性，因为不好定义到底多大的幅度是"偏小"和"偏大"，在一波凌厉的牛市中，可能上涨 50% 还仅仅是第一波，而一波慢速上涨中，超过 30% 就有可能见顶了。

　　所以，我们看的其实是共振，是一些要素的综合评价。

　　第二，成交量的变化。在绝对涨幅不大的情况下，如果调整时成交量放大，那大概率不是见顶，是还没有进场的资金在这个地方上仓位，但是如果出现缩量的调整，就需要结合其他的条件来判断，因为这有可能是正常的缩量回调，也有可能是顶部的初期阶段。

此外见顶一般会存在量价的背离，牛市初期是该卖的、想卖的都已经卖完而出现地量，之后开始不断放量，后期该买的、想买的都已经买了，导致资金浪不能高于前一浪而出现量价背离，紧接着少数先知先觉的资金撤离开始缩量下跌，最终醒悟的人越来越多整个上涨趋势彻底崩溃，具体趋势如图 15-41 所示。

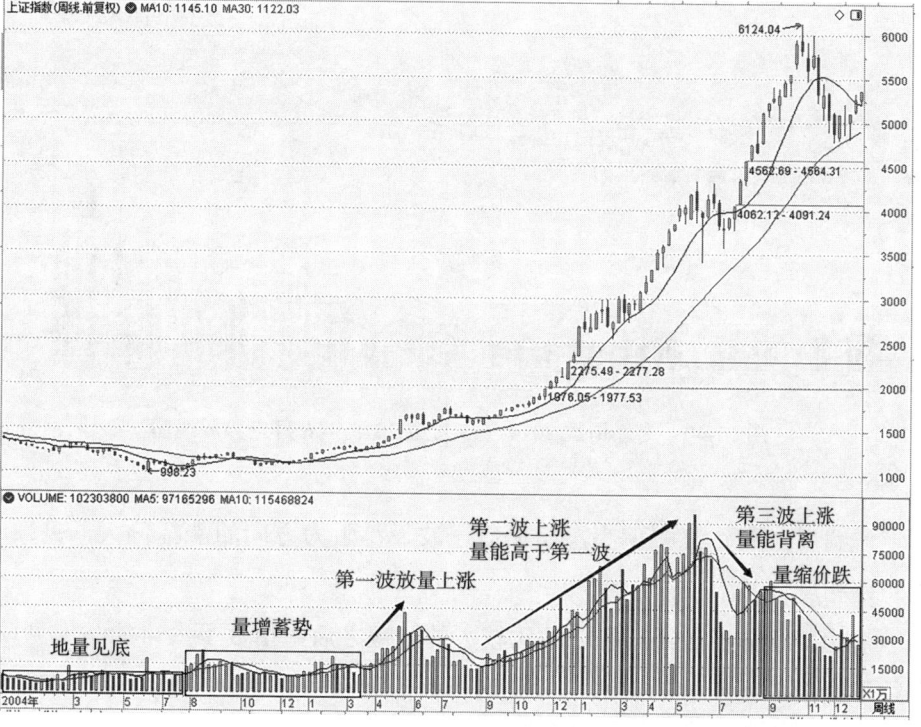

图 15-41　上证指数 2005 年 1 月至 2008 年 3 月走势周线图

第三，下跌幅度和 K 线形态。通常，洗盘的时候下跌幅度是有限的，最大跌幅为 10% 至 15%，而且走得会比较纠结，超过了这个范围大概率是构筑头部的下跌走势，如果再看不到有效抵抗力量，那么几乎就可以确认是在构筑顶部。

以 2015 年的上证指数为例，如图 15-42 所示。

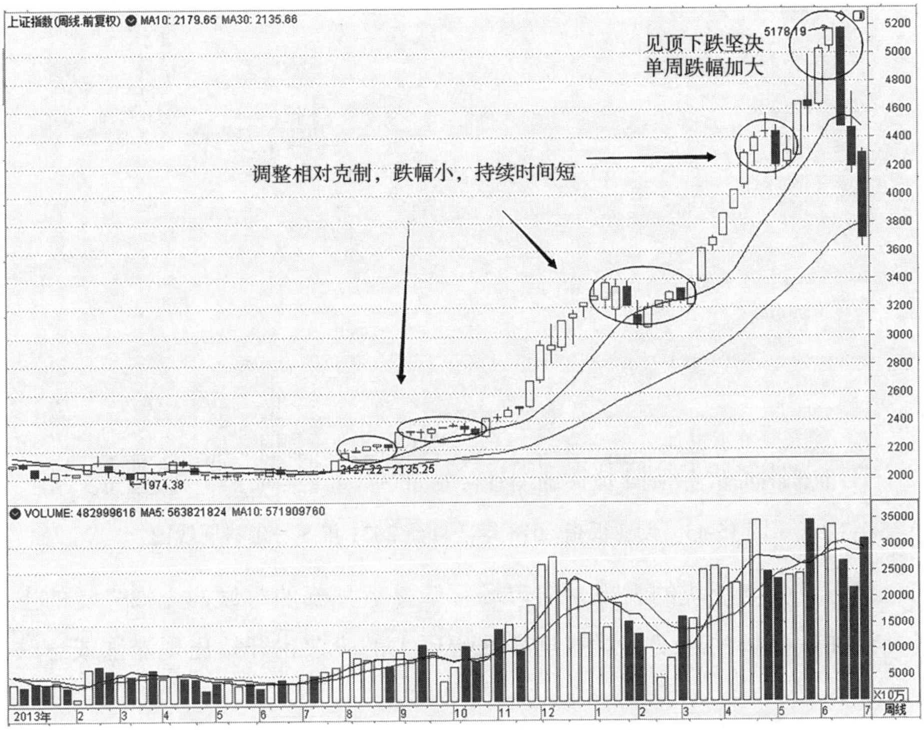

图 15-42 上证指数 2014 年 3 月至 2015 年 6 月走势周线图

毕竟调整的意义在于震出那些不坚定的跟风盘，并不是要吓跑所有人，因此，必须让一部分坚定者仍然看好市场并继续跟随。所以某些关键价位是不会跌穿的。相反如果是市场见顶，目的就变成了卖出手中筹码，价格自然会大幅下跌。

第四，重心下移。这一点与上述内容紧密相关。

如果是调整，即使出现乌云线、大阴线、长上影、十字星，甚至连续4～5根阴线，市场的重心也不会下移。而在见顶的时候，尽管可能会收出阳线，但重心却一直下移。

然而，在慢牛市的调整中，比如 2020 年创业板的牛市，整个行情轮廓不是特别清晰，这种情况下，牛市回调重心就有可能出现下移，如图 15-43 所示。

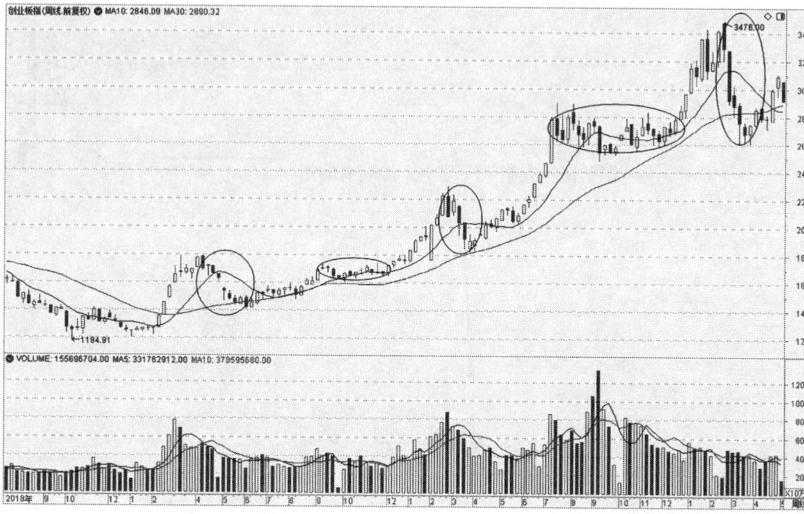

图 15-43　创业板指 2018 年 7 月至 2021 年 5 月走势周线图

第五，强势板块的表现。当市场行情接近顶部的时候，先知先觉的主力资金会加快离场的速度，那些早期涨幅巨大的股票也开始出现滞涨或急跌的行情。

然而，由于市场上大部分投资者仍处于快速获利的兴奋之中，一些补涨板块的股票可能继续飙升，导致大盘此时出现此涨彼落的现象，板块行情出现明显分化。

至此，关于大势的六个模式已经全部分析完毕，汇总如图 15-44 所示。

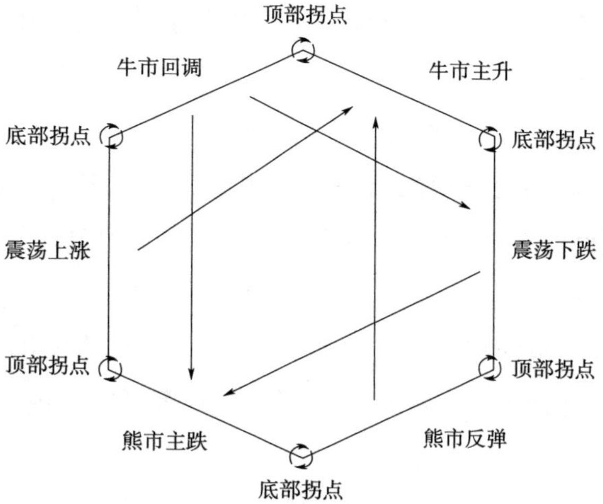

图 15-44　大势六边形示意图

在观察市场时，我们只能了解到目前市场的状态，但这个状态能够持续多久却难以判断。在这种情况下，我们要做的是耐心等待，而非积极干预，因为市场走势不受我们个人努力的影响。

第三节　模式切换

此前，我们分析了大势研判的六大模式：熊市主跌、熊市反弹、震荡上涨、震荡下跌、牛市主升和牛市回调。

虽然这样的分类看起来特别简单，但股市的不可预测性在于你根本不知道接下来会变成什么模式。它们并非按照顺序出现，也没有一定的持续时间规律，所以，我们只能从模式延续和信号切换来判断。

在这些模式中，最为关键的是拐点的出现。

说到底，股市无非是从下跌到上涨的切换，这是底部拐点，另外一种是从上涨到下跌的切换，这是顶部拐点。

底部拐点到顶部拐点属于交易周期，在这个阶段，我们可以寻找强势板块和强势个股；而顶部拐点到底部拐点属于非交易周期，在这个阶段，我们尽量不要新开仓并严控风险。

根据不同的情况，见底信号可能预示着 3 至 5 周的短暂反弹，也可能预示着一波强劲的上涨趋势；而见顶信号可能意味着窄幅的回调，也可能标志着历史大顶。

拐点的本质是供需不平衡。股票和所有商品一样，供不应求价格会上涨，反之价格会下跌。

供需格局力量的不平衡，促使股价上涨或下跌，并且只有当原有的供需格局再次被打破的时候，才能发生改变。

很多人纠结于是什么原因导致了股价涨跌。其实，无论什么原因，都不重要，重要的是结果。

发现拐点的信号主要依赖于量价行为，比如上吊线等预警信号。这些信号如同行驶中的汽车亮起的刹车灯，提醒我们之前的走势可能即将结束。但具体后续走势如何，还需结合更多线索来判断。不同的预警信号可能导致市场进入震荡、继续原趋势或彻底转势等不同结果。如图 15-45 所示，图 1 出现了预警信号后，先震荡后转向；图 2 则是先暂停一段时间后，重新回到原来上升趋势；图 3 则直接转入下跌趋势。

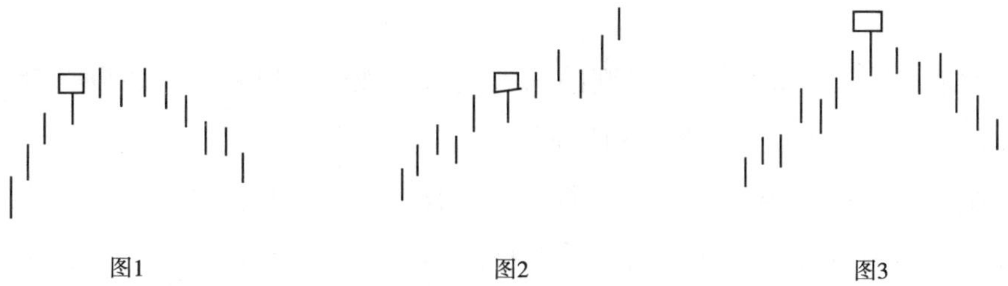

图1   图2   图3

图 15-45　顶部反转过程示意图

总之，无论是上涨趋势还是下跌趋势，形成之前都会有一些量价行为的变化可以被识别，通常情况下预警信号是不采取动作的，但是你需要关注量价行为的信号，这样就能提前发现一些风险和机会。

当然，这并非没有成本，量价行为并不一定会改变趋势，频繁进出场会增加更多的摩擦成本，尤其是在震荡行情中。但这样做的好处是，可以帮助我们预防了一些过度依赖"趋势的右侧"所造成的较大回撤。归根结底，这是一个度的问题，不存在完美的解决方案。

在量价行为发出信号之后，会带来股价走势的变化，这时我们可以用趋势线来确认这些变化。我常使用的是中轴线平移法，即首先画出中轴线，尽量将整个走势一分为二；其次画平移线，将中轴线向端点平移，当周 K 线突破平移线的时候，我们可以认为模型切换得到了确认。比如在 2018 年 12 月，走势由熊市切换为震荡市，我们就可以用趋势线来确认这一变化，如图 15-46 所示。

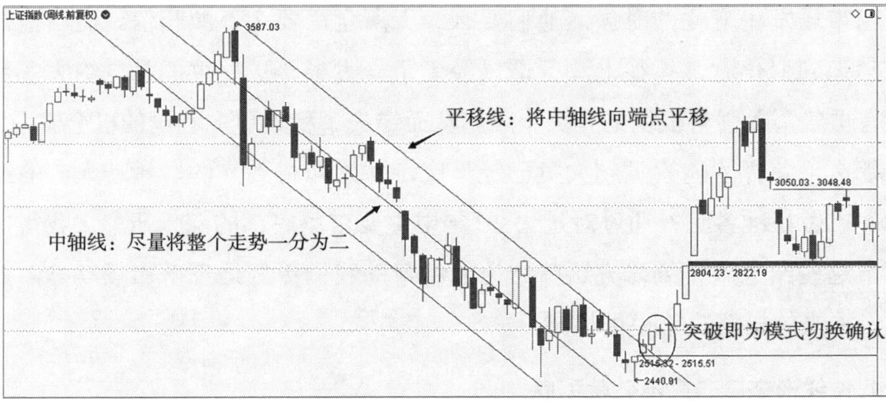

图 15-46　上证指数 2017 年 7 月至 2019 年 7 月走势周线图

一、底部模式切换：底部拐点

这里的底部可以是熊市主跌的底部、震荡下跌的底部或是牛市回调的底部。模式切换信号在这几个底部会有不同程度的体现，这些底部的参与策略也是不同的，其中熊市末期主跌模式的底部最值得研究，其次是震荡下跌模式的底部，而牛市回调强势股几乎不会有什么调整，大概率不会减仓。

重要性排序为：熊市主跌的底部＞震荡下跌的底部＞牛市回调的底部。

我们的目标是抓到中期向上的拐点，此时布局个股会很快脱离成本，而一旦脱离成本，你的心态就稳了，耐心等着赚钱。只要你买在低位，无非是赚多赚少的问题，相反，如果你买在 2020 年 2 月，就算再怎么腾挪卖点，利润也高不到哪里去。

因此，准确判断熊市底部至关重要

所谓见底，其实是大盘结束了一波下跌，开始酝酿接下来上涨的过程。抄底并不重要，但是判断底部却非常重要，原因有两点：一是很多强势板块会在一波下跌趋势的末期开始启动；二是最理想的建仓时间是在多头市场开始的初期。如果此时你犹豫不定，越到后期利润越薄，越有可能买到高位，它们的风险与收益的比例将截然不同。

尽管这个时期如此重要，但是绝大多数人却错过了，为什么呢？因为见底之前的市场是熊市，让人犹豫、害怕、丧失信心，许多人早已不抱希望，所以当市场发生变化的时候，他们要么一无所觉，要么不敢相信。而当他们终于意识到变化时，往往上涨行情已经走了一大半。更严重的是，绝大多数人没有勇气买入强势板块的龙头个股，从而错失了积累更多利润的机会。

那么，怎样才能察觉到大盘已经见底，并为即将到来的、激动人心的新一轮牛市做好准备呢？通过对过去 20 年中主要市场底部的深入研究，我得出了以下这些结论。仔细研究这些结论能够帮助我们更好地理解市场动态，并为我们未来的投资决策提供指导。

1. K 线形态：二底不破就见底

关于这一条规则，已经多次提及："反弹的定义是不管这一波能够上涨多少，最终都会创新低，这意味着，如果你发现一波熊市反弹之后没有出现熊市主跌，甚至主指数没有创新低就展开了第二波反弹，这时可能见底。"

我们可以分析过去几轮大熊市最后的表现。如图 15-47 所示，左图是 2008 年见底之前的市场特征，我们可以很明显地看到：一波下跌之后展开了反弹，反弹之后再次下跌，但是第二波下跌没有创新低。中图是 2016 年的见底图形，情况相同。右图是 2018 年的见底图形，有一点点不同。2008 年和 2016 年的第二波下跌都没有接近最低点，但 2018 年形成了一个双底图形，下影线创新低，双底图形结束后直接切换到牛市主升模式。

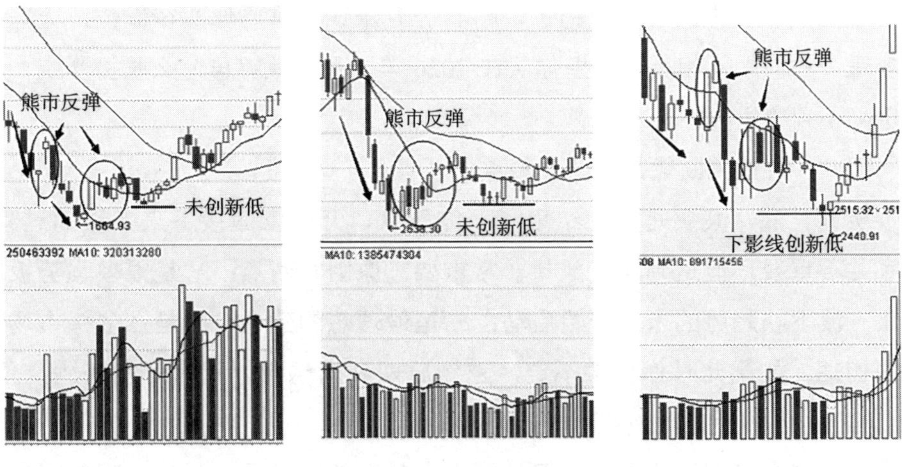

2008年见底   2016年见底   2018年见底

图 15-47　2008 年、2016 年和 2018 年见底表现周线图

（1）见底三部曲

我们可以把这个过程概括为三个关键步骤。

第一步是见底 K 线，比如长下影线或阳线反包，这种 K 线出现后，大概率会伴随反弹。

第二步是调整价格不再创新低。

第三步是突破前期高点，这个位置确定性已经比较高了。

图 15-48 为创业板指 2021 年 12 月至 2022 年 7 月的日线图走势，完全符合见底三部曲的模式。

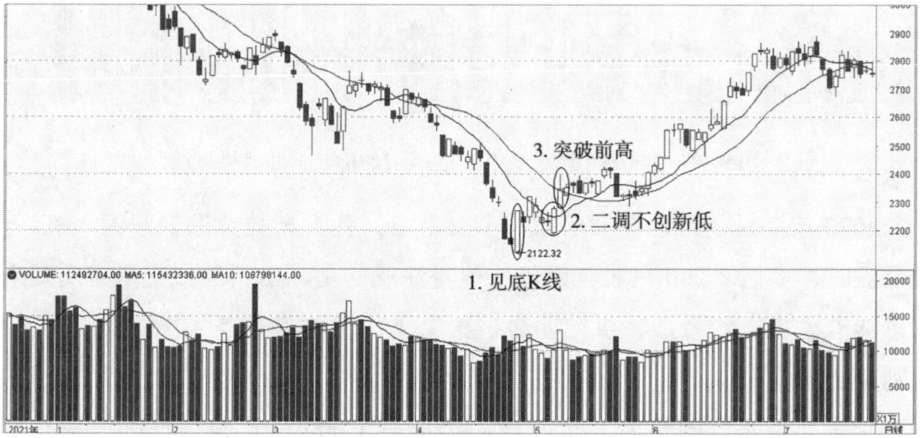

图 15-48　创业板指 2021 年 12 月至 2022 年 7 月走势日线图

见底三部曲的过程仅仅是上涨的一个开端，只是一个集结号，真正的大资金还在路上，好戏刚刚拉开序幕。

（2）"带血的筹码"

还有一种特殊情况，即恐慌抛售，我把它叫作"带血的筹码"。怎么理解呢？在恐慌的情绪驱使下，大量筹码被迅速卖出，卖盘消耗殆尽，此时，买盘只需付出较少的力量便能推高股价。当股价回升后，那些在恐慌中卖出的不稳定筹码，反而成了做多的推手，从而助涨了行情。比如，2020 年 2 月 3 日和 4 日的市场恐慌下跌，如图 15-49 所示。

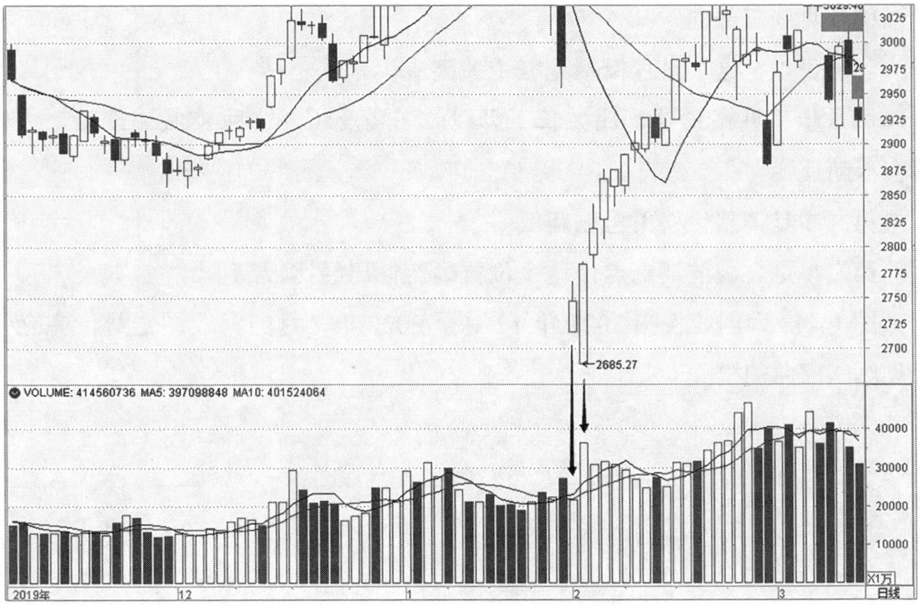

图 15-49 创业板指 2019 年 11 月至 2020 年 3 月走势日线图

2020 年 2 月 3 日为春节后第一个交易日，各大指数普遍低开约 -8%，当天收盘时，多达 3 200 只股票跌停，值得注意的是，当天的成交量有所减少，这意味着恐慌已经释放，供应明显占据上风，但由于跌停太快，供应并没有得到完全释放。

到了 2 月 4 日的集合竞价阶段，仍旧有 1 000 多只股票在跌停板开盘，然而开盘后迅速放量，创业板指数在 5 分钟内出现了天量大阳线，许多个股迅速打开跌停板。这说明恐慌盘完全被承接，需求强劲并占据上风。之后反弹力度强劲，迅速修复了之前的下跌走势。

在恐慌性下跌时，几乎所有的技术指标都是无效的，比如 MACD、KDJ、布林线等，这些指标都会显示出滞后性。此时，更可靠的指标只有三个：价格、成交量和收盘位置。

判断恐慌性底部有一个简单的原则，即看成交量的放大。只有成交量放大了，才说明恐慌盘已全部释放，同时也能说明有需求承接；如果没有需求接盘，则会出现无量下跌，说明市场尚未见底。

随后的 K 线会体现出强劲的需求，比如高量的反包阳线、高量的长下影

K 线等，而且收盘位置要在高位。

恐慌后的第一波反弹，一般不会伴随大量成交，往往都是缩量反弹的。这是因为很多人刚从恐慌中卖出，不愿意承认自己卖错，通常会选择观望，所以不需要很大的量就能带动很大的反弹。随着反弹，等这些卖错的人回过神再追买回来，才会放量。

简而言之，恐慌抛售带来的是转向"三部曲"的第一步。至于后市是不是涨，并不一定，需要从需求的角度去分析。如果反弹给力需求占优，则会上涨，如果反弹再次遇到供应，可能会陷入震荡或再次下跌。这些都无法预测，你可以边走边分析供需格局的力量，使自己时刻站在有利的一方。

请注意，这里的恐慌指的是指数，是建立在群体效应上的，对于个股，恐慌是很危险的，无论何时，你都不要买下跌趋势中的股票。

在恐慌的情况下，我们寻找的也应该是抗跌或逆势走强的个股。

2. 核心指标背离

背离是判断模式切换非常重要的信号，不管是底背离还是顶背离都很有意义，我们能够观察到背离的指标很多，其中最核心的是成交量和 MACD。然而，在使用背离信号时，需要注意以下几个原则。

- 背离是辅助信号，不能看到背离就确认模式会发生切换，很多时候真正的底部和顶部可能需要数次背离才能确认。
- 日线上的背离是非常频繁的，但有效性比较差，所以从周线的角度来考虑背离更可靠。
- 由于几大核心指标都有可能与价格出现背离，但是这些指标的背离却不一定出现共振，所以，在做判断时，需要结合其他要素综合判断。

（1）成交量背离

一般在熊市后期，成交量会极度萎缩，人们此时已经没有心情去看股票了。但是机构资金不会闲着，他们会敏锐地发现谁能成为下一波走势中的潜力股，然后悄悄地建仓，尽管指数可能不会有什么起色，甚至还会创新低，但是成交量已经开始慢慢放大。有句话可以形容什么是底，即有人托，托不动。前者是动力，有投资者进场承接，后者是阻力，止损盘还没走完。

其实这个过程也很好理解，熊市制造了大量的亏损套牢盘，这些投资者期待的不是盈利，甚至都不是保住本钱，而是尽量少亏一点，所以只要股价一上涨，就会有止损盘出局，而长线资金则选择进场，从而构筑一个资金上涨的震荡箱体。比如 2012 年 12 月上旬，股价第一次触底，在 2000 点左右水平，场内融资余额还不到 800 亿元。而到 2013 年 7 月，股价再次触底，尽管这次上证指数降至不足 1900 点，但场内融资余额却增加至 2 300 亿元。到 2014 年 8 月时突破这个箱体，融资余额已经接近 4 500 亿元，股价也不过 2200 点。以 2000 点为中枢，箱体持续了两年半的时间，期间融资余额增加了 3 600 亿元左右。这正是典型的资金与价格的背离现象——虽有资金进场，但股价不涨，如图 15-50 所示。

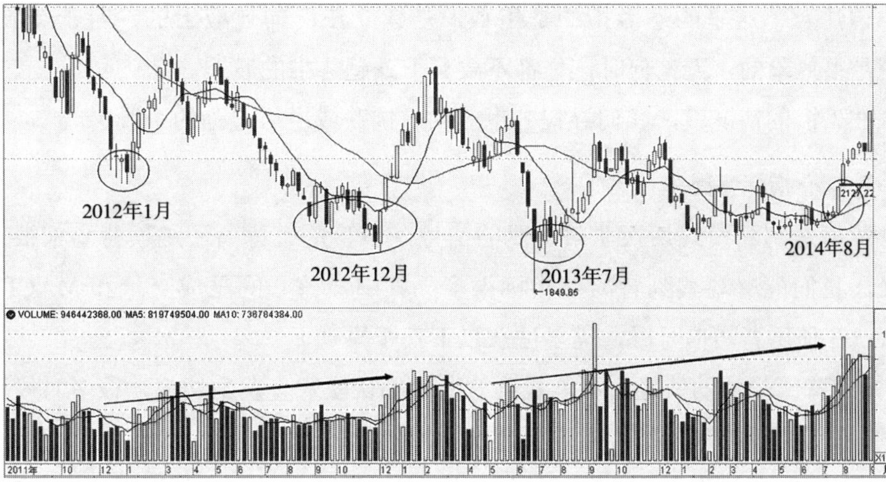

图 15-50　上证指数 2011 年 7 月至 2014 年 9 月走势周线图

（2）MACD 指标背离

MACD 指标经常被用来观察背离现象。它包括两部分：MACD 线和 MACD 柱。MACD 线又包括两条：一是主线，反映的是短期市场共识；二是信号线，反映的是长期市场共识，这两条线的交叉点是关键。MACD 柱的计算方式是主线减去信号线，其斜率变化可以显示多空双方的力量对比与变化趋势。当主线位于信号线之上时，MACD 柱为主，图示在零轴上方，反之 MACD 柱为负，图示在零轴下方，当两线相交时，MACD 为零。向上倾斜的 MACD 柱表明多方势力逐渐增强，向下倾斜的 MACD 柱表明空方力量逐渐增强。所以，MACD 柱的倾斜方向比它是在零轴之上还是之下更重要。比如，

2018 年 8 月的深证成指，指数不断创新低，但周线上的 MACD 柱并未同步创新低。到了 2019 年 1 月，尽管指数再创新低，MACD 柱却已经翻红，这表明周线上的 MACD 柱与指数之间的底背离现象，如图 15-51 所示。

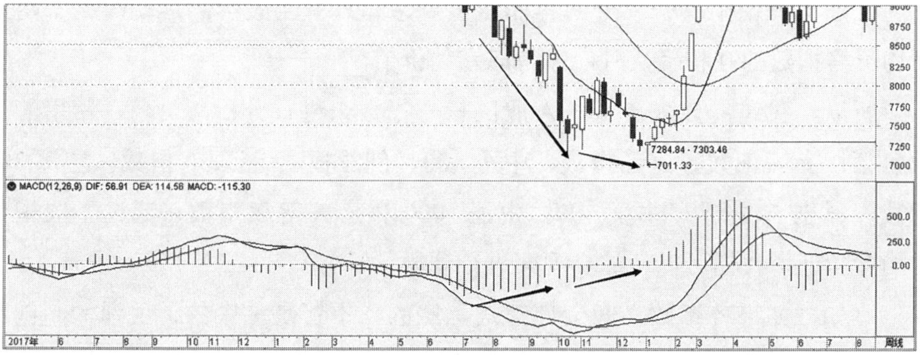

图 15-51　深证成指 2017 年 4 月至 2019 年 8 月走势周线图

又比如，2018 年 6 月 21 日是日线级别背离的基准点。到了 2018 年 7 月 6 日、8 月 6 日和 9 月 17 日，尽管相对于 2018 年 6 月 21 日，指数点位分别创了新低，但日线的 MACD 柱都没有新低，这分别够成了日线 MACD 柱的第一次、第二次和第三次底背离，如图 15-52 所示。

图 15-52　深证成指 2018 年 4 月至 2019 年 4 月走势日线图

329

这种情况在技术分析上被称为多重底背离。一般来说，与只有一次的底背离相比，多重底背离的技术分析可靠性要高很多。

3. 指数之间共振确认

在道氏理论中有一部分内容非常重要，即只有当股价的运动得到了两个平均价格指数的互相确认时，才考虑它的价值。

所以，我通常会综合观察 A 股的核心指数来进行分析，目前，常用的指数包括：上证指数、深证指数、中小 100、创业板、上证 50 指数、沪深 300 指数、科创 50 指数、中证 500、中证 1000 和全 A 等权指数，通过不同指数的相互验证，我们可以从综合观察进行观象。

比如，如果各指数之间全部都是上涨的，不管是见底的、反弹的、创新高的，还是全部下跌的，无论是调整或创新低，关键是它们的方向是否相同，如果相同，则可以确认为共振信号；如果有些指数涨而有些指数跌，则是非常重要的背离信号。

另外，要了解当前市场的领涨指数至关重要。比如，如果是创业板领涨，而投资者买的都是大盘蓝筹股，则可能错过更大的市场机会。

4. 强势板块提前上涨

熊市确实不应该操作，但是熊市有一个特别重要的作用就是选股，尤其是在熊市后期，强势的个股会先于大势及板块指数见底，反之，如果大势出现了见底信号，同时已经有板块、个股走得比较强，甚至已经创了新高，那么，这个见底信号更加有效。

比如 2019 年 6 月的短线小底可以发现上述类似的情况，如图 15-53 所示。2018 年 1 月至 10 月，PCB（电子元件器件）板块表现出较强的抗跌能力，其中，龙头股沪电股份即便在整个大盘都运行在 30 周均线之下的极端行情里，居然一直在慢悠悠地筑底，甚至有几次假突破，虽然最终都被大盘压制，但是表现已然和其他的个股明显不同。之后大盘出现双底结构，板块不再出现新低，其强度和大盘是差不多的，然而，到了 4 月至 7 月的时候，该板块的强度显著提升，后面的走势越拉越大。

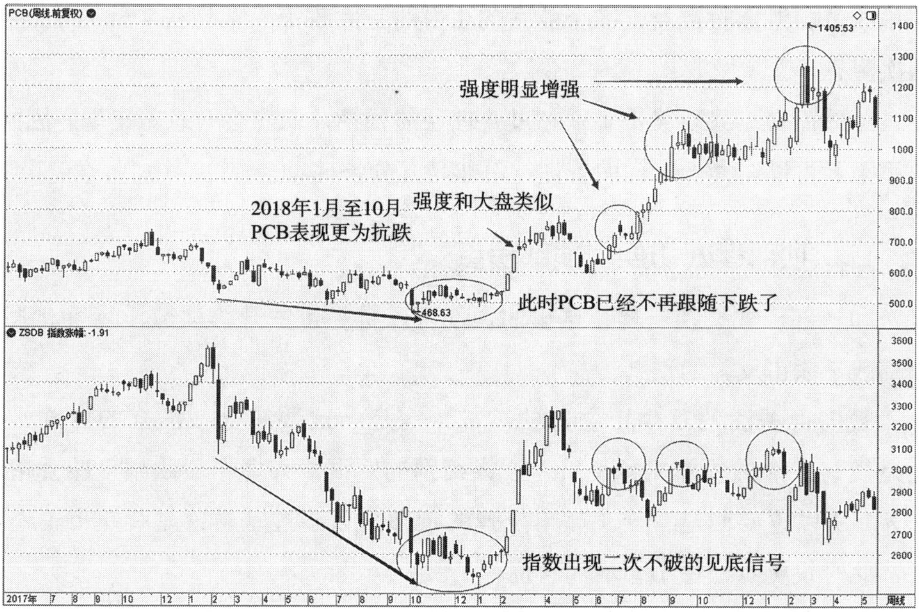

图 15-53 PCB 板块和上证指数 2017 年 5 月至 2020 年 5 月走势周线图

要识别真正的市场底部，最重要的是让下一波主线板块启动，每一波行情都会有一波行情的灵魂，比如 2019 年的 5G 行情和科技股行情都是在 2018 年开始启动的，那时刚好是市场的低点。

因此，如果一个底部能够出现大量平衡态突破和大量强于大盘并创新高的个股，同时伴随着明显的热点板块出现，那么这个底部确认的可能性就会增加，很可能是真底，而且见底之后预示着一波大行情的到来。

相反，如果市场出现见底信号，所谓的领涨板块杂乱无章，则多是无号召力的品种，此时出现的多是假底。

5. 政策暖风对市场底部的影响

这个要素在比较小幅的见底过程中不太常见，但历史上的许多重大市场底部都伴随着政策的积极配合，而且政策底一般要早于市场底。比如 2005 年的 998 点大底出现在 6 月，在此之前，出现过很多政策利好，比如 1 月下调印花税至千分之一；2 月开放险资入市；3 月降低存款准备金率和调高个人房贷利率等。

再比如，2008 年的 1664 点大底出现在 10 月。政策利好包括 9 月公布印花税改革、汇金救市及国有企业回购在内的三大政策，并且在 9 至 11 月连续四次降息。

总体而言，只要股市下跌超过管理层的预期，一定会有政策出现。因此，政策因素可以作为一个辅助条件，而非是充分条件。

二、顶部模式切换：顶部拐点

和底部模式切换一样，这里的顶部可以是牛市主升的顶部、震荡上涨的顶部或是熊市反弹的顶部。

最值得关注的是牛市主升的顶部，这是一定要减仓或清仓的位置，次之是震荡上涨的顶部，预示着一波大级别的回调，许多个股跌幅可能会超过30%，所以也要回避。至于熊市反弹的顶部，只不过是再次延续熊市主跌罢了，此时投资者往往不会增加仓位。

重要程度：牛市主升见顶＞震荡上涨见顶＞熊市反弹见顶

模式切换信号出现的共振程度各不不同，如果是大级别的顶部，共振的程度最为显著，如果仅仅是平衡上涨的顶部，可能只满足几个条件。

在牛市回调模式中，我们简单分析了五个要素：前期的涨幅、成交量的变化、下跌幅度和 K 线形态、重心下移及强势板块的表现，这些都属于顶部模式切换的信号，接下来，我们将更加详细地分析这些信号，并引入一些新的条件。

1. 见顶 K 线和形态

在一波正常的上涨趋势中，如果突然出现强烈的空头信号，如阴包阳、长上影线、长下影线等，并且之后连续几天都没有看到有力的资金承接，那么这需要特别重视。

（1）阴包阳

比如，在 2015 年 6 月的上证指数中，上涨过程中出现了最大的阴线，注意此时可能并非放量。对于还处在牛市思维中的投资者而言，大多数人还没有反应过来，但是已经反应过来的资金开始不计成本地撤出，从而导致了价格崩溃，如图 15-54 所示。

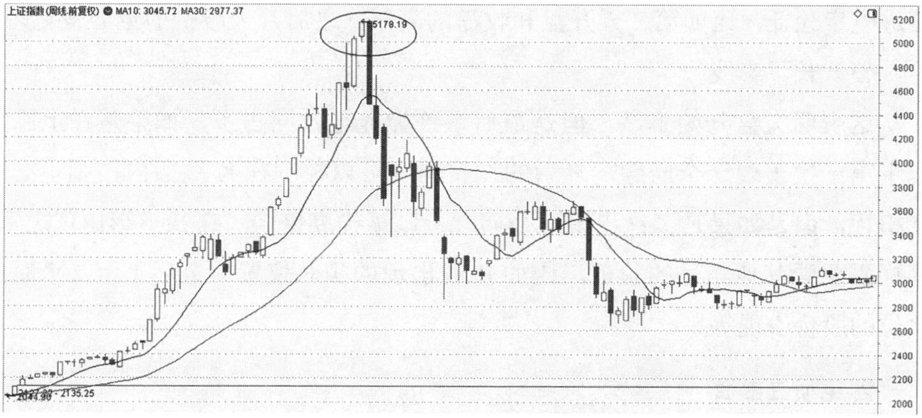

图 15-54　上证指数 2015 年 6 月走势周线图

在日线级别上，这样的例子也不少，比如创业板 2020 年 2 月底的见顶 K
线就是一个典型的例子，如图 15-55 所示。实际上，这样的 K 线属于最为极
端的阴包阳。

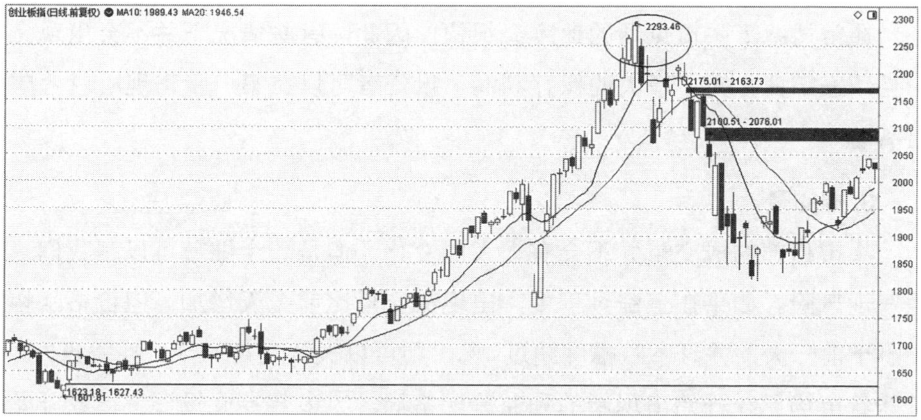

图 15-55　创业板指 2020 年走势周线图

进一步地，有时候阴线下跌到阳线的二分之一位，不过像这种情况需要
第二天或第三天的验证信号来确认趋势转变。

（2）长上影线

这个 K 线的意义在于冲高回落，当一只股票持续上升一段时间，在某个
交易日中股价突然不寻常地被推高后，又马上受到了强大的抛售压力，暗示
上涨动力可能已经不足。然而，单纯看这一个信号去判断多空并不准确，需

要进一步验证，比如第二天开盘和收盘的高低，之后几天股价的重心变化。

（3）长下影线

这表明大盘开始下跌，但是最后跌跌撞撞地收回去了，如果是在上涨过程中第一次出现这个问题，之后的调整幅度可以控制在 K 线之内，则不必过度担忧，但是如果是多次出现这个问题，则需提高警惕。在长下影出现之后，同样需要看其他信号的验证，比如 K 线出现的相对位置、之后 1 至 2 个时间单位的股价表现等。

2. 见顶三部曲

与熊市对应，牛市也会有见顶三部曲。

第一：见顶 K 线，比如长上影线或者阴线反包，见顶 K 线之后大概率回调。

第二：要等的是回调之后价格不再创新高。

第三：跌破前期低点。

通常情况下牛市见顶的速度会很快，因此，有些情况下并不会出现完整的见顶三部曲，为了最大的保存利润，投资者可以在第一步出现时就考虑卖出离场。

3. 成交量

牛市顶部的成交量并不会有太大的变化，但是一个细节可以帮我们更早地发现风险。如果在上涨过程中，出现成交量比前一天增加，但价格涨幅明显小于前一天，并且下跌幅度超过 1%，则可以被认定是一个"换筹点"。这意味着市场已经开始出现新的利益分配格局，大多数专业投资者已经开始抛出股票了（很少有人注意到这一点）。当然，指数并不一定是在当天收盘时下跌，大盘在真正转入下跌之前，甚至会创下历史新高。而一旦在一个月内出现明显的 3 至 5 个换筹点，股市在接下来的时间里多数情况下会呈现下跌趋势。

4. 强势板块走势异常

大盘上涨一段时间之后，如果发现大多数强势板块开始出现异常走势，就可以判断大盘可能要出问题了。

（1）屡创"历史新高"

在牛市的最后阶段，市场情绪开始陷入疯狂，最好的股票都已经被抢购一空。强势板块一般会在已经上涨数月之后，又连续加速高涨 2 至 3 周。

（2）强势板块的跟风个股波动范围变大，结构开始松散

随着强势股涨无可涨，你会发现市场长期低迷，业绩很差的股票渐渐强势，这意味着涨势即将结束。

有些强势股会提前于大势见顶，比如，华谊兄弟在 2013 年 10 月 9 日见顶，这预示着之后大势将进入调整期。

有些强势股往往通过保持价格来与市场趋势抗争，制造出坚挺的表现，但是这往往只是暂缓一种必然到来的颓势。如果之后龙头股回落到趋势线后能迅速止跌并翻身向上，那么行情还会持续；反之，如果龙头股快速跌破趋势线，那么弱势股和指数大概率都会创新低。

5. 其他条件

它包括以下五个条件。

（1）整个市场估值

横向我们可以对比全球的资本市场，纵向我们可以对比过去一段时间的变化。这个指标一般在判断大的顶部时特别有意义，比如2015年的A股市场。

（2）上涨时间

牛市的上涨周期一般在 1 至 2 年，震荡的上涨周期一般在 2 至 6 个月，熊市的上涨周期通常较短，一般只有几周而已。

（3）上涨幅度

上涨幅度是个相对指标，一般牛市的上涨周期通常能够实现价格翻倍，震荡的上涨周期是 30% 至 50%。然而，也有一些特殊情况，比如上证指数在 2007 年从 998 点涨到 6124 点，涨幅达到了 6 倍。因此，我们应将上涨幅度仅作为参考，要学会分析市场的迹象而非具体位置。

（4）市场温度

牛市顶部肯定是全民皆股，你可能会发现自己周围之前不了解股市的人突然开始向你推荐股票。此时，你突然成为聚会的中心，之前所有劝你离开

股市的亲朋好友都开始羡慕你。

（5）政策风向

如果在熊市底部，政策转暖，而到了牛市顶部，政策转冷这可能包括增加印花税、提高资本利得税、加息或加强对股市配资的监管等。与政策底一样，政策顶也会早于市场顶。总之，我们要给自己的投资留点余地，不要试图赚取最后一个铜板。

A股市场的特点是熊长牛短，我们的策略应该是"慢进快出"。在底部的时候，要耐心等待，确认是否真的已经见底；而在高位的时候，则要迅速反应，否则到手的利润很容易流失。